穴埋め・記述で学ぶ

財務会計理論

〔第5版〕

荒堀政男
嶋田敬子 著

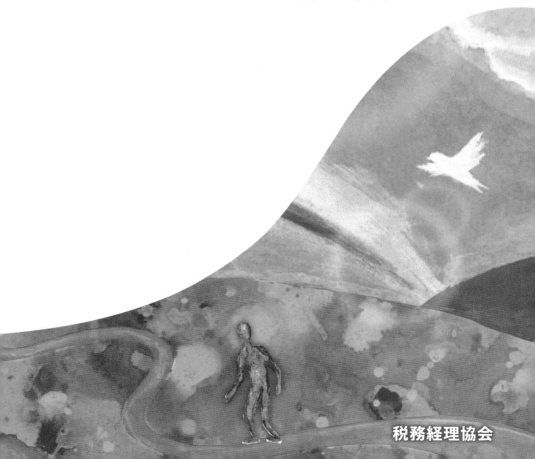

税務経理協会

第5版にあたって

　初版の刊行から7年余りが経過した。この間，予想以上の好評を博し，品切れになった版もあった。財務会計の基本的な論点を会計原則・基準を中心に論述するというコンセプトは，初版から変わることはない。このため，会計基準が新設・改正される毎に改訂版を世に問い，常に新しい基準に準拠してきた。会計基準等公表の時系列からいえば，第5版では『税効果会計に係る会計基準』の改正，公開草案『収益認識に関する会計基準（案）』等までを反映させている。新基準への準拠の他に財務会計の伝統的な重要論点の加筆修正（第3章2節等）や一般の基本書では説明不足だと思われる論点（第10章2節2（2）問4，同3問4等）については，より明確な記述を心がけた。また，本書独自の論説も記載している（第1章第6節，第4章の最後，その他）。さらに，本書全体を見直し，よりわかりやすい文章への加筆修正も行ったのは，これまでの改訂版と同様である。よって，第5版の改訂も，大幅なものとなった。

　参考──財務諸表論（理論問題）と本書との関連──に記載したように，本試験での設問は，その大部分が本書の記載内容とまったく同じである。本書が刊行された後の本試験問題と本書との関係や基準の新設・改正に伴う修正等は，今後も可能な限り，出版社のホームページに記載していく予定である。

　改訂版の継続的刊行は，読者の強い支持による成果である。本書は，読者に育てられてきたのである。第5版もこれまでと同様に多くの支持を得て，読者の目的達成の一助にならんことを願う。

　本書の刊行にあたり，恩師の原　光世(みつとし)　龍谷大学名誉教授には，四十数年ぶりにご指導を受けた。また，編集者には多大なお手数をおかけしたが，特に鈴木利美氏には，初版からの縁でなにかとご配慮をいただいた。

　読者，出版社，先輩学者及び関係諸氏に心からお礼を申しあげたい。

平成30年3月1日

執筆者代表　荒堀政男
嶋田敬子(のりこ)

はじめに

　本書は，公認会計士・税理士等の受験のための自学自習書として，また専門学校，大学，大学院等での補助教材として利用されることを目的としている。

　本書は，財務会計の基礎からコンバージェンスのための新基準までの基本的な論点を会計原則・基準を中心に総合的かつ体系的に網羅した演習形式の基本書である。各項目毎に，原則として，穴埋め問題でその概要を示し，記述問題でそれに関連した重要論点を掘り下げて問う構成を採用している。各項目では何が問題となり，どのように考え解答すればよいかを本番の試験レベルに合わせた文章表現により記述している。本試験の出題範囲と水準を明確にし，その論点を繰り返し勉強することにより，理解力と知識が確実に身につくからである。

　読者には，手垢（あか）で汚れきるまで本書をかわいがって頂き，読者の目的が一刻も早く達せられんことを念願する。

　執筆者の政男と敬子（のりこ）とは親子である。政男は主として市販の参考書を使用することにより働きながら受験した。敬子は専門学校に通って，そこでのレジュメを中心にして勉学した。学んだ環境と教材は大きく異なっていたが，それぞれの長所を生かすべく本書を共著した。政男は財務会計の基礎や各論章における総論部分，敬子は各論部分を中心に執筆した。

　大阪学院大学の郡司健教授には，本書全般にわたり有益なご助言を頂き，税務経理協会編集部長の鈴木利美氏には，本書が陽の目を見るに当たり大変お世話になった。ここに謹んで謝意を表したい。

　執筆者代表は，阪本安一先生に学生時代の約2年半にわたり毎日のようにそれこそ息づかいを感じられる距離で指導を受けた。その先生も逝かれてすでに久しい。「おわりに」に記載させて頂いた先生の心情が少し理解できるようになったこの頃である。

　平成22年9月18日

　　　　　　　　　　　　　　　　　　　　　執筆者代表　荒堀政男
　　　　　　　　　　　　　　　　　　　　　　　　　　　荒堀敬子（のりこ）

目　　次

第5版にあたって
は　じ　め　に
【本書の特徴と構成】
【合格につながる勉強と本書の利用法】

第1章　財務会計の基礎 …………………………………………………… 1
第1節　会計の意義とその目的・機能 ……………………………………… 1
1　会計の意義とその機能 ……………………………………… 1
2　財務報告の目的と財務表の表示目的 ……………………… 3
第2節　制度会計 ………………………………………………………………… 4
1　制度会計 ………………………………………………………… 4
2　金融商品取引法会計 ………………………………………… 5
3　会社法会計 …………………………………………………… 7
4　税法会計 ……………………………………………………… 8
第3節　財務諸表の作成方法と利益の計算方法 …………………………… 9
1　財務諸表の作成方法と誘導法・棚卸法 …………………… 9
2　利益の計算方法と損益法・財産法 ………………………… 9
3　会計観の変遷 ………………………………………………… 11
4　経済学上の利潤と会計上の利益 …………………………… 15
第4節　会計基準とその設定方法 …………………………………………… 16
1　会計基準の必要性 …………………………………………… 16
2　会計基準の設定とその機関 ………………………………… 17
3　会計基準の研究方法と帰納法・演繹法 …………………… 19
4　会計公準論 …………………………………………………… 21
5　概念フレームワーク ………………………………………… 25
第5節　資産負債の評価基礎要素等の分類とその基準 …………………… 28
1　評価基礎要素等の分類と会計観 …………………………… 28
2　資産の分類と評価基準 ……………………………………… 30
第6節　（補論）
「会計学の租」としてのアリストテレスから学ぶ ……………… 40

第2章　企業会計原則の一般原則と会計方針その他の変更 …… 44
第1節　企業会計原則の一般原則 …… 44
1　真実性の原則と単一性の原則 …… 44
2　正規の簿記の原則 …… 47
3　保守主義の原則 …… 48
4　重要性の原則 …… 48
第2節　会計上の変更及び誤謬の訂正 …… 51
1　変更・過去の誤謬とその分類・処理方式 …… 51
2　会計上の変更 …… 54
3　過去の誤謬の訂正 …… 62
4　未適用の会計基準等に関する注記 …… 63

第3章　収益費用の認識・測定基準 …… 65
第1節　収益費用の認識と測定 …… 65
1　損益計算書の本質と収益費用の認識測定 …… 65
2　収益費用の認識基準 …… 73
3　消費税等の仕組みとその処理方法 …… 77
第2節　期間損益計算のための配分と対応 …… 78
1　費用配分の原則と発生費用額の具体的決定 …… 78
2　費用収益対応の原則と経営成績の表示 …… 81
第3節　実現主義による収益の認識 …… 87
1　実現主義と販売 …… 87
2　特殊販売に対する実現主義の適用 …… 88
3　内部取引と未実現利益の除去 …… 91
第4節　発生主義による収益の認識 …… 93
1　継続的役務提供契約と時間基準 …… 93
2　工事契約と工事進行基準 …… 94
3　金銀及び農産物 …… 98
第5節　現金主義による収益の認識 …… 100

第4章　金融資産とキャッシュ・フロー計算書 ……… 102
第1節　金融資産 ……… 102
1　金融資産の範囲とその発生・消滅の認識 ……… 102
2　金融資産及び金融負債の評価基準 ……… 105
第2節　有価証券 ……… 106
1　有価証券の範囲と分類 ……… 106
2　有価証券の取得価額 ……… 107
3　有価証券の分類と評価基準 ……… 108
第3節　デリバティブとヘッジ会計 ……… 116
1　デリバティブの意義とその種類 ……… 116
2　デリバティブ取引の認識と測定 ……… 118
3　ヘッジ会計の要件とその処理方法 ……… 119
第4節　キャッシュ・フロー計算書 ……… 123
1　キャッシュ・フロー計算書の意義 ……… 123
2　発生主義会計とキャッシュ・フローとの関係 ……… 124
3　資金の範囲 ……… 126
4　キャッシュ・フロー計算書の区分 ……… 127
5　キャッシュ・フロー計算書の表示 ……… 128

第5章　棚卸資産価額と売上原価 ……… 133
第1節　事業資産と費用配分の原則 ……… 133
第2節　棚卸資産の範囲 ……… 134
第3節　棚卸資産の取得原価 ……… 135
1　購　　　入 ……… 135
2　製　　　造 ……… 136
3　交換・贈与等 ……… 137
第4節　棚卸資産の費用配分 ……… 138
1　数量計算 ……… 138
2　単価計算 ……… 140
第5節　棚卸資産の貸借対照表価額 ……… 145
1　棚卸減耗損の処理 ……… 145
2　販売目的で保有する棚卸資産の評価基準 ……… 146

3　トレーディング目的で保有する棚卸資産の評価基準 ································ 149

第6章　有形固定資産価額と減価償却費 ································ 151
第1節　固定資産の意義と分類 ································ 151
　　1　固定資産の範囲と分類 ································ 151
　　2　有形固定資産の意義 ································ 152
第2節　有形固定資産の取得原価と残存価額 ································ 154
　　1　取得態様別の取得原価 ································ 154
　　2　残存価額と除却・売却時の会計処理 ································ 161
第3節　減価償却による費用配分 ································ 162
　　1　減価償却の意義・目的及び効果と減価償却単位 ································ 162
　　2　費用配分基準と減価原因 ································ 165
　　3　減価償却費の計算方法 ································ 166
　　4　減価償却の記帳と表示 ································ 170
第4節　固定資産の貸借対照表価額と時価情報の開示 ································ 170
　　1　簿価の切下げと臨時損失・減損損失 ································ 170
　　2　固定資産の減損処理 ································ 171
　　3　土地の再評価差額金 ································ 174
　　4　賃貸等不動産の時価情報の開示 ································ 174
第5節　リース会計 ································ 176
　　1　リース取引の定義と分類 ································ 176
　　2　ファイナンス・リース取引の会計処理 ································ 178
　　3　リース取引の表示 ································ 181

第7章　無形固定資産・繰延資産の価額と償却 ································ 183
第1節　無形固定資産 ································ 183
　　1　無形の資産と利益への貢献 ································ 183
　　2　無形固定資産の内容 ································ 184
　　3　無形固定資産の償却 ································ 190
第2節　繰延資産 ································ 192
　　1　繰延資産の意義とその貸借対照表能力 ································ 192
　　2　繰延資産の範囲・償却と分配可能価額への制約 ································ 193

3　株式交付費 …………………………………………… 194
　　4　社債発行費等 ………………………………………… 196
　　5　創立費と開業費 ……………………………………… 197
　　6　開発費と研究開発費 ………………………………… 198
　　7　臨時巨額の損失 ……………………………………… 201

第8章　負債の分類とその価額 …………………………… 202
第1節　負債の分類と評価 ………………………………… 202
　　1　負債の概念と債務性 ………………………………… 202
　　2　負債の分類 …………………………………………… 203
　　3　金融負債の範囲と評価 ……………………………… 204
第2節　社　　　債 ………………………………………… 207
　　1　社債の意義と種類 …………………………………… 207
　　2　普通社債の発行と償還 ……………………………… 207
　　3　転換社債と新株予約権付社債 ……………………… 208
第3節　引　当　金 ………………………………………… 210
　　1　引当金の本質とその種類 …………………………… 210
　　2　租税特別措置法上及び特別法上の準備金 ………… 213
　　3　評価性引当金——貸倒引当金 ……………………… 214
　　4　負債性引当金 ………………………………………… 218
第4節　資産除去債務と退職給付会計 …………………… 220
　　1　資産除去債務 ………………………………………… 220
　　2　退職給付会計 ………………………………………… 226
第5節　偶発債務 …………………………………………… 239
　　1　偶発債務と与件の変化 ……………………………… 239
　　2　債務の保証 …………………………………………… 240
　　3　裏書・割引手形の遡及義務とその処理 …………… 241

第9章　純資産の構成とその区分 ………………………… 244
第1節　純資産の意義とその区分 ………………………… 244
　　1　純資産の意義とその構成要素 ……………………… 244
　　2　純資産の部の区分表示 ……………………………… 246

	3	剰余金区分の原則 …………………………………………………… 248
	4	資産価値の変動と資本維持論 ………………………………………… 250

第2節　拠出資本額の増減と表示 ……………………………………………… 253
　1　会社の設立と出資額の処理・表示 …………………………………… 253
　2　資本金の増加 ……………………………………………………………… 254
　3　資本金の減少 ……………………………………………………………… 261
　4　自己株式の会計処理と表示 …………………………………………… 262

第3節　剰余金の増減と表示 ……………………………………………………… 264
　1　留保利益と剰余金の関係 ………………………………………………… 264
　2　剰余金の配当と処分 …………………………………………………… 266
　3　当期純損失の処理 ………………………………………………………… 270

第4節　その他の包括利益累計額の増減と表示 ……………………………… 270
　1　包括利益 ……………………………………………………………………… 271
　2　その他の包括利益と当期純利益 ……………………………………… 274

第5節　事業の結合と分離による組織再編 …………………………………… 276
　1　企業結合 ……………………………………………………………………… 277
　2　株式交換と株式移転 …………………………………………………… 282
　3　事業分離の意義と会計処理 …………………………………………… 283

第10章　税効果会計と外貨換算会計 ……………………………………… 287
第1節　税効果会計 ………………………………………………………………… 287
　1　税金の種類とその会計的性格 ………………………………………… 287
　2　税効果会計の目的と対象 ………………………………………………… 289
　3　繰延税金資産と繰延税金負債 ………………………………………… 291
　4　税効果会計の表示 ………………………………………………………… 294

第2節　外貨換算会計 ……………………………………………………………… 295
　1　換算基準と換算方法の種類 …………………………………………… 295
　2　外貨建取引 ………………………………………………………………… 298
　3　為替予約の独立処理と振当処理 ……………………………………… 304
　4　在外支店の財務諸表項目の換算 ……………………………………… 311
　5　在外子会社等の財務諸表項目の換算 ………………………………… 312

第11章　財務諸表の種類・内容とその報告 …… 315
第1節　財務諸表の体系とその相互関係 …… 315
第2節　財務諸表の表示に共通の原則等 …… 316
　1　明瞭性の原則 …… 316
　2　報告式と勘定式 …… 317
第3節　損益計算書と包括利益計算書 …… 317
　1　損益計算書の表示原則 …… 317
　2　損益計算書の構成内容 …… 322
　3　包括利益計算書 …… 324
第4節　貸借対照表 …… 326
第5節　株主資本等変動計算書 …… 331
第6節　注記と附属明細表・附属明細書 …… 333
　1　注記の意義と種類 …… 333
　2　継続企業の前提 …… 334
　3　重要な会計方針 …… 335
　4　個々の財務諸表に関連する項目 …… 336
　5　1株当たり情報 …… 336
　6　セグメント情報 …… 339
　7　重要な後発事象 …… 342
　8　附属明細表と附属明細書 …… 343
第7節　四半期財務諸表と臨時計算書類 …… 344
　1　四半期財務諸表 …… 344
　2　会社法の臨時計算書類 …… 347

第12章　連結財務諸表 …… 350
第1節　連結財務諸表の基礎 …… 350
　1　連結財務諸表の目的 …… 350
　2　連結財務諸表の位置づけ …… 351
　3　会計主体論とその会計処理 …… 352
第2節　連結財務諸表作成における一般原則 …… 354
第3節　連結財務諸表作成における一般基準 …… 355
　1　連結の範囲 …… 355

	2	連結決算日	359
	3	親会社及び子会社の会計処理の原則及び手続	360

第4節　連結貸借対照表の作成基準 …… 360
　　1　投資と資本の相殺消去 …… 361
　　2　各種の資本連結の手続 …… 366
　　3　債権と債務の相殺消去 …… 369
　　4　連結貸借対照表の特徴・表示 …… 371

第5節　連結損益計算書・連結包括利益計算書の作成基準 …… 372
　　1　連結会社間の取引高の相殺消去 …… 372
　　2　未実現損益の消去手続 …… 372
　　3　時価評価に伴う連結特有の調整 …… 375
　　4　連結会計における税効果会計 …… 376
　　5　連結損益計算書と連結包括利益計算書の特徴・表示 …… 376

第6節　連結株主資本等変動計算書の作成 …… 378
　　1　連結株主資本等変動計算書の内容 …… 378
　　2　受取配当金の相殺消去 …… 378

第7節　持分法の意義と会計処理 …… 379
　　1　持分法の適用範囲 …… 379
　　2　持分法の会計処理 …… 381

第8節　連結キャッシュ・フロー計算書の作成 …… 383

【復習問題──新基準より】 …… 385

【参　考──財務諸表論（理論問題）と本書との関連】 …… 396

おわりに

【本書の特徴と構成】

1　財務会計理論の全領域の論点を網羅している。

　本書は，財務会計論に係る全領域の論点を企業会計原則・基準を中心にして網羅的に記載している。そして，これらの基準等の基礎となる理論についても理解が深まるように十分に配慮して作成している。本書の構成及びそれらの相互関連については，次頁に樹木に例えて記載しておいた。

2　会計原則・基準等の文章・用語を使用している。

　各論点について，穴埋めと記述の設問に答える方式により効率的に勉強できるようにしている。そこでは，できる限り基準や意見書の文章・用語をそのまま使用している。本試験においては，設問とその解答が基準等に関連して行われるので，勉強の段階から基準等の文章や用語になじんでおけば，問題の論点を誤ることなく，求められる解答にも的確に適応できると思われるからである。勉強においては本番のつもりで，本番では普段の勉強のつもりで臨んでほしい。

3　国際会計基準とのコンバージェンスに対応している。

　わが国の制度会計は，企業会計原則を中心として，これに関連して各種の意見書や基準が発表されてきた。しかし，近時は国際会計基準とのコンバージェンスに関係して，その実質的内容に大きく変更が加えられている。受験生にとっては，勉強の標準とすべき原則・基準そのものが揺らいでいるのである。そこで本書は，最新の根拠諸則に基づいて記述されているのは当然として，それらの基準に適合する新しい理論に対しては本書全体と整合性をもつよう論述するとともに，伝統的な理論についても軽視することなく，その要点を簡潔に記述している。

4　将来的な基準の新設・改正に配慮している。

　本書の刊行時点では，発表されていない基準や会計観の流れの論理的帰着として，近い将来に改正が予想される項目もある。これらについても，本書はできる限り配慮している。基準の新設や改正又は廃止が行われても，所定の項目・論点を本書の項目と入れ替えたり，論点の結論を一部修正すれば，本書は使用可能なように意図して作成されている。本書とは，受験の手段としての一過性のものではなく，

末永く付き合ってもらえるよう願っている。

5　受験とは関係のない項目の記載も少しある。

　受験参考書の性格も有する本書には限界もあるが，受験とは関係のない項目も一部記載している。受験生は，現行の制度会計の理解を試験により確かめられる立場なので，今は自分の意見を答案用紙に表現することはできない。しかし，将来に自分の意見を言える立場になれば，本書の受験に関係ない項目もぜひ参考にしてほしいのである。

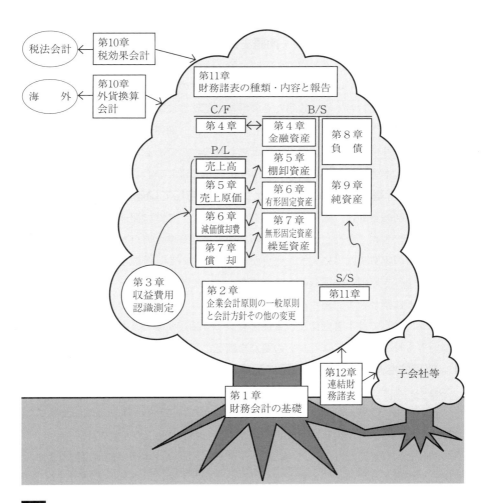

○会計は企業にとって、過去に対する正しい判定者であり、現在に対する必要な指導者であり、将来に対する信頼できる助言者である。(シェア)

【合格につながる勉強と本書の利用法】

1　合格につながる勉強の仕方・考え方

(1)　合格のための条件

　公認会計士試験・税理士試験に合格するために必要な財務会計理論の範囲と水準は本書で示した。次は、合格という目的達成のための実行(勉強)をいかに効率よく行うかである。先ず、このことをしっかりと確認しておきたい。

　勉強は、質と量とに分けることができる。ここで、質とは集中力であり、量とは勉強時間である。質は超過しても量が不足していたり、逆に量は超過しても質が不足していれば、いずれも合格はおぼつかない。質・量ともに不足しているなら、それは論外である。質の集中力、量の勉強時間のいずれも超過することが合格のための条件である。勉強という努力に対して、試験結果という成果は、けっして裏切ることはない。

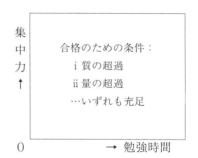

(2)　集　中　力

　質の集中力については、いうは易く実行は難しい。テキストをただ単に読んでいるだけで、頭のなかを素通りして、跡にはほとんど残っていないことが多い。働きながら勉強している人は、仕事の疲れが集中力を分散させてしまう。勉強時間を十分とれる人は、時間の使い方に無駄が多く、かえってそれが集中力を分散させてしまう。これらいずれにおいても望む結果は生じない。集中力を持続させる原動力は、本質的には、向上心と「合格したい」という強い意欲であろうが、勉強の仕方を工夫することにより、ある程度はカバーできる。本書が穴埋め・記述により設問に答える方式を採っているのは、集中力を保ちながら、持続的に勉強するための工夫の1つである。

（3） 勉強時間

　量の時間について，働きながら勉強している人の不利は否めない。しかし，時間がないからと諦めているようでは，何事もなし得ないのも事実である。創意と工夫により，何とか時間は自ら創り出してほしい。勉強時間は，特定の期間内において一定時間を超過することが合格のための条件となる。このため，1科目ないし2科目のために，何年もかかって一定の時間を超えても自己満足に終わってしまうだけである。

　勉強時間の管理については，例えば次の時間管理表で計画と実行を対比させて勉強時間を創出する参考資料とし，また理解度測定表により時間の効率的活用に役立ててほしい。いずれの表も実際に使用してみれば，意外に効果が上がるものである。これらの表により合格に結びつく勉学を体でおぼえてほしいのである。

（1）時間管理表　　　　　　　　　　　　　　　　　　　　　　《記載例》

日 付	時　間		簿　記　論		財務諸表論		…	勉強時間	備　考
	自	至	個別	総合	計算	理論	…		(勉強内容等)
×/×	-	-	×:×	×:×	×:×	×:×	…	×:×	計画
	○:○	○:○	×:×					×:×	○○○
	○:○	○:○			×:×			×:×	○○○
	:	:							
	合　計		×:×	×:×	×:×	×:×	…	×:×	実行

（2）理解度測定表　　　　　　　　　　　　　　　　　　　　　《記載例》

章	節	勉　強　回　数										備　考
		1	2	3	4	5	6	7	8	9	0	
2	1	×/× 1.00	×/× 0.75	×/× 0.50	×/× 0.25	×/× 0.25			×/× 0.50	×/× 0.25	×/× 0.25	
	2	×/× 3.00	×/× 2.50	×/× 2.00	×/× 1.75	×/× 1.50	×/× 1.50	×/× 1.00	×/× 1.00	×/× 0.75	×/× 0.50	
	計	4.00	3.25	2.50	2.00	1.75	1.50	1.00	1.50	1.00	0.75	

《記載例》は，利用のイメージを理解してもらうために作成したものである。
目　的：勉強の所要時間・理解度合いが一覧でわかる。
効　用：① 章や節によって，理解しやすい，難しい，時間がかかる等，難易度に差がある。勉強時間を記載することにより，2回目以降の予定が立てやすくなる。
　　　　② 色分けによりウィークポイントを明確にして，集中的に勉強する項目の参考にする。
　　　　③ 勉強の回数を重ねることにより，自分の理解の進度を時間と色で客観的に識別できる。
使用法：① 回数と章・節に囲まれたマス目の中には，勉強日と時間（15分単位）を記載する。
　　　　② 理解度に応じてグラデーションをつけてマス目に色を塗る。

　　　　ⅰ　濃い……理解が浅い，記憶があいまい。
　　　　ⅱ　薄い……理解は深まっているが，もう一歩。記憶は，ほぼOK。
　　　　ⅲ　なし……過不足なく解答できる。

（4）万全を期しての受験に不合格となった場合

　合格のための条件を満たし，模擬試験の結果も十分に合格圏内で万全を期して受験したにもかかわらず，不合格になることがある。係る場合，どうすれば合格できるのか，これまでの勉強方法や将来の自分に自信をなくしてしまう。受験をあきらめてしまう人もいる。公認会計士試験や税理士試験は，実力がなくては合格できないが，実力があったとしても合格できるとは限らないところに難しさがある。このようなとき，先輩としてできるアドバイスは，「手を広げず，基本に立ち返った勉強をしなさい。」ということである。そして，合格した受験生は，多かれ少なかれこのような体験を乗り越えているという現実を知ってほしいと思う。

2　本書の利用法

（1）勉強のペース

　学びはじめにおいては，第1章の学習を後まわしにして，第2章からスタートしてもよく，解答をみながら読み進んでもらってもよい。ただし，1日に勉強の対象とした部分については，間違った箇所を何度も繰り返し，完璧でなくてもよいから，一通り解答できるようになってから終えるようにしてほしい。それでも課題を消化するのに初めのうちは強く負荷を感じると思われるが，これはあらかじめ織り込んでおいてほしい。また，2回目では，解答できていたはずの問題を忘れていたり，不満足な解答しかできなかったりする。これが人間である。忘れることをおそれてはならない。繰り返し勉強すれば解決できるからである。ところが，間を開けずに1ヶ月も続ければ，穴埋めとなっているキーワードが自然と身についている自分に気づくだろう。完読を数回も繰り返せば，毎日の勉強にそれほどの負荷を感じることがなくなってくる。これも人間である。理解や知識が自分のものになってきた証拠である。

　なお，同時並行で勉強しているであろう簿記（仕訳）や計算問題の背景に財務会計理論があることを常に意識しながら勉強を進めることも重要である。

　次に，時間に余裕ある人とない人とに分けて，勉強のペースを述べておきたい。

〔1〕 時間に余裕のある人

　本書は，全体で12章から構成されている。章の数は，意識的に少なくしている。最初のうちは，1日1章程度のペースで勉強してほしい。順調にいけば，本書は使用し始めて約2週間で最初の勉強を終えることになる。これを3ヶ月ぐらいは，繰り返してほしい。次のステップは，1日にこなすペースを2章にする。本書1冊を1週間で消化するのである。これを2ヶ月続ける。これができるようになると1日3章に更にペースアップする。このペースを1ヶ月続ける。

　以上のペースで勉強すれば，スタートから6ヶ月で本書を約20回繰り返し勉強したことになる。このペースアップが可能な状態までもっていければ，財務諸表論の理論問題は，どのような問題が出題されようとも確実に80％以上の得点を獲得することができるようになっているはずである。あとは，設問とその解答を忘れないように維持していけばよい。文字通り読書100遍を本当に実行するのである。

〔2〕 時間に余裕のない人

　働きながら勉強している人は，時間に余裕のある人と同じというわけにはいかない。しかし，そのような人も試験という同じ土俵で勝負しなければならない。仕事等により時間に余裕のない人の最大の悩みは，時間がとれないことと自分のペースで勉強できないことである。だからこそ，より計画的な勉強が求められる。この計画と実行の相矛盾する問題を解決する工夫は，計画はある程度ゆとりをもって策定することである。更に，一度の試験で合格できなくても，次の試験には，よりステップアップした状態で臨めるように確実に実力を高めていく戦略が大切である。中期計画では，当初より不合格も織り込んでおくのである。効率的な勉強方法は，よいテキストを選び，そのテキストで繰り返し勉強することと同義である。本書は，時間を十分にとれない読者も想定して作成してある。大筋の勉強法が間違っていないと思われるなら，自信をもって勉強を継続してほしい。自信は集中力を高めて，時間不足をカバーしてくれるはずである。

（2） 本書の水準と記載されていない論点

　本書の記載内容は，財務諸表論の出題水準を少し超えた範囲と程度に設定してある。しかし，本書に記載されていない問題が出題されることはないか，と問われれば，そのような問題が出題されることもあらかじめ想定しておくべきであると答え

たい。そして，本書に記載されていない問題に対してもあわてることなく，本書で身につけた考え方と知識に自信をもち，基本的論点に照して素直に解答してほしい。結果として，論点のずれた解答であったとしても心配する必要はない。396頁以下の参考で示したように解答できた他の問題で合格ラインには，充分に到達しているからである。

模擬試験や受験誌で本書に記載のない論点が掲載されたり，本書が刊行された後に基準の設定・改正が行われた場合は，関連する箇所の余白にその要点を書き込むか，掲載部分のコピーを貼り付けて，追加の論点とすればよい。本書をバラバラに解体してファイルに綴じ，頁と頁の間に理解を助ける図や表，関連する問題を挟み込み，自分だけの本とするのも1つの方法である。

（3） 予想問題に対する対処

財務諸表論の理論問題について，本試験での出題は，新しく設定された基準からの出題が多い。受験誌や専門学校の予想もよく当たる。このため，受験生のなかには，新基準以外の基礎的論点をおろそかにして，予想問題だけを丸暗記により対処しようとする人もいる。しかし，このような傾向は，試験委員自身も十分に心得ているものと思われる。そこで，試験委員からみた本試験での出題水準は，必然的に次の3つにならざるを得ない。

① 基本的論点を素直に問う問題
② 新基準の適用指針等を含めた細かい論点を問う問題
③ 基本的論点について，思わぬ観点から問うたり，他の基準や概念との関連や相違を述べさせる応用問題

①と②の半分程度は，専門学校及び受験誌の予想が当たる部分である。しかし，②の残りと③は，予想が外れる箇所，あるいは試験委員が予想を意識的に外して出題をする箇所である。予想問題の勉強だけでは，合格できないように出題される。係る状況において，確実に合格するためには，財務会計の基礎をおろそかにせず，財務会計全体の論点をもれなくカバーするとともに，新基準の細かい論点についても省略せずにマスターしておかなければならない。受験勉強において，手抜きは，絶対禁物なのである。本書を著した理由は，この点にある。

確実にお金持ちになる方法

一般的に利益は，将来リスクに対する対価であるとされる。これから，「ハイリスク・ハイリターン，ローリスク・ローリターン」という命題を導き出すことができる。この命題を人生設計に当てはめて考えてみたい。

区 分	リターン	
	大	小
リスク 大	A	C
リスク 小	B	D

同じ人生を送るのなら，多くのリターン，つまり高額な所得を得たいが，大きなリスクは負いたくない（ケースA）。逆に，リスクは低くてもリターンの少ない人生はおもしろくない（ケースD）。まして，ハイリスク・ローリターンは問題外である（ケースC）。経済生活において，少しでもローリスク・ハイリターン（ケースB），つまり確実にお金持ちになるにはどうすればよいのだろうか。それには，次のような方法が考えられる。

① 多額の財産を所有すること
② 大きな信用があること
③ 手に職があること

①は財産自体が所得を生じさせるということであるが，このような人は，考察の対象外である。②の信用を得るには，約束を守り，仕事の本分を尽くした地道な努力の積み重ねが必要である。③の具体例としては，ⅰ技術上・営業上等の特殊なノウハウをもつこと，ⅱスポーツや芸能面で卓越した能力を身につけること，ⅲ医師，弁護士，公認会計士・税理士等の資格を得ること，等をあげることができる。

これらのうち，②と③を組み合わせれば，「確実にお金持ちになる」ことができると思われる。

○簿記は人類の創造した最高のものの1つである。(ゲーテ)

第1章 財務会計の基礎

第1節 会計の意義とその目的・機能

1 会計の意義とその機能

問1 次の文章の空欄に適切な用語を示しなさい。

「会計とは，ある特定の(a)経済主体の経済活動や事象を受託者が貨幣額等を用いて ① し，その結果を(b)報告書にまとめて委託者に ② する行為である。委託受託関係から委託者は，受託者に ③ と ④ とを果たすことを求める。これら2つの責任（機能）は，(c)会計の本源的機能として位置づけられる。」

問2 下線(a)の会計の対象に関連して，次の設問に答えなさい。
① 「経済主体」の活動目的が営利か否かを基準に会計を2つに分け，そのうち，財務会計論の対象とする会計に下線を引きなさい。
② 「経済活動や事象」を実像とするなら「報告書」は何とよべばよいか。
③ 真実性の原則の真実とはどのようなことを意味するのか，実像と上記②の解答の用語を用いて簡潔に説明しなさい。

問3 下線(b)の報告書に関連して，次の設問に答えなさい。
① 報告書の受手が企業の内部者か外部者かにより会計を2つに区分しなさい。
② 委託者・受託者を現在での名称で言換えなさい。また，委託者を具体的に例示し，それぞれは，どのような点に関心をもつのかも簡潔に示しなさい。
③ 主要な報告書の名称3つとそれらをひとまとめにした用語を示しなさい。

問4 下線(c)の「会計の本源的機能」に関連して，次の設問に答えなさい。
① 「本源的機能」とした次の用語の意味を説明しなさい。
　　i ③ ……　　ii ④ ……
② 受託者の責任との関連で，監査の果たす機能を簡潔に示しなさい。
③ 会計の「本源的機能」に対して，会計の「社会的機能」と称せられる2つのものがある。この社会的機能について，次の設問に答えなさい。

i　2つの名称を示し，その説明をしなさい。
 ii　上記iの中心的課題は，いずれも同一であるとされている。この中心的課題を指摘するとともに，その理由を3つ述べなさい。
 iii　2つの社会的機能と3つの制度会計との主たる結びつきを指摘しなさい。
 iv　連結財務諸表の開示は，いずれの機能をより重視したものか。

《解答・解説》

問1 ①　測定（描写又は写像）　②　伝達　③　受託責任　④　会計責任

♪　会計行為 は，測定と伝達とに大別され，「測定」には，認識，測定及び記録が含まれる。この場合の測定を「写像」という言葉に置き換えれば，会計行為は写像と伝達に大別できることになる。ここでの測定は，貨幣額を割当てることだけを意味するのではない点に注意すること。なお，認識，測定という場合の測定は，貨幣額を割当てることの意味で使用される。

問2 ①　利潤追求目的をもつ営利組織の企業会計と非営利組織の非営利会計
　②　写像
　③　写像からの復元像と経済実態（実像又は事実）とが一致するとき，財務報告書という写像は真実である。

問3 ①　内部者　管理会計（内部報告会計）
　　　　外部者　財務会計（外部報告会計）
　②　委託者　→　利害関係者　　受託者　→　経営者
　　○投資家……企業の収益力
　　○債権者……企業の支払能力
　　○従業員……企業の生産性や人件費への分配割合
　　○課税者……適正課税のための所得額　etc.
　③　貸借対照表　損益計算書　キャッシュ・フロー計算書　→　財務諸表

問4 ① i　（受託責任^{スチュワードシップ}）委託された経済資源を誠実に管理運用し，委託者が最大利益を得るようにする責任
　　　ii　（会計責任^{アカウンタビリティ}）経済資源を管理運用した結果を報告し，説明する責任
　②　監査には，受託者の責任を解除する機能がある。
　③ i　利害調整機能 　企業会計が信頼できる財務情報の提供を行い，これを基礎資料とすることにより，各利害関係者相互間の利益又は持分につい

ての対立が調整される。

　　　情報提供機能　企業会計は，利害関係者に対して企業の状況に関する有用な情報を提供し，利害関係者はその情報を意思決定資料とする。

　ⅱ　(中心的課題) 利益情報の提供
　　　(理由)　ア　企業の経済活動の最大の目的は利益の獲得にある。
　　　　　　　イ　情報提供機能における有用な情報は利益に求められる。
　　　　　　　ウ　利害調整機能における調整の基準となるのが利益である。
　ⅲ　利害調整機能……会社法会計，税法会計
　　　情報提供機能……金融商品取引法会計
　ⅳ　情報提供機能
　♪　会社法の配当制限，公共料金の決定，課税所得の算定基礎額の提供，自己資本比率による金融規制等は，利害調整機能の具体例である。

2　財務報告の目的と財務表の表示目的

問1　次の文章の空欄に適切な用語を示しなさい。

　「財務報告の目的は，投資家の　①　に資する(a)ディスクロージャー制度の一環として，　②　とその　③　を測定して開示することである（フレームワーク第1章2）。　②　に類似する用語としては，企業会計原則では，(b)財政状態という用語が用いられてきた。他方，　③　は，　④　，又はそれを含む純資産の変動状況を表示する　⑤　の算定過程を指している。」

問2　下線(a)のディスクロージャー制度に関連して，次の設問に答えなさい。
① 主たる当事者3者を示し，その役割と責任を述べなさい。
② 上記①から，資産としての本質を有しながら貸借対照表能力が認められない項目がある。その項目名称とその理由を述べなさい。

問3　下線(b)の財政状態等に関連して，次の項目を表示する財務表の名称を示し，それぞれの項目を定義しなさい。

　　①　財政状態……　　　　②　　④　……　　　　③　　⑤　……

《解答・解説》

問1 ①　意思決定　　②　投資のポジション（♪→ストック）
　　③　成　果（♪→フロー）　　④　経営成績（当期純利益）　　⑤　包括利益

問2① 　当事者　　　役割（フレームワーク第1章6）　　　　責　任
　　　　投資家　　企業に資金を提供する　　　　　　　　　次のⅰ参照
　　　　経営者　　投資家から資金を調達　　　　　　　　　次のⅱ参照
　　　　監査人　　保証業務により情報の信頼性を高める　　次のⅲ参照
　　ⅰ　開示情報を使用して，自己の責任で将来の企業成果を予想し，現在の企業価値を評価する（同7）。
　　ⅱ　企業活動に関する事実を事後的に開示する責任（同8）
　　ⅲ　経営者が作成した財務諸表を監査する責任（同9）
　②　自己創設のれん（自然発生のれん）　（理由）自己創設のれんの計上は，経営者による企業価値の自己評価を意味し，それは経営者としての職務分限を超える行為となるから。　　　　　　　　　　　See. 186頁（のれん）

問3①　貸借対照表　　財政状態とは，一定時点における資金の調達源泉とその運用形態を表示したものをいう。
　②　損益計算書　　経営成績とは，特定期間の経営成果である収益とその成果を得るために費やされた努力である費用とを対応させて，その純成果としての利益又は損失を表示したものをいう。
　③　包括利益計算書（又は損益及び包括利益計算書）　包括利益とは，ある企業の特定期間の財務諸表において認識された純資産の変動額のうち，当該企業の純資産に対する持分所有者との直接的な取引によらない部分をいう（包括利益基準4）。

第2節　制　度　会　計

1　制　度　会　計

問1　次の文章の空欄に適切な用語を示しなさい。

「企業が行う財務会計には，(a) ① や慣習に準拠して行われる ② とそれ以外の会計が存在する。前者は，その根拠となる ① の違いにより(b-1) ③ 会計，(b-2) ④ 会計，及び(b-3) ⑤ 会計の3つに分類される。後者は，(c)法規制を受けずに企業が自発的に実施する会計である。 ④ 会計は，会計基準や会計慣行を ⑥ しなければならないという規定をおいて， ③ 会計

との実質的統合を図っている（会社法431，計規3）。⑤会計も，④と同趣旨の規定をおいている（法人税法22①）。

わが国におけるこれら3つの②は，⑦体制とよばれる。」

問2　下線(a)について，それらは主として，どのような観点から会計を規制しているのか，(b-1)(b-2)及び(b-3)の各々に関連づけて述べなさい。

問3　下線(c)について，この会計の例を名称で2つ示しなさい。

《解答・解説》

問1　① 法　規　② 制度会計　③ 金融商品取引法　④ 会社法　⑤ 税　法　⑥ 斟　酌（しんしゃく）　⑦ トライアングル

♪　斟酌の意味　斟酌とは，所与の状況を考え合わせて目的のために適切に処することをいう。「斟酌」は，「参酌」（参考にする）よりも強く，「基づく」よりも弱い意味をもつ。

問2　(-1) 投資家保護及び投資家への情報提供を目的とする。

(-2) 債権者保護及び既存株主と債権者の利害調整を目的とする。

(-3) 課税の公平の見地から納税額の計算をすることを目的とする。

問3　ⅰ　物価変動会計　ⅱ　社会責任会計　ⅲ　環境会計　etc.

2　金融商品取引法会計

問1　次の文章の空欄に適切な用語を示しなさい。

「金融商品取引法（以下，金商法という。）会計は，①を目的に②を対象に，財務諸表等規則等によって要請された企業会計制度である。金商法会計では，従来より一貫して③機能が重視されている。この会計による財務情報の公表制度はとくに，④制度又は⑤制度とよばれている。

証券市場は発行市場と流通市場に大別することができる。発行市場で資金調達を行おうとする場合には，⑥と⑦を通じて投資者に情報が提供される。流通市場では(1)毎決算期毎の⑧報告書，(2) 3ヶ月毎の⑨報告書，及び(3) ⑩報告書で情報開示される。これらの情報開示は紙ベースで行われてきたが，現在では金融庁が運営する⑪と名づけられた電子開示システムが構築されている。

金商法会計で要求される(a) 4種類の財務諸表については，それぞれの(b)会計処

理・表示・監査において準拠すべき基準が定められている。そこでは，⑫ 財務諸表中心の情報開示が求められ，⑬ 財務諸表はその補助として位置づけられる。」

問2　下線(a)の「4種類の財務諸表」の各名称を示しなさい。

問3　下線(b)の会計処理，表示，そして監査に対応させて，各法規又は基準の名称を例示しなさい。

《解答・解説》

|問1|① 投資家保護　② 金商法の適用会社　③ 情報提供
④ 企業内容開示　⑤ ディスクロージャー　⑥ 有価証券届出書
⑦ 目論見書(もくろみしょ)　⑧ 有価証券　⑨ 四半期　⑩ 臨　時
⑪ EDINET　⑫ 連　結　⑬ 個　別

|問2|　ⅰ　財務諸表　　ⅱ　連結財務諸表　　ⅲ　四半期財務諸表
　　ⅳ　四半期連結財務諸表

|問3|　会計処理……企業会計原則，企業会計基準，連結財務諸表に関する会計基準，四半期財務諸表に関する会計基準等
　　　表　　示……財務諸表等規則，連結財務諸表規則，四半期財務諸表規則等
　　　監　　査……監査基準，四半期レビュー基準

♪　情報の非対称性とディスクロージャー制度の必要性　経済学において，経済主体によって保有する情報が異なる状況を情報の非対称性という。中古自動車市場における情報の非対称性を中心に据えたジョージ・アカロフの理論は，「情報の経済学」と称される。情報の経済学を有価証券の発行市場に当てはめたのが，これから述べる議論である。

　財務会計において，情報の非対称性とは，企業内部の経営者（情報優位者）と企業外部の利害関係者（情報劣位者）とに，保有する情報に格差がある状況をいう。情報の非対称性があると有価証券の発行市場の価格は，最初は，市場に流通する全証券の平均価格となる。次の段階において，その市場では，当初の平均価格を基準として，適正価格がその基準価格より低い劣悪企業の証券が多く出回り，適正価格がそれより高い優良企業の証券は退出してしまう。この状況が繰返されると，平均価格は下落し続け，ひいては市場が極限まで縮小，つまり崩壊することになる。「悪貨が良貨を駆逐する」ような現象を**逆選択**

（又は逆淘汰）という。

逆選択防止策の1つとしては，証券の発行者に質量ともに一定水準を超える情報を適時に適切な方法で提供させることである。この義務を怠った者には，ペナルティーを課して，モラル・ハザード（道徳的危険）による市場の失敗を予防することも大切である。モラル・ハザードが存在すると，効率的な資金そして資源の配分が達成できないからである。

逆選択を防止して，証券市場を円滑に機能させるために制度化されたのが，ディスクロージャー制度である。

3　会社法会計

問1　次の文章の空欄に適切な用語を示しなさい。

「会社法会計では，　①　，及び(a)既存株主と債権者との　②　を目的として，　③　を対象に，(b)会社法及び会社計算規則等によって規制された企業会計制度である。会社法会計では，伝統的に　②　機能が重視されてきたが，現在では　④　機能も重視されるようになった。

会社法会計では，(c)国際的な動向，わが国の会計基準の改正も視野に入れた規定がなされている。計算書類（財務諸表）の体系において，　⑤　の作成は義務づけられていないが，表示において精粗の差はあるものの，その処理は金商法会計と(d)実質的な統一がはかられている。このため，すべての会社に義務づけられている　⑥　は，有価証券報告書を提出する金商法適用会社については適用除外とされている。」

問2　下線(a)の両者が対立する構図を具体的に説明しなさい。
問3　下線(b)の「等」に該当する法務省令を2つ示しなさい。
問4　下線(c)の規定の例を示しなさい。
問5　下線(d)は，どのような規定を通じて行われているのかを指摘しなさい。

《解答・解説》

|問1|①　債権者保護　　②　利害調整　　③　すべての会社　　④　情報提供
　　⑤　キャッシュ・フロー計算書　　⑥　決算公告

|問2|　利益の過大計上は，既存株主にとって配当の増大を通じて有利となるが，債権者にとっては，資本の毀損原因となって不利になる。逆の場合は，債権者は

資本の充実を通じて有利となるが、株主は配当金の減少となって不利になる。

問3 ① 会社法施行規則　② 電子公告規則

問4 創立費や株式交付費等を株主からの払込金額から控除することを容認する規定（計規14Ⅰ）

問5 会計基準や会計慣行を斟酌する規定（会社法431，計規3）

4　税法会計

問1　次の文章の空欄に適切な用語を示しなさい。

「税法会計は、課税の公平の見地から ① を計算することを目的としている。税法会計の結果は、 ② されないので、制度会計の範囲から除かれることもあるが、(a)会計実務には大きな影響を及ぼしている。税法会計には、社会的機能のうち、 ③ 機能のみがある。税法会計のうち、法人税法会計では(b)確定決算に基づく ④ を基礎とし、これに税法特有の調整項目を加算・減算して課税所得が計算される。」

問2　下線(a)の理由を2つ述べなさい。

問3　下線(b)について、次の設問に答えなさい。
① 「確定決算」とは、どのようなことをいうのか説明しなさい。
② 「 ④ を基礎」とする方法（主義）の名称を示しなさい。
③ 「税法特有の調整項目を加算・減算」することを専門用語で示しなさい。
④ 「税法特有の調整項目」があれば、原則として、会計上も調整する必要が生じる。会計において、調整することの名称を示しなさい。

《解答・解説》

問1 ① 所得金額　② 公　表　③ 利害調整　④ 当期純利益

問2 ⅰ　確定決算での費用計上を条件に法人税法上も損金に認められる項目があるため、企業は税法規定にも合致する費用を計上する。
　　ⅱ　税法は益金や損金の算定で利用すべき計算式等を数多く提示しており、会計実務上もこれを採用すれば経理コストの節約に役立つ。
　　♪　解答ⅰの下線を 損金経理要件 という。計算式等の代表例として固定資産の法定耐用年数をあげることができる。下線(a)を「逆基準性」という。

問3 ① 事業年度の決算について、株主総会の承認又は総社員の同意その他これら

② 確定決算主義
　　③ 申告調整
　　④ 税効果会計

第3節　財務諸表の作成方法と利益の計算方法

1　財務諸表の作成方法と誘導法・棚卸法

問1　次の文章の空欄に適切な用語を示しなさい。

　「財務諸表の ① には，(a)誘導法と棚卸法の2つがある。誘導法は，特定期間におけるすべての取引を ② に記録し，これから ③ を導く方法である。棚卸法は，一定時点における積極財産及び消極財産を実地調査して ④ を作成し，これを要約して ⑤ を作成する方法である。このため，棚卸法は ⑥ ともよばれている。

　2つの財務諸表の ① と(b)利益の計算方法は相互に関連する。」

問2　下線(a)に関連して，次の設問に答えなさい。
　① 誘導法では貸借対照表能力をもつが，棚卸法ではそれをもたない項目を2つ例示しなさい。
　② 誘導法を要請した会計原則名を示しなさい。

問3　下線(b)の基本的な方法を2つの類型に分けて，その名称を示しなさい。

《解答・解説》

問1　①　作成方法　　②　会計帳簿　　③　財務諸表　　④　財産目録
　　　　⑤　貸借対照表　　⑥　財産目録法

問2　①　繰延資産，引当金　　cf. 本節3問4
　　　　②　正規の簿記の原則（See. 47頁 **問2**）

問3　損益法と財産法

2　利益の計算方法と損益法・財産法

問1　次の文章の空欄に適切な用語を示しなさい。

　「 ① の計算方法には，損益法と財産法の2つがある。損益法は ② に基

づいて，特定期間の収益からこれに　③　する費用を差し引いて計算される。財産法は期末　④　から期首　④　を差し引いて計算される。このため，損益法は　⑤　ともいわれ，財産法は　⑥　ともいわれる。損益法と財産法は，資産評価における原価と時価のいずれとも結びつく。」

問2　損益法と財産法の相違点を述べなさい。
問3　損益法，財産法それぞれの欠点を補うためにはどうすればよいか。
問4　損益法・財産法と財務諸表の作成方法との結びつきを示しなさい。

《解答・解説》

問1 ①　期間利益　　②　会計帳簿　　③　対　応　　④　純財産（純資産）
　　 ⑤　費用収益差額説（費用収益比較法）　　⑥　純財産増加説（純財産比較法）
　♪　財産には，資産を意味する積極財産の他に，消極財産としての負債も含まれる。積極財産（資産）と消極財産（負債）との差額を正味財産（純財産又は純資産）という。

問2　（同じ点）いずれも期間利益の計算法である。
　　（差異点）損益法は，費用収益の内訳表示を通じて利益の発生源泉を明らかにすることができるが，利益の裏付けとなる純資産の状況は示されない。財産法の利益は，財産的な裏付けを伴った数値であるが，利益の発生源泉は明らかにしていない。損益法はフローの観点からの期間計算であるが，財産法はストックの観点からの時点計算である。

問3　損益計算書に示された損益法のアプローチと，貸借対照表を基礎とする財産法のアプローチの両方が必要となる。このためには，複式簿記の技術を用いた帳簿記録を基礎とする<u>誘導法</u>により2つの財務表を作成すればよい。

問4　損益法は誘導法とのみ，財産法は棚卸法と誘導法のいずれとも結びつく。

《まとめ》

財務諸表作成方法	利益計算	資産評価
誘導法	損益法	原価
棚卸法	財産法	時価

◎静態論では棚卸法－財産法－時価を，動態論では誘導法－損益法－原価を，資産負債アプローチでは誘導法－財産法－原価又は時価を，暗黙のうちに結びつけられることが多い。

cf. 利益の報告方法　See. 319頁 図（利益の報告方法と利益概念の拡張）

3　会計観の変遷

　期間利益をフロー面である収益・費用から計算するのが損益法であり，ストック面である純資産の増減として計算するのが財産法である。同じ経済事象を対象として，それを同一の認識・測定基準に基づいて処理している限りにおいて，損益法の期間利益額と財産法のそれとは必ず一致する。複式簿記の原理に基づいて，クリーン・サープラス関係が保たれている場合の期間利益額の計算がこれである。ここで，損益法と財産法とは，相互補完の関係にあるのである。しかし，会計目的の相違があるときや収益・費用又は資産・負債のいずれを上位概念と考えるかによって，会計の対象やその認識・測定基準自体が異なることになり，期間利益額にも差異が生じる。ここで，両者は相互対立の関係となるのである。

　本項では，相互対立の関係を前提として，会計観の変遷を概観する。

　♪　損益法と財産法の関係について，相互補完の関係にある場合は「形式的意義の財産法と損益法」，相互対立の関係にある場合は「実質的意義の財産法と損益法」と称されることがある。

See. 272頁 問3 （クリーン・サープラス関係）

問1　次の文章の空欄に適切な用語を示しなさい。

　「財務会計の目的には，利益計算と財産の保全とがある。このうち，前者については従来から一貫して会計の主要テーマである。そこで，利益計算に的を絞って，その会計観の変遷を概観してみたい。

　会計観は，静態論から動態論（収益費用アプローチ，収益費用観ともいう。），そして資産負債アプローチ（資産負債観ともいう。）へと変遷してきた。

　企業の経済的基盤が未成熟でいわゆる継続企業の前提が現実的適合性をもたない状況では，企業への資金提供者の関心は，出資額及び債権額の回収にあった。そこでは，会計の主たる目的が　①　保護のために　②　の表示にあったのである。　②　の表示を目的とする会計は静態論とよばれる。

　静態論では，資産の本質として，　③　が重視され，その評価は売却時価が基本となる。資産は実在する財貨と法的権利から成る積極財産，負債は消極財産として　④　に限定して把握された。積極財産と消極財産との差額を正味財産といい，期首・期末間の　⑤　をもって利益又は損失としたのである。静態論は　⑥　の系譜に属し，富の描写を重視する。

証券市場の発展等によって企業は巨大化するとともに信用取引・固定資産の増加・恒常在庫の存在が通常となった。そこでは継続企業の前提が満たされ，⑦の保護のためにその意思決定資料として企業の⑧の表示へと会計の主たる目的が変遷したのである。これが動態論（収益費用アプローチ）が誕生した経緯である。

　継続企業を前提とした動態論では，利益計算は期間計算によらざるを得ない。そこでは，期間損益計算と⑨とのズレから生じる未解消項目を収容し，将来の損益計算のための連結環として貸借対照表が位置づけられる。主たる財務表の地位は，貸借対照表から損益計算書にとって代わられたのである。動態論では，資産の本質として⑩が重視され，その評価は，⑪が基本となる。⑩とは，将来に収益増加又は費用削減をもたらす潜在能力を有する将来の費用をいう。動態論は，⑫の系譜に属し，業績の描写を重視する。

　金融資産・知的財産の増加，年金資産，リース資産・負債等のオフバランス項目の増加，事業資産に対する減損会計の必要性等により⑪を基本とする動態論では，企業の状況を忠実に描写することに限界が生じてきた。そこで，動態論と同様に継続企業を前提に⑦保護を目的としつつも，静態論のように貸借対照表の情報がより重視される資産負債アプローチが採られるようになった。そこでは，期首・期末間の⑬をもって利益又は損失とされ，貸借対照表が主たる財務表となる。このアプローチは，⑥の系譜に属し，企業価値評価のための財務実態とリスクの開示を重視する。

　資産負債アプローチにおいて，資産の本質は，<u>将来にプラスの⑭をもたらす⑮</u>とされる。負債は資産の⑯と定義される。資産評価として，現状では，企業の支配目的やその属性に応じて時価と原価とが混合して用いられている。ただし，企業価値評価目的の徹底は，企業結合・分離時と同様に，すべての資産・負債を時価で評価することに通じる。

　ここで⑩と⑮とは，必ずしも明確に区別できる訳ではない。これらはいずれも原価とも時価とも結びつき，また，企業への給付の流れとその対価たる貨幣の流れとは対流＊関係にあることから，その測定面において，収益費用の将来の増減は，将来の⑭の増減と本質的に同義だからである。両者は認識時点が異なるだけである。

なお，資産負債アプローチは，資産負債を⑰概念，収益費用をその⑱概念とする考え方で，特定期間に資産と負債の差額としての純資産の増加額をもって⑲が定義される。これに対して，収益費用アプローチは，収益費用を⑰概念，資産負債をその⑱概念とする考え方で，収益と費用の差額として⑳が定義される。

わが国の制度会計は，企業会計原則の設定以後は収益費用アプローチによってきた。しかし，国際的に資産負債アプローチが主流になってきたため，近年設定，改正される会計基準には資産負債アプローチに基づく会計処理が大幅に取り入れられている。また，連結会計に⑲の概念が導入されたことから，資産負債アプローチよりにはなったが，⑲には⑳を補完する位置づけがなされていることから，今のわが国は，収益費用アプローチと資産負債アプローチとが併存している状況にあるといえる。」

問2 次の表の空欄を埋めなさい。

区　　分	収益費用アプローチ	資産負債アプローチ
利益計算の方法	i	ii
B／Sの位置づけ	iii	iv
P／Lの位置づけ	v	vi

問3 概念フレームワークにおける資産と負債の定義を示しなさい。

問4 収益費用アプローチではオフバランスとなるが，資産負債アプローチでは資産負債として認識される項目を2つ例示しなさい。

《解答・解説》

問1 ① 債権者　② 財産状態　③ 換金性　④ 確定債務
　　⑤ 正味財産の増減　⑥ 財産法　⑦ 投資家　⑧ 収益力
　　⑨ 期間収支計算　⑩ 用役潜在性　⑪ 原価　⑫ 損益法
　　⑬ 純資産の増減　⑭ 正味キャッシュ・フロー（ネット）　⑮ 経済的便益
　　⑯ 放棄・引渡義務　⑰ 上位　⑱ 下位　⑲ 包括利益
　　⑳ 当期純利益

問2 i 費用収益差額説
　　ii 純財産増加説
　　iii 期間損益と期間収支とのズレを収容（従）

第1章　13

iv　純資産増減による利益計算表（主）
　　v　収益と費用の差額としての利益計算表（主）
　　vi　純資産の増減原因を表示する内訳書（従）
　　　　　　　　　See. 125頁　♪（一致の原則と純財産増加説又は収益費用差額説）

問3　資産 とは，過去の取引または事象の結果として，報告主体が支配している経済的資源をいう（フレームワーク第3章4）。

　　負債 とは，過去の取引または事象の結果として，報告主体が支配している経済的資源を放棄もしくは引き渡す義務，またはその同等物をいう（同5）。

♪　「経済的資源」とは，問1本文の下点線（資産の本質）のことをいう。

問4　i　ファイナンス・リース取引により生じる借手側のリース資産・負債
　　ii　約定日基準によって認識された金融資産・負債
　　iii　資産除去債務計上時に有形固定資産の帳簿価額に加算した額　etc.
　　　　cf. 本節1問2①（棚卸法ではB/S能力のない項目）

＊　対流 とは，流体（液体・気体）の中で相反する方向の流れが生じている物理事象をいうが，本書では，経済主体において，貨幣と給付とが相反する方向への流れによって入れ替わる経済事象を意味する用語として使用している。以下の記述において同じ。

《会計観の変遷と資産負債等の範囲》

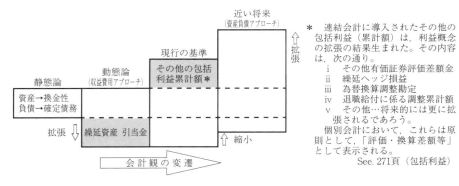

♪　理論と実務　制度として行われる会計は，目的適合性を有する首尾一貫した理論面と会計事実に対して現実適合性のある実務面の2つを両立して行われなければならない。ところが，この2つの側面は，時として二律背反の関係と

なる。このため，実際に行われてきた会計は，必ずしも，会計観の変遷で記載されたような単純化されたものではない。会計においては，棚卸法か誘導法か，財産法か損益法か，原価か時価か，そしてＰ／Ｌ中心かＢ／Ｓ中心かといった極端な二項対立的思考は，かえって非論理的とみなされるのである。

しかし，会計観というパラダイムは，長期的には確かに変遷してきている。これは，企業会計原則と最近発表される会計基準とを比較すれば実感できるであろう。そこで，会計観の変遷では，各パラダイムを特徴づけるために，本質を損なわず，かつ論旨を明確にするよう単純化して記述している。

4 経済学上の利潤と会計上の利益

問1　次の文章の空欄に適切な用語を示しなさい。

「経済学上の利潤と会計上の利益とは，経済主体によって ① された経済価値量である収益とその ② となった経済価値量である費用との ③ によって計算される点において，何ら変わるところはない。いずれも当初の元本を損なうことなく ④ された経済価値量で自由に処分し消費できるものである。このため，経済活動の業績達成の尺度となる(a)経済性は，収益と費用の比較により算定されるのである。しかし，経済学上の利潤は， ⑤ な立場から算定されるのに対して，会計上の利益は， ⑥ の立場から計算される。この立場の相違は，(b)費用の範囲，(c)情報の質的特性，(d)当初元本の内容，(e)経済価値の認識・測定等に差異を生じさせることになる。」

問2　下線(a)にいう経済性の計算式を示しなさい。
問3　下線(b)の費用の範囲についての差異を説明しなさい。
問4　下線(c)の質的特性についての差異を説明しなさい。
問5　下線(d)の当初元本の内容についての差異を説明しなさい。
問6　下線(e)の認識・測定についての差異を説明しなさい。

《解答・解説》

問1　① 獲得　② 犠牲　③ 差額　④ 増殖　⑤ 社会経済的　⑥ 企業体

問2

$$経済性 = \frac{収益}{費用}$$

♪ 経済性を測るために費用収益対応の原則が重要となる。

問3　経済学上の費用は，ある代替案を選択することによって失われる他の選択可能な代替案のうちの最大利益を意味する機会費用によって計上される。このため，費用には，支出を伴わない自己資本利子，保有土地に対する地代，出資者の企業者的労働に対する賃金等も含まれる。これに対して，会計上は，過去，現在，及び将来のいずれかの支出と関連する費用のみを計上するので，これらは費用とはならず，利益に含まれることになる。逆に，国民経済上は，所得を形成して費用とはしない利子，地代，賃金，税金等も支出と関連があれば，制度会計上は，費用とする。　See. 第3章1節1（2）問（3）（消費と費消）

問4　経済学上，企業における利潤は，その企業の経営環境，目的，立場，情報の受手等のうち，証明命題と関連しない与件を捨象して計算される。これに対して，会計では，一定の経営環境における経済活動全体を描写し，伝達することから，企業体の目的や立場，情報の質的特性等の要請又は制約といった現実的諸条件を捨象しない利益計算となる。
　　　　　　　See. 本章4節5（2）（会計情報の質的特性と意思決定有用性）

問5　経済学上の利潤は，経営活動を維持できる元本である実体資本維持を前提に計算される。経済学と同様に，会計上も理念的には，物的資産の給付能力を維持した後の余剰としての利益を計算するのが理想ではある。しかし，制度会計上は，特別な場合を除いて，名目資本維持を前提とした利益計算がなされる。
　　　　See. 本章5節2（2）[4]問1♪（所得概念），第9章1節4（資本維持論）

問6　経済学上の収益費用は，発生主義に基づく時価で計算される。これに対して，会計上は，収益は実現主義の基準により認識し，また事業資産に係る費用等は，取得原価基準又は支出額基準による測定額によって計算される。

第4節　会計基準とその設定方法

1　会計基準の必要性

問1　次の文章の空欄に適切な用語を示しなさい。
　「企業会計は，測定（写像）した結果を外部に伝達するので，　①　を有する。また，その作成・伝達者たる経営者と利用者たる利害関係者とは主体者が異なるために，会計情報には　②　がなければならない。そこで，財務諸表の作成と公

表に際して準拠されるべき ③ が必要とされる。 ③ として形成されてきたものが，会計基準である。会計基準には，＿＿＿＿＿＿＿＿という意味が込められている。」

問2　上記問1における＿＿＿＿＿＿＿＿に適当な文章を入れなさい。

問3　会計基準は，ディスクロージャー制度における次の当事者にどのような効能をもたらすものと期待されているか，簡潔に示しなさい。
　　① 経営者　　　　② 投資家　　　　③ 監査人

問4　現在，わが国の主要な会計基準の設定機関名を示しなさい。

《解答・解説》

問1 ① 社会性　② 信頼性　③ 社会的規範

問2　一般に公正妥当と認められる企業会計の基準

問3 ① 財務諸表の 作成指針 となること。
　　② 財務諸表に対する 理解 が高まること。
　　③ 財務諸表監査の 判断基準 となること。　　cf. 3頁 問2（当事者の責任）

問4　i　企業会計審議会　　ii　企業会計基準委員会（ASBJ）

2　会計基準の設定とその機関

問　次の文章の空欄に適切な用語を示しなさい。

　「わが国で最初の本格的な会計基準として， ① がある。これは昭和24年に企業会計制度を改善統一しようとして作成されたものである。 ① は，企業が適正な会計処理を行って財務諸表を ② するための指針として役立つだけでなく，公認会計士による財務諸表監査の ③ として用いられるとともに，企業会計に関連する ④ の制定や改廃に際しても尊重されなければならないものである。このため， ① を管轄する ⑤ は，必要に応じて改正するとともに， ① を補足する各種の基準や意見書を公表してきた。

　近年の国際動向によれば，会計基準は政府の機関ではなく民間団体が設定すべきであるとの意見が強くなっている。そこで，わが国でも ⑥ が設立され，そこでも各種の会計基準を設定し，公表している。 ⑥ が公表する文書には(a)上述の企業会計基準のほか，(b)企業会計基準を適用する場合の具体的な指針を詳述した ⑦ ，及び(c)正式な企業会計基準が設定されるまでの間，実務での取扱い

を暫定的に定めた ⑧ がある。

　この結果，わが国では，会計基準設定機関としては， ⑤ と ⑥ とが併存する状況にあるが，その役割は前者から後者へと重点移行している。

　今日のグローバル化した経済に対応するため，会計基準の国際的な統一化も積極的に推進されつつある。1973年に主要国の職業会計人団体が結集して国際会計基準を制定する動きとして開始され，2001年からはそれが国際会計基準審議会（ＩＡＳＢ）へと承継され，さらに現在では ⑨ という名称の会計基準として制定が継続されている。また，日本の会計基準設定・改正は，米国財務会計基準審議会（ＦＡＳＢ）と ⑨ とに大きな影響をうけている。

　国内基準と国際基準の主要な差異を調整して高品質かつ国際的に整合的な会計基準を整備することが目指されている。これを会計基準の国際的 ⑩ という。」

《解答・解説》

問① 企業会計原則　② 作　成　③ 判断基準　④ 諸法令
　⑤ 企業会計審議会　⑥ 企業会計基準委員会（ＡＳＢＪ）
　⑦ 企業会計基準適用指針　⑧ 実務対応報告
　⑨ 国際財務報告基準（ＩＦＲＳ　国際会計基準ともいう。）
　⑩ コンバージェンス

♪　企業会計審議会は，政府の諮問機関（パブリック・セクター）であり，公益財団法人財務会計基準機構の企業会計基準委員会（ＡＳＢＪ）は，民間組織（プライベート・セクター）である。

　会社法は，金融商品取引法が対象としている上場会社等だけでなく，いわゆる中小企業も対象としている。そこで，会社法会計を念頭に置きつつも中小企業向けの会計基準として，次の２つが公表されている。

　　ⅰ　中小企業の会計に関する指針（日本公認会計士協会，日本税理士連合会，日本商工会議所，企業会計基準委員会）
　　ⅱ　中小企業の会計に関する基本要領（中小企業の会計に関する検討会）

♪　コンバージェンスとアドプション　コンバージェンスは，収斂(しゅうれん)，統合等と訳される。会計基準のコンバージェンスは，一語一句が同じになるということを意図したものではなく，相互に受け入れられる程度に実質的内容を接近させようとするものである。現在は，欧州，米国及びわが国の間におけるコンバー

ジェンスの最終段階にある。これに対して、アドプション（直接適用）は、国際財務報告基準（ＩＦＲＳ）をそのまま自国の会計基準として採用することを強制するものである。

　わが国は、これまでコンバージェンスを前提に会計基準の設定・改正の作業を積極的に進めてきた。この結果、欧州委員会（ＥＣ）は、平成20年（2008年）12月、米国会計基準と同様、わが国会計基準をＩＦＲＳと同等であると最終決定（同等性評価）した。その後、日本が手本としてきた米国証券取引委員会（ＳＥＣ）は、アドプションへ大きく舵を切り、ＩＦＲＳの適用を大会社から段階的に強制適用する検討に入った。わが国でも平成21年6月に企業会計審議会が、平成22年3月期よりＩＦＲＳの任意適用を認めた。

　ところが、米国ＳＥＣは、平成22年（2010年）2月にＩＦＲＳの任意適用を中止する声明を発表し、それを強制した場合の適用時期を平成27年（2015年）へと先送りした。国内的にも、連結先行の実質的内容が見直され、包括利益の表示、退職給付に係る負債の貸借対照表への即時認識等は、個別（単体）には適用されず、連結のみの適用として連単分離の基準が新設・改正された。無形固定資産、収益認識等は、連単同一の基準とする方向で議論が進められている。

　また、わが国では、平成27年6月に修正国際基準が公表された。修正国際基準は、ＩＦＲＳの諸基準のうち、のれんの非償却・その他の包括利益累計額のノンリサイクリングを日本基準に修正したものである。新基準設定による実務への影響は、限定的になろう。ＩＦＲＳを採用しないのなら、日本基準を適用すればよいからである。しかし、理論的には、日本の立場を明確に主張する意義は大きい。なお、この公表により当面の間、わが国の金融商品取引法会計の根拠基準として、日本基準、米国基準、ＩＦＲＳ、及び修正国際基準の4つが併存することになる。

3　会計基準の研究方法と帰納法・演繹法
(1)　会計基準の研究方法
問1　次の文章の空欄に適切な用語を示しなさい。

　「会計基準の研究方法（接近法(アプローチ)ともいう。）には、大別して帰納法と演繹法とがある。帰納法は、事象＊の観察 → 一般的命題の発見 → 実験による検証、の手

続をとる。これにより導き出された会計基準は、①　として抽出され、かつ実務を②　するという性質をもつ。帰納法の理論構成において重要な役割をもつのが、③　である。これに対して、演繹法は、目的の設定 → 諸前提・基礎概念の抽出 → 現実適合性の検証、の手続をとる。これにより導き出された会計基準は、④　として抽出され、かつ実務を⑤　するという性質をもつ。演繹法の理論構成において重要な役割をもつのが、⑥　と⑦　である。

いずれの研究方法によっても、会計基準は会計実務の指針として役立たねばならない。しかし、会計実務を大きく⑤　し、新しい取引や事象を忠実に描写して、会計基準が社会から一般に公正妥当と受け入れられるためには、主として、⑧　を採り、これを補う意味において、併せて⑨　を採用するのが、最も合理的である。

以上において、会計基準という用語は、⑩　と読替えてもよい。」

問2　わが国の企業会計原則はいずれの研究方法によって設定されたものかを説明しなさい。

《解答・解説》

問1　①　経験の蒸留　②　追認　③　会計慣習　④　理論の用具　⑤　改善　⑥　諸前提・基礎概念　⑦　会計目的　⑧　演繹法　⑨　帰納法　⑩　会計理論

問2　企業会計原則は、「企業会計の実務の中に慣習として発達したものの中から、一般に公正妥当と認められるところを要約したもの」（前文）であるから、帰納法によって設定されたものである。

会計基準の研究方法と会計の理論構造（例：減価償却費）

（経済事象*）
方法・手続・技術　…（上部構造）…定額法等の方法
原則・基準　　　　…（中間構造）…費用配分の原則
基礎的前提　　　　…（基礎構造）…継続企業の公準
（会計の目的）

【研究方法】
帰納法 ↓
演繹法 ↑

＊　「事象（events）とは、会計的認識をする以前の生（なま）の事実である。たとえば資源はこれを会計的に認識すると資産となる。また生産や消費はこれを会計的に認識すると収益や費用となるが如くである。そして事象は主として変化を伴う事実を意味する。」（阪本安一『新講　財務諸表論〈全訂版〉』22頁　昭和58年　中央経済社刊より）

（2） 演繹法による会計基準の２つの設定方法

問 次の文章の空欄に適切な用語を示しなさい。

「演繹法による会計基準の設定には，　①　と諸前提・基礎概念があらかじめ与えられなければならない。ここで，基準設定の用具として，　②　を重視するのが会計公準論であり，　③　を重視するのが概念フレームワークである。

概念フレームワークでは，　①　を明確にし，それとの関連で　③　が体系的に定義・性格づけられる。それは，　③　の枠組みの中で会計基準を設定する場合の指針としようとするものである。　③　の根底には，基礎的前提としての会計公準の存在がある。会計公準論と概念フレームワークとは，まったく別個のものではなく，相互に補完し合う関係にある。

帰納法によっても，会計公準や概念フレームワークを抽出することは可能である。それにもかかわらず，演繹法が会計基準の設定において重要な意味をもつのは，　①　に適合する基準を構築してはじめて，会計処理の　④　を廃し，これを一般に　⑤　な処理に導くという会計基準本来の機能を発揮できるからである。

　①　が異なるとその基準も自ずと異なってくる。税法会計や非営利会計が，財務会計と異なる基準をもつのはその例である。」

《解答・解説》

問 ① 会計目的　② 諸前提　③ 基礎概念　④ 恣意性　⑤ 公正妥当
（注）本節３の主要部分については，阪本安一『新講　財務諸表論〈全訂版〉』の21頁から29頁によっている。

4　会　計　公　準　論

演繹法を採る場合，会計公準が会計の基礎的前提としての普遍性・不変性をもってはじめて会計基準設定の用具とすることができる。会計公準は，もともと帰納法により会計慣習の中から抽出された。それが，会計目的に適合して会計基準設定の用具として役立つためには，極めて高度に抽象化されてはじめて可能となる。抽象化が不完全なもとでは，経済事象を誤って認識したり，一部の会計行為が説明できなかったりして，会計公準の性格として備えるべき普遍性・不変性を欠く結果を招くのである。公準の内容として，貨幣価値一定を含ませるのは前者の例であり，期間に関係しないプロジェクト会計を説明できないのは後者の例である。また，例え

ば1つの公準に形式的意味と実質的意味の両性格をもたせたりするのは，会計公準を数学上の公理と同様に，理論体系の出発点として証明を要しない真であると位置づけるなら，それ自体が自己矛盾となって理論の混乱要因となるのである。

各会計公準は，相互に作用しあって会計の独自性を特徴づけ，その限界を明示する。また，会計公準は，会計原則・基準設定の用具ともなる。こうして会計は，経済主体の経済活動及びそこで生起する事象を日付・科目・金額という要素に分解・整理・整頓して描写・伝達する「企業の言語」としての役割をはたすのである。

演繹法による公準例としては，目的適合性の公準（目的），企業体の公準（主体），継続企業の公準（対象），貨幣的測定の公準（手段），そして，勘定計算の公準（手段）をあげることができる。しかし，受験参考書の性格も有する本書では<u>多数説として説明されている公準を中心に</u>記述していきたい。

（1）企業実体の公準と会計主体論

［1］ 企業実体の公準

問1　次の文章の空欄に適切な用語を示しなさい。

　「企業実体の公準は，所有主をはじめとする利害関係者から分離した企業それ自体を ① とする ② 公準である。この公準により企業会計は<u>家計</u>や株主等の所有主から切り離して行われる。企業実体の公準は， ① の公準ともよばれ，会計対象を空間的・場所的に限定する。」

問2　企業実体の公準は1つの企業に1つと限定されるのかを述べなさい。

問3　下線の「家計」と企業会計とを分離する商家の格言を示しなさい。

《解答・解説》

問1　①　会計単位　　②　対　象

問2　限定されない。企業グループ全体を1つの会計単位とする連結財務諸表が作成されることもあれば，1つの企業の中で別々の会計単位とする本支店会計が行われることもある。

問3　店と奥の分離

［2］ 会 計 主 体 論（♪　多数説では，会計公準ではない。）

問1　次の文章の空欄に適切な用語を示しなさい。

「会計的 ① の主体を会計主体という。会計主体論は ② 理論と企業体理論に大別される。会計主体の違いは，<u>企業の純資産や収益・費用の範囲の違いを生じさせ，従って，利益の範囲にも影響を与える。</u>」

問2　会計主体論について，次の設問に答えなさい。
① ② 理論と企業体理論を説明しなさい。
② 2つの考え方に適合する会計の基本等式とその名称を示しなさい。

問3　下線について，次の設問に答えなさい。
① ② 理論では利益として処理されるが，企業体理論では資本剰余金となる項目を示しなさい。
② ② 理論では費用となるが，企業体理論では利益処分となる項目を2つ示しなさい。
③ 企業体理論により利益概念を最も広くとらえると利益は何に一致することになるのか，その項目名称を示しなさい。

問4　現行の株式会社会計において，企業実体の公準と会計主体はどのように取扱われているかを述べなさい。

《解答・解説》

問1 ① 判　断　　② 所有主

問2 ① 所有主理論　会計的判断や財務諸表の作成を<u>所有主の立場</u>から行う理論をいう。これには，所有主代理人説や所有主集合体説が含まれる。

企業体理論　会計的判断や財務諸表の作成を<u>企業それ自体の立場</u>から行う理論をいう。これには，制度的企業説や独立企業説が含まれる。

② 所有主理論　⇒　資産－負債＝資本　　資本（純資産）等式
　　企業体理論　⇒　資産＝負債＋資本　　貸借対照表等式

問3 ① 資本的支出に充てた国庫補助金や工事負担金（その他資本剰余金）
② ⅰ　利益に課せられる法人税　　ⅱ　賃金給料　　ⅲ　支払地代　etc.
③ 付加価値

問4　現行の株式会社会計では，株主とは区別された企業実体の公準を前提に行われているが，会計的判断の主体は株主の立場から行われている。このため，当期純利益は，所有主理論により計算され，純資産の部のうち，株主資本の変動項目の1つとして取扱われている。

（2） 継続企業の公準

問1　次の文章の空欄に適切な用語を示しなさい。

　「継続企業の公準とは，(a)企業活動の継続性を前提として，企業会計はその途中における経済活動を対象とすることをいう。この公準は，(b)　①　の概念や継続性の原則等を派生させ，会計に見積要素を採り入れる前提となる。また，この公準によれば，時間的経過に伴って生じる種々の　②　も会計の対象とすべきことになる。このため，会計目的に適合すれば，(c)貨幣価値の変動も認識・測定することになるのである。継続性の公準は，カタカナ（英語）で　③　の前提ともよばれ，会計対象を時間的に限定する。」

問2　下線(a)に関連して，次の設問に答えなさい。
① 　企業が破綻したとき継続企業の公準は作用するのか。また，再開の目途がたたない企業の休止の場合はどうか。
② 　上記①のような疑念を抱かされる事象や状況が存在するとき，財務諸表にはどのようなことが求められるのかを示しなさい。

問3　下線(b)の「等」を例示しなさい。

問4　下線(c)は何を意味するのかを簡潔に示しなさい。

《解答・解説》

問1 ① 　会計期間　　② 　事象の変化　　③ 　ゴーイング・コンサーン
　　♪ 　継続性の公準には，問1及びその本文で記述した内容以外に，企業形態の不変性及び経営環境の安定性も含まれる。

問2 ① 　いずれにも作用しない。
　　② 　財務諸表にその内容等を注記すること。　　See. 334頁（継続企業の前提）

問3　貸借対照表継続性の原則，費用配分の原則　etc.

問4　時価（公正価値）で評価すること。

（3） 貨幣的測定の公準

問1　次の文章の空欄に適切な用語を示しなさい。

　「貨幣的測定の公準とは，多様な経済事象を　①　という単一の測定尺度に還元して計算し表示する手段公準をいう。これは，特に時価や原価を指示するものではない。会計では過去や現在の収支額だけでなく，将来の　②　も用いられ

る。更に、そこに貨幣の時間的価値が考慮される場合もある。そして、これらの ③ の根底には、常にこの公準の存在がある。また、この公準は、会計の対象が<u>貨幣で表現できるもの</u>に限定されることを意味している。」

問2 この公準によりどのようなことが可能となるのか。

問3 貨幣価値の修正を中心課題とする会計理論の名称を示しなさい。

問4 下線に関連して、次の設問に答えなさい。

① 「貨幣で表現できるもの」であっても会計の対象としない場合がある。その場合を説明しなさい。

② 「貨幣で表現できるもの」以外のもの及び上記①を財務会計に採り入れるときの方法を示しなさい。

《解答・解説》

問1 ① 貨幣額　② 収支見込額　③ 評価理論

問2 経済事象の統一的な測定と報告が可能となる。

問3 物価変動会計

問4 ① 金額を合理的に見積れない等で、情報としての信頼性が足りない場合は、会計の対象としない。　　　　　　　ex. 211頁（引当金設定の要件）

② 注記　♪　期中では備忘記録としての対照勘定を用いることもある。

5 概念フレームワーク

（1）概念フレームワークの構成

問1 次の文章の空欄に適切な用語を示しなさい。

「概念フレームワークは、企業会計（特に財務会計）の基礎にある前提や概念を体系化したもので、いわば会計原則・基準を法律とするなら、それらに優位する憲法のような存在である。日本の企業会計基準委員会は、次の4章から構成される『財務会計の概念フレームワーク』を ① として公表している。第2章以下は、財務会計の目的を達成するための ② として位置づけられている。

第1章　財務報告の目的……投資者による ③ のために、企業の将来の不確実な ④ を予測するのに有用な ⑤ が財務会計の主目的とされる。会社法や税法による ⑥ への利用は、会計情報の副次的な用途として位置づけられている。

第2章　会計情報の質的特性……会計情報が ⑦ をもつために具備すべき質

的な特性として，⑧　や　⑨　等の要件を挙げている。
　　第3章　財務諸表の構成要素……資産・負債・⑩・株主資本・⑪・純利益・収益・費用という8つの概念が定義されている。
　　第4章　財務諸表における認識と測定……財務諸表の主な構成要素に対する認識⑫と測定⑬について論じている。」

問2　『財務会計の概念フレームワーク』では，どのような研究方法が採られているのか。

《解答・解説》

問1　① 討議資料　② 手　段　③ 企業価値評価　④ 経営成果
　　⑤ 情報の開示　⑥ 利害調整　⑦ 意思決定有用性
　　⑧ 意思決定との関連性　⑨ 信頼性　⑩ 純資産
　　⑪ 包括利益　⑫ 時　点　⑬ 尺　度

問2　演繹法

　　（注）財務会計の基礎を理解するために必要な概念フレームワークの内容については，関連する箇所で設問等に組込んでいる。

（2）会計情報の質的特性と意思決定有用性

問1　次の文章の空欄に適切な用語を示しなさい。

「財務報告の目的は，投資家の意思決定に資するディスクロージャー制度の一環として，① と ② を測定して開示することである。そこでは，(a)情報提供機能が重視され，その情報に求められる最も基本的な特性として ③ をあげている。ここで有用性とは，目的に適合した知識（情報）を意味する。この意味から，その下位概念として ④ が演繹される。財務会計は企業外部へ向けて伝達されることから，そこには，⑤ がなければならない。これらの2つの特性が，階層的・直接的に ③ を構成する会計情報の ⑥ とされる理由である。

他方，会計処理は，既存の会計基準全体の内容やそれを支える基本的な考え方と矛盾があってはならない*。このため，新しく設定される会計基準も，他の会計基準と ⑦ をもって設定されなければならない。また，企業の状況に関する判断を的確に行うためには，財務諸表の企業間・(b)時系列での ⑧ が必要とされる。これら2つの概念は，会計情報の ⑥ を全体的・間接的に支える ⑨ と

なるのである。」

問2　下線(a)以外の社会的機能の名称を指摘（下線）しなさい。また，財務会計の社会的機能と会計情報の質的特性との主たる結びつきを示しなさい。

問3　下線(b)を要請した原則の名称を示しなさい。

問4　③ を構成する ④ には，情報価値の存在と情報ニーズの充足とが含まれる。これらの概念は，ひとまとめにして別の概念で表現されることがある。この別の概念名を示しなさい。

問5　⑤ の構成要素には，ⅰ 検証可能性やⅱ 表現の忠実性，そして中立性が含まれる。これらのうち，ⅰ及びⅱのそれぞれを要請する会計原則名を示しなさい。

《解答・解説》

|問1| ①　投資のポジション　　②　その成果　　③　意思決定有用性
　　　④　意思決定との関連性　⑤　信頼性　　　⑥　基本的特性
　　　⑦　内的整合性　　　　　⑧　比較可能性　⑨　一般的制約

|問2| ○利害調整機能　→　信頼性
　　　○情報提供機能　→　意思決定との関連性

|問3|　継続性の原則

|問4|　（情報）目的適合性

|問5|　ⅰ　正規の簿記の原則　　ⅱ　明瞭性の原則

＊　整合性と首尾一貫性　整合性は，問1本文の下点線の意味で使用される。これは基準又は論理が目的に適合して相互に矛盾のないことでもあり，首尾一貫性も同様の意味を有する。概念フレームワークでは，基準間の無矛盾性の意味で「内的整合性」，四半期と事業年度，又は事業年度間での時系列における無矛盾性の意味で「首尾一貫性」（継続性）という用語を用いるよう使い分けている（第2章19）。しかし，論述においては，首尾一貫性を会計処理相互間の無矛盾性の意味で使用されることもある（例として，遡及基準66, 67）。

会計情報の質的特性

《基本的特性》
（目的）
意思決定有用性

- 意思決定との関連性
  ・情報価値の存在
  ・情報ニーズの充足
- 信　頼　性
  ・中立性
  ・検証可能性
  ・表現の忠実性

- 内的整合性
- 比較可能性

《一般的制約》

第5節　資産負債の評価基礎要素等の分類とその基準

1　評価基礎要素等の分類と会計観

問　次の文章又は表の空欄に適切な用語を示しなさい。

　「会計上の評価については，伝統的に資産についてのみ問題とされてきた。しかし，最近の資産負債アプローチのもとでは，資産だけではなく，負債についても評価が問題とされるようになった。

　期末に選択される評価基準には，［　ア　］を過去，現在，将来のいずれを基礎におくか，また［　イ　］として支出（入口価格，投入価格，購買市場）と収入（出口価格，産出価格，販売市場）のいずれを基礎とするか，更に評価に貨幣の［　ウ　］を考慮するか否かによって多くの種類がある。これらの諸要素を基礎として当期末の評価額が問題とされるのである。諸要素を『財務会計の概念フレームワーク』（第4章8～43）を中心に一部を補足して整理すれば，次表のようになる。

貨幣流れ	時点時間価値	過　去	現　在（当期末）	将　来
支　出	考慮せず	①実際支出額	②［　エ　］	③支出予定額
	考慮する	④積増価値	⇒⑤⇐	⑥割引価値
収　入	考慮せず	⑦実際収入額	⑧［　オ　］	⑨収入予定額
	考慮する	⑩積増価値	⇒⑪⇐	⑫割引価値
区　分　な　し		—	⑬［　カ　］*	—

28

＊　過去及び将来の カ は期末評価の基準としてはなじまないので，あえて空欄としている。それは，常に変動しており，そこで決まる価格は短期間においてのみ有効だからである。

　どの基礎要素等に基づいて評価の基準とするかは， キ や項目属性及び経営環境に適合する測定尺度は何かという観点から選択される（同章53）。単純にどの測定尺度が優れているというものではないのである。

　現行の会計基準が採用している評価基準の基礎要素等を表中の番号に対応させて，その適用例，若干の解説を付すれば，次の通りである。

① 資産の評価として ク による場合
② 資産の期末時価評価額を現在の支出額を基礎として算定する場合
③ 賞与引当金，未払金，買掛金，借入金
④⑤ 期首の資産除去債務残高の ケ に負債計上時の コ を乗じて算定される期末の資産除去債務額
⑤⑥ サ から割引計算により算定される資産除去債務額
⑦ 前受金，前受収益
⑧ 資産の期末時価評価を現在の収入額を基礎として算定する場合
⑨ 売掛金，未収金
⑩⑪ 過去の収入実績を基礎として著作権の時価を算定する場合
⑪⑫ シ により資産の評価額を算定する場合
⑬ デリバティブ，売買目的有価証券

　資産評価について，会計観との関連で述べれば，次の通りである。

　収益費用アプローチでは，資産は取得原価を基礎にして， ス の差額としての損益を正確に算定する観点から資産の評価が問題とされる。資産の時価を採るときは，取得原価を基礎に セ で修正して算定される。資産負債アプローチでは，現状では資産の ソ とその属性により多元的な評価基準（混合属性アプローチ）が採られている。

　会計学の歴史を顧みて現状から将来を予測すれば，さらに時価（公正価値）評価に重点移行していくのが自然の成り行きだと思われる。」

《解答・解説》

問 ア　評価時点　　イ　貨幣の流れ　　ウ　時間的価値　　エ　再調達価額

オ　正味売却価額　　カ　市場価格　　キ　評価目的　　ク　取得原価
ケ　帳簿価額　　コ　割引率　　サ　除去費用見積額　　シ　収益還元価値
ス　収益と費用　　セ　物価指数等　　ソ　支配目的

♪　**資産負債の評価額の意味**　貸借対照表に記載される資産・負債の金額は，評価時点における財産の現状，すなわち過去や将来と切り離された現在の価値自体を直接的に時価で再測定している場合は少ない。むしろ，過去から現在，そして将来へと続く連続した時間的流れの中での一時点に企業が支配し又は負担している項目の属性や目的に適合した処理結果としての価値を示している場合の方が多いことに留意してほしい。これは，主観価値説に基づく場合のみならず客観価値説における評価額についてもいえることである。更に資産負債アプローチに基づく場合も同様で，例えば割引現在価値に基づく評価額も評価時点の時価そのものではなく，現在から将来へと続く資金の流れを一定の仮定に基づいて計算した結果なのである。

See. 第1章5節の最後頁の♪　**資産評価における主観価値説と客観価値説**

2　資産の分類と評価基準

（1）資産の分類と評価基準の概要

問1　次の文章の空欄に適切な用語を示しなさい。

「制度会計上，資産は財務流動性や支払能力の観点から　①　資産と　②　資産に分類される。企業の資本循環や損益計算の観点からは，　③　資産と　④　資産に分類される。

資産の評価の観点からは，投資に何を期待するかにより　⑤　と　⑥　の分類が重要である。　⑤　は，企業本来の　⑦　からの成果を期待して行われ，(a)　⑧　が原則的な評価基準として採用される。生産や販売に用いられる資産がこの典型例である。　⑤　のうち，事業資産は，　⑨　と費用配分の原則により費用額と期末資産評価額が決定される。　⑥　は，　⑩　からの成果を期待して行われ，(b)　⑪　が原則的な評価基準として採用される。デリバティブや売買目的の有価証券がこの典型例である。　⑪　は，公正な評価額と同義である。」

問2　下線(a)・(b)の評価基準に関連して，次の設問に答えなさい。

①　評価基準に関して，下線(a)及び(b)の理由を述べなさい。

② ⑧ 又は ⑪ のいずれの評価基準を採用するかにより購入時から売却時までの全期間の合計利益額は，どのようになるか。

問3 投資の性質とのれん価値（主観のれん）の関係を述べなさい。

《解答・解説》

問1 ① 流　動　　② 固　定　　③ 貨幣性　　④ 費用性（又は非貨幣性）
　　⑤ 事業投資　　⑥ 金融投資　　⑦ 事業活動　　⑧ 原　価
　　⑨ 取得原価　　⑩ 市場価格の変動　　⑪ 時　価

問2 ①(a) 事業投資 は，次の理由により時価評価にはなじまず，収益が実現する（又はリスクから解放される）まで取得原価で評価する。ここで，取得原価に基づく評価には，償却原価法も含まれる。
　　　i　売却することに事業遂行上等の制約がある。
　　　ii　企業が事業活動の遂行を通じて成果を得ることを目的とする。

(b) 金融投資 は，次の理由により時価評価と時価の変動に基づく損益が認識される。
　　　i　整備された市場で容易に売却可能なこと。
　　　ii　売却することに事業遂行上等の制約がなく，時価の変動により利益を得ることを目的として保有していること。

See. 72頁（ 投資のリスクからの解放 ）

② 同額となる。　　　　　　　　　　　　　　See. 125頁（一致の原則）

問3　のれん価値とは，将来事業から得られる正味キャッシュ・フローの現在価値から投資額を控除した額をいう。金融投資は，常に時価と等しい価値しかなく，誰が所有してものれん価値は生じない。事業への投資は，市場平均を上まわる成果（超過収益力），つまり，のれん価値を期待して行われるが，その投資の成果が期待から事実となるのは，実現主義の適用要件が満たされる将来キャッシュ・フロー受取確定時である。　　　　See. 186頁（のれん）

♪ 金融投資とその他有価証券 　金融投資は基本的に時価評価されるが，金融投資のすべてが時価評価の対象となるのではなく，上記問2①(b)の2つの要件が満たされた場合のみである。その他有価証券は，売買目的有価証券と子会社株式及び関連会社株式との中間的な性格を有している。この性格によりその他

有価証券は，iの要件は満たしているが，iiについては事業遂行上等の必要性から直ちに売買・換金を行うことには制約を伴う要素もある。そこで，時価で評価するが，その評価差額は，次のように処理する。

連結会計では，その他の包括利益とし，純資産の部のその他の包括利益累計額に計上する。

個別会計では，全部純資産直入法又は部分純資産直入法のいずれかの方法により純資産の部の評価・換算差額等に計上する。

♪　投資の性質と資産の外形　目的に適合した投資の経済的実質により投資のリスクからの解放のされ方は異なる。金融資産でも事業投資の性質を有していたり，非金融資産でも金融投資の性質をもつものがあるからである。そして，例えば同じ特定企業の株式であっても，売買目的で保有すれば金融投資として時価評価され，支配のために保有する子会社株式であれば事業投資として原価評価される。保有目的により投資の性質も変化するのである。

投資の性質＼資産の外形	金融資産	非金融資産
金融投資 （市場価格の変動を期待⇒**時価**）	・デリバティブ ・売買（トレーディング）目的の有価証券	・売買（トレーディング）目的の動産・不動産
事業投資 （事業からの成果を期待⇒**原価**）	・満期保有目的の債券 ・子会社・関連会社株式 ・金銭債権	・販売用の動産・不動産（棚卸資産） ・事業用の動産・不動産（事業資産）

（出所）斎藤静樹のプレゼン資料より。一部変更

（2）資産等を対象とした主な評価額とその基準

問1　次の文章の空欄に適当な用語を示しなさい。

「資産の測定値としての貸借対照表価額は，3つのカテゴリーに分けることができる。資産のうち，事業資産の測定値は，□□□と逆相関の関係にある。」

問2　下線の3つのカテゴリーを示しなさい。

問3　わが国の会計基準においては，さまざまな局面で時価が採用されている。次の項目では，どのように時価が採用されているかを説明しなさい。

①　金融資産　　②　棚卸資産　　③　固定資産　　④　取得とされた企業結合

により受入れる資産及び負債　⑤　退職給付会計における年金資産
⑥　賃貸等不動産

問4　低価法について、次の設問に答えなさい。

①　低価法を定義しなさい。

②　低価法は、原価主義の例外かについての見解2つを説明しなさい。

《解答・解説》

問1　費用の測定値（又は費用額）

問2　ⅰ　取得原価に基づく測定値（原価主義）
　　　ⅱ　公正価値を含む現在の市場価格（時価主義）
　　　ⅲ　将来キャッシュ・フローの現在価値（現価方式）

♪　ⅱには、正味売却価額、再調達価額及び両者を区別できない場合がある。

問3①ⅰ　有価証券のうち、売買目的有価証券及びその他有価証券として保有している有価証券で時価のあるものについては、時価で測定
　　　ⅱ　デリバティブについて原則として時価で測定
　　　ⅲ　金融商品の時価等に関する事項について注記
②ⅰ　収益性の低下が認められる場合には、正味売却価額をもって貸借対照表価額とする。
　　　ⅱ　トレーディング目的で保有する棚卸資産は、時価評価
③　減損処理を実施する際は、その時点の時価を回収可能価額算定の基礎として使用
④ⅰ　被取得企業又は取得した事業の取得原価は、取得の対価となる財の企業結合日の時価で算定
　　　ⅱ　取得原価は、受入れた資産及び負債のうち企業結合日時点において識別可能なものの企業結合日時点の時価を基礎として、当該資産及び負債に配分
⑤　年金資産の額は、期末における時価（公正な評価額）により計算する。
⑥　対象資産については、貸借対照表日時点の時価を注記

♪　解答は、会計制度委員会研究資料第4号3（1）【図表1】によっている。

問4①　資産評価時点での原価と時価とを比較して、いずれか低い方の価額を当該資産の評価額とする方法である。

② i 低価法は，原価主義の例外で，保守主義の原則を根拠としてのみ認められる。これは原価主義の本質を，名目上の取得原価で据え置くことであるという理解に基づいている。

ⅱ 資産価額のうち，収益性の低下した部分は資産の本質を有せず，これを費用処理することにより原価主義を徹底させたのが低価法である。

♪ ⅰは継続性の原則に反し，ⅱは時価が原価より低下したときは，必ず時価によることになる。ⅱの根拠として，棚卸資産の評価に関する会計基準では，「取得原価基準は，将来の収益を生み出すという意味においての有用な原価，すなわち回収可能な原価だけを繰り越そうとする考え方」(36) を採用している。基準では，低価法を原価主義の枠内に位置づけて，残留有用原価を，原則として，正味売却価額で測定するのである。

See. 79頁 第3章2節1問5② （取得原価の減額と支出額基準）

[1] 取得原価と原価基準

問1 次の文章の空欄に適切な用語を示しなさい。

「原価基準は， ① 市場で資産が取得された過去の時点での ② による評価である。取得原価は， ③ 原価ともよばれる。

資産の取得時の価額には，実際に取引のあった対価額にこだわり，資産を無償・低廉取得した場合，その無償・低廉部分の取得価額を0又は備忘価額1円とする考え方と ④ とする考え方とがある。企業会計原則では，後者を採用している（B／S原則五F）。これは，公正な市場取引を想定し，その対価の見積額（時価）を取得原価とする趣旨である。決算時の価額については， ⑤ で据え置く考え方と将来に ⑥ だけを繰り越そうとする考え方とがある。現行基準では，棚卸資産の評価や固定資産の減損処理にみられるように，後者を採用している (36)。

原価基準で評価される資産は，原則として，将来に販売等により ⑦ が計上されるまで ⑧ として認識されない。」

問2 取得原価基準は，下線からどのような収益認識基準と結びつくか，その基準名を指摘しなさい。

問3 原価基準の特徴（長短）を述べなさい。

問4　原価基準と支出額基準との関係を述べなさい。

《解答・解説》

問1 ① 購　買　② 支出額　③ 歴史的　④ 公正な評価額
　　⑤ 名目上の取得原価　⑥ 回収可能な原価　⑦ 収　益　⑧ 費　用
　　See. 第3章2節1 問5 ②ⅰ（取得原価基準内での評価），前頁 問4 ②，その他

問2　実現主義

問3　（長所）

ⅰ　原価基準では資産の取得から売却又は廃棄までの間に評価損益が計上されないので，損益計算から評価益という<u>未実現利益が排除される</u>。

ⅱ　原価基準によれば，資産価額を実際の第三者との取引における価額に基づいて測定されるので，資産評価額の<u>検証可能性を確保できる</u>。

ⅲ　原価基準での取引は資金使途の追跡が容易なので，<u>受託責任や会計責任の遂行</u>に適している。

ⅳ　原価基準のもとでの<u>利益処分には貨幣性資産の裏付け</u>がある。

ⅴ　原価基準のもとでの利益には投下された貨幣資本を維持をした上での資金回収余剰という意味があるので，<u>資本主の立場からの利益概念に適合する</u>。

（短所）

ⅰ　資産の貸借対照表価額が<u>期末時価と乖離</u>する可能性があること。

ⅱ　収益と費用とが同一の貨幣価値水準における対応とならず，利益に<u>保有損益が混在</u>してしまうこと。

ⅲ　物価上昇時には<u>実質資本維持ができなくなる</u>こと。

問4　原価基準は，資産を支出額を基礎として評価する。支出額基準は，費用を支出額のうち，費消された給付に相当する金額によって測定する。ここで，資産価額と費用額とは，金額面で逆相関関係となっている。従って，原価基準と支出額基準とは，表裏一体の関係にあるといえる。

［2］　正味売却価額と時価基準

問1　次の文章の空欄に適切な用語を示しなさい。

　「正味売却価額は現在の　①　から　②　及び　③　を控除して算定される。この価額が採用されると，資産が常に売却時価を基礎として評価されて，販売時

第1章

点では利益が計上されない。この点で正味売却価額は，明らかに収益認識における　④　と対立するものである。正味売却価額は，　⑤　ともよばれる。

正味売却価額は，資産を　⑥　で評価する点で静態論と軌を一にする。また，企業の　⑦　を算定する場合にもこの評価額が基本となる。」

問2　下線について，次の場合の処理方法を述べなさい。
① 資産の取得時点
② 資産保有中の時価変動額

問3　正味売却価額による資産評価のもとで，次の財務表は何を表すのかを簡潔に述べなさい。
① 貸借対照表
② 損益計算書

問4　正味売却価額の特徴（長短）を述べなさい。

問5　売価還元法では，正味売却価額はどのように算定されるのかを述べなさい。

《解答・解説》

問1 ① 売　　　価　　② 見積追加製造原価　　③ 見積販売直接費　　④ 実現主義
　　⑤ 正味実現可能価額　　⑥ 換金価値　　⑦ 清算価値

問2 ① 取得価額と売却時価との差額を利益とする。　②損益として認識する。

問3 ① 企業価値評価額　　② 換金価値の変動

問4 （長所）
　i 業種変更等の事業の再構築を検討する場合，企業の保有する資源が新機会に適応し得る能力を開示できる。
　ii 資産の貸借対照表価額が期末時価を表示し，企業の利害関係者の意思決定資料として有用である。

（短所）
　i 資産の中には正味売却価額の推定が困難な項目が多く，評価額は恣意的にならざるを得ない。
　ii 売却を予定しない資産まで売却時価で評価することは適切でない。

問5　棚卸資産の値入率又は回転率の類似性に基づくグループの売価合計額から見積販売直接費を控除して算定される。

[3] 再調達原価と時価基準

問1 次の文章の空欄に適切な用語を示しなさい。

「再調達原価は，保有中の資産と同じものを現在の ① 市場で購入するのに要する ② であり， ③ ともよばれる。再調達原価では， ① 市場での価格変動がなければ評価損益は計上されないという点で収益認識における ④ の延長線上にあるといえる。物価変動がある場合の利益額は，企業活動による真の ⑤ と購入価格の変動から発生した ⑥ から構成されることになる。

このように利益の発生源泉を区別することは，業績達成度合の表示を主目的とする ⑦ に通じる評価法であるということができる。」

問2 棚卸資産評価における再調達原価について，次の設問に答えなさい。
① 再調達原価による測定内容を述べなさい。
② 再調達原価によることができる場合を述べなさい。

問3 再調達原価の特徴（長短）を述べなさい。

《解答・解説》

問1 ① 購買　② 支出額　③ 取替原価　④ 実現主義
　　 ⑤ 操業利益　⑥ 保有損益　⑦ 動態論（収益費用アプローチ）

問2 ① 再調達原価は購買市場の時価に購入付随費用を加えた額である。ただし，購入付随費用は重要性等により含めないこともできる。

② 製造業における原材料のように再調達原価の方が把握しやすく，正味売却価額が当該再調達原価に歩調を合わせて動くと想定される場合は，継続適用を条件として再調達原価（最終仕入原価法を含む）によることができる（棚卸基準10）。

問3 （長所）
　ⅰ 再調達原価に基づいて算定された操業利益の金額が，企業の実質資本を維持した上での分配可能額を表している。
　ⅱ 資産の貸借対照表価額が期末時価を表示し，企業の利害関係者の意思決定資料として有用である。

（短所）
　ⅰ 資産の中には再調達原価の推定が困難な項目が多く，恣意的な評価額にならざるを得ない。

ii 損益計算に評価差益という未実現利益が計上されてしまう。

[4] 割引現在価値と現価方式
問1 次の文章の空欄に適切な用語を示しなさい。
「割引現在価値とは，資産から得られ，又は負債として負担すべき将来の各 ① の ② を一定の ③ で割引いた現在価値の総和を資産又は負債の評価額とするものである。割引現在価値は，資産の本質を ④ とする考え方に適合し，また，そこでの利益は，新古典派の経済学者の採用する利益概念に合致することから ⑤ ともよばれている。」
問2 この評価方法の名称を示しなさい。
問3 この評価主義が導かれる理由を説明しなさい。
問4 この評価主義の欠点をあげなさい。
問5 現行の会計制度のもとでの割引現在価値の適用例を6つ掲げなさい。

《解答・解説》
問1 ① 期　間　② 現金収支額　③ 利子率　④ 経済的便益
　　⑤ 経済学的利益
　♪ 下点線とは，生産能力を維持できる実質的な資本を維持した上での余剰を利益とし，それは割引現在価値により測定することによりはじめて可能となる。この考え方の源流は，フィッシャー（Fisher）の所得概念にあるとされる。　　cf. 第9章1節4問3①iii（実体資本維持）
問2 現価方式　　cf. 複利計算……将来価値の計算
問3 i 将来のキャッシュ・フローを基礎として評価するため，資産又は負債の本質と整合性のある評価方法となる。
　　ii 貨幣の時間価値を適切に財務諸表に反映させるから，意思決定に有用な情報を提供できる。
問4 i 割引現在価値の計算は，将来のキャッシュ・フローの金額，入出金時期，及び割引率という見積要素に依存していることから，その評価額が恣意的になりやすい。
　　ii 個々の資産は有機的一体として利用されていることが多く，各資産を個別的に切離してその経済的便益を測定する方法は非現実的である。

問5 ⅰ 貸倒懸念債権の貸倒見積額の算定（キャッシュ・フロー見積法）
　　ⅱ 減損の生じた固定資産（使用価値の測定）
　　ⅲ リース資産とリース債務の計上額の算定
　　ⅳ 利息法の償却原価法で評価する社債
　　ⅴ 退職給付債務
　　ⅵ 資産除去債務

♪ 　資産評価における主観価値説と客観価値説　　主観価値説は，測定日において，資産の支配者である企業固有の価値を基礎として評価を行おうとする考え方である。客観価値説は，測定日において，市場参加者間で秩序ある取引が行われた場合に成立するであろう価格（時価＝公正価値）を基礎として資産の評価を行おうとする考え方である。前者は，資産を支配する企業にとってのみ意味のある価値に基づいているので主観的であるが，後者は市場参加者の観点からの価値に基づいているので客観的であるとされるのである。

　主観価値説による測定額は，「企業固有」の範囲をどこまでとするかにより異なる。その範囲を測定額のみに限定した場合，それは取得原価を意味する。範囲に資産の支配目的も含める場合，資産の一部は時価でも測定可能となる。主観価値の例としては，固定資産の償却後の帳簿価額，減損会計での使用価値，償却原価法に基づいて算定された価額等をあげることができる。

　客観価値には，出口価格（売却価格）を基礎とする正味売却価額と入口価格（購入価格）を基礎とする再調達価額とがあるが，『公正価値測定及びその開示に関する会計基準（案）』（企業会計基準公開草案第43号）では，公正価値として出口価格のみを定義している。売却と購入が同一市場で取引されることを前提にすれば，経済合理性に基づく限り出口価格と入口価格とは同一となることから，出口価格は入口価格を含むと整理しているのである。しかし，このような前提が満たされない通常の販売目的で保有する棚卸資産の評価，ストック・オプションの評価については，出口価格のみの定義では，その資産の属性に適合しない結果となるから，基準案ではそれらを公正価値測定の適用外としている。

　財務会計には，意思決定有用性を高めるため，情報ニーズの充足等による意思決定との関連性重視及び検証可能性等による信頼性確保という2つの基本的特性

が要請される。しかし，資産評価において，これら2つの特性は二律背反の関係となる。情報ニーズをより充足するのは客観価値である時価であり，検証可能性がより高いのは主観価値である原価だからである。最近では過去資料に基づいた検証可能性よりも，最新情報に基づく情報ニーズの充足の方がより重視される傾向にある。そこで，公正価値の測定では，信頼性確保という弱点を緩和するために，価格算定のレベル（信頼度）まで表示することが必要とされるのである。

（補　論）
第6節　「会計学の祖」としてのアリストテレスから学ぶ

　会計の歴史は，中世のイタリアからはじまると説かれることが多い。これらの論述は，いわば「紙による会計帳簿」の歴史である。しかし，会計の目的を通してみれば，世界最古の文明とされる古代メソポタミア（紀元前3500年頃）で，シュメール人によって粘土板を記録媒体として会計が行われていた時代まで遡らねばならない[1]。まさに「会計の歴史は概して文明の歴史である。」[2]

　本稿では，少し寄り道して，古代ギリシヤの哲学者で後世において「万学の祖」とよばれているアリストテレスが残した膨大な著作の中で「会計学の祖」ともいうべき部分の整理・要約を試みたい[3]。そして，その論旨を現在の経済学者として会計にも大きな影響を及ぼしているJ. R. ヒックスの論述とも比較の上，アリストテレスの教えを今に生かしたいと思う。

　アリストテレスは，共同体（ポリス）としての家（oikos）を給付と貨幣とに関

---

[1]　メソポタミアのウルクからは，現在世界最古の文書が発見されている。それは粘土板に書かれた古拙文書（絵文字）で，その古拙「文書の内容は大部分が家畜，穀類，土地などについての会計帳簿である。」（『シュメル─人類最古の文明』6版39頁小林登志子著─中央新書─2010年中央公論新社刊）

[2]　アーサー・H. ウルフ著『ウルフ会計史』（片岡義雄・片岡安彦訳　1977年法政大学出版局刊）1頁

[3]　（　-　）内の数字は，次の文献からの引用（配本巻－頁）を示す。『ニコマコス倫理学』（加藤信朗訳（『アリストテレス全集13巻』1973年岩波書店刊），『大道徳学』・『エウデモス倫理学』（茂手木元蔵訳　同全集14巻1968年同書店刊）），『政治学』は，山本光雄訳，そして『経済学』は，村川堅太郎訳（同全集15巻1969年同書店刊）。また，（　）内の文言は，同全集での使用用語である。

連づけて管理（nomos）すること，つまり会計による家の管理を家政術（Oikonomia）とよんだ。この用語が経済学（Economics）の語源である。

給付（物）には「二つの用」（15-23）がある。1つは給付固有の用であり，もう1つは交換品としての用である。例えば，靴には「靴としてはく」という直接的な用と「交換品」としての間接的な用とがあるのである。給付はすべて交換の対象となる。交換は物々交換にはじまり，交換の媒介手段として「貨幣の使用が工夫」（15-24）されるに至った*4。貨幣の使用により企業（商人）の目的は，「最大の利益」（15-25）を獲得し続けることになった*5。例えば，医術が健康を作るのは，本来の目的であるが，その行為には病の体を健康になるまで治療をするという限界が内在している。ところが，医術の対価として貨幣が使用されるようになると，医術を手段として貨幣そのものを無限に増殖させることが目的となる。目的と手段とが入れ替わるのである。「凡てのものを財を作る手段」（15-27）として，利益獲得目的で貨幣を無限に増殖させ続けることには限界がなく，これを「商人術」（15-28他）又は「交換的取財術」（15-28）と称した。商人術は，資本主義の萌芽を意味すると同時に，現在まで変わらずに続く資本主義の本質である。しかし，企業（商人）が公的目的にも配慮して企業活動を行うべきなのは，皆と共に善く生きるための共同体――今風にいえば，社会的存在としての企業体――に課せられた本源的な役割でもある。

共同体としての企業（家政）における経済活動（取財術）は，家政術の財務的側面であり，そこでの給付と貨幣については，「いずれの取財術の用法も，同一のものに関連しているので，両者は互いに相覆うからである，というのは同じ財産の使用であるからである。」（15-26）としている。この文章は，会計の観点から交換取

---

*4 アリストレスは，『エウデモス倫理学』でも「財貨」や「蓄財術」には2つの用があり，このうち「貨幣は〔他の財貨の〕付帯的使用の対価として取得されるものである」（14-264）としている。給付と貨幣の関係において，給付がより本源的な財産で貨幣はその手段であるとするのはJ. R. ヒックスも同じである。J. R. ヒックスは，その根拠として『価値と資本』（上）で，「貨幣のための貨幣の需要というものはなく，ただ将来に購入手段としての需要があるだけである」（1995年岩波書店刊（岩波文庫）114頁）こと，及び貨幣を含む「すべての財産が集計されるときには，それらは消し合って」（同書321頁），後には給付のみが残ること，の2つをあげている。

*5 J. R. ヒックスも前掲書（上）で「企業は生産要素を獲得し，生産物を販売する。企業の目的は両者の価値の差を極大ならしめることである。」（150頁）としている。

引において給付の流れと貨幣の流れとは対流関係にあること及び給付と貨幣のいずれもが財産であること，の2つを意味していると解される。財産は，「富」とも表現され，給付と貨幣から成る＊6「道具の総量」（15－10・22・25他）をいう。給付は，人間の欲求を具体化した道具である＊7。貨幣は，交換の媒介手段である他に価値測定の道具であり（13－159・161），また「将来の交換のため」（13－160）の貯蔵手段ともなって，「使用することを通習と」（14－55）して価値があるとみなされている道具でもある＊8（15－25）。

「家政術の目的は富」（13－3）の増殖にあり「支出が収入より大にならぬということ」（15－436）が正しい経済である。そこで企業（家政）の経済活動に伴う収支及び財産の管理は，「財産の各々が分類され，収入のあがるものが収入のあがらぬものより多いようにし」（15－433），かつ「大きな財産にあっては一年の支出と月々の支出とを区別」（15－434）すべきこと。そして「収入のうちでどんなものが目下全然ないけれども将来生じ得るか，又は今は小さいけれど大きくされ得るか，また現在費やされている支出のうち，何が，そしてどれだけが切りつめられても全体を決して害なわぬかという問題」（15－436）を指摘している。これらの指摘は，「自分の分より大きなものを得ることが得をすると言われ，初め持っていたものより小さいものを得ることが損をすると言われる。」（13－157）という利益又は損失の概念を前提とし，過去から現在そして将来へと続く連続した時間的流れのなかで最大の利益獲得のための収支の管理方法を説いているのである。家政における論述ではないが，「財産の表」（15－437）という概念も用いている。企業活動に係る財産については，「定期的に道具の視察をおこなわねばならぬ」（15－434）し，「監督

＊6 J. R. ヒックスは，前掲書（上）で財産の形態として「有形財（実物資本）から，あるいは証券から，あるいは貨幣から成り立っていよう」（321頁）としている。いうまでもなく古代ギリシアには証券は存在していなかった。なお，「貨幣は，…金のごとく有形財か，…銀行預金のごとく証券であるか」（321頁），「商品」（253頁）か，そして，その他か，については，経済学上において議論がある。
＊7 ミクロ経済学における消費者需要の理論は，「人間の欲求」度又は満足度を意味する効用概念を基礎として組み立てられている。
＊8 J. R. ヒックスの前掲書（上）では，「現実の貨幣は価値標準たる性質をもつが，それはまた他の性質——「交換の媒介物」および「価値の貯蔵」であるという，よく知られた性質をもっている。」（300頁）としている。これら3つは，現在経済学でも貨幣の機能として定説となっている。

者に委ねてある場合にはしばしば行わねばならない」(15-433) としている。

企業（家政）では、「無生物の財産よりも、むしろ人間に一層留意」(15-33) すべきことを強調している。財産の有効利用は、人間次第なのだから企業主体者（家長）と様々な立場にある人間とのあるべき関係をも随処において論じているのである (15-32～37他)。

論述における初めに持っていたものは資本、収入は収益、支出は費用、家長は所有主、監督者は経営者、財産の表は財産目録、そして、視察は監査、とそれぞれ現在の会計概念に読み替えることができる。アリストテレスは、利益計算に関連づけた損益や人を含む財産の継続的管理、財産の分類・使用及びその「保存」(15-433) 方法、更には監査にまで言及しているのである。これらは、歴史的に一貫して会計の目的である。アリストテレスを「会計学の祖」とするゆえんである。

以上の論旨を現在の会計と比較すれば、両者の理論的枠組みは、ほぼ同じであるということができる。人間を企業体の種々のレベルにおける意思決定主体と捉えれば、現在の会計にあってアリストテレスにないものは、複式簿記と原価計算ぐらいではないだろうか——。　　See.314頁 ♪（時を超えた企業と会計の本質）

☕一生懸命に働けば損するの？

仕事をさぼっている人が、「安い給与で一生懸命に働くのは損だ。」という会話をしていた。この会話は正しいのだろうか。これを判断するには、給与は、何に対する対価なのかを示す必要がある。

人間は、寝ていてもお腹が減るし、遊びによっても疲れる。生きるためには、ちゃんと食事をし、適度な運動と共によく寝ることが必要なのであり、懸命に仕事をしたかどうかとは直接的な関係はない。給与は本質的に拘束時間に対する対価なのである。仕事をさぼっても拘束から解放される訳ではなく、さぼりの会話には、根拠がないのである。給与が安いのは、どうやらその人自身の労働の質に原因がありそうだし、場合によっては今の給与はもらいすぎかもしれない。

同じ時間を過ごすなら、何か世の中に役立つことを精一杯に行いたいものである。

○複式簿記の原理はユークリッドの比の原理とならぶ絶対的な原理である。しかしこの原理がきわめて簡明であるために、かえって簿記を無味乾燥なものにしている。もし簿記の原理が複雑なものであったならば、必ず深い興味を持たざるにはおかないであろうに。(ケーレイ)

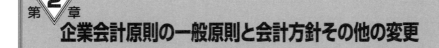

第2章 企業会計原則の一般原則と会計方針その他の変更

問1 次の文章の空欄に適切な用語を示しなさい。

「わが国の企業会計原則は,一般原則,　①　原則,及び　②　原則という3つの部分から構成されている。このうち一般原則は,会計の　③　に係わる原則,あるいは　①　と　②　の両方に　④　する原則を示したものである。

なお,従来は一般原則の1つとされていた<u>継続性の原則</u>については,『会計上の変更及び誤謬の訂正に関する会計基準』が設定されたことに伴い,新基準の　⑤　に組込まれることによって,実質的な改正が行われた。」

問2 下線以外の一般原則の名称を6つ列挙しなさい。

問3 一般原則と同列に論じられることのある原則の名称を示しなさい。

《解答・解説》

問1 ① 損益計算書　② 貸借対照表　③ 全　般　④ 共　通
　　　⑤ 会計方針の変更

問2 i 真実性の原則　　ii 正規の簿記の原則　　iii 剰余金区分の原則
　　　iv 明瞭性の原則　　v 保守主義の原則　　vi 単一性の原則

See. iii→248頁　iv→316頁

問3 重要性の原則

第1節　企業会計原則の一般原則

1　真実性の原則と単一性の原則

(1) 真実性の原則

問1 次の文章の空欄に適切な用語を示しなさい。

「企業会計は,企業の　①　及び　②　に関して,<u>真実な報告</u>を提供するものでなければならない(一般原則一)。これを真実性の原則という。」

問2 下線の「真実な報告」について,次の設問に答えなさい。

① 「真実」とはどのような性格のものか，専門用語で簡潔に示しなさい。
② 上記①の性格を有する理由を述べなさい。
③ 真実性の原則は，報告のみに関する原則か。
④ 「真実な報告」は，どうすることによって確保されるのか。
⑤ 真実性の原則は，諸原則・基準の中でどのように位置づけられているか。

問3 真実性と意思決定有用性との相違を述べなさい。

問4 虚偽記載を通じて架空利益を計上，又は利益を隠匿する行為は，一般に何とよばれているか。

《解答・解説》

問1 ① 財政状態　② 経営成績　See. 3頁 **2問3**①・②（財政状態，経営成績）

問2 ① 相対的真実　cf. 絶対的な真実　現在的な真実　客観的な真実
② ⅰ 本質的には，会計の<u>目的や立場が異なる</u>ことにより利益額が異なってくるから相対的である。
ⅱ 実務的には，次により相対的である。
ア 会計では多くの事項について<u>主観的な見積り</u>が含まれている。
イ 1つの取引について，<u>複数の会計処理</u>が認められている場合があり，採用する方法により利益額も異なる。
③ 報告の前提として，<u>処理</u>の原則も含まれる。
④ 真実性の原則以外の<u>一般に公正妥当と認められる会計基準</u>に従って会計が行われることにより真実性が確保される。
⑤ 他のすべての原則・基準の上に立つ<u>最高規範</u>

問3（同じ点）いずれも会計目的に適合する情報を提供しようとするものである。
（差異点）真実性は，<u>諸原則・基準への準拠性</u>を要請するが，意思決定有用性は，<u>情報が具備すべき基本特性</u>を要請している。

♪ 会計上の真実性は，諸原則・基準への準拠性だけで確保されるとは限らない。原則・基準が，それ自体誤っていたり，項目属性，経営環境等に適合しない机上の空論に陥ることや想定外の取引が行われることもあり得るからである。このような場合，会計処理が合目的的で検証可能，かつ，思考必然性があることを条件として，原則・基準に囚われない会計処理を選択することも認められよう。ここで，真実性が確保されているか否かの判断は，概念フ

第2章

レームワーク，特にその会計情報の質的特性に照らしてなされるのである。

問4　粉飾（決算），又は逆粉飾（決算）
　　♪　広義には，利益を隠匿する「逆粉飾（決算）」も粉飾（決算）に含まれる。

　　♪　本来の真実と会計上の真実　本来の真実とは，「ⅰいつでも，ⅱどこでも，ⅲ誰でもそのように考える」命題のことである。ⅰはいつの時代でも変わらない「不変性」を，ⅱはいかなる空間においても偏らない「普遍性」を，そして，ⅲは「思考必然性」を意味している。つまり，本来の真実とは，不変性と普遍性，そして思考必然性という3つの要件を満たす命題である。
　　　しかし，会計上の真実は，報告書の表示（写像）と経済実態（実像）とが一致することを意味し，それは目的や立場に応じた相対的なものである。

（2）単一性の原則

問1　次の文章の空欄に適切な用語を示しなさい。
　「株主総会提出のため，信用目的のため，租税目的のため等種々の目的のために異なる　①　の財務諸表を作成する必要がある場合，それらの内容は，信頼しうる　②　に基づいて作成されたものであって，政策の考慮のために事実の　③　をゆがめてはならない（一般原則七）。これを単一性の原則という。」

問2　単一性の原則の要請内容を簡潔に説明し，その内容を表す格言を示しなさい。

問3　単一性の原則と真実性の原則との関係を簡潔に説明しなさい。

《解答・解説》

問1　①　形式　　②　会計記録　　③　真実な表示

問2　財務諸表は作成目的が異なる場合，1つの会計帳簿より作成されたものであっても異なる内容を表示することもある（形式多元）。しかし，ある同一目的のためには，財務諸表の実質的内容は同一であるべきことを要請している（実質一元）。　（格言）実質一元形式多元
　　♪　単一性の原則は，二重帳簿の作成を禁止したものである。

問3　単一性の原則は目的に応じた相対的な表示を認め，真実性の原則は相対的な真実を要請するものである。単一性の原則は相対的真実性が財務諸表の報告形

式に具体化した結果であり，両者は切り放すことができない関係にある。

2　正規の簿記の原則

問1　次の文章の空欄に適切な用語を示しなさい。
「企業会計は，すべての　①　につき　②　の原則に従って，　③　を作成しなければならない（一般原則二）。これを　②　の原則という。」

問2　「　②　の原則」について，次の設問に答えなさい。
① 要請内容を2つ述べなさい。
② 重要性の原則との関連で，この原則の内容に係る見解2つを述べなさい。

問3　　③　について，次の設問に答えなさい。
① 　③　の具備要件を3つ示しなさい。
② 上記①の要件を満たす簿記方式としては，複式簿記のみを指定しているのか。

問4　正規の簿記の原則と完全性の原則との関係を述べなさい。

《解答・解説》

問1 ① 取　引　② 正規の簿記　③ 正確な会計帳簿

問2 ① ⅰ　一定の要件を具備した正確な会計帳簿を作成すること。
　　　　 ⅱ　正確な会計帳簿を基礎にして誘導法により財務諸表を作成すること。
　　♪　問2②のⅱを前提とした内容（通説）である。
　② ⅰ　重要性の判断を含むから会計処理の原則を含む包括原則である。
　　 ⅱ　形式的な会計記録のみに関する原則である。帳簿の網羅性に対して，単に実務の便宜性との調和を意図したものが重要性の原則である。

問3 ① 網羅性，検証可能性，秩序性
　② 正確な会計帳簿の要件を具備していれば，必ずしも複式簿記にこだわる必要はないが，現実的には複式簿記がこの原則の要請に最も適合している。

問4　完全性の原則とは，すべての資産，負債及び純資産を貸借対照表にもれなく記載し，貸借対照表能力のないものは記載してはならないとする原則である。しかし，正規の簿記の原則に従って処理されていることを前提に，例え貸借対照表能力があっても重要性の乏しいものは，この原則の例外とすることが認められる。

　♪　完全性の原則は，貸借対照表完全性の原則とも貸借対照表網羅性の原則と

もよばれ，特に資産の実在性と負債の網羅性を重視する。

3　保守主義の原則
問1　次の文章の空欄に適切な用語を示しなさい。
　「企業の　①　に不利な影響を及ぼす可能性がある場合には，これに備えて適当に健全な会計処理をしなければならない（一般原則六）。これを保守主義の原則という。この原則は，　②　とか　③　ともよばれている。」
問2　保守主義の原則の必要性を述べなさい。
問3　下線は，どのような処理をいうのか。また，その適用例を3つ示しなさい。
問4　保守的な会計処理は真実性の原則と矛盾するのではないのか，という指摘について論述しなさい。

《解答・解説》
問1　① 財　政　　② 安全性の原則　　③ 慎重性の原則
問2　様々な事業リスクに備えて，企業財政の健全性を維持するため。
問3　利益を控え目に計上する会計処理をいう。
　　（例）割賦販売における回収基準，収益認識における実現主義，固定資産における減損損失の計上，減価償却における定率法の採用　etc.
問4　会計基準に準拠しない会計処理により利益を少なくすることは，過度の保守主義となり，真実性の原則に反する。しかし，認められた会計処理の方法がいくつもある場合には，そのうちで最も利益が少なくなる会計処理を採用すること，また会計処理に当たって幾通りもの判断を行うことができる場合には，そのうちで最も慎重な判断を行う限りにおいて，真実性の原則と矛盾するものではない。

4　重要性の原則
問1　次の文章の空欄に適切な用語を示しなさい。
　「企業会計は，定められた会計処理の方法に従って　①　を行うべきものであるが，企業会計が目的とするところは，企業の財務内容を明らかにし企業の状況に関する利害関係者の　②　を誤らせないようにすることにあるから重要性の乏しいものについては，本来の厳密な会計処理によらないで他の　③　によること

も　④　の原則に従った処理として認められる。これを重要性の原則という。

重要性の原則は，財務諸表の　⑤　に関しても適用される（注解１）。」

問２　企業会計原則における重要性の原則の位置づけを述べなさい。

問３　重要性の判断基準について，次の設問に答えなさい。
① 本質的な判断基準を示しなさい。
② 具体的な判断基準の２つをその名称で示しなさい。

問４　重要性の原則の適用例について，次の設問に答えなさい。
① 資産の計上省略容認としての重要性の原則の適用例を３つ示しなさい。また，この処理を行った場合，貸借対照表上の表示はどうなるか。
② 負債の計上省略容認としての重要性の原則の適用例を２つ示しなさい。また，この処理を行った場合，貸借対照表上の表示はどうなるか。
③ 期末に残存している消耗品を重要性が乏しいことから簿外資産とすることは認められるか，その理由とともに答えなさい。
④ 表示において，次の側面と関連づけて，その具体例を示しなさい。
　ⅰ　質的に重要性のある項目
　ⅱ　金額的に重要性の乏しい項目

問５　企業会計原則注解【注１】では，下線のように重要性の原則の消極的側面が要請されているが，重要性の原則には，積極的側面もある。
① 積極的側面の意味するところを説明しなさい。
② 積極的側面は，どのようにして充足されるかを述べなさい。

《解答・解説》

問１　① 正確な計算　② 判　断　③ 簡便な方法　④ 正規の簿記
　　　⑤ 表　示

問２　重要性の原則は，正規の簿記の原則，明瞭性の原則及び貸借対照表完全性の原則の　注解　として位置づけられている。従って，重要性の原則は，形式上は一般原則には含まれていないが，会計全般に関わる原則であるから，実質上は一般原則と共通の性格をもっている。

　♪　重要性の原則は，会計全般に関わる原則ではあるが，注解１の文章は，容認原則であって，そこには規範性がないので，一般原則とは異質であるという考え方もある。

問3① 利害関係者の意思決定に影響を及ぼすかどうかにより判断される。
　②ⅰ　金額的重要性
　　ⅱ　質的重要性
問4　以下の項目については，重要性の乏しいことを前提に記述する。
　①ⅰ　消耗品，消耗工具器具備品その他の<u>貯蔵品等</u>のうち，その買入時又は払出時に費用として処理する方法を採用すること。
　　ⅱ　前払費用，未収収益を<u>経過勘定項目</u>として処理しないこと。
　　ⅲ　<u>棚卸資産</u>の取得原価に含められる取引費用，関税，買入事務費，移管費，保管費等の<u>付随費用</u>を取得原価に算入しないこと。
　　（B/S上の表示）<u>簿外資産</u>となって，貸借対照表には表示されない。
　②ⅰ　未払費用及び前受収益を<u>経過勘定項目</u>として処理しないこと。
　　ⅱ　引当金を設定しないこと。
　　（B/S上の表示）<u>簿外負債</u>となって，貸借対照表には表示されない。
　③　無条件では，認められない。消耗品の簿外処理が認められるのは，その<u>買入時又は払出時に費用として処理</u>する方法による場合に限られる。
　④ⅰア　資本構成に重要な影響を及ぼす自己株式
　　　イ　資本系列を示す親会社・子会社株式
　　　ウ　<u>相対的に危険*</u>な項目である仮払金・仮受金・未決算勘定
　　　♪　下線*は，利害関係者の的確な判断を阻害したり，経営者の粉飾に利用されやすいことをいう。
　　ⅱア　<u>分割返済の定めのある長期の債権又は債務</u>のうち，期限が１年以内に到来するものを固定資産又は固定負債として表示する（注解１）。
　　　イ　<u>特別損益項目</u>を経常損益計算に含めること（注解12）。
　　　ウ　<u>法人税等の追徴税額</u>を当期分に含めること（注解13）。
問5①　利害関係者の意思決定に重要な情報については，厳密な会計処理と表示を要請するということ。
　②　一般原則及び会計諸基準を厳格に適用することにより充足される。

第2節　会計上の変更及び誤謬の訂正

1　変更・過去の誤謬とその分類・処理方式

問1　次の文章の空欄に適切な用語を示しなさい。

「会計方針その他の変更は，『会計上の変更及び誤謬の訂正に関する会計基準』に従って，基本的に次の6つに分類される。

Ⅰ　会計上の変更
　　ⅰ　会計方針の変更
　　　　a　会計基準等の改正に伴う変更
　　　　　　ア　特定の経過的な取扱いの定めなし　　○
　　　　　　イ　特定の経過的な取扱いの定めあり　　○　　∴　6つに分類（○印）
　　　　b　その他の会計方針の変更　　　　　　　　○
　　ⅱ　表示方法の変更　　　　　　　　　　　　　　○
　　ⅲ　見積りの変更　　　　　　　　　　　　　　　○
Ⅱ　誤謬の訂正　　　　　　　　　　　　　　　　　　○

　会計方針その他を変更した場合，変更に伴う影響額の認識時点を基準にその処理方式を区分すれば，新採用の基準等を過年度にまで遡（さかのぼ）って適用する方式と変更期以後に適用する方式とに大別できる。前者は，期首までの　①　をいつ認識するかによって，更に2つの処理方式に分かれる。この結果，処理方式の種類は，次の3つになる。

（1）　過年度に遡って影響額を認識し，　②　を修正する方式（遡及処理）
（2）　変更期間で　①　を一時に認識する方式（キャッチ・アップ方式）
（3）　変更期以後の期間で影響額を認識する方式（プロスペクティブ方式）

　基準では，特定の経過的な取扱いの定めがある場合を除いて，(1)又は(3)の方式を会計方針の変更その他の分類毎に適用することとしている。

　(1)の遡及処理（レトロスペクティブ方式）では，原則として，新基準等を過去の期間すべてに遡及して適用する(6)。ただし，それが実務上不可能な場合には，情報の入手状況，実行可能性等に応じて緩和された取扱いをする。

　遡及処理という概念には，会計方針の変更の場合の　③　，表示方法の変更の場合の財務諸表の　④　及び過去の誤謬の訂正の場合の　⑤　，という3つが含

まれる（27, 44, 4（9）〜（11））。

　この遡及処理を行うと過年度に株主総会へ報告又はそこで承認された計算書類の内容が，総会の承認なしに変更されることになる。そこで，会社法は，⑥ という用語を使ってこの遡及処理を容認する規定をおいている（計規133Ⅲ）。

　（2）のキャッチ・アップ方式も ⑦ の1類型ではあるが，新基準の設定により認められなくなった。このため，これまで ⑧ として処理されていた臨時償却も廃止されたのである（57）。

　（3）のプロスペクティブ方式は，会計上の ⑨ において適用される。

　会計上の変更その他のすべてについては，詳細情報としての ⑩ が要請され，また ⑪ の判断が考慮される。」

問2　下線について，次の設問に答えなさい。
① 「遡及処理」（レトロスペクティブ方式）の必要性を述べなさい。
② 「6つに分類」した表のうち，①の遡及処理項目を●に塗りつぶしなさい。

問3　⑪ の判断について，考慮すべき項目を述べなさい。

《解答・解説》

問1 ①　累積的影響額　　②　過去の財務諸表　　③　遡及適用　　④　組替え
　　⑤　修正再表示　　⑥　過年度事項　　⑦　遡及処理　　⑧　前期損益修正損
　　⑨　見積りの変更　　⑩　注　記　　⑪　重要性

問2 ① ⅰ　特定の項目だけではなく，財務諸表全般についての期間及び企業間の比較可能性が高まる。
　　ⅱ　財務諸表の意思決定有用性がより高まる（30, 46）。
　　ⅲ　国際的なコンバージェンスの要請に適合する。
　　♪　遡及処理と遡及適用とを区別せずに解答している。
② ●　⇒　ⅰ－ａア，ⅰ－ｂ，ⅱ，Ⅱ
　　♪　○のまま　⇒　ⅰ－ａイは経過的な定めに従い，ⅲはプロスペクティブ方式による。

問3　財務諸表利用者の意思決定への影響に照らした重要性が考慮される。
　　重要性の判断 は，財務諸表に及ぼす金額的な面と質的な面の双方を考慮する必要がある（35）。ただし，具体的な判断基準は，企業の個々の状況によって異なる。

♪ 取扱い一覧表 …表のどこに該当するか判断できることが重要

分　　　　類	遡及	処　理	他	注記
Ⅰ　会計上の変更（正当な理由による場合）				−
ⅰ　会計方針の変更（5）				−
a　会計基準等の改正に伴う変更（6）				
ア　特定の経過的な取扱いの定めなし	○	遡及適用	※	10
イ　特定の経過的な取扱いの定めあり	×	経過的な取扱いに従う		
b　その他の（自発的な）会計方針の変更	○	遡及適用	※	11
ⅱ　表示方法の変更（13、14）	○	財務諸表の組替え	※	16
ⅲ　見積りの変更（17）		変更期以後で処理		18
（会計方針の変更と区別することが困難（19））	×	（見積りの変更と同じ）		11、19
Ⅱ　過去の誤謬の訂正（21）	○	修正再表示	−	22
☞有形固定資産の減価償却方法等の変更（20）	×	変更期以後で処理		19、20
☞未適用の会計基準等		−		12

注1　数字は、基準の項番号を示している。
　2　「遡及」欄の○印及び▨は、遡及処理の原則的取扱いをするものである。
　3　※印は、遡及処理が実務上不可能な場合の定めがある。

※　遡及処理が実務上不可能な場合と新会計基準の適用開始時期

《新会計基準の適用開始時期——例：会計方針の変更》

ケース	表示期間前	表示期間	新会計基準の適用による影響額の表示開始時期
A	○	○	（原則）表示する財務諸表のうち、最も古い期間の期首残高から（7）。←過去の期間のすべてに遡及する（6）。
B	○	いずれか ×	遡及適用が実行可能な最も古い期間の期首時点で累積的影響額を算定し、当該期首残高から新たな会計方針を適用する（9（1））。
C	×	当期以外 ×	期首以前の実行可能な最も古い日から将来にわたり新たな会計方針を適用する（9（2））。

注1　判断時点…当期の期首時点
　2　○…（新会計基準の採用に伴う影響額を計算できる）情報を入手できる場合
　　　×…情報を入手できない場合等

　上の表では、ケースAの遡及処理の原則的な取扱いに対比させて、遡及処理が実務上不可能な場合をケースB・Cで示している。ケースBでは、過年度の

累積的影響額を実行可能な最も古い期間の期首残高に反映させている。ケースCでは，過年度の累積的影響額を算定できないので，期首以前の実行可能な最も古い日から将来にわたり影響額を反映させることになる。

♪ 臨時償却と前期損益修正項目　臨時償却とは，減価償却計画の設定に当たって予見することのできなかった新技術の発明等の外的事情により，固定資産が機能的に著しく減価した場合，この事実に対応して臨時に行う減価償却をいう。臨時償却は原価性を有しないとともに，過年度の償却不足に対する前期損益修正としての性格を有する。

臨時償却をはじめとする前期損益修正項目は，原則として，計上されないこととなった。従って，重要性の有る前期損益修正項目も，特別損益としてではなく，その性質により営業損益又は営業外損益として処理されることになる。この結果，特別損益には，臨時損益のみが計上されることとなった。

従来の臨時償却は，耐用年数の変更という見積りの変更に該当し，しかもその変更理由は，過年度に予見できなかった当期中の状況変化によるものであるから変更期以後の期間で影響額を認識するプロスペクティブ方式によって処理されることになる。例えば，新技術の発明により営業所で使用している工具の残存耐用年数が6年から3年となった場合（期首帳簿価額　300,000円，残存価額　0円），定額法による当期の減価償却費は，100,000円／年（＝300,000円÷3年），当期末の帳簿価額は，200,000円（＝300,000円－100,000円）と計算され，減価償却費は，販売費及び管理費で表示される。

See. 60頁 **問7**（見積りの変更）

2　会計上の変更
（1）会計方針の変更
問1　次の文章の空欄に適切な用語を示しなさい。

「企業会計は，その　①　を毎期継続して適用し，(a)みだりにこれを変更してはならない（一般原則五）。これは，従来から(b)継続性の原則とよばれてきた。会計　①　をひとまとめにして(c)会計方針という（4（1））。

(d)正当な理由により会計方針の変更を行う場合，基準は次のいずれかに分類し

て，この(e)分類毎に原則的取扱いを定めている（5，45）。
（1） 会計基準等の改正に伴う会計方針の変更
（2） (1)以外による会計方針の変更

ただし，(f)遡及適用の原則的な取扱いが実務上不可能な場合には，情報の入手状況，実行可能性等に応じて(g)緩和された取扱いをする（8，9）。

会計方針の変更の場合で，　②　又は　③　の期間に影響があるとき，又は　④　の期間に影響を及ぼす可能性があるときは，　②　において，詳細情報としての　⑤　をする（10，11）。」

問2　下線(a)の「みだりに」を問1本文の用語を用いて言換えなさい。

問3　下線(b)の「継続性の原則」について，次の設問に答えなさい。
① 継続性が問題とされる場合を述べなさい。
② 上記①のような状況が認められている理由を述べなさい。
③ 「継続性の原則」の必要性を2つ述べなさい。
④ 次の表のiからivの4つの場合に，継続性（会計方針の変更）が問題となるか否かを指摘しなさい。なお，その他の問題とした項目については，何の問題かも指摘しなさい。

摘要	変更後 B	変更後 乙
変更前 A	i	ii
変更前 甲	iii	iv

（記号）A…認められた方法　甲…認められない方法
B…認められた方法　乙…認められない方法

⑤ 次の場合は，会計方針の変更に該当するか否かを指摘しなさい。
　i　会計事象等の重要性が増したことに伴い，本来の会計処理の原則及び手続への変更を行った。
　ii　新たな事実の発生に伴う新たな会計処理の原則及び手続を採用した。
　iii　連結又は持分法の適用の範囲が変動した。
　iv　有形固定資産の耐用年数を短縮した。
　v　有形固定資産の残存価額が変化した。
　vi　固定資産の償却方法を変更した。

問4　下線(c)の「会計方針」の範囲には，表示方法も含まれるかを指摘しなさい。

問5　問1の本文（2）の変更で，下線(d)の「正当な理由」があると認められる場

合を2つに分けて述べなさい。
問6　問1の本文（1）について，次の設問に答えなさい。
　①　「会計方針の変更」に該当する場合を3つ示しなさい。
　②　「会計基準等の改正」の範囲を述べなさい。
問7　問1の本文（2）の意味を述べなさい。
問8　下線(e)について，次の設問に答えなさい。
　①　「原則的な取扱い」を述べなさい。
　②　上記①に従って，新たな会計方針を遡及適用する場合の処理を述べなさい。
問9　下線(f)が該当する状況を述べなさい。
問10　下線(g)の取扱いをケースに分けて述べなさい。

《解答・解説》

|問1| ①　処理の原則及び手続　　②　当　期　　③　過　去　　④　将　来
　　⑤　注　記

|問2| 正当な理由なく

|問3| ①　1つの会計事実について，2つ以上の会計処理の原則又は手続の選択適用が認められている場合である（注解3）。
　②　企業の業種や経済活動の事象は多様であるから，画一的な方法を強制すると，事象を忠実に描写できなくなる場合があるため，各企業がその会計事象に最も適合した方法を選択できる 経理自由の原則 が認められている。
　③　i　財務諸表の期間比較を容易にするため（注解3）。
　　　ⅱ　経営者の利益操作を防止するため。
　④　i　継続性（会計方針の変更）が問題　　ⅱ　その他の問題（準拠性違反）
　　　ⅲ　その他の問題（当然の修正）　　ⅳ　その他の問題（準拠性違反）
　⑤　i～vは会計方針の変更に該当しない。　　♪　iからvはいずれも会計事実の変化であるが，この中でⅳとvを特に見積りの変更という。ⅵは該当する。　　♪　ただし，ⅵの処理は見積りの変更と同様（20）

|問4| 含まれない。　cf. 企業会計原則注解（注1－2）

|問5| 次のいずれかの要件が満たされている場合をいう（指針6）。
　　ⅰ　会計方針の変更が企業の事業内容又は企業内外の経営環境の変化に対応して行われるものであること。

ⅱ　会計方針の変更が会計事象等を財務諸表に，より適切に反映するために行われるものであること。

問6 ① ⅰ　基準等の改正で特定の会計処理の原則及び手続が強制される場合
　　ⅱ　従来の基準等を任意選択する余地がなくなる場合
　　ⅲ　基準等を早期適用する場合
　② 　会計基準等の改正には，既存の会計基準等の改正又は廃止のほか，新たな会計基準等の設定が含まれる（5（1））。

問7　正当な理由に基づき自発的に会計方針の変更を行うことをいう（5（2））。

問8 ①（1）　会計基準等の改正　に伴う会計方針の変更の場合
　　　　会計基準等に特定の経過的な取扱いが定められていない場合には，新たな会計方針を過去の期間のすべてに遡及適用する。会計基準等に特定の経過的な取扱いが定められている場合には，その経過的な取扱いに従う。

《遡及処理の原則的取扱い》

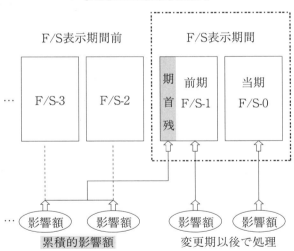

　　（2）　上記(1)以外　の正当な理由による会計方針の変更の場合
　　　　新たな会計方針を過去の期間のすべてに遡及適用する（6）。
　② ⅰ　表示期間より前の期間に関する　遡及適用による累積的影響額　は，表示する財務諸表のうち，最も古い期間の期首の資産，負債及び純資産の額に反映する。

ⅱ　表示する過去の各期間の財務諸表には，当該 各期間の影響額 を反映する（7）。

問9　次のような状況が生じた場合に該当する（8, 48）。
　ⅰ　過去の情報が収集・保存されておらず，合理的な努力を行っても，遡及適用による影響額を算定できない場合
　ⅱ　遡及適用にあたり，過去における経営者の意図について仮定することが必要な場合
　ⅲ　遡及適用にあたり，会計上の見積りを必要とするときに，会計事象や取引（会計事象等）が発生した時点の状況に関する情報について，対象となる過去の財務諸表が作成された時点で入手可能であったものと，その後判明したものとに，客観的に区別することが時の経過により不可能な場合（8）

問10（1）　当期の期首時点において，過去の期間のすべてに新たな会計方針を遡及適用した場合の累積的影響額を算定することはできるものの，表示期間のいずれかにおいて，当該期間に与える影響額を算定することが実務上不可能な場合には，遡及適用が実行可能な最も古い期間（これが当期となる場合もある）の期首時点で 累積的影響額 を算定し，当該期首残高から新たな会計方針を適用する。
　　　（2）　当期の期首時点において，過去の期間のすべてに新たな会計方針を遡及適用した場合の累積的影響額を算定することが実務上不可能な場合には，期首以前の実行可能な最も古い日から将来にわたり新たな会計方針を適用する（9）。

（2）表示方法の変更

問1　次の文章の空欄に適切な用語を示しなさい。
　「表示方法は，(a)正当な理由により変更する場合を除き，財務諸表を作成する各時期を通じて，　①　して適用する（13）。財務諸表の(b)表示方法を変更した場合には，(c)原則として表示する過去の財務諸表について，　②　に従い財務諸表の　③　を行う（14）。この場合には，詳細情報としての　④　をする（16）。」

問2　下線(a)の正当な理由となる場合を2つ述べなさい。

問3　下線(b)について，次の設問に答えなさい。

① 表示方法変更となる具体例を3つ例示しなさい。
② キャッシュ・フロー計算書における資金の範囲の変更は，表示方法の変更か会計方針の変更かを指摘しなさい。

問4 下線(c)について，次の設問に答えなさい。
① 例外となる場合を述べなさい。
② 上記①の取扱いを述べなさい。

問5 　④　の内容を提示しなさい。

《解答・解説》

問1 ① 毎期継続　② 新たな表示方法　③ 組替え　④ 注　記

問2 ⅰ 会計基準又は法令等の改正による変更
　　ⅱ 会計事象等を財務諸表により適切に反映するための変更（13，52）

問3 ① ⅰ ある収益取引について，営業外収益から売上高に区分を変更する場合
　　　 ⅱ 財務諸表における科目の独立掲記，統合あるいは科目名の変更
　　　 ⅲ キャッシュ・フロー計算書における支払利息の表示区分を営業活動の区分から財務活動の区分へ変更した場合又はその逆への変更
　　② 会計方針の変更

問4 ① 表示する過去の財務諸表のうち，表示方法の変更に関する原則的な取扱いが実務上不可能な場合
　　② 財務諸表の組替えが実行可能な最も古い期間から新たな表示方法を適用する（15）。」

問5 ⅰ 財務諸表の組替えの 内容
　　ⅱ 財務諸表の組替えを行った 理由
　　ⅲ 組替えられた過去の財務諸表の 主な項目の金額
　　ⅳ 原則的な取扱いが実務上不可能な場合には， その理由
　　♪ ⅱからⅳについては，連結財務諸表における注記と個別財務諸表における注記が同一である場合には，個別財務諸表においては， その旨 の記載をもって代えることができる。

（3）見積りの変更

問1 次の文章の空欄に適切な用語を示しなさい。

第2章　59

「会計上の見積りとは，資産及び負債や収益及び費用等の額に　①　がある場合において，財務諸表作成時に　②　な情報に基づいて，その　③　を算出することをいう。そして，その変更とは，新たに　②　となった情報に基づいて行う過去の会計上の見積りを変更することをいう（4（3）・（7））。会計上の見積りの変更については，　④　は行わず，(a)変更以後の期間で処理する（17）。会計方針の変更を会計上の見積りの変更と区別することが困難な場合については，　⑤　の変更と同様に取扱う（19）。有形固定資産等の減価償却方法及び無形固定資産の償却方法は，　⑥　に該当するが，(b)その変更については　⑦　の変更と同様に取扱う（20）。会計上の見積りの変更を行った場合には，詳細情報としての　⑧　をする（18）。」

問2 下線(a)について，次の設問に答えなさい。
① 下線の処理を2つに区別して述べなさい。
② 上記①のように処理する理由を述べなさい。

問3 下線(b)の理由を述べなさい。

問4 固定資産の耐用年数変更時の取扱いについて，次の設問に答えなさい。
① 「会計上の変更」のうち，何に該当するかを指摘しなさい。
② それが「過去の誤謬の訂正」に該当しない条件を説明しなさい。
③ どのような取扱いをするのかを説明しなさい。

問5 　⑧　の内容を提示しなさい。

問6 次の場合の取扱いを述べなさい。
① 当年度において，引当金の過不足修正額が判明した場合
② 見積りの変更が期間に与える影響のうち，次の場合の例示を提示しなさい。
　ⅰ 当期においてのみ認識されるもの
　ⅱ 当期及び将来において認識されるもの

問7 次の命題の処理は正しいか。誤りなら，その理由とともに正しい処理を述べなさい。
「新技術の発明により固定資産が機能的に著しく減価した。この減価部分を特別損失として処理した。なお，当初の見積りには最善が尽くされていた。」

《解答・解説》

問1 ① 不確実性　②入手可能　③合理的な金額　④ 遡及処理

⑤　会計上の見積り　　⑥　会計方針　　⑦　会計上の見積り　　⑧　注　記

問2 ①　変更が 変更期間のみに影響 する場合には，当該変更期間に会計処理を行い，変更が 将来の期間にも影響 する場合には，将来にわたり会計処理を行う（17）。

②　見積りの変更は，新しい情報によってもたらされるものであるから（55）。

問3　減価償却方法の変更は，固定資産に関する経済的便益の消費パターンに関する見積りの変更を伴うことから，会計方針の変更と会計上の見積りの変更と区別することが困難な場合に該当することになるから（62）。

問4 ①　会計上の見積りの変更

②　過去に定めた耐用年数が，これを定めた時点での合理的な見積りに基づくものであり，それ以降の変更も合理的な見積りによっていたこと。

③　当期及びその資産の残存耐用年数にわたる将来の期間の損益で認識する。

♪　以上の解答は，「減価償却に関する当面の監査上の取扱い」（監査・保証実務委員会報告第81号）によっている。　　　　　See. 54頁（♪　臨時償却）

♪　**耐用年数の変更が必要な具体例**

　　新製品の開発に伴う生産方法の変更が，現存設備の当初見積耐用年数と現実のそれとに乖離を生じさせた。そこで，現実の残存使用可能期間に合わせるために，耐用年数を変更しなければならなくなった。

問5 ⅰ　会計上の見積りの変更の 内容

ⅱ　会計上の見積りの変更が，当期に影響を及ぼす場合は当期への 影響額 。当期への影響がない場合でも将来の期間に影響を及ぼす可能性があり，かつ，その影響額を合理的に見積ることができるときには，当該 影響額 。ただし，将来への影響額を合理的に見積ることが困難な場合には その旨 。

問6 ①　引当額の過不足が 計上時の見積り誤りに起因する場合 には，過去の誤謬に該当するため，修正再表示を行うこととなる。一方，過去の財務諸表作成時において入手可能な情報に基づき 最善の見積りを行った場合 には，当期中における状況の変化により会計上の見積りの変更を行ったときの差額，又は実績が確定したときの見積金額との差額は，その変更のあった期，又は実績が確定した期に，その性質により，営業損益又は営業外損益として認識することとなる（55）。

② ⅰ　回収不能債権に対する貸倒見積額の見積りの変更
　　　 ⅱ　有形固定資産の耐用年数の見積りの変更（56）

問7　誤り。（正しい処理）本件の機能的な減価は<u>耐用年数の見積りが変更された</u>ことによるものである。しかし、その見積りは、<u>当期の新しい情報</u>によってもたらされたもので、当初には最善の見積りが行われていたのであるから、この見積りの変更による影響額は、<u>当期以降の費用配分に影響させる方法（プロスペクティブ方式）</u>により処理すべきである（57）。

♪　 固定資産の著しい減価 は、収益性の低価を意味する。固定資産が収益性の低下により投資額の回収を見込めなくなったのであれば、減損処理を必要とするかもしれない。減損損失は、臨時損失として特別損失の区分で表示することになる。しかし、設問のような場合の処理として、基準ではこのような減損処理の記載はなく、プロスペクティブ方式のみを要請している点には注意すべきである。　　　　　　　　　　　　　See. 54頁（ 臨時償却と前期損益修正項目 ）

3　過去の誤謬の訂正

問1　次の文章の空欄に適切な用語を示しなさい。
　　「(a)<u>過去の財務諸表における誤謬が発見された場合</u>には、 ① と区別されて、 ② される（4（9）から（11），21，43）。ただし、過去の誤謬の ② が実務上不可能な場合の取扱いについては、(b)<u>会計基準の中で明示されていない</u>。過去の誤謬の ② を行った場合には、詳細情報としての ③ をする（22）。」

問2　下線(a)について、次の設問に答えなさい。
　① 「誤謬」を定義し、その例を3つ示しなさい。
　② 下線の処理を述べなさい。

問3　下線(b)について、次の設問に答えなさい。
　① 下線の理由を述べなさい。
　② 現実に下線のような事例が生じたとき、実務上の処理を述べなさい。

問4　 ③ の内容を提示しなさい。

《解答・解説》
問1　① 会計上の変更　② 修正再表示　③ 注　記

問2 ① 「誤謬」とは，原因となる行為が意図的であるか否かにかかわらず，財務諸表作成時に入手可能な情報を使用しなかったことによる，又はこれを誤用したことによる誤りをいう（4）。

（例示） i 財務諸表の基礎となる データ の収集又は処理上の誤り
 ii 事実 の見落としや誤解から生じる会計上の見積りの誤り
 iii 会計方針 の適用の誤り又は表示方法の誤り

② i 原則として，過去の財務諸表を次により修正再表示する。
 ア 表示期間より前の期間に関する修正再表示による累積的影響額 は，表示する財務諸表のうち，最も古い期間の期首の資産，負債及び純資産の額に反映する。
 イ 表示する過去の各期間の財務諸表には， 当該各期間の影響額 を反映する（21）。
 ii 重要性の乏しい場合は，過去の財務諸表を修正再表示せずに，損益計算書上，その性質により営業損益又は営業外損益として認識する（65）。

問3 ① 過去の誤謬の修正再表示が実務上不可能という理由をもって過去の財務諸表を修正再表示しない取扱いを会計基準として設けた場合，誤謬を含んだ財務諸表に関し，一般に公正妥当と認められる会計原則に準拠して作成されたと企業が表明することと首尾一貫しないことになるから（66，67）。

② 実務においては，例えば，どこまでが信頼性を確保できるかなど，その事実を明らかにするために，当該未訂正の誤謬の内容並びに訂正済の誤謬に関する訂正期間及び訂正方法を開示するなどの対応がなされるものと考えられる（67）。

問4 i 過去の誤謬の 内容
 ii 表示期間のうち過去の期間について，影響を受ける財務諸表の主な表示科目に対する 影響額 及び1株当たり情報に対する 影響額
 iii 表示されている財務諸表のうち，最も古い期間の期首の純資産の額に反映された，表示期間より前の期間に関する修正再表示の 累積的影響額

4 未適用の会計基準等に関する注記

問1 次の文章の空欄に適切な用語を示しなさい。

「既に公表されているものの，未だ適用されていない新しい会計基準等がある場合には，詳細情報としての ① をする。ただし， ② 財務諸表で ① を行っている場合は， ③ 財務諸表での ① を要しない（12，51）。」

問2　決算日後に公表された会計基準等についても ① した。これは誤りか。

問3　 ① の内容を提示しなさい。

《解答・解説》

問1 ① 注　記　　② 連　結　　③ 個　別

問2　誤りではない。

♪　この場合は，いつの時点まで公表された会計基準等を注記の対象としたかを記載することが考えられる（51）。

問3　i　新しい会計基準等の 名称及び概要

　　　ii　 適用予定日 （早期適用する場合には早期適用予定日）に関する記述

　　　iii　新しい会計基準等の適用による 影響 に関する記述

☕ 「諸口」の効能

諸口は，取引の仕訳時に借方又は貸方の勘定が2つ以上になる複合仕訳の場合に，複数の勘定側の上部に記入する用語である。昔の簿記書では，「しょくち」と重箱読みすることも含めて解説されていた。近頃では，この諸口は，特殊仕訳帳で個別転記する場合以外には必要ないと軽んじられている。諸口は，顔面問答における眉毛のごとく顔の一番上の目立つところで鎮座してござるが，働きがないと陰口をたたかれているのである。しかし，会計ソフトでは，単一仕訳にしか適応できず，複合仕訳に対しては，諸口を使用することにより初めて処理可能となる。諸口は，清算勘定として，見えないところで働いているのである。

○会計の目的は，企業活動の不断の流れをできるだけ真実にまた有意義に
測定することである。(ペイトン・リトルトン)

収益費用の認識・測定基準

第1節　収益費用の認識と測定

1　損益計算書の本質と収益費用の認識測定

(1) 損益計算書の本質

問1　次の文章の空欄に適切な用語を示しなさい。

「損益計算書は，企業の　①　を明らかにするため，一会計期間に属するすべての(a)収益とこれに　②　するすべての(b)費用とを記載して　③　を表示し，これに　④　に属する項目を加減して　⑤　を表示しなければならない（P/L原則一）。この文章は，企業会計原則で損益計算書の　⑥　として，記載されているものである。」

問2　資産・負債の増減に関連させて，下線の概念を定義しなさい。

(a) 収　益　　　(b) 費　用

問3　財務諸表の構成要素に係る次の概念を定義しなさい。

(a) 認　識　　　(b) 測　定

問4　次の文章の誤りを訂正しなさい。

①　収益費用の測定に関する基本的な考え方には，現金主義と発生主義がある。

②　財務諸表の注記による表示は，認識の1つである。

《解答・解説》

問1 ① 経営成績　② 対　応　③ 経常利益　④ 特別損益
　　⑤ 当期純利益　⑥ 本　質　　　　　　　　cf. 274頁（問2，問3）

問2 (a) 収益とは，当期純利益を増加させる項目であり，特定期間の期末までに生じた資産の増加や負債の減少に見合う額のうち，投資のリスクから解放された部分である（フレームワーク3章13，一部修正）。

(b) 費用とは，当期純利益を減少させる項目であり，特定期間の期末までに生じた資産の減少や負債の増加に見合う額のうち，投資のリスクから解放され

た部分である（フレームワーク３章15，一部修正）。

♪　《定義の例外》——P/Lへの計上と資産負債の増減が結びつかないケース

項　　　目	P/L計上	資産負債増減	備　　考
その他有価証券の評価差額	な　し	あ　り	271頁（包括利益）
新株予約権の失効	収益計上	な　し	
組替調整（リサイクリング）	損益計上	な　し	271頁（包括利益）

問3 (a)　認識……財務諸表の構成要素を財務諸表本体に計上することをいう。
(b)　測定……財務諸表本体の諸項目に貨幣額を割当てることをいう（フレームワーク第４章（１））。

♪　認識と計上時点　認識の差は，計上時点（期間帰属）の差となって表れる。従って，認識を財務諸表構成要素の計上時点（期間帰属）に関連づけて使用されることが多い。認識は，貨幣額の大きさを問題にする測定又は評価とは異なる概念なのである。簿記の仕訳における日付が認識，金額が測定，そして，科目が分類の問題であるといえる。

問4 ①　測定　→　認識
　　∵　現金主義・発生主義は認識基準であって測定基準ではない。
②　ある　→　はない
　　∵　財務諸表本体以外での開示は，認識に含まれない。

（２）収益費用の周辺概念

問　次の文章の空欄に適切な用語を示しなさい。

「（１）　収益と利得　……収益は経常的な　①　と係わりをもつが，利得はそれと係わりをもたない（前者を狭義の収益ともいう）。　　♪ ex. 保有利得

費用と損失　……費用は　②　に関連のある給付の費消であるが，損失はそれとは係わりをもたない（前者を狭義の費用ともいう）。また，損失は収益から費用を控除したときに負の値となった場合の　③　概念として使用されることもある。

理論の用具としての概念フレームワークでは，収益と利得，費用と損失を区別していないが，実務の用具としては，これらの区別は重要である。

ex. 火災損失　See. 201頁 問3（損失の処理）

（2）　財貨と役務　……財貨は ④ の経済資源，役務は ⑤ の経済資源のことであるが，役務は，資産を支配する企業への ⑥ の意味で使用される場合（例えば除去基準3（2））もある。役務は， ⑦ や ⑧ とも称される。財貨と役務とをまとめて給付と表現する場合もある。また，財貨に役務を含ませて使用する場合もある。

（3）　消費と費消　……費用に関して，消費と費消とを区別して使用されることがある。この場合，国民経済では ⑨ を形成して消費という概念になじまない賃金，地代，利子，税金等を狭義の費消といい，それは消費ととも広義の費消に含まれる。個別経済を対象として企業体の立場から認識する企業会計では，狭義の費消も支出を伴うから ⑩ となるのである。この場合，例えば「費用とは給付の費消をいう」といった使い方をする。他方，両者を区別しない論者は消費を広義の費消と同じ意味で使用している。会計基準において，消費と費消とを必ずしも明確に区分しているとは限らない。例えば，従業員等のサービス，つまり人件費は ⑪ ではあるが， ⑫ ではない。しかし，「ストック・オプション等に関する会計基準」では， ⑫ という用語を使用している（35）。他方，「資産除去債務に関する会計基準」では， ⑫ という用語で表現してもよい箇所で，あえて ⑪ という用語を使用していたりするのである（32）。

（広義の費消）

《費消と消費》

広義の費消＝消費＋狭義の費消
狭義の費消＝賃金，地代，利子，租税公課　etc.
⇒ 狭義の費消に当期純利益等を加減すれば，
　企業の付加価値に一致する。

（4）　給付の流れと貨幣の流れ

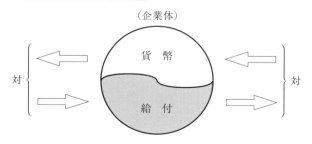

企業への貨幣の流れと給付の流れとは，通常は対となって，対流関係にある。

　これは半発生主義による収益費用の認識を，貨幣的側面からみれば，⑬基準によることを意味する。これを給付的側面からみれば，給付の移転時点を意味し，収益認識における⑭もこの基準に含まれる。

　給付の流れと貨幣の流れのいずれを重視するかは，最近のアプローチ論争に関連している。収益費用アプローチでは，給付計算を重視し，資産負債アプローチでは，貨幣計算を重視する。　　　　　　See.124頁　**問3**（一致の原則）

　給付の流れと貨幣の流れとが等価値となるか否か，という観点から取引を類型化すれば，次の通りである。ⅰ 対となる貨幣と給付とは，通常は等価値であるが，必ずしもそうとは限らず，ⅱ 貨幣又は給付の一方だけが流入することもあれば，ⅲ 逆に流失だけが生じる場合もある。ⅰで等価値となる場合は通常の⑮であり，等価値とならない場合は次のⅱ又はⅲの問題となる。ⅱは⑯，ⅲは⑰と称される取引がその例である。また，給付提供の対価として給付を受取ることもあり，これは取引の性質に応じて⑱とか現物出資として処理される。これらの貨幣の流れを伴わない取引においては，その⑲が問題となる。更に邦貨提供の対価として外貨を受取る場合又はその逆の場合は，外国為替と称され，決算書上の外貨を邦貨に測定尺度を変換する場合を含めて⑳問題として，⑲の問題とは切り離して論じられる。

　給付の流れの中でも生産に関連する費用を給付単位に集計することを原価計算という。貨幣の流れの中でも貨幣（資金）の範囲を現金及び㉑に限定して，その収支残高を活動区分別に表示したものをキャッシュ・フロー計算書という。」

《解答・解説》

問	① 企業努力	② 収益の獲得	③ 差　額	④ 有　形
	⑤ 無　形	⑥ 役立ち	⑦ 用　役	⑧ サービス
	⑨ 所　得	⑩ 費　用	⑪ 費　消	⑫ 消　費
	⑬ 権利義務確定	⑭ 実現主義	⑮ 交換取引	⑯ 受　贈
	⑰ 寄　付	⑱ 交　換	⑲ 評価（測定）	⑳ 外貨換算
	㉑ 現金同等物			

（3） 給付・貨幣の交換と権利・義務

給付と貨幣との対流関係を給付提供企業と給付受入顧客とが取引するという観点から，それを契約上の権利・義務に関連づけて整理したのが次の図である。

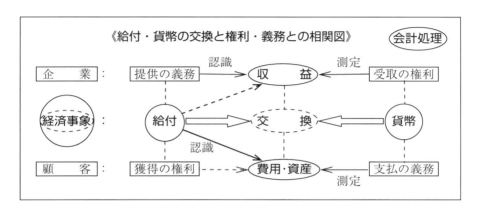

問　次の文章の空欄に適切な用語を示しなさい。

「給付提供企業には，その提供を履行する　①　と対価受取りの　②　とがある。この契約の経済事象は，企業の　③　の充足状況を通じて描写できる。顧客には，給付提供を受ける　②　と対価支払いの　①　とがある。この契約の経済事象は，給付に対する　④　の獲得状況を通じて描写できる。企業の　③　充足と顧客の給付に対する　④　獲得とは，給付と貨幣との　⑤　という同じ経済事象を異なる当事者の立場から描写したもので，双方は互いに照応している。

企業は，　③　充足により　⑥　を認識する。顧客は，給付に対する　④　獲得により給付が費消されるのなら　⑦　とし，そこに将来の　⑧　があるのなら資産の増加とする。貸借対照表能力有無の判断に用いられる概念としての資産に対する　④　とは，その資産の使用を指図し，その資産からの残りの　⑧　のほとんどすべてを享受する能力（他の企業が資産の使用を指図して資産から　⑧　を享受することを防げる能力を含む。）である（基準案34, 118），と定義される。

　⑥　，　⑦　又は資産の測定額は，いずれも　⑨　を基礎として算定する。」

《解答・解説》

問 ① 義　務　② 権　利　③ 履行義務　④ 支　配　⑤ 交　換
　 ⑥ 収　益　⑦ 費　用　⑧ 便　益　⑨ 取引価格

《『収益認識に関する会計基準(案)』に対する若干のコメント》

　平成29年7月20日付で表題の基準（案）が公表された。予定通りに進行すれば，基準案は，一部の修正等があるにしても，平成33年4月1日以降開始する年度から適用され，それ以前の年度からの早期適用も認められることになる。

　基準案の適用により，次の会計基準等は廃止され，割賦基準による収益認識も認められなくなる。

　(1)　工事契約会計基準
　(2)　工事契約適用指針
　(3)　ソフトウェア取引実務対応報告

　会計基準，同基準適用指針及びその設例は，一体のものと解すべきである。前二者と設例とは，企業会計原則の損益計算書原則三Ｂと同注解・注6・7との関係に類似する。基準案が適用されるようになれば，注解・注6・7を学ぶように設例も学習していけばよいと思われる。

（基準案と伝統的な基準との本質的な差異）

　貨幣交換経済を前提にすれば「企業への貨幣の流れと給付の流れとは，通常は対となって，対流関係にある」（**本節1（2）(4)**）。基準案は，この対流関係を前提に給付の提供を履行する義務の充足状況に絡めて，包括的な収益認識基準を定めている。そこでは，履行義務の「充足」時点・期間という経済的実質の属性に応じて収益を認識するのである。これに対して，伝統的な基準は，給付の流れの側面から実現主義や発生主義という会計上の概念に絡めて収益を認識してきた。そこでは，給付の「引渡し」時点やその継続的価値増加という経済的実質の属性に応じて収益を認識してきたのである。基準案の「履行義務」の充足状況を伝統的な基準からみれば，原則として，それを「充足した時」が実現（引渡）主義による収益認識であり，その「充足につれて」が発生主義によるそれを意味している。基準案と伝統的な基準とには，経済的価値増加事実の描写において，本質的な考え方の差異はないのである。

　実現主義や発生主義は，抽象的で論者により見解が異なり，必ずしも明確に確立された概念ではなかったので，収益の認識時期・対価の額を厳密に確定するため，またＩＦＲＳ第15号との整合性を図り，国内外の企業間における財務諸表の比較可能性確保の観点から，日本独自の事情も考慮して，基準案が開発されたのである。

（4）収益費用の認識と測定

問1 次の文章の空欄に適切な用語を示しなさい。

「　①　の費用及び収益は，(a)その支出及び収入に基づいて計上し，(b)その発生した期間に正しく割当てられるように処理しなければならない。ただし，(c)未実現収益は，原則として，当期の損益計算に計上してはならない。(d)前払費用及び前受収益は，これを当期の損益計算から除去し，未払費用及び未収収益は，当期の損益計算に計上しなければならない（P/L原則一A）。

　収益費用の認識測定に関連して，正確性，確実性という用語が使用されることが多い。正確性とは　②　が正しいことを意味し，主に収益費用の認識に対して要請される概念である。確実性とはいったん計上した取引が後で　③　されないことを意味し，主に測定に対して要請される概念である。この2つの要請は，ともに満たされれば問題ないが，二律背反となることもある。会計目的と項目の属性に応じて，種々の基準が必要とされる理由である。

　なお，確定という用語も使用されることがある。これは，正確性と確実性の両方又はどちらか一方の要請が充足されたときに用いられる。」

問2 問1本文の命題に関連して，次の各設問に答えなさい。
① 下線(a)〜(d)が要請している基準又は原則の名称を示しなさい。
② 下線(a)〜(d)の基準を認識基準と測定基準とに区分し，記号で答えなさい。

問3 下線(a)が要請している基準について，次の設問に答えなさい。
① 次の命題は正しいか，誤りならその理由を述べなさい。
　「この基準は，収益を当期の収入額に基づき，費用を当期の支出額に基づき計上するもので，現金主義を要請したものである。」
② 下線の基準の採用根拠を簡潔に述べなさい。
③ 下線の基準は，次の事項の基準とどのように結びつくか，その基準の名称を示しなさい。
　ⅰ　資産の評価　　ⅱ　収益の認識
④ 期末に下線の基準によらずに評価する項目名称を2つ例示しなさい。

《解答・解説》

問1 ① すべて　　② 認識時点（期間帰属）　　③ 訂　正

問2 ①(a) 収支額基準（収入支出額基準ともいう。）

(b)　発生主義

　　　(c)　実現主義

　　　(d)　時間基準（又は，狭義の発生主義）

　② 認識基準……(b), (c), (d)

　　 測定基準……(a)

問3① 誤り。（理由）この文章の収入額・支出額には当期の収入額・支出額のみならず，過去及び将来の収入額・支出額も含まれる。従って，これは現金収支時に収益・費用を計上するという現金主義による認識を要請したものではなく，収益・費用の測定に関して収支額基準の適用を要請したものだから。

② ⅰ　収支差額としての利益は，分配可能利益という計算目的に適合する。

　 ⅱ　取引価額を基礎とすることで，検証可能な測定額となる。

③ ⅰ　取得原価主義（取得原価基準）

　 ⅱ　実現主義（の基準）

④ 売買目的有価証券　デリバティブ取引による正味の債権（・債務）etc.

♪　 投資のリスクからの解放 　投資の成果は不確定であるから，期待された成果が事実として確定すれば，それはリスクから解放されることになる（第3章23，第4章23）。リスクからの解放部分は，収益・費用として認識され，未解放部分のうち，実現可能で純資産額の変動をともなう部分は，連結会計では，その他の包括利益（個別会計では，原則として評価・換算差額等）として認識される。

　投資のリスクからの解放は，収益・費用の全部，及び当期純利益を包摂的かつ統一的に説明し，当期純利益とその他の包括利益とを区別する認識に係る基礎概念として提唱されたものである。このため，この概念は，収益の認識基準としての実現主義・実現可能性主義を包摂し，また費用の認識基準としての発生主義をも包摂するのである。

See. 74頁 　理論の用具と実務の用具

2　収益費用の認識基準

(1) 収益費用認識論とその基準

　給付を⑤で購入〈給付の入〉し，仕入債務は⑥で現金支払をする。購入給付を①生産目的で④費消することにより製品となる。製品は②で販売〈給付の出〉し，売上債権は③で現金回収する。

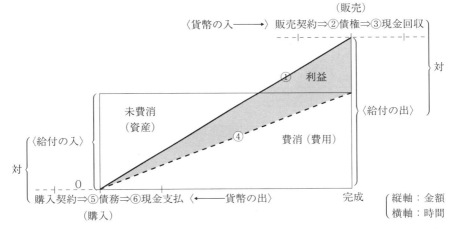

cf. 第1章6節（交換取引における給付と貨幣との関係）

問1　次の文章の空欄に適切な用語を示しなさい。

　「上記図の製造業を例にとって，企業の活動過程を給付の側面から述べれば，⑤給付の入→④費消＝①生産→②給付の出となり，貨幣の側面からみれば，⑤債務の増加（→⑥現金支払）…②債権の増加（→③現金回収）となる。ここで，生産目的で給付の費消を対象とする会計が，　ア　であり，そこでは貨幣の直接的な流れは観察できない。貨幣の収支残高を対象としたのがキャッシュ・フロー計算書である。企業は，受入れた給付の価値を　イ　によって増加させ，企業外部へ提供する活動を繰返す。給付の④費消と①生産とは同時に発生する。ここで，収益費用をどの時点で認識するかというのが，　ウ　である。費用は，購入契約→⑤給付の入（債務確定）→④費消から⑥現金支払までのいずれかの時点・過程で認識される。収益は，①生産→販売契約→②給付の出（債権確定）から③現金回収までのいずれかの時点・過程で認識される。契約時点については，　エ　を対象とする取引を除いて，考慮外とされる。

　収益費用の認識については，『財務会計の概念フレームワーク』が投資のリスクからの解放という新しい基準（基礎概念）を提唱している。これは，収益及び

費用の認識を包摂的に説明しようとするものである。

具体的な認識基準とそれによる期間利益の計算とを関連づけて整理すれば，次の表のようになる。

《認識基準と期間利益の計算》

認識基準等	認識時点 収益	認識時点 費用	期間利益	備考（🕐は上図の認識時点に対応）
現金　主義	現金回収	現金支払	③－⑥	成果計算が確実・不正確
発生　主義	生産	費消	①－④	成果計算が正確・不確実
半発生主義	販売	購入	②－⑤	債権債務確定主義ともいう
実現　主義	販売	－	－	通常，実現概念は収益認識のみに使用
基本　原則	販売	費消	②－④	費用と収益との対応が必要

（注）　エ を対象とする取引については，契約時点における債権債務の計上が収益費用の認識に結びつかない場合もあるので，表には記載していない。」

問2　下線に関連して，「通常の販売目的で保有する棚卸資産」と「トレーディング目的で保有する棚卸資産」の収益認識を包摂的に説明しなさい。

《解答・解説》

問1 ア　原価計算　　イ　生産　　ウ　収益費用認識論
　　エ　金融資産・負債自体

問2　投資活動の成果が期待から事実として確定した時に投資のリスクから解放されて収益は認識される。通常の販売目的で保有する棚卸資産は，販売時点に事実として確定した成果となり，実現主義により収益が認識される。トレーディング目的の棚卸資産は，売買・換金に対して事業遂行上等の制約がなく，市場価格の変動に当たる評価差額が事実として確定した成果であるとみなすことができるから，期末に実現可能性原則により収益が認識される。

　　投資のリスクからの解放は，収益認識においては，実現主義及び実現可能性原則のいずれも包摂する基礎概念*である。

＊　理論の用具と実務の用具　　投資のリスクからの解放という基礎概念は，理論の用具である。それは実務の用具としての実現主義，実現可能性原則に取って代わろうとするものではない。抽象化された基礎概念は，本質的に実務の用具に共通，又はそれらを包摂する特性を有するのである。

♪　発生主義の色々な意味　　半発生主義は，現金主義の延長線上にあること

から拡張された現金主義ともいわれる。発生主義の基準に基づく認識としては，継続的役務提供契約に基づく費用・収益の認識基準である時間基準をあげることができる。時間基準は，狭義の発生主義とよばれることもある。

　企業の目的は，給付の消費を超える生産をなし，又は給付をより一層必要とする場所・時期に提供することにあり，これらの目的から発生主義会計の本質を給付価値の増減変化をそのまま忠実に描写することとする考え方もある。この考え方の背後には，給付の費消・生産又は移転過程では，貨幣の直接的な流れを観察できない点を指摘できる。そこでは，貸借対照表を，「貸方資本を一種の固定的価値量と考え，借方資産を価値増殖運動によって増減する価値量と考えることによって，損益の計算表示の目的を達する（阪本安一　前掲書176頁）。」として，間接的ではあるが，給付計算中心の損益計算目的と関連づけて理解するのである。

　また，発生主義会計というときは，収益費用の認識基準としての発生よりも広い意味で使用されることがある。そこでは，収益の認識基準としての実現主義を含み，場合によっては測定基準としての時価主義も含ませることがあるのである。時価主義によるときは，帳簿価額と時価との差額を認識・測定することになるが，これは発生主義による損益の認識に他ならないからである。

（2）認識基準と利益又は収支余剰

問1　次の文章の空欄に適切な用語を示しなさい。

　「現金主義，半発生主義，及び発生主義のいずれを収益費用の認識基準として採用するかにより，特定の会計期間では，利益額に差異を生じさせる。しかし，給付の受入に伴う現金支払から給付提供に伴う現金回収までの全体期間を通じてみれば，その利益額はいずれも　①　となる。これは，当期純利益と　②　利益との差異についても同様で，両者の利益額は企業の設立から清算までの全体期間では　①　となる。3つの収益費用の認識基準の差異及び当期純利益と　②　利益との差異は，ともに本質的に収益費用の　③　の差によって生じるからである。

　半発生主義による収益認識は，　④　と称せられる。　④　は，通常，収益認識についてのみ使用される概念で，費用認識には使用されない。

　通常の収益の　③　は，　⑤　が　⑥　よりも早く，　⑦　は最後になる。ま

た，　②　利益は当期純利益より早く認識される。

　　このような　③　の差異は，損益計算書とキャッシュ・フロー計算書との差異についてもいえる。後者は，　⑦　により作成されたもので，当期純利益と損益に関連した収支余剰とは，全体期間においては，　①　となるのである。」

問2　下線の認識基準3つを問1の番号で示しなさい。

《解答・解説》

問1　① 同　額　② 包　括　③ 認識時点　④ 実現主義
　　　⑤ 発生主義　⑥ 半発生（実現）主義　⑦ 現金主義

問2　⑤　⑥　⑦

（3）現金主義による収益費用の認識

問1　次の文章の空欄に適切な用語を示しなさい。

「現金主義は，収益を　①　に，費用を　②　において　③　し，損益計算書に計上する　④　計算方法である。現金主義のもとでは，相互に比較されるべき収益と費用とに期間的な隔(へだ)りが大きくなる。」

問2　現金主義会計の特徴（長短）を述べなさい。

問3　現金主義会計について，次の設問に答えなさい。

　　①　歴史的に現金主義会計が適合する損益計算を例示しなさい。

　　②　それが現実的に適合しなくなった理由を3つ示しなさい。

問4　現金主義に基づいて作成される主要な財務表の名称を示しなさい。

《解答・解説》

問1　① 収入時点　② 支出時点　③ 認　識　④ 利　益

♪　現金主義は，認識基準の1つであるが，金額の測定も現金収支をもって行われる。そこでは，各期の現金収支差額が期間損益となる。ただし，現金主義においても，借入収入やその返済支出，資本取引となる収支等は，**中性的収支**として期間損益には影響させない。

問2　（長所）確実性のある損益を計上できる。

　　　（短所）i　成果（収益）と努力（費用）の対応が適切でない。

　　　　　　　ii　現金の支出時点と給付の費消時点，給付価値の増加時点と現金入金時点，各々の隔りが大きい。

問3① 中世の冒険企業における口別損益計算
　　♪　全体期間では，採用する費用収益の認識基準いかんに関わらず，その全体利益額（収支余剰額）は同額になる。これは，当初から解散を予定し，期間限定で事業活動を営む当座企業にも当てはまる。
　②ⅰ　信用取引が増加したこと。
　　ⅱ　固定資産が増加したこと。
　　ⅲ　恒常在庫が増加したこと。
問4　キャッシュ・フロー計算書

（4）発生主義による収益費用の認識
問1　次の文章の空欄に適切な用語を示しなさい。
　「発生主義は，収益を　①　に，費用を　②　において　③　し，損益計算書に計上する　④　計算方法である。発生主義のもとでは，相互に比較されるべき収益と費用とに期間的な隔りがなくなる。」
問2　発生主義会計の特徴（長短）を述べなさい。

《解答・解説》
問1①　生産時期　　②　費消時期　　③　認　識　　④　利　益
　♪　収益・費用の発生　収益の発生とは，企業活動における経済的価値の増加又は生成を意味し，費用の発生とは，経済的価値の減少又は消滅をいう。発生概念は，抽象的な性格を有する。そこで，発生の事実を信頼性をもって具体的に認識するには，一定の基準に基づくことが必要となる。
　　　　　　　　　　　　　　　　　　See. 本章2節1問1・2・4　その他
問2　（長所）成果（収益）と努力（費用）の対応が適切になされる。
　　（短所）ⅰ　収益の発生額について検証可能な測定が困難なことが多い。
　　　　　　ⅱ　利益の処分可能性に問題が残る。

3　消費税等の仕組みとその処理方法
問　次の文章の空欄に適当な用語を示しなさい。
　「国内において，事業者が事業として対価を得て行う課税取引に対しては，一定率の消費税・地方消費税（以下，消費税等という。）が課せられる。下図で課

税売上に対する消費税等の額（A＋B）から課税仕入に対する消費税等の額（B）を控除した額（A）が国等への納付額（Aが負のときは還付額）である。

消費税等の会計処理方式として，税込方式と税抜方式との ① が認められている。税込方式とは，消費税等の部分を課税取引に含めて処理する方式であり，決算時に，消費税等の納付額は ② ，還付額は ③ として損益計算書に計上する。税抜方式とは，課税売上に係る消費税等の額を仮受消費税等とし課税仕入に係る消費税等の額を仮払消費税等として処理する方式で，両者の差額は， ④ 又は ⑤ （還付の場合）として貸借対照表に計上する。仮受消費税等と仮払消費税等とは，相殺後に純額で負債又は資産の科目へ振替られるまでの ⑥ 勘定としての性格を有しているのである。消費税等の最終的な負担者は， ⑦ で事業者としての企業ではない。このため， ⑧ の忠実な描写という観点からは，税抜方式の方がより適切な処理であるといえる。しかし，税込方式には， ⑨ が少なくてすむ簡便さがある。そこで，期中では税込方式で処理し，期末に科目毎の合計額で一括して税抜方式に修正する ⑩ を採用する企業も多い。

消費税等について，選択した会計処理方法は， ⑪ として注記しなければならない。」

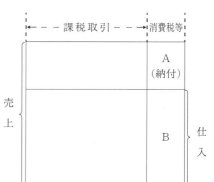

《消費税等の仕組み》

《解答・解説》

|問| ①　選択適用　　②　租税公課　　③　雑収入　　④　未払消費税等
　　⑤　未収消費税等　　⑥　通　過　　⑦　消費者　　⑧　経済事象
　　⑨　仕訳数　　⑩　期末一括税抜方式　　⑪　重要な会計方針

第2節　期間損益計算のための配分と対応

1　費用配分の原則と発生費用額の具体的決定

問1　次の文章の空欄に適切な用語を示しなさい。

「期間損益計算において，費用は，原則として，２つの過程を経て処理される。最初は費用配分の原則による処理であり，次は　①　による処理である。

費用配分の原則とは，一定の基準に準拠して，発生費用を認識し，それを支出額を基礎として測定することにより，費用の発生額を決定する原則である。

費用には，検証可能性のあるものもあるが，その算定には見積りや判断を伴う場合もある。そこで，抽象的な性格を有する発生費用が　②　をもって認識・測定されるためには，「(a)一定の基準に準拠」する必要がある。一定の基準は，給付の受入目的とその属性に応じて，給付価値減少に係る経済事象を忠実に描写するよう選択されなければならない。費用は，(b)原則として，発生主義に基づいて認識する。「発生費用」とは，厳密には給付の　③　を指すが，(c)広義には，そこに　④　を含ませることもある。「支出額を基礎」とするとは，　⑤　によって，(d)過去，現在及び将来のいずれかの支出額を基礎として費用を測定することをいう。

費用配分の原則は，選択された一定の基準によって，認識基準としての発生主義と測定基準としての　⑤　とを結びつけ，費用の発生額を　⑥　に決定する。

費用配分の原則により費用の期間負担額が第１次的に決定されるのである。」

問２　下線(a)の基準名を３つ例示し，関連する具体的項目を例示しなさい。
問３　下線(b)の例外となる場合を２つ例示しなさい。
問４　下線(c)の原則の名称を示し，この原則を根拠とする項目を例示しなさい。
問５　下線(d)に関連して，次の設問に答えなさい。
① ３つの支出時点毎に当期の発生費用となる項目を２つずつ例示しなさい。
② 棚卸資産を正味売却価額で評価したり，固定資産を減損処理によって回収可能価額で評価して，資産の一部を費用処理する場合について，次の設問に答えなさい。
　　i これらの期末評価額は，「支出額を基礎」としているといえるか。その理由とともに説明しなさい。
　　ii これらの処理は，「継続性の原則」に反することにならないか。その理由とともに説明しなさい。
③ 費用配分の原則と次の項目との関連を説明しなさい。
　　i 事業資産の貸借対照表価額

第３章　79

ⅱ　条件付債務としての負債価額
④　上記③ⅰに関連して，費用配分の原則は別名称でよばれることがある。別名称を示し，それはどのように解されるかを説明しなさい。

《解答・解説》

問1　①　費用収益対応の原則　　②　信頼性　　③　費消事実　　④　費消原因
　　　　⑤　支出額基準（又は収支額基準）　　⑥　具体的

♪　P/L原則一Aのうち費用に関する部分を抜粋すれば「すべての費用…は，その支出…に基づいて計上し，その発生した期間に正しく割当てられるよう処理しなければならない。」となる。この文章は，費用の認識・測定について費用配分の原則の採用を要請したものと解することができる。
　　　　See. 82頁（図）　133頁（事業資産の費用配分）　162頁（減価償却による費用配分）
　　　なお，「配分」概念は，設問のように支出額をその発生期間に割当てる意味だけでなく，企業の設立からその解散までの全体期間の収入又は支出を全体期間を構成する会計期間のいずれかの収益又は費用として割当てるという意味で使用されることもある。　　See. 124頁 **問4**（一致の原則が成立する理由）
　　　275頁 **問3**③（キャッシュ・フローと利益との関係）

問2　ⅰ　払出基準……継続記録法による棚卸資産の費用計上
　　　ⅱ　検針基準……検針による水道料金・電気料金・ガス料金の計上
　　　ⅲ　時間基準……定額法での減価償却費，期間定額基準での退職給付額算定
　　　ⅳ　生産高基準……生産高比例法による減価償却費，棚卸計算での逆計算法
　　　ⅴ　複利計算基準……資産除去債務に係る調整額，退職給付債務に係る利息費用，社債を額面価額と異なる価額で発行し，差額を利息法で処理した場合

♪　ⅴの調整額と利息費用は，計算上の利息で，元本となる債務に関連した費用と同じ区分で表示される。発行社債に係る額面価額と発行価額との差額を利息法で処理するときは，支払利息の増加又はその減少として処理される。

問3　ⅰ　消耗品，消耗工具備品その他の貯蔵品等のうち，その買入時又は払出時に費用として処理した場合
　　　ⅱ　前払費用及び未払費用を経過勘定項目としない場合
　　　ⅲ　取替資産を取得法，取替法，及び廃棄法のいずれかで処理した場合

♪ ⅰとⅲは半発生主義，ⅱは現金主義によって認識することを意味している。従って，これらは，費用配分の原則が適用されたものではない。

問4 　原因発生主義　 製品保証引当金，貸倒引当金，債務保証損失引当金 etc.

問5① 過去支出……棚卸資産，通常の減価償却資産，前払費用のうち当期の費用として認識するもの

当期支出……支払給料，水道光熱費，修繕費，旅費交通費 etc.

将来支出……未払給料，賞与引当金繰入額，資産除去債務に係る減価償却費・調整額，退職給付費用 etc.

② ⅰ　いえる。　（理由）資産の帳簿価額は，収入額を上限とすることにはなるが，支出額を基礎とした取得原価の範囲内で評価されているから。

ⅱ　反しない。　（理由）取得原価基準の下で，有用な原価，すなわち回収可能な原価だけを繰り越す点で，首尾一貫した測定方法であるから。

③ ⅰ　事業資産のうち，期末までに発生費用として配分されず，次期以降の発生費用として繰延べられた額が資産の貸借対照表価額となる。

ⅱ　費用配分の原則により当期発生費用を認識したとしても，その支出が将来で金額は見積りにより測定せざるを得ない場合がある。この見積費用と同時に認識・測定されるのが，金額が未確定の条件付債務としての負債価額である。　　　　　　See. 202頁　1問1　（負債の概念と債務性…条件付債務）

④ 　原価配分の原則　 事業資産の取得原価を将来の利益獲得に役立つ資産とその役立ちが終わった費用とに区別することを要請する原則をいう。

♪ 従来，③ⅰ又は④については，費用配分の原則のうち，支出確定額の期間配分を対象に論じられてきた。しかし，資産除去債務を両建処理することから生じる有形固定資産の帳簿価額に加える額は，将来の支出額（自己の支出見積額）を基礎として計算される。資産の取得価額は，支出確定額だけでなく，将来の支出見積額も基礎とするようになったのである。

2　費用収益対応の原則と経営成績の表示

問1　次の文章の空欄に適切な用語を示しなさい。

「費用収益対応の原則の目的は，特定期間の経営　①　である収益とそれを得るために費やされた　②　である費用とを関連づけて，その　③　としての業績

の達成度合を表示した利益を計算することにある。この目的は，経営成績の表示目的と同じであり，"損益計算書は，企業の経営成績を明らかにするため，一会計期間に属するすべての収益とこれに対応するすべての費用とを記載"（P/L原則一）するのである。この企業会計原則の要請は，(a)費用収益対応の原則の指導によって損益計算書が作成されることを意味している。

　原則として，収益は，　④　主義によって認識され，費用は，　⑤　主義によって認識される。この場合，費用に比して収益は　⑥　認識されるから，費用収益対応の原則によって，(b)収益と費用の認識時点のズレを調整し，関連する収益と費用とを同一の会計期間に計上するのである。

　期間損益計算のための(c)費用配分の原則と費用収益対応の原則との関係は，過年度の対応が正確になされているものとして，次図のようになる。

《費用配分の原則と費用収益対応の原則との関係図》

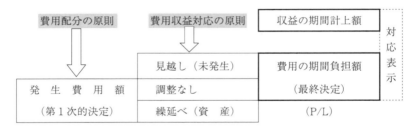

　収益と費用との対応は，両者に(d) ⅰ因果関係があるか，ⅱ対応の形態として個別的対応か期間的対応か，ⅲ因果関係はなく取引の同質性に基づく対応表示のみか等を基準に右表のように整理できる。

《費用収益対応の相関表》

表示	因果関係	対応の形態等	想定項目（一部例外あり）
対応表示	あり	個別的	売上と売上原価
		期間的	売上と販売費及び一般管理費
	なし	取引の同質性	営業外収益と営業外費用
		−	特別利益と特別損失

　経営成績の表示のためには，純損益の発生原因を表示することが求められる。そこで，"費用及び収益は，その　⑦　に従って明瞭に分類し，各収益項目とそれに関連する費用項目とを損益計算書に対応表示しなければならない"（P/L原則一・C）。さらに，その活動区分別発生経過を明らかにするためには，損益計算書に区分を設けなければならない（P/L原則二）。」

問2　下線(a)に関連して，損益計算書の記載内容（範囲）については，2つの考え方（主義）がある。2つの考え方の名称を示し，費用収益対応の原則の目的により適合する方に下線を引きなさい。

問3　下線(b)に関連して，次の設問に答えなさい。
① 調整の基準となる項目を原則と例外とに分けて説明しなさい。
② 上記①の原則における調整は，期間損益への影響を基準に2つの類型に分けられる。2つの類型を説明し，類型毎に具体的項目を例示しなさい。
③ 費用だけでなく収益も　⑤　主義によって認識する場合においても，費用収益対応の原則は，必要とされるかを説明しなさい。
④ 販売は成立済なのに，関連費用が遅れて発生するので，収益自体を遅らせて認識することがある。この場合について，次の設問に答えなさい。
　ⅰ　該当する販売形態の名称を示しなさい。
　ⅱ　「遅れて発生する」費用の総称とその具体的項目名を2つ例示しなさい。
　ⅲ　「遅らせて認識する」収益の認識基準名を2つ示しなさい。
⑤ 費用収益対応の原則による処理の限界を説明しなさい。

問4　下線(c)の両原則の関係を文章で説明しなさい。

問5　下線(d)と上記の問1の相関表に関連して，次の設問に答えなさい。
① ⅰからⅲのうち，費用収益対応の原則にとって，最も重視すべき基準は，どれかを指摘し，その理由を説明しなさい。
② ⅱの個別的対応，期間的対応は，何を媒介とした対応かを説明しなさい。
③ 売上原価のなかに売上と個別的対応関係にないものはあるか。あるなら，その項目名を例示しなさい。
④ 販売費及び一般管理費について，次の設問に答えなさい。
　ⅰ　販売費及び一般管理費を期間費用とする理由を述べなさい。
　ⅱ　販売費及び一般管理費のうち，売上高と個別的対応関係にある項目はあるか。あるなら，その項目名を例示しなさい。
⑤ 営業外収益と営業外費用について，次の設問に答えなさい。
　ⅰ　営業外費用を期間費用とする理由を述べなさい。
　ⅱ　営業外費用に含まれる項目で，発生時の期間費用としなくてもよい場合があるか。あるなら，その場合を2つ例示しなさい。

iii　営業外収益と営業外費用とに因果関係が認められる場合があるか。あるなら，それを例示しなさい。
　⑥　特別利益と特別損失とに取引の同一性があるかについて述べなさい。
問6　次の命題は，正しいか。誤りなら，その理由を説明しなさい。
　「見越費用と同時に計上される負債は，すべて発生主義を根拠としている。」
問7　収益と費用の対応ではないが，特定項目間の対応によって，処理目的に適合して，経済事象を忠実に描写できる場合がある。この例を2つ説明しなさい。

《解答・解説》

問1　①　成　果　　②　努　力　　③　純成果　　④　実　現　　⑤　発　生
　　　　⑥　遅れて　　⑦　発生源泉
　　　　See. 3頁 **問3**②（経営成績），319頁（♪　発生源泉別分類　，（3）対応・区分）

問2　当期業績主義（損益計算書）　　包括主義（損益計算書）　　See. 319頁（3）

問3①　（原則）　実現収益を基準に発生費用の繰延べや未発生費用の見越し計上を行う。
　　　　（例外）　工事進行基準では，発生原価を基準に発生収益を認識する。
　②　2つの類型とは，費用の繰延べと見越し計上のことである。
　　　i　 費用の繰延べ 　当期の発生費用であっても，それが明らかに将来収益と因果関係をもつのであれば，将来の費用を意味する資産として，当期の損益計算から除外する。
　　　　例）繰延資産，建設に要する借入資本の利子で稼働前の期間に属するもの
　　　ii　 費用の見越し 　当期には未だ発生しておらず，将来にその発生が見込まれる費用であっても，当期の収益と因果関係をもつのであれば，当期の費用として，当期の損益計算に加算する。
　　　　例）貸倒引当金繰入額，品質保証引当金繰入額，ポイント引当金繰入額
　③　費用と収益とは同一期間に発生し認識されている。費用と収益とは調整するまでもなく対応しているのだから，費用収益対応の原則は不要となる。
　④　i　割賦販売
　　　ii　事後費用　　（例）貸倒損失，集金費用，アフターサービス費 etc.
　　　iii　回収期限到来基準　　回収基準　　See. 100頁 **問2**（回収基準の根拠）
　⑤　費用収益対応の原則による処理は，収益と費用とに因果関係があることが

前提となっている。しかし，費用・収益項目の中には，この前提を満たさない営業外収益・費用，特別利益・損失等もある。これらの項目の存在は，費用収益対応の原則の限界を示しているのである。

|問4| 業績測定利益を算定するため，費用配分の原則によって第1次的に認識・測定された発生費用額は，費用収益対応の原則により主に実現収益を基準に第2次的に再配分（発生費用の繰延べ・未発生費用の見越し計上）されて，費用の期間負担額が最終決定される。

♪　事業資産における配分と対応との具体的関係については，133頁 |問1|（棚卸資産）及び162頁 |問1|（減価償却費）を参照のこと。

♪　当期の発生費用額のうち費用収益対応の原則により資産として繰延べた項目（|問3|②ⅰ）を将来期間に費用化するときは，費用配分の手続に準じた処理をすることになる。資産除去債務の両建処理に関連する固定資産の帳簿価額への加算額や調整額に係る費用化手続もこれに該当する（45）。資産除去債務の設定根拠は，費用収益対応の原則に求められるが，その借方資産等の費用化は，費用配分の手続によるのである。費用化前の状態を所与として，その資産等の費用化手続に着目すれば，費用配分の原則に基づく処理と同様に，資産除去のための費用の「発生」（4，8，9，48）として理解されるゆえんである。

See. 第8章4節1(2)|問7|♪　|資産除去費用・債務の本質|

|問5|①　因果関係　（理由）費用収益対応の原則の根底には，原因（＝努力＝費用）があって結果（＝成果＝収益）が生じるという考えがあり，業績の達成度合を描写するためには，その結果である収益に関連づけて，原因である費用を比較すればよいから。

②　|個別的対応|　財貨を媒介とした対応
　　|期間的対応|　会計期間を媒介とした対応

♪　個別的対応は，完全対応，給付的対応，原価計算的対応，直接的対応，また，期間的対応は，不完全対応，期間対応，間接的対応ともよばれる。

③　ある。　棚卸減耗損

④ⅰ　販売費及び一般管理費は，売上高と因果関係はあるが，その額は販売量の増減と関係なく発生する一種の固定費であるため。

　ⅱ　ある。　販売手数料，荷造運賃等

第3章　85

♪　これらは，売上高又は販売量の増減と直接関係する費用である。
⑤ i　売上高又は営業外収益と因果関係にないから。
　 ii　ある。　ア　建設に要する借入資本の利子で，稼働前の期間に属するものを固定資産の取得原価に算入した場合
　　　　　　　イ　株式交付費，社債発行費等を繰延資産として計上した場合
　 iii　ある。　賃貸不動産に係る賃貸料収入とそれに関連する減価償却費，固定資産税，火災保険料等とには，因果関係が認められる。
⑥　ない。　特別損益には，固定資産売却益と同損のように，両者に取引の同質性が認められる項目もあるが，災害損失や受贈益のように，内容が異質で取引が同質であるとはいえない項目が多く含まれているから。
　【別解】ある。　臨時損益という点で取引の同質性が認められるから。
　　♪　筆者は，臨時損益と取引の同質性とは，本質的になじまないと考える。しかし，両者には取引の同質性があるとするのが多数説である。
　　　　特別損益項目は，業績測定利益の算定とは関係のない臨時損益である。

問6　誤り。　見越費用の計上に伴う負債には，発生主義の原則だけでなく，費用収益対応の原則を根拠とするものもある。製品保証引当金，貸倒引当金，ポイント引当金等がこの例である。
　♪　企業会計原則注解・注18（引当金設定の要件）のうち，「その発生が当期以前の事象に起因し…」における「事象」は当期の収益と因果関係をもって認識・測定される。従って，費用収益対応の原則を根拠とする引当金については，原因発生主義を根拠としているともいえる。費用計上の根拠となる費用収益対応の原則と原因発生主義とは，明確に区別できないことが多いのである。

問7 i　税効果会計は，当期純利益と法人税等とを合理的に対応させて，法人税等の期間負担額を正確に処理するために行われる。
　 ii　ヘッジ会計は，ヘッジ対象の損益とヘッジ手段の損益とを期間的に合理的に対応させて，ヘッジの効果を財務諸表に反映させるために行われる。

第3節　実現主義による収益の認識

1　実現主義と販売

問1　次の文章の空欄に適切な用語を示しなさい。

「収益を生産過程に応じて　①　で認識すれば，企業活動の成果を最も　②　に反映させられるが，(a)生産段階では，成果の　③　を確保できないことが多い。このため，それが確保できるまで収益認識が延期される。成果の　③　を有することになるのは，通常，(b)販売の時である。そして，販売に続く代金の回収は，販売に　④　する業務である。そこで，販売時点で収益を認識する(c)実現主義が収益認識における　⑤　となっている。しかし，もし成果の　③　を販売の前に確保できるなら，　①　によって収益を認識することになり，逆に販売が成立しただけで，成果の　③　を確保できない場合は，　⑥　により収益を認識することも容認される。ここで「成果の　③　」とは，金額が合理的に測定可能で収益額が後で訂正されないことをいう。」

問2　下線(a)理由を簡潔に述べなさい。

問3　下線(b)の「販売の時」に関連して，次の設問に答えなさい。

① 通常の商取引において，「引渡し」は，次の過程のいかなる時か。

　　ⅰ　契約時　　　ⅱ　出荷時　　　ⅲ　倉庫入荷時　　　ⅳ　検品終了時

② 上記①－ⅰの契約時に収益を認識する場合を指摘しなさい。

問4　下線(c)の実現主義について，次の設問に答えなさい。

① 実現主義の要件を述べなさい。

② 実現主義の根拠を4つ述べなさい。

《解答・解説》

問1 ① 発生主義　② 正確　③ 確実性　④ 付随　⑤ 原則
　　　 ⑥ 現金主義

問2 希望価格で全量を販売できるとは限らないから。

問3① ⅱからⅳのいずれもが引渡し時である。

　　♪　引渡しは，商品等の引渡し時，又は役務提供の完了時をいう。ⅱからⅳの1つを継続適用すること。変更すれば会計方針の変更となる。

② 金融資産又は金融負債自体を対象とする取引の場合（金融基準7，55）。

第3章　87

問4① 次の２つの要件をいずれも満たした時点をいう。
　　ⅰ　販売目的で財貨又は用役を企業外部へ引渡すこと。
　　ⅱ　その対価が確定して，現金・売掛金等の貨幣性資産を受取ること。
　　♪　この２つの要件を 実現のテスト という。このテストに合格できるのは，通常，販売（引渡し）の時である。このため，実現主義と販売基準とは，基本的に同義であると解される。
② ⅰ　成果認識にある程度の正確性がある。
　　ⅱ　対価受取に確実性がある。
　　ⅲ　利益に資金的裏付けがある。
　　ⅳ　販売は営業活動の最終目的である。

2　特殊販売に対する実現主義の適用

問1　次の文章の空欄に適切な用語を示しなさい。
　「通常の販売は，契約→給付の引渡し→代価請求→現金回収という経過をたどる。ここで，収益は実現主義により_____時に認識される。ところが，販売の形態には特殊なものがある。その代表的なものとして，①委託販売，②試用販売，③予約販売，④割賦販売，及び⑤工事契約をあげることができる。これらの特殊販売における収益実現の時は，必ずしも形式的な_____時であるとは限らないのである。また，販売の形態に応じて，実現主義以外の基準の適用が認められることもある。」

問2　問1本文の①から⑤において，収益が実現するのはいかなる日か。

問3　下線の「実現主義以外の基準」について，次の設問に答えなさい。
① 発生主義による収益認識例４つを基準名で示しなさい。
② 現金主義による収益認識例２つを基準名で示しなさい。
③ 代金の回収期限に収益認識をする例を基準名で示しなさい。

《解答・解説》
問1　給付の引渡し
問2① 受託者の販売日　② 買取意思表示日　③④ 引渡日
　⑤ 完成引渡日
問3① ⅰ　工事進行基準（♪工事契約）

ⅱ　収穫基準（♪農産品）
　　ⅲ　採掘基準（♪貴金属）
　　ⅳ　時間基準（♪継続的役務提供契約）
②ⅰ　回収基準（♪割賦販売）
　　ⅱ　代金引換基準（♪通信販売等で利用）
③　回収期限到来基準（♪割賦販売）

（1）委託販売

問1　次の文章の空欄に適切な用語を示しなさい。

「委託販売については，受託者が委託品を ① した日をもって売上収益の実現の日とする。従って，決算手続中に仕切精算書（売上計算書）が到達すること等により ② までに販売された事実が明らかとなったものについては，これを当期の売上収益に計上しなければならない。ただし仕切精算書が ③ されている場合には，当該仕切精算書が ④ した日をもって売上収益の ⑤ の日とみなすことができる（注解6（1））」

問2　委託販売で仕切精算書到達日に委託者の売上を認識するのは実現主義に従っているといえるか，について論じなさい。

問3　仕切精算書が毎月20日締めの月単位で一括して送付されてくる。この場合でも仕切精算書到着日基準を採用してよいか。

《解答・解説》

問1　①　販　売　　②　決算日　　③　販売の都度送付　　④　到　達
　　　　⑤　実　現

　　♪　ただし書が容認している認識基準を **仕切精算書到着日基準** という。

問2　委託販売で収益が実現するのは，受託者が商品を購入者に引渡した時である。従って，仕切精算書が到達した時に収益を認識するのは，厳密な意味では実現主義に従ったものとはいえない。しかし，仕切精算書が販売の都度送付されている場合には，その到達時をもって実現主義に従った処理として認められる。

　　♪　仕切精算書が販売の都度送付されていれば，収益操作の余地がなく，また期間損益に与える影響額が軽微であるからである。このため，注解も「…とみなすことができる」としている。仕切精算書が販売の都度送付されていな

い場合，仕切精算書到達日基準は認められない。
問3 採用してよい。　♪　定期的送付が継続されていれば「販売の都度」となる。

♪　仕切取引　取引形態は，委託販売に類似するが，次のような取引もある。
商慣習上，「仕切（しきり）」というのは売切り・買切りの取引を意味し，仕切取引では売買は自己責任で行われるから返品等は認められず，商品が売れ残れば購入者の在庫となる。仕切取引は，仲介取引，バーター取引等と区別して用いられる。

貴金属や和服の高額商品等の販売で，業者Aが仕入先Cから商品を預かり，これを消費者Bに販売した後に，仕入先Cから自己の責任で商品を仕切購入する場合がある。この商品購入時に用いられるのも「仕切精算書」である。仕切りということを基準に考えれば，預けてある商品が仕切られたときが仕入先Cから業者Aへの販売日であり，この時に仕入先Cの収益は実現する。これは，試用販売の場合と同じである。

業者Aと消費者Bとに何らかのトラブルが生じた場合，仕切以後は業者Aが自己の責任で解決しなければならない。この場合，業者Aは，消費者Bへの販売価格を仕入先Cへ報告する義務はない。また，業者Aは在庫リスクを負担しないことから，その仕入額は，通常の仕切取引に比べて高くなる傾向にある。

（2）試　用　販　売

問1　次の文章の空欄に適切な用語を示しなさい。
「試用販売については，得意先が　①　を表示することによって売上が　②　するのであるから，それまでは，当期の売上高に計上してはならない（注解6（2））。」

問2　試用販売で得意先の　①　表示日に収益を認識するのは，販売基準又は引渡基準の例外か，理由とともに論じなさい。

問3　試用販売で商品引渡し後10日を過ぎても意思表示がない。意思表示があったものとみなして引渡しの10日後に売上を認識している。認められるか。

《解答・解説》
問1 ① 買取意思　② 実　現

♪　買取の意思表示時に収益を認識する基準を 買取意思表示基準 という。

問2　例外ではない。　通常の販売形態では，買取意思があることを前提に商品を引渡す。試用販売では商品引渡し時にその前提がなく，その前提が満たされるまで収益の認識を待っているのである。これは，実質的に販売基準の適用そのものである。ただし，商品引渡し時に収益の認識を行わないという形式的な意味では，販売基準又は引渡基準の例外であるといえる。

問3　認められる。　♪　「黙示による買取り意思表示」という。

♪　厳密には，一定期間内に意思表示しない場合は，買取意思があるとみなすことを契約条件として販売していることが前提になる。

(3) 予 約 販 売

問1　次の文章の空欄に適切な用語を示しなさい。

「予約販売については，予約金受取額のうち，決算日までに商品の ① 又は役務の ② した分だけを当期の売上高に計上し，残額は貸借対照表 ③ の部に ④ として記載し，次期以後に繰延べなければならない（注解6（3））」。

問2　予約販売は販売基準又は引渡基準の例外か。

《解答・解説》

問1 ①　引渡し　　②　給付が完了　　③　負　債　　④　前受金

問2　例外ではない。　販売方法が特殊なだけで，収益認識基準としては販売基準又は引渡基準そのものである。

3　内部取引と未実現利益の除去

問1　次の文章の空欄に適切な用語を示しなさい。

「◯◯◯の各経営部門の間における商品等の移転によって発生した(a)内部利益は，売上高及び売上原価を算定するに当たって(b)除去しなければならない（P/L原則三E）」。

問2　下線(a)の内部利益について，次の設問に答えなさい。

①　内部利益を定義しなさい。

②　内部利益と振替損益との差異を述べなさい。

③　振替損益は内部取引と同じ企業内部の部門間の取引なのに，未実現利益とし

ての除去処理を行わないのはなぜか。
  ④ 内部利益を付加する理由を述べなさい。
問3 下線(b)の内部利益の除去について，次の設問に答えなさい。
  ① 内部利益を除去する理由を述べなさい。
  ② 内部利益の除去手続を3つに分けて説明しなさい。
  ③ 内部利益額の計算を実際額によらなくてもよい場合はあるか。あるなら，それを示しなさい。
  ④ 内部利益の除去は，本支店等の合併財務諸表以外にも必要とされることがあるか。あるなら，それはどのような場合かを示しなさい。
問4 内部取引以外に未実現利益の計上となる場合を4つ例示しなさい。

《解答・解説》

問1 同一企業

問2 ① 企業内部における独立した会計単位相互間の内部取引から生じる未実現の利益をいう（注11）。
  ② 前者は独立した会計単位相互間の取引から生じるが，後者は会計単位内部の取引から生じる。　♪　振替損益は，原価差額ともよばれている。
  ③ 振替損益には原価差額の調整としての処理が予定されているから。
  ④ 部門毎の活動の成果を把握し，部門別管理に役立てるため。

問3 ① 内部利益は，企業外部への引渡しによって生じた利益ではなく，実現主義の要件を満たさないから。
  ② i 本支店等の合併損益計算書において売上高から内部売上高を控除
     ii 仕入高（又は売上原価）から内部仕入高（又は内部売上原価）を控除
     iii 期末棚卸高から内部利益の額を控除（注11）
  ③ ある。合理的な見積概算額によることも差し支えない（注11）。
  ④ ある。支配従属関係にある企業集団の連結財務諸表を作成する場合

問4 i 棚卸資産の値上がり益を計上する場合
   ii 固定資産を自家建設により取得し，外部からの購入価額との差額である製作利益を製造原価に上乗せして取得価額とした場合
   iii 売買目的有価証券の評価益を計上した場合
   iv 試用販売において，商品引渡し時に売上を計上した場合

 v　受託者への積送品引渡し時に売上を計上した場合
 vi　長期請負工事収益をその工事の進捗割合に応じて計上した場合　etc.

《解答・解説》

|問1|① 正確性　② 確実性　③ 生産基準　④ 収穫基準|

第4節　発生主義による収益の認識

問1　次の文章の空欄に適切な用語を示しなさい。

 「収益は，原則として，販売時点で認識される。しかし，収益認識の　①　と成果の　②　という２つが生産等の段階で満たされている場合には，給付の企業外部への引渡しがなくても生産等の段階で収益を認識する方が，企業活動の状況をより忠実に描写できる。生産の進行過程や完了時点に収益を認識する基準は　③　や　④　等とよばれている。これらは　⑤　による収益認識基準である。」

問2　下線の例を4つあげ，各々に適用される基準名を示して説明しなさい。

 ⑤　発生主義

|問2|（♪次から選んで答える）|

 i　時間基準……継続的役務提供契約が前提にある場合
 ii　工事進行基準……工事契約に関して，工事進行途上においても，その進捗部分について，成果の確実性が認められる場合
 iii　収穫基準……収穫さえすれば所定価格での販売が確実である場合
  ex. 契約栽培，公定価格が定められている農産品
 iv　採掘基準……採掘さえすれば容易に販売可能な市場が存在している場合
  ex. 金銀等の貴金属
 v　生産基準……販売価格は原価に一定割合の利益を上乗せしたものとする実費補償契約
 ♪　実費補償契約は，販売価格を定めることなく，一定の規格又は一定の品質を保って制作する注文生産契約の１つである。

1　継続的役務提供契約と時間基準

問1　次の文章の空欄に適切な用語を示しなさい。

「未収収益や前受収益のような　①　契約に基づく取引においては，　②　しており，　③　に基づいて　④　のある収益を正確に計算できるため，　⑤　という発生主義の基準に基づいて収益を認識する。前受収益はこれを当期の損益計算から　⑥　し，未収収益は当期の損益計算に　⑦　しなければならない。また，未収収益，前受収益は，係る　①　契約以外の契約等による　⑧　，　⑨　とは区別しなければならない（P/L原則一A・2，注解5）。」

問2　問1の契約を前提にする以外に　⑤　が適用される処理の例を示しなさい。

《解答・解説》

問1　① 継続的役務提供　② 対価が確定　③ 経過時間　④ 確実性
　　⑤ 時間基準　⑥ 除去　⑦ 計上　⑧ 未収金　⑨ 前受金
問2　為替予約における振当処理(ふりあて)　See. 304頁（為替予約）

2　工事契約と工事進行基準

問1　次の文章の空欄に適切な用語を示しなさい。

「工事契約に関して工事の進行途上においてもその進捗部分について　①　が認められる場合には，(a)工事進行基準を適用し，この要件を満たさない場合には，工事完成基準を適用する。　①　が認められるためには，次の(b)各要素について，　②　をもって見積ることができなければならない。

（1）　③　　（2）　④　　（3）　⑤　　（9）

工事進行基準を適用する場合，発生した工事原価のうち，未だ損益計算書に計上されていない部分は，(c)「未成工事支出金」等の適切な科目をもって貸借対照表に計上する（14）。

工事完成基準を適用する場合には，工事が完成し，目的物の　⑥　を行った時点で，工事収益及び工事原価を損益計算書に計上する（18）。

工事契約について，工事損失が見込まれて引当金の要件を満たす場合には，(d)工事損失引当金を計上しなければならない（19）。

工事進行基準が適用される場合において，見積りが変更されたときには，(e)その見積りの変更が行われた期に　⑦　を損益として処理する（58）。」

問2　『工事契約に関する会計基準』が施行されるまで，わが国では，長期請負工事に関する収益の計上については，どのような基準をどのように適用されてき

たのか。
問3　『工事契約に関する会計基準』が設定された理由を2つ示しなさい。
問4　下線(a)の工事進行基準が適用される根拠について，次の設問に答えなさい。
　①　「収益及び費用は投下資金が投資のリスクから解放された時点で把握される。」（「財務会計の概念フレームワーク」より）という観点から工事進行基準が採用される根拠を述べなさい。
　②　実現主義の要件（実現のテスト）との対比を念頭において，工事進行基準が認められる根拠を説明しなさい。
　③　上記①②以外の根拠を示しなさい。
問5　下線(a)の工事進行基準について，次の設問に答えなさい。
　①　工事進行基準を定義しなさい。
　②　工事進行基準の短所を述べなさい。
問6　下線(b)について，次の設問に答えなさい。
　①　これらの要件を満たす契約の内容を述べなさい。
　②　これは具体的にはどのようなことを要請しているのか，各要素の　③　から　⑤　毎に説明しなさい。
問7　下線(c)の未成工事支出金が生じる場合と生じない場合を説明しなさい。
問8　下線(d)の工事損失引当金について，次の設問に答えなさい。
　①　計上目的を述べなさい。
　②　計上理由を述べなさい。
　③　計上要件を述べなさい。
　④　計上金額の算定方法を述べなさい。
　⑤　表示方法を述べなさい。
　⑥　認識基準，工事進捗の程度によって，工事損失引当金の計上は影響を受けるか，その理由とともに説明しなさい。
　⑦　取崩す場合を2つ述べなさい。
問9　下線(e)の時点で処理する理由を述べなさい。
問10　工事契約における会計処理において，販売費及び一般管理費を工事原価及び期末棚卸高に算入することができるか。

《解答・解説》

[問1] ① 成果の確実性　② 信頼性　③ 工事収益総額　④ 工事原価総額
　　　⑤ 決算日における工事進捗度　⑥ 引渡し　⑦ 影響額

[問2] 工事進行基準又は工事完成基準の任意選択が認められてきた（29, 36）。

[問3] i　収益の認識基準について，選択の余地を排除して財務諸表間の比較可能性を確保するため。

　　　ii　国際的な会計基準に適合させるため。

　　♪　一定の要件を充足するか否かにより，収益の認識時点が異なる。
　　　　70頁の収益認識に関する会計基準（案）が適用になれば，工事契約会計基準は廃止されるが，その処理等の本質的な変更はないと解してよい。

[問4] ① 工事契約による事業活動は，工事の遂行を通じて成果に結びつけることが期待されている投資であるが，工事進行途上においても，その成果に確実性が認められるときは，期待が事実となったと考えられ，投資のリスクから解放されることになるから。

　　　② 財貨又は用役の企業外部への引渡しはないが，契約等により，引渡しが予定され，対価は確定して分割で受取る慣行等があることから，実質的に実現主義の要件を充足している。　　　See. 87頁　1問4①（実現主義の要件）

　　　③ i　企業活動の成果をより正確に認識できる。

　　　　 ii　工事期間を通じてより適時な財務情報を提供できる。

[問5] ① 工事契約に関して，工事収益総額，工事原価総額及び決算日における工事進捗度を合理的に見積り，これに応じて当期の工事収益及び工事原価を認識する方法をいう（6（3））。

　　　② i　工事収益の算定過程に見積り要素が必要なこと。

　　　　 ii　成果の確実性が失われた後は，工事完成基準を適用することになり，会計処理の継続性が保たれないこと。

[問6] ① 対象となる工事契約には実体がなければならない。そのためには，工事契約が解約される可能性が少ないこと，又は仮に工事途上で工事契約が解約される可能性があっても，解約以前に進捗した部分については，それに見合う対価を受取ることの確実性が存在することが必要である。

　　　② i　工事収益総額……対価の定めがあること。そして，対価見積りの前提

として，工事完成の確実性が高く，決済条件等の定めがあること。
　　ⅱ　工事原価総額……工事原価総額が見積られることそして，原価見積りの前提として，原価の事前見積りが実際発生原価と対比可能であり，適時・適切に見積りの見直しが行われること。
　　ⅲ　決算日における工事進捗度……原価比例法により見積れば，通常は信頼性がある。ただし，より合理的な見積方法があれば，その方法を用いることができる。
　　♪　原価比例法以外の方法……直接作業時間比率，施工面積比率等の技術的・物理的な尺度を基礎とする方法がある。
　　♪　注記……原価比例法を適用している場合にはその旨を注記することになり，原価比例法以外の見積方法を適用している場合には，適用した方法についての具体的な説明を注記することになる。

問7　工事進捗度の見積方法として，原価比例法以外の方法を採用している場合には，発生工事原価がそのまま完成工事原価とならず，両者の差額が未成工事支出金となる。原価比例法を採用している場合，発生工事原価がすべて完成工事原価となって，未成工事支出金の生じる余地はない。

問8　①　投資額を回収できない事態であり，将来に損失を繰延べないため。
　　②　将来の特定の損失については引当金の計上が求められており，工事契約から将来発生が見込まれる損失についても，引当金の計上要件を満たすのであれば，同様の処理が必要となるから。
　　③　ⅰ工事契約の履行により将来に発生すると見込まれる特定の損失で，ⅱその発生は当期以前の事象に起因しており，ⅲ工事損失発生の可能性が高く，かつ，ⅳその金額を合理的に見積ることができる場合。
　　④　工事契約の全体から見込まれる工事損失（販売直接経費を含む）から，当該工事契約に関して既に計上された損益の額を控除した残額について，工事損失引当金を計上する。　　♪　今後見込まれる損失の額と同額となる。
　　⑤　ⅰ　当期の工事損失引当金繰入額は，売上原価に含めて表示する。
　　　　ⅱ　工事損失引当金残高は，貸借対照表に流動負債として計上する。なお，同一の工事契約に関する棚卸資産と工事損失引当金がともに計上されることとなる場合には，ケースに応じて注記をする（21，22）。

♪ 　工事損失引当金　の計上は，棚卸資産の評価に関する会計基準が通常の販売目的で保有する棚卸資産の簿価の切下げを求める趣旨とも共通している（22（4）①）。
⑥ 　受けない。　（理由）工事進行基準であるか工事完成基準であるかにかかわらず，また，工事の進捗の程度にかかわらず適用されるから。
⑦ 　i 　工事の進捗や完成・引渡しにより，工事損失が確定した場合
　　ii 　工事損失の今後の発生見込額が減少した場合

問9 　i 　修正の原因は当期に起因することが多いこと。
　　ii 　実務上の便宜を考慮したこと。　♪ 　キャッチ・アップ方式と同一の処理
　♪ 　工事進行基準適用時の完成工事未収入金　法的には未だ債権とはいえないが，金銭債権として取扱われる。

問10 　できない。　cf. 企業会計原則　第二　3 F 　ただし書き

3　金銀及び農産物

問1 　次の文章の空欄に適切な用語を示しなさい。

「鉱山から採取された金銀については，活発で安定した　①　が存在する。同様に契約栽培の農産物も　②　しさえすれば，その販売は確実である。このため，これらについては，採掘又は　②　し，引渡しが可能になった時点で収益を計上しても成果の　③　が損なわれることなく，かえって　④　を反映した正確な損益が認識されることになる。このような収益認識基準は，金銀については，　⑤　基準，農作物については，　②　基準とよばれている。いずれも発生主義に基づく収益の認識基準である。

これらによる収益額は，　②　又は　⑤　が完了した時点の　①　から　⑥　を控除した　⑦　により合理的に測定可能である。農産物の収穫時の　⑦　を庭先裸価格という。」

問2 　下線の農産物と同様の効果をもつ農産物を示しなさい。

問3 　次の事例に基づいて農家の年間利益を計算しなさい。

　　事例：期首在庫額（時価）　　3,000　　　期末在庫額（時価）　　4,000
　　　　　当期収穫高（時価）　 21,000　　　当期生産原価　　　　10,000
　　　　　当期販売金額　　　　 25,000　　　当期の販売直接費用　 2,200

《解答・解説》

問1 ① 市場価格　② 収　穫　③ 確実性　④ 経営実態　⑤ 採　掘
　　　⑥ 見積販売直接費　⑦ 正味売却価額

♪　金銀及び農産物には，金額が合理的に測定可能で収益額が後で訂正されない成果の確実性があるので，発生主義による収益認識が認められている。

問2　米，麦，砂糖きび等のように市場性をもった農産物

問3 ①　原則法　ⅰ売上高 46,000 － ⅱ原価 32,200 ＝ 年間利益 13,800
　　　ⅰ　売上高　収穫高 21,000 ＋ 販売高 25,000 ＝ 46,000
　　　ⅱ　原　価　期首在庫 3,000 ＋ 収穫高 21,000 － 期末在庫 4,000
　　　　　　　　　＋生産原価 10,000 ＋ 販売費用 2,200 ＝ 32,200

♪　原則法では，収穫高が売上高にも原価にも両建で計上される。

　　②　簡便法　ⅰ売上高 26,000 － ⅱ原価 12,200 ＝ 年間利益 13,800
　　　ⅰ　売上高　販売高 25,000 ＋ 期末在庫額 4,000 － 期首在庫額 3,000 ＝ 26,000
　　　ⅱ　原　価　生産原価 10,000 ＋ 販売費用 2,200 ＝ 12,200

♪　税務上は，農産物全般について収穫基準により認識する。

《庭先裸価格》

販　売　価　額 （市場価格）	見積販売直接費 （梱包，運賃等）	
	収穫時の価格 （**庭先裸価格**）	正味売却価額

原　則　法　　　　売上高　　　　**簡　便　法**

期　首	3,000	収　穫	21,000
収　穫	21,000		
原　価	10,000	販売額	25,000
販売費	2,200	期　末	4,000
利　益	13,800		
合　計	50,000	合　計	50,000

期　首	3,000		
原　価	10,000	販売額	25,000
販売費	2,200	期　末	4,000
利　益	13,800		
合　計	29,000	合　計	29,000

第5節　現金主義による収益の認識

問1　次の文章の空欄に適切な用語を示しなさい。

「営業の形態によっては，販売が成立しただけでは企業活動の成果が不確実なため，(a)収益の認識を販売代金の回収時点まで延期せざるを得ないことがある。代金の回収時点で回収分に応じて収益を認識する基準は　①　基準や　②　基準とよばれ，　③　による収益認識基準の1つである。

割賦販売については，　④　日をもって売上収益の実現の日とする。しかし，　⑤　基準に代えて，割賦金の　⑥　の日又は　②　の日をもって売上収益実現の日とすることも認められる（注解6（4））。

　①　基準を用いた割賦販売の記帳方法には，(b)　⑦　方式と　⑧　方式がある。　⑥　基準を用いた割賦販売の記帳方法は，　②　を　⑥　と読み替えれば，　①　基準の場合と同様の方法で収益・利益の計算ができる。」

問2　割賦販売における下線(a)の延期せざるを得ない理由を述べなさい。

問3　下線(b)の2つの方式において，収益及び粗利益はどのように認識されるかを説明しなさい。

問4　　①　基準により収益認識を行う割賦以外の販売方法を例示しなさい。

《解答・解説》

問1 ① 回　収　　② 入　金　　③ 現金主義　　④ 商品等の引渡
　　⑤ 販　売　　⑥ 回収期限到来　　⑦ 対照勘定　　⑧ 利益繰延

♪　問1本文の企業会計原則注解・注6（4）の「売上収益実現の日」は，「売上収益認識の日」と読み替えて理解すること。

問2　割賦販売は通常の販売と異なり，ⅰその代金回収の期間が長期にわたり，かつ，ⅱ分割払であることから代金回収上の危険性が高いので，貸倒引当金及び代金回収費，アフター・サービス費等の引当金の計上について特別の配慮を要するが，ⅲその算定に当たっては，不確実性と煩雑さとを伴う場合が多い。従って，収益の認識を慎重に行うため。

問3　売上収益自体は，対照勘定方式では代金回収に対応する部分が認識され，利益繰延方式では商品等の引渡日に全額が認識される。粗利益は，いずれも代金回収に対応する部分だけが各期に認識される。

問4　代金引換販売

♪　代金引換販売 は，COD販売（collect on delivery sales）ともいい，買手が商品を受取ったときに，その代金を支払う条件で行われる販売である。そこでは，収益認識における現金主義と実現主義とが同一結果となる。この販売方法は，インターネットと宅配業者を利用した通信販売に多く利用されている。

♪　企業会計原則が想定するような割賦販売 は，現在ではほとんど行われていない。商品の購入者はクレジットカードの分割払いを利用して割賦販売と同じ効果を得ることができるからである。しかし，大型プラント工事の輸出契約で対価を延払い（例えば20年年賦）で受取ることがある。法人税法でも一定の要件を充たせば，延払基準で収益を認識することを認めている。延払基準は，長期割賦契約に適用される回収基準の1つである。

なお，『収益認識に関する会計基準（案）』が適用されるようになれば，延払基準を含む割賦基準は，認められなくなる。

☕ 伝票会計と帳簿会計

すべての取引は，仕訳帳を通して元帳へ転記される。この場合，仕訳帳への起票は，伝票会計と帳簿会計とに大別できる。いずれの会計を採用しようと同じ結果になるが，伝票量（仕訳数）について比較すれば，大きな差異が生じることがある。

財務上は同レベルの企業であっても，ある伝票会計の採用会社では伝票量が1ヶ月にトラック何台分にもなるし，ある帳簿会計採用会社ではそれが片手でも余裕で持つことができたりする。

実務で体験してみないと机の上だけではわからないことが多い。百聞は一見に如かずである。

○アリストテレスは共同体（ポリス）としての家（oikos）を給付と貨幣とに関連づけて管理（nomos）すること，つまり会計による家の管理を家政術（Oikonomikos）とよんだ。この用語が経済学（Economics）の語源である。

第4章 金融資産とキャッシュ・フロー計算書

第1節 金融資産

1 金融資産の範囲とその発生・消滅の認識

問1 次の文章の空欄に適切な用語を示しなさい。

「金融資産とは，［①］，［②］，［③］並びに(a)デリバティブ取引により生じる［④］等をいう（4）。金融資産の契約上の権利，又は金融負債の契約上の義務を生じさせる契約を［⑤］したときは，(b)原則として，当該金融資産又は金融負債の発生を認識しなければならない（7）。金融資産の契約上の権利を［⑥］したとき，権利を［⑦］したとき又は(c)権利に対する支配が他に移転したときは，当該金融資産の(d)消滅を認識しなければならない（8）。」

問2 下線(a)のデリバティブ取引に該当する取引の種類を4つ示しなさい。

問3 下線(b)の認識に関連して，次の設問に答えなさい。
① 次の取引について，その内容と収益とする認識時点を示しなさい。
　　i　原則となる取引　　ii　例外となる取引
② 上記①iの認識時点を原則とする理由を述べなさい。

問4 下線(c)の「支配が他に移転」について，次の設問に答えなさい。
① 支配が他に移転して消滅するための要件を述べなさい。
② 契約上の権利に対する支配の移転における2つの考え方について，次の設問に答えなさい。
　　i　2つの考え方の名称（基準採用には下線）とその内容を説明しなさい。
　　ii　基準が採用した理由を述べなさい。

問5 下線(d)の消滅について，次の設問に答えなさい。
① 消滅時の会計処理を述べなさい。
② 次の場合の具体例を示しなさい。
　　i　［⑥］　　ii　［⑦］　　iii　移　転

③ 「金融資産の消滅に伴って新たな金融資産が発生した場合」について，次の設問に答えなさい。
　ⅰ 該当する取引を例示しなさい。
　ⅱ その場合，新たな金融資産に付される価額を示しなさい。

《解答・解説》
問1 ① 現金預金　② 金銭債権　③ 有価証券　④ 正味の債権
　　⑤ 締　結　⑥ 行　使　⑦ 喪　失
　　♪ 金融資産は，主に①②③及び④から構成される。　cf. 金融負債
問2　先物取引，先渡取引，オプション取引，スワップ取引
問3 ① ⅰ 金融資産又は金融負債自体を対象とする取引……契約締結時（7，55）
　　　 ⅱ 商品等の売買又は役務の提供の対価に係る金銭債権債務……一般に商品等の受渡し時又は役務提供の完了時
　　　♪ ⅰの基準を 約定日基準 といい，ⅱの基準を 受渡日基準 という。
　　　　 収益認識面 からは，解答の原則が実現可能性原則で，例外が実現主義を意味する。収益認識における原則と例外とが，金融資産においてはその反対になっている。これは，『金融商品に関する会計基準』は金融資産を中心に記述されているが，引渡基準等は事業資産を引渡（販売）して受取る債権だからである。
　　　　　　　　　See. 149頁（トレーディング目的で保有する棚卸資産の評価基準）問1
　　② 取引の契約時から金融資産又は金融負債の時価の変動リスクや契約の相手方の財政状態等に基づく信用リスクが契約当事者に生じるため。
問4 ① 金融資産の契約上の権利に対する支配が他に移転するのは，次の3要件がすべて充たされた場合である（9，58）。
　　ⅰ 譲渡された金融資産に対する譲受人の契約上の権利が譲渡人及びその債権者から法的に保全されていること。（♪　法的保全）
　　ⅱ 譲受人が譲渡された金融資産の契約上の権利を直接・間接に通常の方法で享受できること。（♪　権利の享受）
　　ⅲ 譲渡人が譲渡した金融資産を当該金融資産の満期日前に買戻す権利及び義務を実質的に有していないこと。（♪　買戻権・義務の不存在）
　　♪ 支配移転の要件 は，売掛金のファクタリング会社への譲渡，資産の譲

第4章　103

渡担保等が資産の譲渡か否か，譲渡であれば譲渡資産を財務構成要素にどのように分解するのかを判断する場合の基準となる。

　　　ⅲの要件を欠く例に現先取引や債券レポ取引がある。これらは，販売が先行しても後日買戻す約定のもとに行われ，売買差額も市場金利相当額である。売買契約という法形式はあっても，金融資産を担保とした金銭貸借という経済的実質を有するからである。そこで，これらはその経済的実質に従って，金融取引として処理されることになるのである。

See. 205頁（金融負債の消滅の認識要件）

② ⅰ　リスク・経済価値アプローチと<u>財務構成要素アプローチ</u>がある。

　　　|リスク・経済価値アプローチ|……金融資産を構成する<u>経済価値とリスク</u>を一体のものとみなし，それらほとんどすべてが他に移転した場合に当該金融資産の消滅を認識する方法である。

　　　　♪　全部消えるか残るかの両極

　　　|財務構成要素アプローチ|……金融資産を構成する財務的要素の一部に対する支配が他に移転した場合に当該移転した財務構成要素の<u>消滅</u>を認識し，留保される財務構成要素の<u>存続</u>を認識する方法である（57）。

　　　　♪　部分的に消滅

　ⅱ　金融資産を財務構成要素の集合体とみなして会計処理を行うので，取引の実質的な経済効果を譲渡人の財務諸表に反映させられる（57）。

　　　　♪　消滅部分の簿価は，全体の時価に対する消滅部分と残存部分の<u>時価の比率</u>により按分して計算する（12）。金融負債の消滅時も同じ。

問5 ①　帳簿価額とその対価との差額を当期の損益として処理する（11）。

② ⅰ　行　　使……売掛金の回収

　ⅱ　喪　　失……オプション権の行使期間経過

　ⅲ　移　　転……有価証券の売却

③ ⅰ　手形の割引（裏書）

　ⅱ　時価（13）

　　　♪　時価の測定は，貸倒引当金の算定基準を利用することができる。

　　　　　資産又は負債を，B/Sに計上することを「発生を認識」するといい，B/Sから取り除く（オフバランスする）ことを「消滅を認識」するという。

2 金融資産及び金融負債の評価基準

問1 次の文章の空欄に適切な用語を示しなさい。

「金融資産については,客観的な時価の ① が認められないものを除いて,(a)時価評価し適切に財務諸表に反映することが原則である(65)。しかし,金融資産の ② 及び ③ によっては,(b)時価評価にとらわれない処理方法も認められる(66)。

金融負債は,(c)原則として,(d) ④ をもって貸借対照表価額とし,時価評価の対象としない(26,67)。」

問2 下線(a)の時価評価について,次の設問に答えなさい。
① 時価評価を原則とする理由を述べなさい。
② 時価情報の必要性を3つ指摘しなさい。
③ 時価情報の開示方法を2つ示しなさい。

問3 下線(b)の処理方法に関連して,次の設問に答えなさい。
① 下線のケースは2つの類型に分けられる。この2つの類型を示しなさい。
② 金銭債権の評価額を示し,その評価額を採用する理由を述べなさい。
③ 債権額より低い(高い)額で取得した場合の貸借対照表価額を示しなさい。
④ 上記③で,債権額にⅰ加算,ⅱ減算する場合の処理を示しなさい。

問4 下線(c)の例外として時価評価する項目を示しなさい。

問5 下線(d)について,収入に基づく金額と ④ とが異なる場合,どのような価額で評価するのかを示しなさい。

《解答・解説》

問1 ① 測定可能性　② 属　性　③ 保有目的　④ 債務額

問2 ① 金融資産については,一般的には,市場が存在すること等により客観的な価額として時価を把握できるとともに,当該価額により換金・決済等を行うことが可能であるから(64)。

② ⅰ 投資家が自己責任に基づいて投資判断を行うため
　 ⅱ 企業の側から取引内容の十分な把握とリスク管理の徹底及び財務活動の成果の的確な把握のため
　 ⅲ 金融商品に係るわが国の会計基準の国際的調和化のため(64)

③ ⅰ 注　記

第4章　105

　　　　ⅱ　財務諸表（本体）に反映（65）
問3①ⅰ　実質的に価格変動リスクを認める必要のない場合
　　　ⅱ　直ちに売買・換金を行うことに事業遂行上等の制約がある場合
　②　取得価額から貸倒見積高に基づいて算定された貸倒引当金を控除した金額
　　（理由）一般的に，金銭債権については，市場がない場合が多く，客観的な時価を測定することが困難であるから（68）。　　cf. 債券
　③　取得価額と債権金額との差額の性格が<u>金利の調整</u>と認められるときは，<u>償却原価法</u>に基づいて算定された価額から貸倒見積高に基づいて算定された<u>貸倒引当金を控除した</u>金額（14）。　　cf. **問5**
　♪　差額が，金利調整差額だけでなく，信用リスクからも生じているときは，信用リスクによる価値の低下を加味して将来キャッシュ・フローを合理的に見積った上で償却原価法を適用した金額。
　④ⅰ　受取利息の増加として処理
　　ⅱ　受取利息のマイナスとして処理
問4　デリバティブ取引により生じる正味の債務　　♪　正味の債権も時価評価
問5　償却原価法に基づいて算定された価額（67）。
　♪　金利の調整要件なし　　cf. **問3**③　　　　See. 206頁（金融負債の評価）

第2節　有　価　証　券

1　有価証券の範囲と分類

問1　次の文章の空欄に適切な用語を示しなさい。
　「会計上で有価証券とは，　①　（2Ⅱ）に列挙された証券をいい，株式，社債その他の債券等に分類される。株式会社以外の会社，　②　等に対して出資した額は，　③　として取扱われる。有価証券は，一部の債券等を除いて，保有目的とその属性によって，流動資産と固定資産とに分類される。」
問2　流動資産に属する有価証券を2つ列挙しなさい。
問3　別科目で掲記する有価証券を次の根拠法令毎に示しなさい。
　①　財務諸表等規則　　　②　会社計算規則

《解答・解説》

問1 ① 金融商品取引法　② 協同組合（医療法人 etc.）　③ 出資金

問2 ⅰ 売買目的の有価証券で，市場性のあるもの
　　ⅱ 満期保有目的及びその他有価証券に含まれる債券で，その満期日が決算日の翌日から起算して1年以内のもの
　　ⅲ 子会社が所有する親会社株式で決算日の翌日から起算して1年以内に売却を予定しているもの
　　♪ 売買目的の有価証券……時価の変動により利益を得ることを目的として保有する有価証券（70）

問3 ① 関係会社株式，関係会社社債，その他関係会社有価証券（財規32）
　　② 関係会社株式（計規113）

2 有価証券の取得価額

問　次の文章の空欄に適切な用語を示しなさい。

「有価証券の代表的な取得には，市場で　①　する場合と　②　による場合とがある。」

《解答・解説》

問 ① 購　入　② 払　込

（1）購　入

問1　次の文章の空欄に適切な用語を示しなさい。

「購入した有価証券の取得価額は，(a)原則として，　①　に　②　を加算し，これに(b)　③　等の方法を適用して算定する。有価証券の認識は，　④　を原則とするが，(c)修正受払日基準によることもできる。」

問2　下線(a)の例外を述べなさい。
問3　下線(b)で認められる方法と認められない方法とについて述べなさい。
問4　下線(c)の修正受払日基準による処理方法を説明しなさい。
問5　公社債を利払日以外の日に購入する場合の端数利息の処理を示しなさい。

《解答・解説》

問1 ① 購入代価　② 付随費用　③ 平均原価法　④ 約定日基準

[問2] 重要性の乏しい付随費用は，取得価額に加算しないことができる。

[問3] 総平均法及び移動平均法が認められている。その他の方法として，償却原価法が適用される満期保有目的の債券については，例外的に先入先出法の適用が認められるが，個別法は恣意性が介入するおそれがあるため認められない。

[問4] 決算日までの時価変動による損益だけを先に認識し，有価証券の移転は受渡日に記録する。

[問5] 端数利息は，有価証券利息として営業外収益に計上し，有価証券の取得価額に含めてはならない。

（2）払　　込

問1　次の文章の空欄に適切な用語を示しなさい。

「払込により取得した有価証券は，その　①　が取得価額となる。保有株式について増資払込により新株を追加取得した場合には1株当たりの単価の　②　が必要となる。」

問2　下線について，1株当たりの新たな単価の計算式を示しなさい。

《解答・解説》

[問1] ①　払込額　　②　付替え

[問2]

$$新たな単価 = \frac{旧株1株当たりの帳簿価額 + 新株の1株の払込金額 \times 旧株1株について取得した新株の数}{1 + 旧株1株について取得した新株の数}$$

3　有価証券の分類と評価基準

（1）有価証券の分類と評価基準

問1　次の文章の空欄に適切な用語を示しなさい。

「『金融商品に関する会計基準』において，有価証券は，保有目的やその属性から次の5つに分類され，それぞれ貸借対照表価額及び評価差額等の処理方法が定められている（69）。

（1）　売買目的有価証券

（2）　満期保有目的の債券

（3）　子会社株式及び関連会社株式

（4） その他有価証券
（5） 市場価格のない有価証券

　これらの有価証券に対する会計処理は，評価基準と評価差額の処理を基準に次の3つに分けられる。

(a)　期末評価を　①　とし，評価差額を　②　の計算に含めるグループ
(b)　　③　を基本とした評価を行うグループ
(c)　期末評価を　①　とし，評価差額の一部又は全部が　④　に計上されるグループ」

問2　上記問1の(a)から(c)のグループ毎に属する有価証券を列挙しなさい。
問3　5つに分類された有価証券のうち，減損会計の適用対象とならないものを指摘しなさい。

《解答・解説》

問1 ①　時　価　　②　当期純利益　　③　取得原価
　　④　純資産の部（♪　連結会計では，その他の包括利益を通じてその他の包括利益累計額―純資産の部―に計上）

問2 (a)　売買目的有価証券
　　(b)　満期保有目的の債券
　　　　子会社株式及び関連会社株式
　　　　市場価格のない有価証券
　　(c)　その他有価証券

問3　売買目的有価証券

（2）売買目的有価証券

問1　次の文章の空欄に適切な用語を示しなさい。

　「(a)売買目的の有価証券の期末評価は　①　とし，評価差額は　②　として処理する（15）。ここに　①　とは，(b)公正な評価額をいう（6, 54）。　①　の決定には，有価証券の取得や売却に要する　③　を考慮しない。決算時の評価後の会計処理方法については，原則として，　④　方式によるが，　⑤　方式も認められている。」

問2　下線(a)の期末評価を採用する理由を2つ述べなさい。

問3　下線(b)の公正な評価額とされる具体的内容を列挙しなさい。

《解答・解説》

|問1| ①　時　価　　②　当期の損益　　③　付随費用　　④　切放し　　⑤　洗替え

|問2| ⅰ　投資者にとっての有用な情報は有価証券の期末時点での時価に求められること（70）。
　　ⅱ　売買目的有価証券は，売却することについて事業遂行上等の制約がなく，時価の変動にあたる評価差額が企業にとっての財務活動の成果と考えられること（70）。
　　　　　　　　　　　　　　　　　　　See. 105頁　問2②（時価評価採用の理由）

|問3| ⅰ　市場で形成された取引価格
　　ⅱ　気配や指標等の相場価格　　♪⇒　市場価格　による評価額
　　ⅲ　市場価格がない場合，合理的に算定された価額（54）
　　♪　割引現在価値も公正な評価額ではあるが，ここでは使用されない。

（3）満期保有目的の債券

問1　次の文章の空欄に適切な用語を示しなさい。

「(a)満期保有目的の債券は，　①　をもって貸借対照表価額とする。ただし，債券を債券金額より低い価額又は高い価額で取得した場合において取得価額と債券金額との差額の性格が　②　と認められるときは，(b)　③　に基づいて算定された価額をもって貸借対照表価額としなければならない（16）。金融資産又は金融負債を　④　とは異なる価額で取得した場合も同じ会計処理が適用される。

満期保有目的の債券の保有目的を変更した場合には，　⑤　の保有目的に係る評価基準により債券の帳簿価額を修正することが必要となる（72，注6）。」

問2　下線(a)の貸借対照表価額とする理由を述べなさい。

問3　債券の額面金額と比較した発行価格の種類を3つ列挙しなさい。

問4　下線(b)について，次の設問に答えなさい。
　①　　③　を説明し，取得価額を増額していく場合，取得価額を減額していく場合，これら各々の名称を示しなさい。
　②　　③　によって差額を調整する具体的な方法を2つ述べなさい。
　③　　③　は，任意適用か。
　④　　③　により配分された増額分又は減額分の処理を説明しなさい。

《解答・解説》

問1 ① 取得原価　② 金利の調整　③ 償却原価法
　　④ 債権額又は債務額　⑤ 当該変更後

問2 時価が算定できるものであっても，満期まで保有することによる<u>約定利息及び元本の受取りを目的</u>としており，満期までの間の金利変動による価格変動のリスクを認める必要がないこと (71)

問3　ⅰ　平価発行（♪＝額面価額）
　　ⅱ　割引発行（♪＜額面価額）
　　ⅲ　打歩発行（♪＞額面価額）

問4 ① 償却原価法 とは，金融資産又は金融負債を債権額又は債務額と異なる金額で計上した場合において，当該差額に相当する金額を弁済期又は償還期に至るまで毎期一定の方法で取得価額に加減する方法をいう。なお，この場合，当該加減額を受取利息又は支払利息に含めて処理する。
　　　差額を取得価額に加算していくことを**アキュムレーション**，減算していくことを**アモチゼーション**という。

② ⅰ　実効利子率による複利計算を前提とした<u>利息法</u>
　　ⅱ　毎期均等額ずつ差額を配分する<u>定額法</u>

③ 強制適用である。

④ 利払日に受取る利息とあわせて，有価証券利息として損益計算書の<u>営業外収益</u>の増加又はそのマイナスとして表示される。　cf. 評価損益

（4）子会社・関連会社の株式

問1 次の文章の空欄に適切な用語を示しなさい。
　「子会社株式及び関連会社株式は，<u>　①　</u>をもって貸借対照表価額とする(17)。なお，連結財務諸表においては，子会社の　②　が反映され，関連会社株式については　③　により評価されることになる（73, 74）。」

問2 下線の貸借対照表価額とする理由を述べなさい。

問3 親会社株式は，子会社・関連会社の株式と同様に評価されるのか。

問4 売買目的で取得した関連会社発行の社債を期末に時価評価した。正しいか，理由とともに答えなさい。

《解答・解説》

問1 ① 取得原価　② 実質価額　③ 持分法

問2　親会社等がこれらの企業を支配又は影響力を行使する目的で保有するから，例え市場価格があっても自由に処分できない。つまり，これらの株式は，外見上は金融資産であっても，実質上は事業資産であり，時価の変動を財務活動の成果とは捉えないから。

問3　同様には評価しない。親会社株式はその保有目的に従い，売買目的有価証券又はその他有価証券に分類される。従って，時価をもって貸借対照表価額とし，評価差額をそれぞれの保有目的区分に係る方法に準拠して処理する。

問4　正しい。　（理由）売買目的債券の期末評価は，発行が関連会社であっても時価で評価する。　cf. 関連会社株式は取得原価評価

（5）その他有価証券

問1　次の文章の空欄に適切な用語を示しなさい。

「(a)その他有価証券は(b)　①　をもって貸借対照表価額とする。評価差額は　②　方式に基づき(c)連結会計上は，次のいずれかの方法により処理する。

（1）評価差額の合計額を　③　とし，純資産の部の　④　に計上する。

（2）　①　が取得原価を上回る銘柄に係る評価差額は　③　とし，純資産の部の　④　に計上する。(d)　①　が取得原価を下回る銘柄に係る評価差額は　⑤　として処理する。

なお，(e)　③　及び純資産の部の　④　に計上されるその他有価証券の評価差額については，　⑥　を適用しなければならない（18）。」

問2　下線(a)のその他有価証券について，次の設問に答えなさい。
① 有価証券としてどのような性格をもつのか，簡潔に答えなさい。
② その他有価証券に含まれる具体例を2つ示しなさい。

問3　下線(b)の貸借対照表価額について，次の設問に答えなさい。
①　①　を採用した理由を述べなさい。
②　①　の算定価額について述べなさい。

問4　下線(c)の処理に対比させて，個別会計上の処理を簡潔に説明しなさい。

問5　下線(d)のような処理をする理由を述べなさい。

問6　下線(e)について，次の設問に答えなさい。
　① 下線の取引を本文（1）で処理した場合は，資本取引か，損益取引か。
　② 下線の処理をする理由を述べなさい。
問7　その他有価証券を期中に売却した場合の処理を説明しなさい。
問8　その他有価証券と同様に，資産評価は　①　をもって貸借対照表価額とするが，その評価差額は純資産の部の　④　に計上される項目を示しなさい。

《解答・解説》

問1 ① 時　価　　② 洗替え　　③ その他の包括利益
　　④ その他の包括利益累計額　　⑤ 当期の損失　　⑥ 税効果会計

問2 ① 売買目的有価証券と子会社株式及び関連会社株式との 中間的な性格 を有する。
　　② ｉ　事業上の関係を強めようとして相手企業と相互に保有しあっている持ち合い株式
　　　 ⅱ　長期利殖目的で保有しているが，市場動向によっては売却を予定している有価証券
　　　 ⅲ　販路維持等の業務上の必要から保有している株式

問3 ① 直ちに売却することを目的にはしていないが，売却すれば，いつでも時価変動からの利益を得ることができるから。
　　② 原則として，期末日の市場価格に基づいて算定された価額とする。ただし，継続して適用することを条件として，期末前1ケ月の市場価格の平均に基づいて算定された価額を用いることもできる。

問4　次のいずれかにより処理する。
　ⅰ　評価差額の合計額を評価・換算差額等として，純資産の部に計上する（全部純資産直入法）。
　ⅱ　時価が取得原価を上回る銘柄に係る評価差額は純資産の部に計上し，時価が取得原価を下回る銘柄に係る評価差額は当期の損失として処理する（部分純資産直入法，18）。

問5　企業会計上，保守主義の観点から，これまで低価法に基づく銘柄別の評価差額の損益計算書への計上が認められてきた。このような考え方を新基準でも考慮した結果である。

第4章　113

問6 ① 資本取引でも損益取引でもない。
② 換金には制約があるため実際に売却されることは稀であり、また国際的な会計基準と調和させるため。
問7 個別会計では、取得原価と売却価額との差額が、売却損益として当期の損益に含まれることになる。連結会計では、取得原価と売却価額との差額が、売却損益としてその他の包括利益から当期の損益へと組替調整される。この調整額は、その他の包括利益の内訳項目として注記する。
問8 ヘッジ取引を繰延ヘッジ会計で処理した場合のヘッジ手段としての資産に係る評価差額

(6) 市場価格のない有価証券
問1 次の文章の空欄に適切な用語を示しなさい。
「時価をもって貸借対照表価額とする有価証券であっても、時価を把握することが極めて困難と認められる有価証券については ① 又は ② に基づいて算定された価額をもって貸借対照表価額とする (81)。」
問2 下線の有価証券を区分して、その貸借対照表価額を述べなさい。

《解答・解説》
問1 ① 取得原価　② 償却原価法
問2 i 社債その他の債券 は、次のいずれかによる。
　イ 取得価額から貸倒引当金を控除した金額
　ロ 償却原価法による額から貸倒引当金を控除した金額
ii 社債その他の債券以外の有価証券 は、取得原価で評価する。

(7) 減損処理──強制評価減
問1 次の文章の空欄に適切な用語を示しなさい。
「時価の把握が可能な有価証券のうち、 ① 以外については、(a)時価が著しく下落したときは、 ② があると認められる場合を除き、 ③ をもって貸借対照表価額とし、評価差額は ④ として処理しなければならない (20)。
時価を把握することが極めて困難と認められる株式については、発行会社の ⑤ の悪化により(b)実質価額が著しく低下したときは、相当の減額をなし、評

価差額は ④ として処理しなければならない (21)。

いずれの場合にも，(c)当該 ③ 及び実質価額を翌期首の ⑥ とする(22)。」

問2 下線(a)の「時価が著しく下落」した状態とは，何を基準にどのような状態になった場合をいうのかを述べなさい。

問3 下線(b)について，次の設問に答えなさい。
① このように処理する方法の名称を指摘しなさい。
② 「実質価額が著しく低下した」状態とは，何を基準にどのような状態になった場合をいうのかを述べなさい。
③ 回復可能と認められるときも強制評価減の適用があるのか。
④ 時価を把握することが極めて困難と認められる社債その他の債券については，どのように評価するのか。

問4 下線(c)の方法の名称を指摘しなさい。

《解答・解説》

問1 ① 売買目的有価証券　② 回復する見込　③ 時　価
④ 当期の損失　⑤ 財政状態　⑥ 取得原価

問2 取得時の価額を基準として，評価時の時価がおおむね50％以下になった状態をいう。

問3 ① 実価法
② 一株当たり純資産額が，取得時を基準として評価時におおむね50％以下になった状態をいう。
③ 適用有り。　♪ 回復の見込みの有無は考慮されない。
④ 社債その他の債券の貸借対照表価額は，<u>債権の貸借対照表価額に準じて</u>，次のいずれかで評価する。
　i <u>取得価額から貸倒引当金を控除した金額</u>
　ii <u>償却原価法による額から</u>貸倒引当金を控除した金額

See. 前問題 問2

問4 切放し方式　　cf. 洗替え方式
　♪ 特別損失に計上した評価損には，切放し方式のみが適用される。これは，棚卸資産評価損も同じである。

See. 149頁 問5 ③ i

第4章　115

第3節　デリバティブとヘッジ会計

1　デリバティブの意義とその種類

問1　次の文章の空欄に適切な用語を示しなさい。

「デリバティブ（　①　と訳される）は，企業がさらされている様々なリスクを回避したり（ヘッジ），将来の相場変動に期待して，積極的にリスクをとって収益を得ようとしたり（投機），そして，市場間の価格差を利用して，リスクをとらずに鞘取りしたり（裁定）する目的で利用される。デリバティブの種類は多様であり，今では伝統的な標準化商品*の他，株価，債券価格，金利，外国為替，天候条件等もその対象となっている。デリバティブをその　②　を基準に分類すれば，主に（a-1）先物取引，（a-2）オプション取引，及び（a-3）スワップ取引の3つに分けられる。」

問2　下線（a-　）のそれぞれを説明しなさい。

《解答・解説》

問1　①　金融派生商品　　②　仕組み　　see. 本章1節1問2

問2（-1）将来の一定時点（限月，期日）における対象商品の価格等をあらかじめ現時点で約定する取引をいう。期日には，対象商品で現物決済をしてもよいし，買なら売，売なら買の反対取引をして差額決済をしてもよい。

♪　現時点で，先物価格が安いと思う者（強気筋）は「買建」，高いと思う者（弱気筋）は「売建」を行っておく。期日において，「買建」側は現物を受取るか，新たにそのときの相場で商品の譲渡契約をして，先物で購入した代金との差額を決済する。「売建」側は商品を引渡すか，新たにそのときの相場で商品の購入契約をして，先物で譲渡した代金との差額を決済する。予想通りに相場が変動する場合は，利益を得ることができるが，相場が予想と反対の動きをしたときは損失が生じる。

（-2）将来の一定時点（限月，期日）における対象商品の価格等をあらかじめ契約した価格（権利行使価格）で売る権利，又は購入する権利を取引することを約定する取引をいう。期日において，権利の買手はその権利を行使又は放棄できる選択権（オプション）を有するが，権利の売手には放棄権はなく，買手が権利を行使すれば，これに応じる義務がある。放棄権の対

価として，買手が売手に支払う対価をプレミアム（権利料）という。
- ♪ 対象商品のことを原資産といい，買う権利についてのオプションをコール，売る権利についてのオプションをプットとよぶ。例えば，コールオプションの購入者（買手）は，期日に相場が当初に契約した価格より下落していれば，買う権利を放棄してそのときの相場で購入する。相場が当初に契約した価格より上昇していれば，買う権利を行使して，当初の価格で購入すればよく，売手はこれに応じる義務がある。権利の購入側は，プレミアムさえ負担すれば，価格変動リスクを軽減できるのである。

(-3) 相対取引で，あらかじめ決められた条件に基づいて，将来の特定期間にわたり，契約時点で等価値のキャッシュ・フローを交換する取引をいう。
- ♪ 固定受取金利と変動受取金利との金利スワップを例示する。A社は，××億円を利付国債で運用している一方で，銀行から同額の借入金がある。国債の利回りは年３％，借入金利率は基準利率プラス0.2％の変動金利である。基準金利が市場金利に連動して上昇すれば，借入金の利息が国債利息を超過して，両者の利鞘はマイナスになってしまう。そこで，A社が銀行と交渉し，国債から受取ることができる将来の利息（固定受取金利）と変動金利で基準利率プラス0.4％を受取ることができる権利（想定元本は国債額面と同額，変動受取金利）とを交換（スワップ）する契約を締結した。この結果，基準利率がどのように変動しても常に0.2％の利鞘を確保できるようになった。
- ＊ 標準化商品……穀物等の農産品，石油等の鉱物のうち標準的な指標となる特定銘柄のことをいう。対象商品の品質，取引単位等の標準化は，デリバティブ取引の前提である。

♪ デリバティブ は，仕組みさえ理解できれば，その会計処理は難しいものではない。解答・解説における♪の取引例に具体的な金額を当てはめて，次の概念図を使って，価格が上下したときどのような結果になるかを，丹念に何度も確認すれば，違和感はなくなる。デリバティブにおいても，通常の売買と同様に，資産の売値が買値より高ければ，その差額が利益であり，差額がマイナスのときは損

失となる。負債は帳簿価額より低い価額（債務免除を含む）で減少すると，対価と帳簿価額との差額が利益となる。

商品先物取引は，17世紀初めに大坂の淀屋が行った米相場を起源とする。

《概念図―買建（売建）による損益》

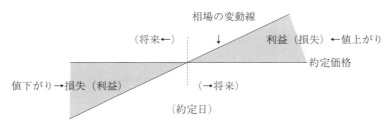

※ 買建と売建とでは，相場変動による損益は逆になる。オプション取引では，権利の買手側に損失が生じるときは，その権利が放棄される。権利の売手側はオプション額が儲けになる。

2　デリバティブ取引の認識と測定

問1　次の文章の空欄に適切な用語を示しなさい。

「決算日に契約上の債権債務を時価に評価し直す会計を　①　基準といい，契約の決済日まで原価のまま放置する処理は，　②　基準とよばれる。

金融商品に関する会計基準は　③　基準を採用しており，この結果，貸借対照表には　④　の債権又は債務が計上される。

デリバティブ取引は　⑤　時に認識される。デリバティブ取引により生じる　④　の債権及び債務は，(a)　⑥　をもって貸借対照表価額とし，評価差額は，(b)原則として，　⑦　として処理する（25）。」

問2　下線(a)の貸借対照表価額について，次の設問に答えなさい。
① 下線の評価をする理由を述べなさい。
② 下線の評価をしなくてもよい場合を述べなさい。

問3　下線(b)の例外となる処理を説明しなさい。

問4　デリバティブ取引に係る評価差額は実現しているといえるかについての見解を3つ説明しなさい。

《解答・解説》

問1 ① 値洗（ねあらい）　② 決済　③ 値洗　④ 正味
　　　⑤ 契約締結　⑥ 時価　⑦ 当期の損益

問2 ① ⅰ　デリバティブ取引は，取引により生じる正味の債権又は債務の時価の変動により保有者が利益を得又は損失を被るものであり，投資者及び企業双方にとって意義を有する価値は当該<u>正味の債権又は債務の時価</u>に求められること。

　　　ⅱ　デリバティブ取引により生じる正味の債権及び債務の時価の変動は，企業にとって<u>財務活動の成果</u>であると考えられること（88）。

　　② デリバティブ取引の対象となる金融商品に市場価格がないこと等により<u>時価を把握することが極めて困難</u>と認められる場合には，取得価額をもって貸借対照表価額とすることができる（89）。

問3　ヘッジ会計の要件を満せばヘッジ手段の損益を純資産の部で繰延べできる。

問4 ⅰ　実現主義の拡張解釈　財貨又は用役の企業外部への引渡しがなくても，金額が合理的に測定可能で<u>成果の確実性</u>を有すれば，収益は実現したとみなして認識する基準である。
　　　　　　　　　　　　　　　　　cf. 88頁 問4 ①（♪ 実現のテスト ）

　　　ⅱ　実現可能性基準　伝統的な実現基準に加えて，貨幣性資産への転換可能性が充足された時点でも収益を認識することを許容する基準である。

　　　ⅲ　業績測定目的適合基準　業績測定目的に適合する限り，実現損益のみならず未実現損益も含めて認識する基準である。

　　　いずれの基準によっても，設問の評価差額は収益として認識される。

　♪　売買目的有価証券の評価差額も同様に解してよい。

3　ヘッジ会計の要件とその処理方法

問1　次の文章の空欄に適切な用語を示しなさい。

「ヘッジ会計とは，ヘッジ取引のうち，(a)<u>一定の要件を充たすもの</u>について，ヘッジ　①　に係る損益とヘッジ　②　に係る損益を　③　に認識し，(b)<u>ヘッジの効果を会計に反映させる</u>ための(c)<u>特殊な会計処理</u>をいう（29）。」

問2　下線(a)のヘッジ会計の要件に関連して，次の設問に答えなさい。

　① ヘッジ会計の要件を示しなさい。

② ヘッジ会計の要件が充たされなくなった場合，次の処理を示しなさい。
　　i　ヘッジ会計の要件充足期間中のヘッジ手段に係る損益又は評価差額
　　ii　要件を充足しなくなった以降のヘッジ手段に係る損益又は評価差額
問3　下線(b)の「ヘッジ会計の効果」に関連して，次の設問に答えなさい。
① ヘッジ取引の目的（効果）を示しなさい。
② ヘッジ取引の種類2つを示して説明しなさい。
問4　下線(c)の特殊な会計処理に関連して，次の設問に答えなさい。
① 特殊でない通常の会計処理を説明しなさい。
② ヘッジ会計の必要性を説明しなさい。
③ 特殊な会計処理方法の名称を2つ示し，その説明をしなさい。なお，基準で原則となっている処理方法には，その名称に<u>下線</u>を引きなさい。
問5　ヘッジ会計が終了する場合を2つ示しなさい。

《解答・解説》

|問1|① 対　象　　② 手　段　　③ 同一の会計期間

|問2|① ヘッジ取引にヘッジ会計が適用されるのは，次の要件がいずれも充たされた場合である。
　　i　ヘッジ取引時において，ヘッジ取引が企業のリスク管理方針に従ったものであることが，客観的に認められること（事前テスト）。
　　ii　ヘッジ取引時以降もヘッジ手段の効果が，定期的に確認されていること（事後テスト）(31)。

② i　ヘッジ対象に係る損益が認識されるまで引き続き繰延べる(33)。ただし，繰延べられたヘッジ手段に係る損益又は評価差額について，ヘッジ対象に係る含み益が減少することによりヘッジ会計の終了時点で重要な損失が生じるおそれがあるときは，当該損失部分を見積り，当期の損失として処理しなければならない(33)。
　　ii　損益又は評価差額が発生した会計期間の損益として認識する。

♪　ヘッジ会計の要件が充たされなくなったときは，ヘッジ会計の適用を中止しなければならない。そこで，繰延ヘッジ会計を採用していたときは，ヘッジ会計の要件が充たされていた間のヘッジ手段に係る損益又は評価差額の処理が問題になる。しかし，時価ヘッジ会計を採用していたときは，ヘッジ会

計の適用を中止するだけで足り，このような処理は問題にならない。

問3 ① ヘッジ対象の相場変動等による損失の可能性を減殺すること (96)。

② i **相場変動ヘッジ（公正価値ヘッジ）**…ヘッジ対象の資産又は負債に係る相場変動を相殺する取引

　ⅱ **キャッシュ・フローヘッジ**…ヘッジ対象の資産又は負債に係るキャッシュ・フローを固定してその変動を回避する取引 (96)

問4 ① ヘッジ対象の資産又は負債は，原則として，取得原価で評価する。ヘッジ手段は，デリバティブを用いることから時価をもって評価し，評価差額は，原則として，当期の損益として処理する (25)。

② ヘッジ対象の損益とヘッジ手段の損益とを期間的に合理的に対応させて，ヘッジ対象の相場変動等による損失の可能性をヘッジ手段によってカバーされている経済実態を財務諸表へ反映させるため (97)。

③ <u>繰延ヘッジ会計</u>…時価評価されているヘッジ手段に係る損益又は評価差額を，ヘッジ対象に係る損益が認識されるまで純資産の部において繰延べる方法である (32)。

　♪ 純資産の部に計上される繰延ヘッジ損益については，税効果会計を適用しなければならない (32)。

　<u>時価ヘッジ会計</u>…ヘッジ対象である資産又は負債に係る相場変動等を損益に反映させることにより，その損益とヘッジ手段に係る損益とを同一の会計期間で認識する方法である (32)。

　♪ いずれの方法によってもヘッジ対象の損益とヘッジ手段の損益とは同一の会計期間で認識されることになるが，認識時点は，時価ヘッジ会計の方が繰延ヘッジ会計より早くなる。ヘッジ対象の損益を繰上げて認識するのが時価ヘッジ会計で，ヘッジ手段の評価差額を繰延べて認識するのが繰延ヘッジ会計だからである。

問5 i ヘッジ対象が消滅した場合

　ⅱ ヘッジ対象の予定取引が実行されないことが明らかになった場合 (34)

　♪ 予定取引 確定契約に係る未履行取引又は未契約で履行が予定されている取引をいう。　　　　　　　　　See. 123頁（♪ 公正価値モデル ）

《ヘッジ取引の流れ》

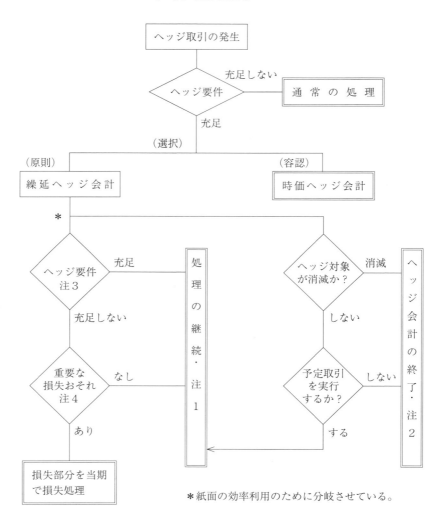

＊紙面の効率利用のために分岐させている。

注1　繰延べられているヘッジ手段に係る損益又は評価差額をヘッジ対象に係る損益が認識されるまで引続き繰延べることを意味する (109)。
　2　繰延べられているヘッジ手段に係る損益又は評価差額を当期の損益として処理すること (108)。
　3　ヘッジ要件を充足しなくなっても重要な損失のおそれがない限り，処理が継続される点に注意すること。
　4　ヘッジ対象に係る含み益が減少することによりヘッジ会計の終了時点で重要な損失が生じるおそれがあるときをいう。

♪ 公正価値モデル　国際的には，金融資産全般について時価評価し，評価差額を当期の損益に反映させる公正価値モデルを採用する方向で国際会計基準が改正されようとしている。この場合，ヘッジ会計による損益の調整は不要となる。ヘッジ手段は，デリバティブを用いているので元々時価評価である。そこにヘッジの対象も時価評価されれば，金融資産が全面的に時価評価されることになって，ヘッジ手段に係る損益等を繰延べる必要はなくなるからである。ヘッジ会計の要件が厳しく，現行基準が企業全体の経済事象を必ずしも忠実に描写しているとは限らないことも基準改正動機の1つである。

　全面時価会計が採用されれば，将来的には当期純利益と包括利益との区分をなくして，包括利益だけの表示へと議論が進むかもしれない。しかし，投資家への意思決定資料の提供という会計の目的からは，努力と成果との対応による利益の獲得プロセス（業績測定利益）の表示は，資産負債アプローチのもとでも重要性を失わない。当期純利益と企業の業績に直接関係しない資産・負債の保有から生じる評価差額を主な内容とするその他の包括利益とは区別して表示することが大切なのである。将来この問題は，会計の表示目的やその本質と係わりをもって議論されていくことになると思われる。

　なお，金融負債の評価は，デリバティブ以外は債務額又は償却原価による。

第4節　キャッシュ・フロー計算書

1　キャッシュ・フロー計算書の意義

問1　次の文章の空欄に適切な用語を示しなさい。

　「(a)キャッシュ・フロー計算書は，　①　における(b)キャッシュ・フローの状況を一定の　②　に表示して企業の収支余剰創出能力等を明らかにするものあり，貸借対照表及び損益計算書と同様に，　③　を対象とする重要な情報を提供するもので，　④　の1つとして位置づけられている（意見書二）。」

問2　下線(a)のキャッシュ・フロー計算書の役割（必要性）を述べなさい。

問3　下線(b)の内容を簡潔に説明しなさい。

問4　利益は計上されていても，資金ショートにより倒産する場合がある。係る倒産を一般的に何というか，漢字4文字で答えなさい。

《解答・解説》
問1 ① 一会計期間　② 活動区分別　③ 企業全体　④ 財務諸表
問2 ⅰ　発生主義会計によって認識された利益額に，どの程度の資金的裏付けがあるかを示して，利益の品質を明らかにすること。
　　　ⅱ　資金繰りの観点から，企業の安全性の評価に役立つ情報を提供すること。
問3 企業活動に伴う収入・支出の結果として，貸借対照表の資金額（現金及び現金同等物）が期首残高から期末残高へと変化した要因をいう。
問4 黒字倒産　♪「勘定合って，銭足らず」の意味も同趣旨である。

2　発生主義会計とキャッシュ・フローとの関係

問1　次の文章の空欄に適切な用語を示しなさい。
　「企業の投資の成果は，最終的には，　①　した資金と　②　した資金の差額にあたるキャッシュ・フローであり，各期の利益の合計がその額に等しくなることが，利益の測定にとって基本的な制約になる（フレームワーク第3章10）。」
問2　発生主義会計による利益とキャッシュ・フロー計算による収支余剰とを対比させて，それらの特徴（長短）と両者の関係を述べなさい。
問3　下線の命題は，取得原価主義の論拠としてシュマーレンバッハによって唱えられた原則と同趣旨のことをいっている。この原則の名称を示し，その原則を定義しなさい。
問4　上記問3の原則が成立する理由を説明しなさい。

《解答・解説》
問1 ① 投　下　② 回　収
問2 発生主義会計では，処理基準に選択の余地があり，またその処理過程においても見積りや判断の要素が内在していることから，そこで計算される利益は，抽象的で，解釈によっては変動する。これに対して，キャッシュ・フローは客観的に測定可能であり，そこで計算される資金の増減・収支余剰には解釈の入込む余地がない。他方，給付価値の増減を含む企業成果の正確な認識という側面では，発生主義会計でないと企業の活動実態を忠実に描写できない。従って，企業全体の状況に関する情報提供という目的のもとでは，両者は相互に補完し合う関係にあるといえる。

(注) 67頁（ 給付の流れと貨幣の流れ ）や73頁（収益費用認識論）で記載したように，会計は給付と貨幣の双方を対象としている。いずれか一方を偏重するのは誤りである。

♪ 学問としての会計学と付加価値会計 　会計学においては，表面的な事象に囚われてはならず，物事の本質を概念化し，その諸概念によって目的と経済事象の属性とに適合する首尾一貫した理論を構築していくことが重要である。

　企業はより多くのキャッシュを獲得した事実をもって利益額とみる。これから会計学は「お金の計算」のための手段とする見解が生じるが，そこでは貨幣量の増減に比例して実物資産（給付）の増減が裏付けられることが前提となっている。しかし，貨幣量は中央銀行の政策によって大きく増減し，また金融資産（株式市場の時価総額と債権総額）は，2001年以降の世界GDPに対し，ギリシャ危機があった2010年を除いて，概ね4倍を超える規模となっている。この倍数は一定時点の金融資産時価というストックと年間の世界GDPというフローとの比較で必ずしも意味のある数値であるとはいえないが，フロー同士の比較においても実体経済をはるかに上回る過剰流動性が生じている状況下で現実の企業活動は行われている。係る経済環境で生産単位としての企業における会計は，その本質的な対象をキャッシュとすることにどれだけの経済的意義があるのか，これは表面的な事象に囚われた会計学ではなかろうか——。

　会計の本質的な対象は企業の給付とその活動が創出する所得にあると考える。そして，これを理論的に展開していくと付加価値会計に行き着くのである。ここでキャッシュは付加価値の資金的裏付けを確認し，その量を測定する手段として位置づけられる。付加価値会計こそが特定の利害関係者（所有主又は投資家）のみからの視点に囚われない学問としての会計学である，と解するゆえんである。

　本書では制度会計への理解と知識化を第一義に考えている。いわば囚われた会計学を効率よく学ぶことを主眼にしている。しかし，囚われない会計学についてもその一部ではあるが，記述している（例えば，第1章6節・314頁♪，第4章の最後，第7章2節1 問3 ＊，第8章4節1（2） 問7 ♪，第9章1節4，64頁・43頁■等）。ぜひこれらを会計学の本質を考える契機にしてほしい。

問3 　**一致の原則**……設立から解散までの全体期間の収入と支出との差額で計算される全体利益は，全体期間を構成する各期間の収益と費用との差額で計算される期間利益の合計額に一致する。　See. 275頁 問3 ③（収支余剰と利益との関係）

問4 　全体期間の収支と各会計期間の損益とには，認識時点に差異がある。しかし，その測定は，いずれも収支額基準によっている。よって，全体期間を通してみれば，全体期間の収支余剰（全体利益）と各期間の利益合計額とは，必ず一致する。

　【別解】　収益費用の認識は発生主義会計によるが，その測定は収支額基準によっている。これは発生主義会計が現金収支額をその発生期間に配分していることを意味しているから。　See. 第3章2節1 問1 ♪

♪ 一致の原則 は，全体利益が企業の最終目標となる確定的利益であるというこ

第4章　125

とを暗黙の前提として，期間損益計算の論拠として提唱された原則である。この原則により利益計算の主眼が純財産増加説（静態論）から収益費用差額説（動態論）へと移行する契機になったのであるが，今は逆に，収益費用差額説から純財産増加説への移行の論拠として，同様のことが主張されているのは興味深い。

　純財産増加説では，一致の原則を前提として，期間損益計算を全体期間の収支を各期間へ配分した結果と解釈するのに対して，収益費用差額説では，収支を期間損益計算のための測定手段と位置づけられる。また，両者は，損益が生じるプロセスとその結果のいずれを重視するかの違いでもある。

　B/SとP/Lのいずれを中心とした会計を行うかは，少しずつ変化しながら，歴史的には行ったり来たりする宿命にあるのかもしれない。　　　　See. 11頁

3　資金の範囲

問1　次の文章の空欄に適切な用語を示しなさい。

　「キャッシュ・フロー計算書では，対象とする資金の範囲を現金及び現金同等物とする。現金とは，手元現金及び　①　をいう。現金同等物とは，　②　であり，かつ，価格変動について　③　しか負わない　④　をいう。このため，現金同等物の範囲には，　⑤　の高い株式等は除かれ，取得日から満期日又は償還日までの期間が　⑥　以内の短期投資である定期預金，コマーシャルペーパー，公社債信託投資等が含まれる。」

問2　運転資本の範囲を示し，この概念をそのままキャッシュ・フロー計算書の資金として利用できない理由を述べなさい。

《解答・解説》

問1　①　要求払預金　　②　容易に換金可能　　③　僅少なリスク
　　　④　短期投資　　⑤　価格変動リスク　　⑥　3ヶ月

問2　運転資本の範囲……流動資産から流動負債を控除したものをいう。
　　　（理由）流動資産の中には，売掛金や棚卸資産等最終的に回収された資金とはいえない項目や，ただちには支払手段として利用できない項目が含まれるため。

4 キャッシュ・フロー計算書の区分

問1 次の文章の空欄に適切な用語を示しなさい。

「キャッシュ・フロー計算書では，企業が営む活動の種類に応じて，①活動，②活動，及び③活動という3つに区分される。①活動には，④損益計算の対象となった取引のほか②活動及び③活動⑤の取引によるものを記載する。②活動は，⑥，⑦及び⑧の3つから構成される。③活動は，資金の⑨と⑩から成る。」

問2 次の表は，キャッシュ・フロー計算書の活動区分を基準にした表である。

① 表の「主な内容」欄に適当な用語を**資料**から選んで記号で埋めなさい。

《キャッシュ・フロー計算書の活動区分・内容と表示方法》

活動区分	主 な 内 容	表 示 方 法
①活動		
②活動		
③活動		

資料（主な内容）：

　　i　災害による保険金収入　　ii　資金の貸付・回収（融資）取引
　　iii　資金の調達・返済取引　　iv　営業損益計算の対象取引
　　v　現金同等物以外の設備・証券の取得・売却
　　vi　営業活動に係る債権・債務の増減取引
　　vii　損害賠償金の支払　　viii　自己株式の取得・売却

② 「表示方法」欄に適当な用語等を記入しなさい。

問3 次の項目に係る資金は，いかなる活動区分にどのように記載されるか。

① 手形の割引
② 法人税等
③ 利息及び配当
④ 連結の変動を伴う子会社株式の取得又は売却
⑤ 営業の譲受又は譲渡
⑥ 連結キャッシュ・フローの作成における連結会社相互間の取引
⑦ 当座借越

《解答・解説》

問1 ① 営　業　② 投　資　③ 財　務　④ 営　業　⑤ 以　外
　　　⑥ 設備投資　⑦ 証券投資　⑧ 融　資　⑨ 調　達　⑩ 返　済

問2 ① 営業活動…ⅰ ⅳ ⅵ ⅶ　投資活動…ⅱ ⅴ　財務活動…ⅲ ⅷ
　　　② 営業活動…直接法と間接法の選択適用　投資活動・財務活動…直接法

問3 ①②は，営業活動によるキャッシュ・フローの区分に記載する。
　　　③は，次のいずれかの方法により記載する。
　　　　ⅰ　受取利息，受取配当金及び支払利息を営業活動の区分に記載し，支払配当金を財務活動の区分に記載する方法
　　　　　♪　この方法によると，営業活動からのＣＦの純額は，損益計算書の経常利益と同様に，毎期反復して生じる経常的な収支項目の総額を示すことになる（財規117①）。
　　　　ⅱ　受取利息と受取配当金を投資活動の区分に記載し，支払利息と支払配当金を財務活動の区分に記載する方法
　　　　　♪　これは受取項目が投資活動の成果を示し，支払項目が財務活動による資金調達項目に付随することを考慮したものである（財規117②）。
　　　④⑤は，投資活動の区分に独立の項目として記載する。
　　　⑥は，相殺消去して記載する。
　　　⑦は原則として，負の現金同等物として，現金及び現金同等物から控除して表示される。ただし，当座借越の状況が明らかに短期借入金と同等の資金調達活動と判断される場合には，財務活動区分で表示される。
　　　♪　④で新たに連結子会社となった会社の現金及び現金同等物の額は株式の取得による支出額から控除し，連結子会社でなくなった会社の現金及び現金同等物の額は株式の売却による収入額から控除して記載するものとする。⑤も④と同様に計算した額によるものとする。

5　キャッシュ・フロー計算書の表示

問1　次の文章の空欄に適切な用語を示しなさい。

　「キャッシュ・フロー計算書の3区分のうち，営業活動区分の表示方法には，<u>直接法と間接法</u>の2通りがある。基準は，　①　を条件として，これらの方法の

② を認める。投資活動と財務活動の区分については，両者とも ③ によって表示する。」

問2　下線について，次の設問に答えなさい。
① 両者それぞれの定義をしなさい。
② 両者それぞれの特徴（長短）を述べなさい。
③ 2つの表示方法の修正項目をそれぞれ2つずつ例示しなさい。

《解答・解説》

問1 ① 継続適用　② 選択適用　③ 直接法

問2 ① 直接法 は，主要な取引毎に収入総額と支出総額を表示することにより，期中における資金の増減額を直接的に明らかにする方法である。

　　間接法 は，税金等調整前当期純利益に所定の調整項目を加減することにより，期中における資金の変化額を間接的に明らかにする方法である。

② 直接法による表示方法 は，営業活動に係るキャッシュ・フローが総額で表示されるという点に長所がある。しかし，直接法により表示するためには主要な取引毎にキャッシュ・フローに関する基礎データを用意することが必要であり，実務上手数を要するという欠点がある。

　　間接法による表示方法 も，純利益と営業活動に係るキャッシュ・フローとの関係が明示されるという点に長所がある。しかし，間接法ではキャッシュ・フローが総額で表示されないという短所がある（意見書三4）。

♪　意見書では，②の解答を直接法と間接法の「選択適用を認める」理由としている。いずれにも一長一短があるということである。

③　直接法：
　例) i　営業収益に売上債権の増加（減少）額を減算（加算）して営業収入を算出する。
　　　ii　仕入高に仕入債務の増加（減少）額を減算（加算）して仕入支出を算出する。

　　間接法：
　例) i　減価償却費等の非資金費用項目を営業活動の収入に加算する。
　　　ii　固定資産購入に伴う支出額を投資活動の支出に加算する。

♪　直接法又は間接法は，表示方法であって，作成方法ではない点に注意。

直接法の収入総額は，収益合計額から非資金収益項目を減算し，貸借対照表上の収益に係る収入額を加減して算定する。支出総額に，費用合計額から非資金費用項目を減算し，貸借対照表上の費用に係る支出額を加減して算定する。間接法は，税金等調整前当期純利益から非資金損益項目を加減し，また収支に関連し，かつ営業活動に係る貸借対照表項目の期中変動額を加減する形式で表示する。

　これら2つの表示方法及びその両者の関係を図と算式で示せば，次の通りである。B/S上の収入又は支出の増減は，関連項目毎の期首と期末との残高差額によって算定する。

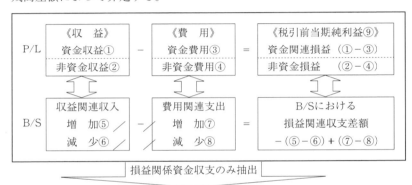

- 直接法は，修正後の資金収入・資金支出を総額で表示する。
- 間接法は，税前利益から資金収支差額への修正過程を純額で表示する。
- ∴ 両者の当期収支差額は一致　　∵ ①－③＝⑨－(②－④)

　直接法と間接法それぞれの算式を比較して，下点線部分を相殺消去すれば，下波線部分が残ることになる。

【誘導法によるキャッシュ・フロー計算書の作成】

　簿記会計のテキストには記載されておらず，従って受験勉強とは関係ないが，キャッシュ・フロー計算書を誘導法により作成する方法を次に説明しておく。
① 資金の範囲を明確に限定して，収支試算表の貸方には資金増加の相手勘定毎に相手勘定が資金勘定となる金額と資金勘定そのものの減少金額を記入する。収支試算表の借方には，資金減少の相手勘定毎に相手勘定が資金勘定となる金額と資金勘定そのものの増加金額を記入する。この場合，資金の期首・期末残高は通常の試算表の残高と一致するよう資金の範囲とした勘定科目をあらかじめ明確に限定しておくことが重要である。通常は，資金の範囲として，現金預金とすることが多い。この場合，取得日から満期日又は償還日までの期間が3ヶ月を超える定期預金，コマーシャルペーパー，公社債信託投資等は，次の②の調整対象とする。

　以上により，合計収支残高試算表において，借方合計欄と貸方合計欄，及び借方収支欄と貸方収支欄は，それぞれ合計額で貸借一致する。また，資金の範囲とした勘定科目の期首・期末残高の収支残高と通常の合計試算表の残高とは一致することになる。
② 収支試算表で，資金の範囲とした以外の資金項目の増減額を相手科目別に集計した項目・金額を組替表上で追加増減させて調整する。
③ 資金勘定自体の増減額を除いて，②で調整された相手科目毎の金額を活動区分に従って組替えれば，直説法によるキャッシュ・フロー計算書が完成する。

　なお，誘導法によるキャッシュ・フロー計算書作成の前提として，次のような配慮を必要とする。
　ⅰ　仕訳は，原則として，単一仕訳により行う。
　ⅱ　資金の増減に関係した複合仕訳を行ったときは，資金取引の性格を取引発生の都度区分しておくか，資金に関係する項目を上記③の調整項目に加減すること。
　ⅲ　当座借越等の取引は，勘定分析による収支試算表作成を前提にあらかじめ負の現金同等物又は短期借入金勘定等で処理しておくこと。

このような勘定分析によるキャッシュ・フロー計算書の作成を想定して，通常の会計ソフトに上記①の処理をあらかじめ組込んでおけば，直接法によるキャッシュ・フロー計算書は，誘導法により作成できるので，想像以上に簡単にかつ素早く作成できる。また，次のような合計残高試算表に収支試算表を組込めば，1つの表で損益と収支とを対比させて表示することも可能となる。

合　計・収　支・残　高　　試　算　表

自　平成　　年　　月　　日
至　平成　　年　　月　　日

○×△　　　　　　　　　　　　　　　　　　　　　　　　　　　　　　　（単位：円）

期首残高	借　　方		勘定科目	貸　　方		期末残高
	合　計	収　支		収　支	合　計	

　資金収支試算表の理解を得るために，勘定理論の側面から補足しておきたい。

　複式簿記では，実在勘定の残高を集計した残高勘定から貸借対照表が作成され，名目（費用収益）勘定の残高を集計した損益勘定から損益計算書が作成される。本稿は，資金収支勘定を集合勘定として，複式簿記システムに組込むことを提唱するものである。ここで，資金収支勘定が残高勘定や損益勘定と異なるのは，そこに集計するのは，勘定の残高だけではなくその増減も含み，更にその増減を相手勘定毎に集計する点にある。資金収支増減残高の集計作業は，複式簿記システムの外でのデータの拾い上げによってではなく，そのシステムの内で誘導法により行われる。

　最近では，複式簿記システムもコンピュータを利用することが多い。そこでは，例えば，売掛金という総勘定元帳とその得意先別の補助元帳とは，同一データに基づいて作成される。データを得意先別の補助コードに集計したのが補助元帳であり，補助コードを無視して売掛金の元帳コード毎に集計したのが総勘定元帳である。総勘定元帳に相当するのが資金収支勘定であり，補助元帳に相当するのが，資金の範囲とされる現金及び現金同等物を相手勘定とする各勘定である。

　資金収支計算を複式簿記システムに組込むことによって，キャッシュ・フロー計算書は，損益計算書や貸借対照表と同様に，自動的，安定的かつ瞬時に作成可能になる。

○簿記は，手工業的経営および小農工的経営で行われる分散的生産の場合よりも，資本的生産ではいっそう必要となり，社会的生産においては，さらに必要となる。（マルクス）

第5章 棚卸資産価額と売上原価

第1節　事業資産と費用配分の原則

問1 次の文章の空欄に適切な用語を示しなさい。

「事業資産の論点については，その（1）取得原価の決定，（2）消費額の決定及び（3）次期繰越高の決定，を区分して議論される。資産原価は，前期繰越高と取得原価とからなり，これを当期の消費額と次期繰越高とに区分することを指導するのが費用配分の原則である。費用配分の原則は，資産原価を配分することから　①　の原則ともよばれる。

事業資産

前期繰越	消　　費
取得原価	
	次期繰越

消費額は，生産に関連するものならば，製造費用の一部として　②　の対象となり，当期の売上収益と因果関係があるなら，売上原価，販売費及び一般管理費として発生時の　③　として認識される。次期繰越高は，　④　として，その評価が問題とされる。

棚卸資産における費用配分は，期首棚卸高と当期仕入高の合計額である棚卸資産原価を当期の費用と次期繰越高とに配分することをいう。ここで，消費額が，原則として，　⑤　として計算されるところに棚卸資産の特徴がある。

売上収益と売上原価とは，財貨を媒介とした　⑥　の関係にある。この対応関

第5章　**133**

係に基づき売上原価を記帳する方法には，⑦や三分法等がある。後者にはさらに1ヶ月又は1期間毎に処理する方法がある。

　事務処理の簡便性等から従来は三分法を原則的な処理方法とする企業が多かったが，⑦を原則的な処理方法とする企業も増えつつある。」

問2　下線の理由を述べなさい。

《解答・解説》

問1 ① 原価配分　② 原価計算　③ 期間費用　④ 貸借対照表価額
　　⑤ 〔数量×単価〕　⑥ 個別的対応　⑦ 売上原価対立法

問2 ⅰ　個別的対応という基本原則に合致した処理方法である。
　　ⅱ　販売の都度，売上に対応する売上原価及び粗利益額（率）を把握でき，販売管理目的に適時に適合する。
　　ⅲ　販売・仕入・在庫を一元的に管理するコンピュータ・システムの採用が増えてきた。

第2節　棚卸資産の範囲

問1　次の文章の空欄に適切な用語を示しなさい。

　「棚卸資産とは，企業がその①を達成するために所有し，かつ，②を予定する資産，及び販売活動及び一般管理活動において③される事務用消耗品等をいう。棚卸資産には，給付の費消を物理的な変動に応じて把握できるという共通点がある。その具体的な棚卸資産の範囲は，連続意見書第四に定める4項目のいずれかに該当する財貨又は用役であるとされている（28）。

　なお，②には，通常の販売のほか，市場価格の変動により利益を得ることを目的とする④も含まれる（棚卸評価基準3）。」

問2　下線の棚卸資産の範囲とされる4項目を示しなさい。

問3　次の項目は，棚卸資産に該当するのか。
①　証券会社や銀行が販売目的で保有する有価証券
②　不動産業者が販売目的で保有する土地や建物
③　油や釘等の工場用消耗品
④　単価が僅少なため固定資産に計上されなかった消耗工具器具備品

⑤ 船舶・機械の修繕のためにあらかじめ準備している部品や材料
問4 棚卸資産原価の構成として，用役のみからなる場合を2つ例示しなさい。

《解答・解説》
問1 ① 営業目的　② 売却　③ 短期間に消費　④ トレーディング
問2 ⅰ 通常の営業過程において販売するために保有する財貨又は用役
　　ⅱ 販売を目的として現に製造中の財貨又は用役
　　ⅲ 販売目的の財貨又は用役を生産するために短期間に消費されるべき財貨
　　ⅳ 販売活動及び一般管理活動において短期間に消費されるべき財貨（30）
　♪ ⅲ・ⅳには財貨のみが含まれ，用役は含まれないことに注意する。ⅰには製品，商品等，ⅱには仕掛品，半製品等，ⅲには原材料，貯蔵品等，そして，ⅳには包装紙，切手，領収書綴り等が含まれる。
問3 いずれも棚卸資産に該当する。
問4 ⅰ 材料は無償支給で，その加工のみを請負った場合の仕掛品
　　ⅱ 人件費等の用役の加工費のみからなる未完成の設計図面制作費やプログラム制作費

第3節　棚卸資産の取得原価

1　購　入

問1　次の文章の空欄に適切な用語を示しなさい。
　「購入した棚卸資産については，原則として，購入代価に　①　を加算して算定する（B/S原則五A）。仕入値引，仕入戻し，及び仕入割戻は　②　から控除し，仕入割引は　③　として取扱う。」
問2　下線の例外を述べなさい。
問3　棚卸資産を購入するために借入れた場合に生じる支払利息は，棚卸資産の取得原価に含めてよいか。

《解答・解説》
問1 ① 付随費用　② 購入代価　③ 営業外収益
問2 付随費用のうち，重要性の乏しいものについては，取得原価に算入しないことができる（注解1（4））。

問3　よくない。
　　♪　支払利息は，棚卸資産の購入取引とは別個の金融取引から生じるから。

2　製　　　造
(1) 原　価　計　算
問1　次の文章の空欄に適切な用語を示しなさい。

　「製品等の製造原価については，適正な　①　基準に従って，予定価格又は標準原価を適用して算定した原価によることができる。原価計算には代表的なものとして，実際原価計算，標準原価計算，直接原価計算という3つの方法があるが，(a)これらの生産品原価すべてが取得原価として認められているのではない。

　予定単価で計算した生産品原価，予定原価又は標準原価によって把握された生産品原価は，(b)一定の条件のもとで認められている。このため，　②　に重要性があれば，製品単位当たりの原価数値を　③　しなければならない。」

問2　下線(a)の取得原価として認められない原価計算名を指摘しなさい。
問3　下線(b)の条件を述べなさい。

《解答・解説》

問1　①　原価計算　　②　原価差額　　③　調　整

　　　　　　　　　　　　　　　　See. 143頁（予定価格等を用いる方法）

問2　直接原価計算

問3　予定又は標準が適正に決定され，原価差額が合理的に僅少であること（連続意見書四の第一・二2（予定価格の適用））。

(2) 製造原価報告書
問1　次の文章の空欄に適切な用語を示しなさい。

　「ディスクロージャー制度の適用を受ける製造業では，売上原価を構成する当期製品製造原価の明細を明らかにするために　①　を作成し，損益計算書の附属明細書として添付しなければならない（財規75Ⅱ）。この財務表は，　②　勘定を要約して作成される。」

問2　　①　の雛形を示しなさい。

《解答・解説》

問1 ①　製造原価報告書（♪製造原価明細書ともいう）　　②　仕掛品

問2　♪　次表は，財規ガイドライン75-2の記述を具体化したものである。

<u>製造原価報告書</u>

材　　料　　費	×××
労　　務　　費	×××
経費（又は間接費）	×××
当期総製造費用	×××
期首仕掛品棚卸高	×××
合　　　計	×××
期末仕掛品棚卸高	×××
当期製品製造原価	×××

3　交換・贈与等

問1　次の文章の空欄に適切な用語を示しなさい。

「棚卸資産を他の資産と交換に取得した場合の取得原価は，<u>原則として　①　した棚卸資産の　②　によることが合理的である。</u>

贈与等の無償により取得した棚卸資産の取得原価は，　②　による。」

問2　下線の例外で測定する場合を示しなさい。

《解答・解説》

問1 ①　取　　得　　②　公正価値（＝時価）

問2　公正価値の測定可能性について，提供資産時価の信頼性がより高い場合はそれによる。

第4節　棚卸資産の費用配分

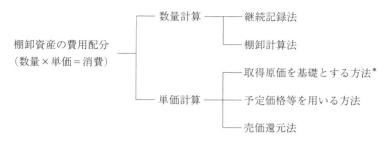

＊印には，個別法，FIFO，LIFO，平均原価法，及び最終仕入原価法がある。

問　次の文章の空欄に適切な用語を示しなさい。

「払出数量の把握方法には，　①　と　②　がある。払出単価の把握方法には，　③　を基礎にする方法，　④　等を用いる方法，それ以外にも　⑤　がある。費用配分は　⑥　とよばれたり，棚卸資産の　⑦　とよばれたりもする。」

《解答・解説》

問 ① 継続記録法　② 棚卸計算法　③ 取得原価　④ 予定価格
　 ⑤ 売価還元法　⑥ 原価配分　⑦ 評価方法

1　数量計算

(1) 継続記録法

問1　次の文章の空欄に適切な用語を示しなさい。

「継続記録法とは，資産の種類毎の　①　に，受入数量・払出数量を　②　記録し，帳簿上の　③　を常に算定できるようにする方法である。この方法は，帳簿棚卸法又は　④　ともよばれている。

　継続記録法は，商品・原材料等の　⑤　棚卸資産に適用される。」

問2　継続記録法の特徴（長短）を述べなさい。

《解答・解説》

問1 ① 商品有高帳　② その都度　③ 在庫数量　④ 恒久棚卸法
　　⑤ 重要性のある

問2　払出数量を直接的に把握でき，常に帳簿上の在庫数量も把握できる長所があるが，記帳事務が煩雑で，紛失や横領等による数量の減少分までが帳簿上の在

庫に含まれてしまうという短所がある。また，帳簿在庫が実際在庫と常に一致している保証はない。

(2) 棚卸計算法

問1 次の文章の空欄に適切な用語を示しなさい。

「棚卸計算法とは，棚卸資産の期末の実際有高を ① により把握し，これを ② と当期受入数量の合計数量から控除することにより， ③ を間接的に計算する方法である。この方法は， ④ ともよばれている。

棚卸計算法は，一部の貯蔵品等の ⑤ 棚卸資産に適用される。」

問2 棚卸計算法の特徴（長短）を述べなさい。

問3 次の命題の誤りを指摘しなさい。

「棚卸計算法は，まったく記帳を必要としない。」

問4 棚卸資産の適切な数量管理のためにはどのようにすべきか。

《解答・解説》

問1 ① 実地棚卸　② 期首棚卸数量　③ 当期払出数量　④ 定期棚卸法
　　　 ⑤ 重要性の乏しい

問2 払出の記録が必要とされないので事務処理は簡便であるという長所があるが，紛失や横領等による数量の減少が自動的に払出数量に算入されてしまうという短所がある。

問3 期中に受入れた数量は記録する必要があるので，まったく記帳を必要としない訳ではない。

問4 重要性のある棚卸資産については，継続記録法と棚卸計算法を併用することが効果的である。つまり，継続記録法により常に払出数量と在庫数量を明らかにして，在庫水準の継続管理を行う。そして，定期的に実地棚卸も行って帳簿記録との比較により紛失や横領等の有無，また，商品有高帳の記録の正確性を検証するのである。

　　　重要性の乏しい棚卸資産については，事務処理の簡便性を優先して，棚卸計算法のみを適用する。

2 単 価 計 算

問1 次の文章の空欄に適切な用語を示しなさい。

「棚卸資産の評価方法は，　①　棚卸資産の価額を算定するのと同時に　②　された棚卸資産の価額も算定するという両面を有する。棚卸資産の評価方法は，事業の種類，棚卸資産の種類，その性質及びその使用方法等を考慮した区分毎に選択し，　③　して適用しなければならない（6-3）。

選択対象とされる複数の方法の背後には，　④　に関する仮定が存在する。この仮定は，財貨の　⑤　な流れと同じである必要はない。しかし，選択した方法により　⑥　に差異が生じることには注意しなければならない。

基準では，企業が選択可能な評価方法として　⑦　，　⑧　，平均原価法，及び　⑨　を列挙している（6-2）。選択した評価方法は，重要な　⑩　として注記しなければならない。なお，　⑪　は，基準の改正により認められなくなった。」

問2 下線に含められる方法の名称を2つ指摘しなさい。

《解答・解説》

問1 ① 期 末　② 払 出　③ 継 続　④ 原価の流れ
　　⑤ 物理的　⑥ 利益計算　⑦ 個別法　⑧ 先入先出法
　　⑨ 売価還元法　⑩ 会計方針　⑪ 後入先出法

問2 移動平均法，総平均法

（1）取得原価を基礎とする方法

[1] 個　別　法

問 次の文章の空欄に適切な用語を示しなさい。

「個別法は，取得原価の異なる棚卸資産を　①　して記録し，その個々の実際原価によって払出単価とするとともに期末棚卸資産の価額とする方法である。

個別法は，貴金属，不動産，芸術作品等のように相対的に高価で　②　棚卸資産に適した方法である（6-2（1））。」

《解答・解説》

問 ① 区　別　② 個別性が強い

[2] 先入先出法（FIFO）

問　次の文章の空欄に適切な用語を示しなさい。

「先入先出法は，最も　①　取得されたものから順次払出しが行われ，期末棚卸資産は最も　②　取得されたものからなるとみなして，払出単価及び期末棚卸資産の価額を算定する方法である（6-2（2））。

この方法は財貨の　③　な流れに合致した方法である。物価上昇時にこの方法を適用すれば，物価水準を反映した売上収益に対して単価の低い売上原価が計上され，　④　が利益に含まれることになる。」

《解答・解説》

問　① 古く　② 新しく　③ 物理的　④ 保有利得

[3] 後入先出法（LIFO）

問1　次の文章の空欄に適切な用語を示しなさい。

「後入先出法は，最も　①　取得されたものから棚卸資産の払出しが行われ，期末棚卸資産は最も　②　取得されたものからなるとみなして，払出単価及び期末棚卸資産の価額を算定する方法である。この方法は，基準の改正により認められなくなった。」

問2　市況が長期的に上昇する場合と「期末における正味売却価額が取得原価よりも下落している場合」（7）とを対比して，後入先出法の特徴を述べなさい。

《解答・解説》

問1　① 新しく　② 古く

問2　市況の下落時には当該下落分が当期の費用として処理されるのに対して，市況の上昇時には累積した過年度の保有利益が繰延べられる特徴を有する。

[4] 平均原価法

問　次の文章の空欄に適切な用語を示しなさい。

「平均原価法は，取得した棚卸資産の　①　を算出し，この　①　によって払出単価及び期末棚卸資産の価額を算定する方法である。これには，　②　と　③　がある。前者は，1ヶ月又は1期間の平均原価を計算期間の　④　に期首繰越分も含めた取得原価合計額を受入数量合計で除して計算する方法である。後

者は棚卸資産を受入れる⑤に在庫分を合わせて加重平均単価を算定する方法である。」

《解答・解説》

問1 ① 平均原価　② 総平均法　③ 移動平均法　④ 期末　⑤ 都度毎

[5] 最終仕入原価法

問1　次の文章の空欄に適切な用語を示しなさい。

「(a)最終仕入原価法は，現在，一部の企業で採用されている。しかし，この方法は，(b)無条件に＿＿＿基準に属する方法として適用を認めることは適当ではない。」

問2　下線(a)の最終仕入原価法について，次の問に答えなさい。
① 最終仕入原価法を定義しなさい。
② 最終仕入原価法は，企業会計原則や基準で列挙された方法か。
③ この方法が採用される理由を述べなさい。

問3　下線(b)について，次の問に答えなさい。
① 無条件にこの方法の適用が認められない理由を述べなさい。
② 適用が容認される場合を述べなさい。

《解答・解説》

問1　取得原価

問2 ① 期末に最も近い時点で棚卸資産を取得したときの仕入単価を期末在庫数量に乗じて期末棚卸資産の価額を算定し，期中払出原価を間接的に逆算する方法である。

② この方法は，企業会計原則注解21(1)では棚卸資産の評価方法として例示されておらず，基準においても，この方法を取得原価を基礎とする棚卸資産の評価方法として定めていない。

③ 実務的に最も簡単で，法人税法の原則的な期末評価方法であるから。

問3 ① この方法によれば，期末棚卸資産の一部だけが実際取得原価で評価されるが，その他の部分は時価に近い価額で評価されることになるから。

② ⅰ 期末棚卸資産の大部分が最終の仕入価格で取得されている場合

ⅱ　期末棚卸資産に重要性が乏しい場合（34－4）

（2）予定価格等を用いる方法

問1　次の文章の空欄に適切な用語を示しなさい。

　「製品等の製造原価については，適正な原価計算基準に従って，予定価格又は標準原価を適用して算定した原価によることができる（注解21（2））。しかし，通常は予定価格や標準原価は実際原価と一致せず，原価差額が生じる。　①　が適正に決定され，かつ原価差額が　②　であるときは，　③　に賦課することができる。それ以外のときは，原価差額を棚卸資産の　④　に配賦する。これらの配賦手続きを原価差額の　⑤　という。

　原価差額を　③　に賦課した場合には，損益計算書に　⑥　として記載する。原価差額を棚卸資産の　④　に配賦した場合には，これを各資産の　⑦　に含めて記載する（連続意見書四の第一・二2（予定価格の適用），注解9）。」

問2　下線の表示形式で売上原価を示しなさい。

《解答・解説》

問1 ①　予定又は標準　　②　合理的に僅少　　③　売上原価　　④　科目別
　　　⑤　調　整　　⑥　売上原価の内訳科目　　⑦　価　額

問2

1	期首製品棚卸高	×××	
2	当期製品製造原価	×××	
	合　　　計	×××	
3	期末製品棚卸高	×××	
	標準（予定）売上原価	×××	
4	原　価　差　額	×××	×××

（3）売価還元法又は小売棚卸法

問1　次の文章の空欄に適切な用語を示しなさい。

　「売価還元法は，　①　又は　②　の類似性に基づく棚卸資産のグループごとの期末の　③　に，原価率を乗じて求めた金額を期末棚卸資産の価額とする方法である。売価還元法は，取扱品種の極めて多い(a)小売業等の業種における棚卸資

産の評価に適用される（6－2（4））。

売価還元法で用いられる(b)原価率の計算式には，「連続意見書第四」の方法と法人税法の方法とがある。

売価還元法を採用している場合においても，期末における□④□が帳簿価額よりも下落している場合には，当該□④□をもって貸借対照表価額とする。ただし，値下額等が□③□に適切に反映されている場合には，(c)売価還元低価法によることもできる（55）。

売価還元法は，□⑤□又は□⑥□ともよばれている。」

問2　下線(a)の適用業種に関連して，売価還元法の利用は，小売業及び卸売業の場合に限られるか。

問3　下線(b)の原価率の計算方法について，次の設問に答えなさい。
① それぞれの計算式を示しなさい。
② 両者の特徴を述べなさい。

問4　下線(c)の売価還元低価法について，次の設問に答えなさい。
① 原価率について，売価還元低価法と売価還元原価法を対比して説明しなさい。
② 売価還元低価法が通常の低価法に比べて異なる点を指摘し，収益性の低下に基づく簿価切下げとの関連でどのように取扱われるかを述べなさい。

《解答・解説》

問1 ① 値入率　② 回転率　③ 売価合計額　④ 正味売却価額
　　⑤ 小売棚卸法　⑥ 売価棚卸法

問2　必ずしも小売業及び卸売業に限らない。
　♪ 製品又は部品の品目数が膨大な製造業において，それらの払出しを一々単位原価で記録することが煩雑な場合にも利用される。

問3 ① ⅰ 「連続意見書第四」の原価率

$$\frac{期首繰越商品原価＋当期受入原価総額}{期首繰越商品小売価額＋当期受入原価総額＋原始値入額＋値上額－値上取消額－値下額＋値下取消額}$$

　　　ⅱ 法人税法の原価率

$$\frac{期首繰越商品原価＋当期受入原価総額}{売上高＋期末繰越商品売価}$$

② 「連続意見書第四」の原価率の分母は，受入資産が用いられており，棚卸資産の期末評価額は，総平均法の場合と等しくなる。期末評価額には，棚卸減耗が含まれて計算される。法人税法の原価率の分母は，払出資産が用いられており，棚卸減耗分だけ原価率が大きくなる。従って，両計算式による計算結果の差額は，棚卸減耗の売価額相当額となる。

問4① 問3①iに示された原価率の算式における分母から値下額及び値下取消額を除外することによって，売価還元低価法で用いる原価率となる。

② 売価還元低価法では，売価時価比較低価法は実行されていない。このため，収益性の低下に基づく簿価切下げという考え方と必ずしも整合性あるものではないが，基準では，これまでの実務上の取扱い等を考慮し，値下額等が売価合計額に適切に反映されている場合には，当該原価率の適用により算定された期末棚卸資産の帳簿価額は，収益性の低下に基づく簿価切下額を反映したものとみなすことができることとした（13ただし書）。

第5節　棚卸資産の貸借対照表価額

問　次の文章の空欄に適切な用語を示しなさい。

「棚卸資産の取得原価は，　①　により　②　と次期繰越高に配分されるが，次期繰越高は，　③　があればこれを切り捨て，また　④　が帳簿価額を下回れば棚卸資産評価損を計上しなければならない。」

《解答・解説》
問①　費用配分の原則　　②　当期の費用　　③　棚卸減耗　　④　時　価

1　棚卸減耗損の処理

問　次の文章の空欄に適切な用語を示しなさい。

「棚卸資産の実際在庫量が帳簿在庫量に不足するとき，その不足分に単価を乗じた額が　①　である。これが販売活動を行う上で不可避的に発生したものであるときは　②　とし，製造に関連し不可避的に発生すると認められるものについては，　③　として処理することとなる（17）。なお，そのような場合であっても，当該簿価切下額の重要性が乏しいときには，　②　へ一括計上することがで

きる（62）。」

《解答・解説》

[問]① 棚卸減耗損　② 売上原価　③ 製造原価

2 販売目的で保有する棚卸資産の評価基準

問1　『棚卸資産の評価に関する会計基準』に基づいて，次表の「採用する価額」欄に適切な用語等を記入しなさい。

《販売目的で保有する棚卸資産の期末評価額》

区　　　　　分	採用する価額
収益性の低下がない場合（原則）	①
収益性の低下　営業循環　内　市場価格の観察　可能　原則として採用される時価	②
例外として採用される時価	③
不可　合理的な算定価額（右の価額を選択）	④
	⑤
外　滞留又は処分見込等の棚卸資産	⑥
一定の回転期間を超過している棚卸資産	⑦
複数の市場に参加　市場区分できる	⑧
市場毎に異売価で市場区分できない	⑨

問2　これまでの棚卸資産の貸借対照表価額の評価方法を説明しなさい。

問3　収益性の低下事実の忠実な描写に関連して，次の設問に答えなさい。

① 同じ趣旨の処理なのに棚卸資産の帳簿価額を切下げない方法によって行われることがある。この例を2つ述べなさい。

② 上記①の処理目的を述べなさい。

③ 時価として ② を採用する理由を述べなさい。

④ 収益性の低下要因別に整理した次の表の空欄に適当な用語又は文章を記入し，それらは会計処理について相違があるかどうか（ⅷ）を指摘しなさい。

評価損の名称	品質低下評価損	陳腐化評価損	低価法評価損
発生原因	i	ii	iii
資産の状態	iv		v
売価回復の可能性	vi		vii
会計処理の相違	viii		

⑤ 簿価切下額の損益計算書上の表示方法を示しなさい。なお，重要性あるものとし，注記事項は解答しなくてよい。

⑥ 収益性の低下の有無に係る判断及び簿価切下げ単位について説明しなさい。

問4 上記問1の③を適用できる場合とその条件を説明しなさい。

問5 前期計上の簿価切下額の戻入れの方法について，次の設問に答えなさい。

① 認められる2つの方法を説明しなさい。

② 「選択」において基準となる単位を例示しなさい。

③ 選択適用する場合の注意点を述べなさい。

問6 次の命題の正否を判定し，その理由を述べなさい。

「正味売却価額が帳簿価額より著しく下落した場合の簿価引下額は，営業外費用又は特別損失として計上する。」

《解答・解説》

問1 ① 取得原価 ② 正味売却価額 ③ 再調達価額
④ 期末前後の販売実績価額 ⑤ 契約により取決めた売価
⑥ 処分見込額（ゼロ又は備忘価額） ⑦ 規則的に簿価切下げ
⑧ 実際の販売見込額 ⑨ 販売比率等での加重平均売価等

問2 原価法と低価法の選択適用が認められてきた。なお，原価法を適用している場合でも，時価が取得原価より著しく下落したときは，回復する見込みがあると認められる場合を除き，時価をもって貸借対照表価額とする（強制評価減）ものとされてきた。

問3 ① i 工事契約において，今後見込まれる工事損失の額を工事損失引当金として計上する。

ii 通常の販売目的で保有する棚卸資産で切下げるべき棚卸資産の帳簿価額が存在しない場合，マイナスの正味売却価額を反映させるため引当金によ

第5章 **147**

る損失計上を行う。

♪　ⅱの例示　　∴　マイナスの正味売却価額は，引当金として処理する。

120 見積追加製造原価及び見積販売直接費	△20 正味売却価額	20 引当金	80 期末での費用処理合計額
	100 売価	60 帳簿価額	60 簿価引下げ	

（会計処理）

② 取得原価基準の下で<u>回収可能性を反映</u>させるように，過大な帳簿価額を減額し，<u>将来に損失を繰延べないため</u>。

③ 棚卸資産への投資は，通常，販売によってのみ資金の回収を図る点に特徴がある。この特徴から評価時点における資金回収を示す正味売却価額が整合性のある価額として採用された。

④ ⅰ　物理的な劣化　　ⅱ　経済的な劣化　　ⅲ　市場の需給変化
　ⅳ　欠陥　　ⅴ　正常　　ⅵ　なし　　ⅶ　あり
　ⅷ　相違なし（♪　∴　いずれにも収益性の低下があるから（38，39））

⑤ ⅰ　販売活動を行う上で不可避的に発生したものは，売上原価の内訳項目として区分掲記
　ⅱ　製造に関連して不可避的に発生したものは，製造原価の内訳項目として区分掲記
　ⅲ　臨時の事象に起因し，かつ多額であるときには，特別損失に計上する。
　♪　⑤ⅱの場合でも，当該簿価切下額の重要性が乏しいときには，売上原価へ一括計上することができる。また，販売促進に起因する場合には，販売費として表示することが考えられるが，本会計基準では，当該会計処理を示していない。ただし，これは，棚卸資産を見本品として使用する場合に，他勘定振替処理により販売費として計上する処理まで否定するものではない。なお，従来の強制評価減が計上される余地はないものと考えられることから，正味売却価額が帳簿価額よりも著しく下落したという理由をもって，簿価切下額を営業外費用又は特別損失に計上することはできない（62〜64）。

⑥　原則として個別品目ごとに行う。ただし，複数の棚卸資産を一括りとした単位で行うことが適切と判断されるときには，継続して適用することを条件として，その方法による（12）。

問4　製造業における原材料等のように，再調達原価の方が把握しやすく，正味売却価額が当該再調達原価に歩調を合わせて動くと想定される場合は，継続して適用することを条件として適用できる（10）。

問5① 洗替法と切放法の選択適用ができる。

　　洗替法……前期に計上した簿価切下額の戻入れを当期に行う方法
　　切放法……前期に計上した簿価切下額の戻入れを当期に行わない方法

②　棚卸資産の種類毎。売価の下落要因を区分把握できる場合には，物理的劣化や経済的劣化，若しくは市場の需給変化の要因毎。

③ⅰ　特別損失に計上した棚卸資産評価損には，切放し方式のみが適用される。
　ⅱ　採用した方法は，原則として，継続適用すること。

問6　誤り　（理由）収益性の低下に基づく簿価引下額は，それが臨時の事象に起因し，かつ，多額でない限り，製造原価又は売上原価として計上するから。

See. 35頁（正味売却価額）・37頁（再調達原価）

♪《資産の種類と投下資金の回収形態》

評価減を除いて，投資の回収により資産の収益性は低下することになるが，投下資金の主な回収形態とその収益性低下の判断要素は，次のように資産の種類に応じて異なる。

資産の種類	回収形態	収益性低下の判断要素
固定資産	使用，売却	割引前の将来キャッシュ・フロー
債権・債券	契約履行，売却	債務者の財政状態・経営成績
株　式	保有による関係，配当，売却	公正価値又は実質価値
棚卸資産	売　却	公正価値

3　トレーディング目的で保有する棚卸資産の評価基準

問1　次の文章の空欄に適切な用語を示しなさい。

「トレーディング目的で保有する棚卸資産については，(a)　①　に基づく価額

第5章　149

をもって貸借対照表価額とし，帳簿価額との差額（評価差額）は，(b) ② として処理する（15）。」

問2　下線(a)の処理について，次の設問に答えなさい。
① その処理の前提を述べなさい。
② その処理を行う理由を述べなさい。
③ 棚卸資産以外で ① によって評価する項目を1つ例示しなさい。

問3　下線(b)の表示箇所を述べなさい。

《解答・解説》

問1 ① 市場価格　② 当期の損益
♪ トレーディング目的 とは，当初から加工や販売の努力を行うことなく単に市場価格の変動により利益を得る目的をいう（60）。

問2 ① 活発な取引が行われるよう整備された，購買市場と販売市場とが区別されていない単一の市場（例えば，金の取引市場）の存在が前提となる。
② トレーディングを目的に保有する棚卸資産は，外見的には棚卸資産であっても，実質的には金融商品としての性質を有する。このため売買・換金に対して事業遂行上等の制約がなく，市場価格の変動にあたる評価差額が企業にとっての投資活動の成果と考えられるから。
③ 売買目的有価証券　　その他有価証券　etc.

問3 原則として，純額で売上高に表示する。
ただし，金額の重要性が乏しい場合には，営業外収益又は営業外費用に含めて記載することができる（財規72の2ただし書き）。

☕ ものの流れと伝票の流れ

棚卸差額が多いA社と皆無のB社があった。両社の差は何か，よく比較観察してみた。A社は，部品の出庫の後にメモ用紙から起票していた。B社は，起票の後にその伝票に基づいて部品を出庫していた。理論的には，どちらの方法も同じ結果になるはずである。しかし，A社では起票ミスが生じやすく，B社ではそれが皆無であった。B社では，ものの流れと伝票の流れが一致していたからである。

○近代企業の発生は簿記法の発生とその時期を同じうせり。（福田徳三）

第6章 有形固定資産価額と減価償却費

第1節 固定資産の意義と分類

1 固定資産の範囲と分類

問 次の文章の空欄に適切な用語を示しなさい。

「固定資産は次の2種類からなる。

(a) 企業が経営活動を遂行するために長期使用目的で支配する ① 。

(b) 現金化までの期間が決算日の翌日から起算して1年を超える ② ，その他

(a)は，その形態的な特徴に従いi ③ とii ④ に区分され，(b)はiii ⑤ として表示される。つまり，固定資産は，iからiiiの3つに分類される。

iとiiにおいて，ファイナンシャル・リース取引により借手が使用するリース物件も固定資産として処理される点には注意しなければならない。

なお，繰延資産も ① であるが， ⑥ を有せず，単に将来収益の負担とするために繰延べられているものなので固定資産には含めず，貸借対照表上は，繰延資産として区別して記載される。」

《解答・解説》

問 ① 事業資産　② 金融資産　③ 有形固定資産　④ 無形固定資産
　　⑤ 投資その他の資産　⑥ 換金価値

♪ 投資その他の資産の内容　投資は，目的別にi 他企業の支配目的，ii 長期的な利殖目的，及びiii その他の目的，という3つに分類できる。iには，子会社株式及び関係会社株式・出資金，子会社・関係会社への貸付金等が含まれる。iiには，投資有価証券，出資金，長期貸付金等が含まれる。そして，iiiには，企業の関係者である株主・企業従事者への貸付金や営業循環から外れた長期の債権，長期前払費用等が含まれる。

2 有形固定資産の意義

(1) 有形固定資産の意義

問1 次の文章の空欄に適切な用語を示しなさい。

「有形固定資産は，____①____目的で保有する____②____をもった相当額以上の経済的資源をいう。有形固定資産は，____③____の対象になるかどうかにより(a)償却資産と非償却資産に区分される。なお，(b)特殊な有形固定資産として，減耗性資産がある。」

問2 下線(a)の償却・非償却資産について，次の設問に答えなさい。
① 償却資産を勘定科目名で2つ例示しなさい。
② 非償却資産を勘定科目名で3つ例示しなさい。

問3 下線(b)の減耗性資産は，通常の有形固定資産に比してどのような点が特殊なのかを説明しなさい。

問4 工具器具備品で相当額未満の項目は，どのように取扱われるか。

問5 有形固定資産が本来の用途からはずされ，廃棄又は売却する目的で保有されることになった場合，その資産の表示区分を説明しなさい。

《解答・解説》

問1 ① 長期使用　② 物理的形態　③ 減価償却

問2 ① 建物，機械装置　etc.
② 土地，（一定価額以上の）美術品，建設仮勘定
♪ 一定価額未満の美術品は，償却資産として取扱われる。

問3 通常の有形固定資産は，使用によっても数量的な減少を伴わないが，減耗性資産は，鉱山や山林のように採取によって数量的な減少が生じる点。

問4 i 期末在庫分は，原則として棚卸資産（消耗工具器具備品）として取扱う。
ii 重要性の乏しいものは，その買入時，払出時に費用として処理できる。

問5 流動資産の区分で表示するが，棚卸資産ではない。ただし，係る廃棄資産を原材料として生産の用に供する目的で保有する場合には，棚卸資産（貯蔵品）として表示する（連続意見書四・七…棚卸資産の範囲）。
♪ 棚卸資産としない流動資産の科目名としては，貯蔵品は棚卸資産に含まれるので採用できず，処分待機資産等が適当であると考えられる。

(2) 減耗性資産と減耗償却

問　次の文章の空欄に適切な用語を示しなさい。

　「減耗償却は，減耗性資産に対して適用される費用配分方法である。減耗性資産は，鉱山業における ① あるいは林業における ② のように，採取されるにつれて漸次減耗し枯渇する ③ を表す資産であり，その全体としての用役をもって生産に役立つものではなく，採取されるに応じてその実体が部分的に製品化されるものである。従って，減耗償却は ④ とは異なる別個の費用配分法であるが，手続的には ⑤ と同じである（連続意見書第三第一・六・2）。減耗性資産は， ⑥ とよばれることもある。」

《解答・解説》

問　①　埋蔵資源　　②　山林　　③　天然資源　　④　減価償却
　　⑤　生産高比例法　　⑥　涸渇資産

♪　下点線部分が 減耗性資産の定義 である。本文にも記載したように採取されるに応じて棚卸資産となる点に注意すること。身近にある減耗性資産の例をあげれば，真砂土(まさつち)がある。真砂土は，安価で水はけがよいことから一般家庭の庭や学校のグラウンドの敷土等，日常生活の近くでよく用いられている。企業が真砂土で構成されている山の採取権を取得した場合，その対価たる支出額は棚卸資産の原材料として処理し，採取可能総量が物理的に確定できるときは，その原材料の費用配分方法として生産高比例法が用いられ，半製品と売上原価が計算される。

(3) 建設中の固定資産──建設仮勘定

問　次の文章の空欄に適切な用語を示しなさい。

　「建設仮勘定は，有形固定資産の建設に際し，建設業者に支払った手付金や前渡金等工事の ① までに要するすべての支出額をいったん集計するための仮勘定である。建設目的物の ① 時に建設仮勘定残高は本来の有形固定資産やその他の勘定へ振替えられる。 ② 時が減価償却の開始時である。」

《解答・解説》

問　①　完成・引渡し　　②　利用開始

第2節　有形固定資産の取得原価と残存価額

1　取得態様別の取得原価

問1　次の文章の空欄に適切な用語を示しなさい。

「有形固定資産については，その　①　から減価償却累計額を控除した価額をもって　②　とする（B/S原則五D）。資産の　①　は，資産の種類に応じた　③　の原則によって，各事業年度に配分しなければならない。有形固定資産は，当該資産の　④　にわたり，定額法，定率法等の一定の　⑤　の方法によって，その　①　を各事業年度に配分しなければならない（B/S原則五2）。」

問2　固定資産の取得時にその全額を費用として処理することがある。その例を2つ示しなさい。

《解答・解説》

問1 ①　取得原価　　②　貸借対照表価額　　③　費用配分　　④耐用期間

　　　⑤　減価償却

問2 i　金額的重要性の乏しい固定資産

　　　ii　研究開発費に該当する場合　　　　　　　　　See. 199頁（研究開発費）

　♪　次の「(1) 購入」における**問2**③と同趣旨の設問である。

(1) 購　　　入

問1　次の文章の空欄に適切な用語を示しなさい。

「固定資産を購入によって取得した場合には，　①　に付随費用を加えて取得原価とする。ただし，<u>正当な理由がある場合は，付随費用の一部又は全部を加算しない額をもって取得原価とすることができる</u>（連続第三・一・四1）。

購入に際して値引又は割戻を受けたときは，これを購入代価から控除する。しかし，現金割引は　②　の性格を有することから取得原価から控除することなく　③　に計上する。」

問2　下線の付随費用について，次の設問に答えなさい。

① 付随費用を2つに区分しなさい。

② 取得原価に含まれる付随費用の範囲を述べなさい。

③ 「正当な理由がある場合」を例示しなさい。

《解答・解説》
問1 ① 購入代価　② 金　利　③ 営業外収益
問2 ① 引取運賃・買入手数料・関税等企業外部との取引から生じる外部副費と据付費・試運転費等企業内部で発生する内部副費とに区分される。
② 資産が使用可能な状態になるまでのすべての付随費用を含む。
③ 金額的重要性の乏しい付随費用　♪ 前設問問2 i 参照

（2）自　家　建　設
問1　次の文章の空欄に適切な用語を示しなさい。
「固定資産を自家建設した場合には，適正な　①　に従って製造原価を計算し，これに基づいて取得原価を計算する。建設に要する　②　の利子で　③　の期間に属するものは，これを取得原価に算入することができる（連続第一・四2）。」
問2　下線について，次の設問に答えなさい。
① 支払利子の原則的処理をその根拠とともに述べなさい。
② 取得原価に算入した場合について，次の設問に答えなさい。
　i 下線の処理が容認される根拠を述べなさい。
　ii 下線の処理をした場合の財務諸表に表示すべき事項を示しなさい。
問3　製作損益が生じた場合，取得価額はどのように計算されるのか。

《解答・解説》
問1 ① 原価計算基準　② 借入資本　③ 稼働前
問2 ① 期間費用として処理する。
　　（根拠）i 借入金利息の会計上の性質は財務費用であること。
　　　　　　ii 資産が自己資金と借入金のいずれで取得されたかにより評価額が異なってはならないこと。
　　　　　　iii 借入金と自家建設資産の対応が不明確な場合には，利子を加算すべき資産とその金額を特定できないこと。
② i 有形固定資産が事業の用に供せられる前は，それらの利用から生じる収益は存在しない。従って，費用のみを先に計上することは費用収益対応の見地から好ましくなく，借入資本利子を取得原価に含めて将来収益との対

応を図るのである。
　　　　ii　処理内容は，重要な会計方針として注記する（財規取扱8の2－10）。
問3　取得原価に影響させずに計算される。
　　♪　自家建設による取得原価が外部からの購入価額を下（上）回った場合，取得原価と購入価額との差額を製作利益（損失）という。

（3）現　物　出　資

問　次の文章の空欄に適切な用語を示しなさい。
　「株式を発行しその対価として有形固定資産を受入れた場合には，対価として用いられた　①　の　②　日における公正な評価額若しくは　③　の公正な評価額のうち，いずれかより　④　をもって測定可能な評価額で算定する（ストック・オプション15）。このような算定は，両者の価額は，契約時点では等価であるとの前提がある（同64）。」

《解答・解説》
問①　自社の株式　　②　契　約　　③　受入資産　　④　高い信頼性

（4）交　　　　換

問1　次の文章の空欄に適切な用語を示しなさい。
　「自己所有の固定資産と交換に固定資産を取得した場合には，交換に供された自己資産の適正な　　　　　をもって取得原価とする（連続意見書第三）。」
問2　下線の取得原価について，次の設問に答えなさい。
　①　交換によって受入れた有形固定資産の測定値について，問1本文以外にどのような価額が考えられるか，指摘しなさい。
　②　上記①のうち，「取得資産はそれが有する用役潜在価値に基づいて評価する」という基本的考え方と最も整合するのはどれか。
　③　連続意見書第三が下線の価額を採用している理由を述べなさい。
　④　連続意見書第三と同趣旨の法人税法の取扱いを述べなさい。
問3　有価証券と交換に固定資産を取得した場合の取得価額を説明しなさい。

《解答・解説》
問1　簿　価

問2 ① ⅰ 譲渡資産の時価
　　　ⅱ 受入資産の時価
　　② 受入資産の時価（上記①のⅱ）
　　③ ⅰ 固定資産の取得原価は，取得原価基準により実際の支出額によるべきである。
　　　ⅱ 交換は原則として等価であり，そこからの損益は発生しない。
　　　ⅲ 同種・同用途の固定資産の交換を前提にすれば，そこでは投資は継続しており，利益は未実現である。
　　♪ 交換受入固定資産をその時価で評価すると時価の上昇分が利益として認識されてしまう。交換受入資産が提供資産とは異種の資産であれば，投資が清算されて利益が実現したと考えてよい。しかし，同種の資産との交換であれば，交換後も投資が継続していると考えるべきであり，利益はいまだ実現しているとはいえない。連続意見書第三は，同種資産との交換を前提に，この未実現利益を排除するため，譲渡資産の簿価をもって交換取得資産の取得原価としたのである。
　　♪ 実現のテスト（第3章3節1問4①）のうち，「現金・売掛金等の貨幣性資産を受取ること」という要件にも合格していない。これは，次の④の圧縮記帳が認められる根拠でもある。
　　④ 受入資産を受入資産の時価で評価して交換差益を計上した上で，交換差益と同額の圧縮記帳を認めている。この圧縮記帳により受入資産の評価額は譲渡資産の簿価と一致することになる。

問3 有価証券に市場価格がある場合は，同種・同用途の資産相互の交換ではなく，また，有価証券をいったん売却した上でその売却代金で固定資産を購入したのと同じ経済的実態があるので，有価証券の時価をその取得原価とする方が合理的である。有価証券に市場価格がない場合は，有価証券の適正な簿価をその取得原価とする。
　　　　　　　　　　　　　　　　　See. 286頁（事業分離《まとめ》）

（5）無償・低廉取得——国庫補助金等で取得した場合を含む

問1 次の文章の空欄に適切な用語を示しなさい。
　「贈与その他無償で取得した資産については，時価等を基準とした　①　な評

第6章　157

価額をもって取得原価とする（B/S原則五F）。

　国庫補助金を補助目的により区分すると，　②　目的と資本助成目的に分けることができる。国庫補助金は，原則として，受贈益として特別利益で処理される。ただし，資本助成目的をもつものは，特に　③　とよばれ，二事負担金とともに，その受贈取引の性格については資本説と利益説が対立している。資本説は，(a)企業体理論を基礎として説明されるが，制度会計においては，(b)問題があり，また，(c)利益説にも問題が残る。

　(d)企業会計原則は，国庫補助金等に相当する金額をその取得原価から控除することができる，としている（注解24）。」

問2 下線(a)の企業体理論に基づく考え方をより具体的に述べなさい。
問3 下線(b)の制度会計における問題点を指摘しなさい。
問4 下線(c)の制度会計における問題点を指摘しなさい。
問5 下線(d)に関連して，次の設問に答えなさい。
① 下線の貸借対照表の表示方法を2つ示し，これらの処理方法は，資本説，利益説のいずれに基づく処理かを指摘するとともにその処理名称を示しなさい。
② 上記①以外で利益説に基づく会計処理方法を2つ述べなさい。
③ 上記①又は②の処理を行った場合の本質的な経済効果を示しなさい。

《解答・解説》

問1 ①　公　正　　②　営業助成　　③　建設助成金
問2 企業体理論は，企業を所有主から独立した別個の存在とし，国，地方公共団体，消費者等の所有主以外からの資本提供もあり得ると考える。そして，その資本提供が建設助成目的をもつ場合に限り，資本取引であるとするのである。
問3 所有主以外からの資本提供額を資本（剰余金）と処理しても，現行制度を前提とすれば，解散時には残余財産として所有主に分配されてしまうこと。
問4 配当や課税対象となって剰余金が社外流失してしまい，目的資産の取得，維持が困難になるおそれがある。
問5 ① 貸借対照表の表示は，次のいずれかの方法による。
　　　ⅰ 取得原価から国庫補助金等に相当する額を控除する形式で記載する方法
　　　ⅱ 取得原価から国庫補助金等に相当する金額を控除した残額のみを記載し，当該国庫補助金等の金額を注記する方法

いずれも利益説に基づく処理方法で,「圧縮記帳」とよばれている。
② i 国庫補助金等の受入額を繰延利益とした上で,徐々に取崩して利益に算入して課税対象とする<u>繰延利益方式</u>
　ii 受入れた補助金等と同額の任意積立金を利益剰余金の処分において設定し,設定された積立金は,固定資産の耐用年数にわたって取崩して課税対象とする<u>積立金方式</u>
③ 利益の繰延べに伴う課税の繰延べ

(6) 資本的支出と収益的支出――まとめの問題を含む

問1 次の文章の空欄に適切な用語を示しなさい。
「有形固定資産に関して行われる支出には,資本的支出と収益的支出がある。固定資産の取得時点で行われる支出は,資産を ① な状態にするまでに要した付随費用を含めて,すべて資本的支出とされる。他方,固定資産の使用開始後の支出のうち,改良のための支出は ② とされるが,単純な維持・管理のための支出は ③ として処理される。」

問2 資本的支出と収益的支出とについて
① 両者の定義を述べなさい。また,それらの名称の由来を示しなさい。
② 両者を区分する基準について述べなさい。
③ 両者を区分する必要性について述べなさい。

問3 重要性の原則の適用はないものとして,次の設問に答えなさい。
① 通常は収益的支出として処理するのに資本的支出として処理することが認められている項目がある。それは何でいかなる条件のもとで認められるのかを述べなさい。
② 通常は資本的支出として処理するのに収益的支出として処理する項目がある。その項目を2つ示しなさい。
③ 支出予定総額から利息相当額の合理的な見積額を控除して取得原価の計算を行う場合がある。どのような場合かを述べなさい。

問4 取得固定資産の対価を提供しない場合について,次の設問に答えなさい。
① どのような場合かを示しなさい。
② 貸借対照表能力はあるのか,あるのならその価額の測定方法を述べなさい。

問5 取得した固定資産について，取得に伴う支出額未満の価額で計上することが認められている場合がある。それはどのような場合かを述べなさい。

問6 将来の支出見積額を有形固定資産の帳簿価額に加える場合がある。それはどのような項目かを示しなさい。

《解答・解説》
問1① 使用可能　　② 資本的支出　　③ 収益的支出
問2① 有形固定資産に関して行われる支出のうち，当該資産の原価に算入されて資産となる支出を資本的支出といい，支出年度の費用として取扱われる支出を収益的支出という。いずれも**複会計制度**に由来する用語である。
② 資本的支出は，資産価値を増大又は耐用年数を延長させる効果をもつものである。収益的支出は資本的支出以外の支出で，そこには資産の用役提供を維持する支出も含まれる。
③ 資本的支出は，減価償却によってその耐用期間にわたって費用化するのに対し，収益的支出は支出年度に費用として認識される。両者では費用の帰属年度が異なる。従って，両者の区分は適正な期間損益・財政状態の表示のために必要である。
問3① 自家建設に要する借入資本の利子で稼働前の期間に属するもの。etc.
② ⅰ 研究開発費
ⅱ 取替資産を取替法又は取得法により処理した場合
③ ファイナンス・リース取引の場合，通常の売買取引に係る方法に準じて会計処理を行う。この場合，リース資産の取得原価は，原則としてリース契約締結時に合意されたリース料総額からこれに含まれている利息相当額の合理的な見積額を控除する方法による。
♪ 利息相当額については，原則として，リース期間にわたり利息法により配分する。　　（理由）利息部分を控除しなければ，リース資産・負債の価額が現金で購入した場合より高くなり，その取得時における公正な評価額と乖離してしまうから。
問4① 贈与その他無償で取得した場合
② B/S能力はある。時価等を基準とした公正な評価額を取得原価とする。
問5 国庫補助金，工事負担金等で取得した資産について，国庫補助金等に相当す

る金額をその取得金額から控除する圧縮記帳で処理する場合。

問6 法的義務又は契約で要求される有形固定資産の除去費用

2 残存価額と除却・売却時の会計処理

（1）減価償却の計算要素としての残存価額

問　次の文章の空欄に適切な用語を示しなさい。

「残存価額は，資産の ① が経過して処分を行うときの ② や ③ を，現時点であらかじめ見積ることによって決定する。処分のために費用を要するときは，その見積額をそれらから ④ した額が残存価額となる。

　残存価額について，わが国では税法基準により長きにわたって取得原価の10％としていたが，税法の改正により，それがゼロとなった。実務上，税法基準に従う企業が多い。

　なお，有形固定資産の除去に関して法令又は契約で要求される ⑤ 及びそれに準ずるものによって，将来に企業の負担とすべき ⑥ がある場合，その支出見積総額の ⑦ を ⑧ ができるようになった時点で， ⑨ を有形固定資産の帳簿価額に加える（基準3・5～7・42）。」

《解答・解説》

問 ① 使用可能期間　② 売却価格　③ 利用価値　④ 控　除
　　⑤ 法律上の義務　⑥ 除去費用　⑦ 割引現在価値
　　⑧ 合理的に見積もること　⑨ その総額　　See. 222頁（資産除去債務）

（2）除却・売却時の会計処理

問1　次の文章の空欄に適切な用語を示しなさい。

「固定資産の除却損及び固定資産売却損益の表示は， ① 主義でなされる。これらは， ② の性格を有するので，特別損益として表示されるのが原則であるが，一定の場合には ③ として表示することができる。」

問2　下線はどのような場合か，を述べなさい。

問3　次の命題の誤りを指摘し，その理由を述べなさい。

「固定資産売却損益は，過年度の減価償却費の計上が誤っていた結果生じたものなので，前期損益修正としての性格を有する。」

《解答・解説》
問1 ① 純　額　　② 臨時損益　　③ 営業外損益
問2　これらの損益が毎期経常的に生じている場合。
♪　大規模な企業では，保険理論にいう「大数(たいすう)の法則」が作用するから，個々には，臨時性があっても，企業全体としては，経常性を有するのである。
問3　非償却資産たる土地からも売却損益が生じることから，固定資産売却損益の本質的な性格は，前期損益修正損益ではなく臨時損益である。固定資産の支配目的が使用から売却に変更された支配目的の変更が臨時なのである。
♪　非償却資産及び償却資産の未償却額も除却・売却時には費用となる。
　　固定資産売却損益の臨時的性格の根拠を取引の非反復性にもとめがちである。しかし，例えば広大な工場跡地を多数に分割して売却することもあれば，商品を継続して反復販売するつもりであったが，結果として1回の販売で終る場合もある。前者は特別損益，後者は営業収益として表示される。企業会計原則注解・注12のなお書は，表示区分の基準ではなく，容認する文言である。取引の性格とそれに基づく損益の表示区分は，第一義的に給付の支配目的や通常の営業過程での販売か否か，という点を基準とすべきなのである。
See. 本章1節2(1)問5（資産の支配目的変更）

第3節　減価償却による費用配分

1　減価償却の意義・目的及び効果と減価償却単位

（1）正規の減価償却

問1　次の文章の空欄に適切な用語を示しなさい。

　「減価償却とは，　①　の原則に基づいて有形固定資産の　②　をその　③　における各事業年度に配分するとともに資産の　④　を同額だけ減少させていく手続をいう。(a)減価償却の最も重要な目的は，適正な　①　を行うことによって毎期の　⑤　ならしめることである。

　減価償却費は，　⑥　と製品原価とに分類され，製品原価は更に　⑦　と　⑧　とに二分して把握される。このうち　⑦　は，　⑥　とともに当期の収益に対応せしめられるが，　⑧　は翌期以降の収益に対応せしめられる（連続三・

第一)。

(b)収益と対応せしめられた減価償却費は現金預金や売掛金等の貨幣性資産の形で回収される。(c)更に減価償却には自己金融作用もある。

減価償却単位については，(d)　⑨　と総合償却に分かれる。後者は更に(e)2つの方法に区分される。」

問2 下線(a)の減価償却について，次の設問に答えなさい。
① 減価償却の目的から，減価償却はどのように実施しなければならないか。
② 減価償却の計算要素を3つ示しなさい。
③ 上記②のうち，見積要素を示しなさい。

問3 下線(b)の経済的作用は何とよばれるかをその理由とともに述べなさい。

問4 下線(c)の自己金融に関連して，次の設問に答えなさい。
① 自己金融を定義し，それが生じる理由を指摘しなさい。
② 自己金融において，加速償却法（逓減償却法）がもつ意味を説明しなさい。
③ 減価償却費総額を超える赤字の場合，自己金融機能は作用するか。

問5 下線(d)に関連して，　⑨　と総合償却との処理上の差異を述べなさい。

問6 下線(e)の総合償却の「2つの方法」を説明しなさい。

問7 棚卸資産と有形固定資産の費用化における差異について，次の表の空欄を埋めなさい。

区　　　分	有形固定資産	棚　卸　資　産
資　産　の　性　格	ⅰ	ⅱ
発生額把握の容易性	ⅲ	ⅳ
費　用　配　分　の　方　法	ⅴ	ⅵ
投下資金の回収方法	ⅶ	ⅷ

《解答・解説》

問1 ① 費用配分　② 取得原価　③ 耐用期間　④ 貸借対照表価額
　　⑤ 損益計算を正確　⑥ 期間原価　⑦ 売上原価
　　⑧ 期末棚卸資産原価　⑨ 個別償却

問2 ① 減価償却は所定の減価償却方法に従い，計画的，規則的に実施されなければならない。これを 正規の減価償却の手続 という。
　　② ⅰ 取得原価　ⅱ 耐用期間　ⅲ 残存価額

③ i 耐用期間　　ii 残存価額

問3　有形固定資産の一部が減価償却の手続によって流動資産に転化することを意味することから，この作用を「固定資産の流動化」という。

問4 ① 自己金融とは，回収資金を運用しなければ減価償却累計額だけ資金が企業内部に留保されることをいう。減価償却費はその認識時には支出を伴わない費用であるからである。

② 回収した資金をより早く再投資に向けることができる。

③ しない。

問5 i 耐用年数到来以前に資産が除却される場合，個別償却ではその未償却残高を除却損に計上するが，総合償却ではすべて償却済みとみなして除却損は計上されない。

ii 耐用年数到来後も資産が使用可能な場合，個別償却では，減価償却費を計上する余地はないが，総合償却では，総合償却単位を構成する資産のすべてが除却されるまで，減価償却は継続して行われる。

問6 i 耐用年数の異なる多数の異種資産につき平均耐用年数を用いる方法

ii 耐用年数又は物理的性質ないし用途等において共通性を有する幾種かの資産を1グループとし，各グループにつき平均耐用年数を用いる方法

♪　総合償却の種類とその根拠

総合償却（広義）$\begin{cases} 狭義の総合償却（\textbf{解答の}\,i） \\ 組別償却（\textbf{解答の}\,ii） \end{cases}$

（根拠）i 個別償却計算の煩雑性を回避できる。

ii 固定資産が相互に結びつくことにより一体として用益提供している場合には，総合償却の方がより合理的である。

問7 i 全体として役務提供される　　ii 個々の物品が販売・消費される

iii 計算に見積要素が必要　　iv 〔単価×数量〕として容易に計算できる

v 計画的・規則的に配分　　vi 実際数量に基づく配分

vii 使用又は売却　　　　　viii 売却

（2）税務上の特別償却

問1　次の文章の空欄に適切な用語を示しなさい。

「税法は，所定の設備投資を促進させる政策目的でその設備の　①　の一定割合を課税所得計算における損金として処理することを認めている。これは　②　とよばれ，会計処理として3つの方法がある。この損金処理に伴う貸借対照表の貸方残高は，　③　の性格を有することになる。」

問2　下線の会計処理について，次の設問に答えなさい。
　①　3つの方法を示しなさい。
　②　上記①のうち，会計上，妥当な方法をその理由とともに指摘しなさい。

《解答・解説》

問1　①　取得原価　　②　特別償却　　③　利益留保

問2　①　i　正規の減価償却と同様の方式
　　　　　ii　特別償却準備金に繰入れる方式
　　　　　iii　利益剰余金の処分として特別償却準備金を積立てる方式
　　②　上記iiiの方式が妥当　　（理由）特別償却は国策に合致した設備投資を促進する目的で設定された制度であり，正確な期間損益を計算する目的の正規の減価償却とは異なるものである。従って，会計上は，期間損益に影響しないiiiの方式により処理することが望ましい。

2　費用配分基準と減価原因

問1　次の文章の空欄に適切な用語を示しなさい。

「固定資産の取得原価から残存価額を控除した額，すなわち減価償却総額は，　①　又は　②　のいずれかを基準として配分される。およそ固定資産は土地のような　③　を除くと，物質的原因又は機能的原因によって減価し，早晩廃棄更新されねばならない状態に至るものである。物質的減価は，　④　ないし　⑤　による固定資産の摩滅減耗を原因とするものであり，機能的減価は，物質的には未だ使用に耐えうるが，外的事情により固定資産が　⑥　し，あるいは　⑦　したことを原因とするものである（連続第三・五）。

固定資産の耐用年数には，一般的耐用年数と企業別の　⑧　耐用年数とがある。会計理論上は　⑧　耐用年数で決定されるべきであるが，大部分の企業は一般的耐用年数を採用している。」

問2　固定資産の耐用年数は，理論的にどのように決定されるべきか。

第6章　165

問3　下線の理由を述べなさい。

《解答・解説》
問1　①　期　間　　②　生産高（利用高）　　③　非償却資産　　④　利　用
　　　⑤　時の経過　　⑥　陳腐化　　⑦　不適応化　　⑧　個別的

♪　物質的減価には，偶発的事故を原因とする偶発的減価も含まれるが，耐用年数の決定に際しては考慮されない。　∴臨時損失

○陳　腐　化……新発明等により旧式化した状態
○不適応化……需給の変化により仕様が不適合となった状態
　例：石炭を燃料とし，狭軌でしか走行できない汽車は，エネルギー革命により陳腐化（旧式化）して不採算となり，また会社の方針により線路幅を狭軌から広軌へ変更されて不適応化によっても使用できなくなった。しかし，物理的には使用できるため，この汽車はスイスのアルプス観光用に売却され，そこではいまだに現役として活躍している。

問2　物質的減価と機能的減価の双方を考慮するとともに，各企業の特殊条件を考慮して自主的な個別的耐用年数によるべきである。

問3　企業が個別的耐用年数を採用して，それが税法の一般的耐用年数と異なれば，会計上は税効果会計を必要とし，税務上は原則として申告調整をしなければならない。事務合理化のために，一般的耐用年数を採用する場合が多いのである。

♪　一般的耐用年数……耐用年数を左右すべき諸条件を社会的平均的に考慮して決定されたものである。

　　個別的耐用年数……各企業が自己の固定資産につきその特殊的条件を考慮して自主的に決定したものである。

3　減価償却費の計算方法

問　次の文章の空欄に適切な用語を示しなさい。

「減価償却は，　①　又は　②　を配分基準として実施される。前者を基準とする方法には，定額法，　③　，及び　④　がある。また後者を基準とする方法が　⑤　あるいは　⑥　である（注解20）。企業が採用した減価償却方法は，重要な　⑦　の１つとして，財務諸表に注記しなければならない（注解１－２）。

ある時点において，それまでに減価償却が行われた合計金額を ⑧ といい，これを取得原価から控除した残額を ⑨ 又は ⑩ という。」

《解答・解説》
問 ① 期　間　　② 利用度　　③ 定率法　　④ 級数法
　　⑤ 生産高比例法　　⑥ 利用高比例法　　⑦ 会計方針
　　⑧ 減価償却累計額　　⑨ 未償却残高　　⑩ 帳簿残高

（1）定　額　法

問1　次の文章の空欄に適切な用語を示しなさい。
　「定額法は，固定資産の耐用期間中，毎期 ① の減価償却費を計上する方法である。定額法は， ② ともよばれる。」

問2　定額法の特徴を3つ述べなさい。

問3　税務上の新旧の定額法の計算式を示しなさい。

《解答・解説》
問1 ① 均等額　　② 直線法
問2　i　毎期均等額の償却
　　 ii　計算が簡単
　　 iii　修繕費を含む固定資産関連費用額は年数の経過とともに増加する。
問3　旧　減価償却費＝（取得原価－残存価額）÷耐用年数
　　　新　減価償却費＝取得原価÷耐用年数

（2）定　率　法

問1　次の文章の空欄に適切な用語を示しなさい。
　「定率法は，固定資産の耐用期間中，毎期 ① に一定率を乗じて減価償却費を計上する方法である。定率法は， ② の一種で， ③ ともよばれる。」

問2　定率法の特徴を3つ述べなさい。

問3　下線の一定率について，次の設問に答えなさい。
　①　下線は，一般的に何とよばれているのか，その名称を示しなさい。
　②　上記①の計算式を税務上の新旧に区別して示しなさい。

《解答・解説》

問1 ① 期首未償却残高　② 加速（又は逓減）償却法　③ 逓減（償却）法

問2 ⅰ 減価償却費は年数の経過とともに減少していく。
　　ⅱ 投下資本の早期回収が可能で保守主義の要請に合致する。
　　ⅲ 修繕費を含む固定資産関連費用額は毎期平均化する。

問3 ① 償却率

② 旧　償却率 = $1 - \sqrt[耐用年数]{\dfrac{残存価額}{取得原価}}$

　　新　償却率 = $1 \div 耐用年数 \times 200\%$

♪ 新定率法は、税法の規定する方法で、200%定率法 ともよばれる。
なお、平成24年3月まで少しの間だけ250%定率法を採用していた。

（3）級 数 法

問　次の文章の空欄に適切な用語を示しなさい。

「級数法は、固定資産の耐用期間中、毎期 ① を ② に逓減した減価償却費を計上する方法である。定率法と同様に ③ の一種であるが、その程度は定率法ほど急激ではない。なお、税務上はこの方法を認めていない。」

《解答・解説》

問 ① 一定額　② 算術級数的　③ 加速（又は逓減）償却法

（4）生産高比例法

問1　次の文章の空欄に適切な用語を示しなさい。

「生産高比例法は、固定資産の耐用期間中、毎期当該資産による生産又は用役の提供の ① に比例した減価償却費を計上する方法である。この方法は、当該固定資産の ② が物理的に確定でき、かつ、減価が主として固定資産の ③ に比例して発生するもの、例えば、 ④ 、航空機、自動車等について適用することが認められる。」

問2　残存価額をゼロとしたときの生産高比例法による減価償却費の計算式を示しなさい。

《解答・解説》

問1 ① 度合　② 総利用可能量　③ 利用　④ 鉱業用設備

問2　減価償却費 = 取得原価 × $\dfrac{\text{各期の実際利用量}}{\text{利用可能総量}}$

（5）減価償却と異なる簡便法——取替法・廃棄法

問1　次の文章の空欄に適切な用語を示しなさい。

「(a)取替資産については，(b-1)取替法を採用することができる。取替法に類似した方法として，(b-2)廃棄法がある。取替法は，棚卸資産の費用配分における　①　に相当するのに対して，廃棄法は，　②　に類似した方法である。」

問2　下線(a)の取替資産について，次の設問に答えなさい。
① 取替資産を定義しなさい。
② 取替資産の例となる資産を2つ示しなさい。

問3　下線（b-）の2つの方法について，次の設問に答えなさい。
① 2つの方法それぞれを説明しなさい。
② 2つの方法に共通する長所1つと短所2つを述べなさい。
③ これらは減価償却費の計算方法の1つか，その理由とともに述べなさい。
④ どのような費用認識基準に基づく処理か，その基準名を示しなさい。

《解答・解説》

問1 ① 後入先出法　② 先入先出法

問2 ① 同種の物品が多数集まって1つの全体を構成し，老朽品の部分的取替を繰返すことにより全体が維持されるような固定資産を取替資産という。
　　② ⅰ 鉄道会社のレールや枕木　ⅱ 電力会社の電柱や送電線

問3 ① 取替法……最初の資産取得時は，取得原価のまま据え置いて減価償却を行わず，部分的取替に要する新取得資産を収益的支出（費用）として処理する方法である。

廃棄法……実際の取替が生じるまで資産を取得原価のままで計上し，取替が生じた時点で旧資産の取得原価を費用とし，新資産の取得原価を資産の金額に加算する方法である。

cf. 取得法 …資産取得時に費用として認識する方法である。
　　　　　（例）重要性の乏しい貯蔵品を買入時に費用とする場合
　② （長所）簡便な会計処理方法である。
　　（短所）i　実際の取替が生じるまで取得原価の費用処理が行われないため，費用の過少計上と資産の過大計上が生じる。
　　　　　　ii　実際の取替が特定期間に集中すれば費用計上が期間的に偏る。
　③　減価償却ではない。　（理由）発生主義による費用認識ではないから。
　④　半発生主義

4　減価償却の記帳と表示

問1　次の文章の空欄に適切な用語を示しなさい。

「減価償却の記帳方法には，□①□法と□②□法がある。貸借対照表の作成には，□③□を表示する必要があるので，□②□法によることが望ましい。有形固定資産は，使用できなくなったとき□④□する必要があり，□③□を表示するのは，その□④□資金の留保状況を表示する意味がある。貸借対照表における□③□の表示方法は4つある。□②□法による□③□は，有形固定資産の取得原価からの控除を意味する評価勘定としての性格を有している。」

問2　下線の4つの表示方法を示しなさい。

《解答・解説》

問1 ①　直　接　　②　間　接　　③　減価償却累計額　　④　再取得

問2

区　分	減価償却累計額の表示方法	
	間　接　法	直　接　法
科目別	i 科目別控除方式	iii 科目別注記方式
一　括	ii 一括控除方式	iv 一括注記方式

cf. 215頁 問3②（貸倒引当金）

第4節　固定資産の貸借対照表価額と時価情報の開示

1　簿価の切下げと臨時損失・減損損失

問1　次の文章の空欄に適切な用語を示しなさい。

「固定資産の簿価を切下げて，それを◻◻◻に計上する場合には，その切下げ原因の違いにより，臨時損失と減損損失とに区分される。」

問2　下線の切下げ原因を臨時損失と減損損失とに区分して説明しなさい。

《解答・解説》

問1　特別損失

問2　臨時損失……災害，事故等の偶発的事情によって固定資産の実体が滅失した場合には，その滅失部分の金額だけ当該資産の簿価を切下げなければならない。係る切下げは臨時償却に類似するが，その性格は臨時損失であって，減価償却とは異なるものである（連続第三・三）。

減損損失……固定資産の収益性の低下により投資額の回収ができなくなった状態を減損という。この場合，固定資産から回収可能価額の低下を反映させるように，帳簿価額を減額する減損処理を行う場合に計上される臨時の損失を減損損失という。　　cf. 54頁（臨時償却と前期損益修正項目）　165頁（減価原因）

2　固定資産の減損処理

（1）減損の意義とその処理手順

問1　次の文章の空欄に適切な用語を示しなさい。

「事業用の固定資産については，通常，◻①◻を超える成果を期待して事業に使われているため，取得原価から◻②◻等を控除した金額で評価され，損益計算においては，そのような資産評価に基づく◻③◻が計上されている。

しかし，事業用の固定資産であっても，その◻④◻が当初の予想よりも低下することがある。固定資産の減損とは，資産の◻④◻の低下により投資額の回収が見込めなくなった状態であり，減損処理とは，そのような場合に，一定の条件の下で◻⑤◻を反映させるように帳簿価額を減額する会計処理である。これは将来に◻⑥◻を繰延べないために行われ，◻⑦◻基準の下で行われる帳簿価額の◻⑧◻な減額である（意見書より）。

固定資産の減損処理の手順は，次の通りである。

1　資産又は(a)資産グループに(b)◻⑨◻がある場合には，減損損失を認識するかどうかの判定を行う。

2　この判定結果により，(c)一定条件を満たす場合は，減損損失を認識する。判

定のための見積期間は，資産グループ中の主要な資産の⑩と⑪のいずれか短い方とする（二1・2）。」
問2　下線(a)の資産グループに関連して，そのグルーピングの方法を述べなさい。
問3　下線(b)に関連して，⑨の具体例を4つ示しなさい。
問4　下線(c)の条件を述べなさい。

《解答・解説》

問1 ① 市場平均　② 減価償却累計額　③ 実現利益　④ 収益性
　　⑤ 回収可能性　⑥ 損　失　⑦ 取得原価　⑧ 臨時的
　　⑨ 減損の兆候　⑩ 経済的残存使用年数　⑪ 20　年

問2　資産のグルーピングに際しては，他の資産又は資産グループのキャッシュ・フローから概ね独立したキャッシュ・フローを生み出す最小の単位で行う。

問3　i　資産又は資産グループが使用されている営業活動から生ずる損益又はキャッシュ・フローが，継続してマイナスとなっているか，あるいは，継続してマイナスとなる見込みであること。
　　ⅱ　資産又は資産グループが使用されている範囲又は方法について，当該資産又は資産グループの回収可能価額を著しく低下させる変化が生じたか，あるいは，生ずる見込みであること。
　　ⅲ　資産又は資産グループが使用されている事業に関連して，経営環境が著しく悪化したか，あるいは，悪化する見込みであること。
　　ⅳ　資産又は資産グループの市場価格が著しく下落したこと（二1）。

問4　資産又は資産グループから得られる割引前将来キャッシュ・フローの総額と帳簿価額を比較することによって行い，前者が後者を下回る場合。

　　♪　固定資産の回収可能性が期末簿価を下回っていても，過年度の回収額を考慮して投資期間全体を通じてみれば，投資額の回収が見込めることがある。この場合には，実質的に判断して減損処理の必要はない。

（2）減損損失の測定とその配分

問1　次の文章の空欄に適切な用語を示しなさい。

「減損損失を認識すべきであると判定された資産又は資産グループについては，帳簿価額を①まで減額し，当該減少額を②として当期の損失とする

（四2）。この場合，企業は投資を売却と使用のいずれかの手段によって回収するため，売却による回収額である ③ と使用による回収額である ④ のいずれか ⑤ の金額が固定資産の ① になる（意見書四2（3））。」

問2　次の項目を定義しなさい。
① ③
② ④

問3　資産グループの減損損失の構成資産への配分方法を述べなさい。

《解答・解説》

問1 ① 回収可能価額　② 減損損失　③ 正味売却価額　④ 使用価値
　　⑤ 高い方

問2 ① **正味売却価額**……資産又は資産グループの時価から処分費用見込額を控除して算定される金額
　　② **使用価値**……資産又は資産グループの継続的使用と使用後の処分によって生ずると見込まれる将来キャッシュ・フローの現在価値

問3　資産グループについて認識された減損損失は，帳簿価額に基づく比例配分等の合理的な方法により，当該資産グループの各構成資産に配分する（二6(2)）。その資産グループにのれんが含まれているときは，減損損失はのれんに優先的に配分する（二8）。

　♪　のれんは資産の超過収益力を反映したものであるが，減損の発生はそれが失われていると考えられるため。

（3）減損処理後の処理と表示

問　次の文章の空欄に適切な用語を示しなさい。

「減損処理を行った資産については，減損損失を控除した ① に基づき減価償却を行う。減損損失の ② は，行わない。

　減損処理を行った資産の貸借対照表における表示は，原則として，減損処理前の取得原価から減損損失を ③ 控除し，控除後の金額をその後の取得原価とする形式で行う。ただし，当該資産に対する ④ を，取得原価から ⑤ 控除する形式で表示することもできる。この場合， ④ を減価償却累計額に合算して表示することができる。

減損損失は，原則として，⑥の区分で表示する。

　重要な減損損失を認識した場合には，減損損失を認識した⑦，減損損失の認識に至った⑧，減損損失の⑨，資産の⑩の方法，⑪の算定方法等の事項について注記する（三，四）。」

《解答・解説》

問① 帳簿価額　② 戻入れ　③ 直　接　④ 減損損失累計額
　⑤ 間　接　⑥ 特別損失　⑦ 資　産　⑧ 経　緯
　⑨ 金　額　⑩ グルーピング　⑪ 回収可能価額
　♪ ただし書きの前者を独立間接控除方式，後者を合算間接控除方式という。

3　土地の再評価差額金

問　次の文章の空欄に適切な用語を示しなさい。

「土地再評価法により1998年3月31日から2002年3月31日までの決算日に1回だけ事業用の土地すべてを同時に時価で評価し直し，帳簿価額を増額するとともに，帳簿価額との差額に①を適用した後の金額を純資産の部で②の1項目たる土地再評価差額金として③することを認めた。これは払込資本の修正項目ではなく④と解され，⑤の支払財源には利用できない。土地再評価差額金の取崩しは，土地の⑥，土地の⑦，又は⑧の消却財源に限って許容されている。」

《解答・解説》

問① 税効果会計　② 評価・換算差額等（連結会計では，「その他の包括利益累計額」）　③ 直接計上　④ 未実現利益　⑤ 配当金
　⑥ 売　却　⑦ 評価減　⑧ 自己株式

4　賃貸等不動産の時価情報の開示

問1　次の文章の空欄に適切な用語を示しなさい。

「固定資産に分類される不動産は，(a)企業本来の事業活動のために使用されている不動産と(b)賃貸等不動産とに区別できる。これらの不動産については，(c)一般に，原価評価されている。後者を保有しているときは，①の乏しい場合を除き，次の事項を注記する。

（1） 賃貸等不動産の ②

（2） 賃貸等不動産の ③ 及び期中における主な ④

（3） 賃貸等不動産の当期末における ⑤ 及びその ⑥

（4） 賃貸等不動産に関する ⑦ 」

問2　下線(a)の具体例を示しなさい。

問3　下線(b)の賃貸等不動産を定義し，その具体的項目を3つ示しなさい。

問4　下線(c)の原価評価を行う理由を述べなさい。

問5　問1の注記事項（3）の必要性を上記問3の具体的項目毎に述べなさい。

《解答・解説》

問1 ① 重要性　② 概要　③ 貸借対照表計上額　④ 変動
　　⑤ 時価　⑥ 算定方法　⑦ 損益

問2　物品の製造販売，サービスの提供，経営管理に使用されている不動産（24）

問3　（定義）棚卸資産以外に分類されている不動産以外のものであって，賃貸収入又はキャピタル・ゲインの獲得を目的として保有されている不動産（ファイナンス・リース取引の貸手における不動産を除く）をいう（4（1））。

（具体的項目）

ⅰ　貸借対照表において 投資不動産 として区分されている不動産

ⅱ　将来の使用が見込まれていない 遊休不動産

ⅲ　上記以外で 賃貸されている不動産 （5）

問4 ⅰ　活発な市場を有する一部の金融資産に比べ時価を客観的に把握することは困難であること。

ⅱ　直ちに売買・換金を行うことに事業遂行上の制約がある等，事実上，事業投資と考えられること（14）。

ⅲ　時価で再評価すれば，未実現利益としての評価益が計上されること。

問5 ⅰ　**投資不動産**……時価そのものが企業にとっての価値を示してるから(22)。

ⅱ　**遊休不動産**……売却が予定されている不動産と同様に，処分によるキャッシュ・フローしか期待されていないため（23）。

ⅲ　**賃貸されている不動産**……

ア　事実上，事業投資と考えられるものでも，その時価を開示することが投資情報として一定の意義があるから。

イ　国際財務報告基準とのコンバージェンスを図る観点から（18）。

第5節　リース会計

1　リース取引の定義と分類

問1　次の文章の空欄に適切な用語を示しなさい。

「リース取引とは，特定の物件の所有者たる貸手が，当該物件の借手に対し，リース期間にわたりこれを　①　する権利を与え，借手は，合意された　②　を貸手に支払う取引をいう（4）。

(a)リース取引には，ファイナンス・リース取引とオペレーティング・リース取引がある。(b)前者は更に2つに分かれる。

(c)ファイナンス・リース取引については，通常の　③　に係る方法に準じて会計処理を行う（9）。

オペレーティング・リース取引については通常の　④　に係る方法に準じて会計処理を行う（15）。」

問2　下線(a)のリース取引を区分する条件を述べ，更にその条件の名称を（　　）内に示しなさい。

問3　下線(b)のファイナンス・リース取引について，次の設問に答えなさい。
① 2つに分かれるその名称を示しなさい。
② 2つに分ける基準を述べなさい。

問4　下線(c)の処理をする根拠を借手の立場から述べなさい。

《解答・解説》

問1 ①　使用収益　　②　リース料　　③　売買取引　　④　賃貸借取引

問2　ファイナンス・リース取引 とは，次の2つ条件をいずれも満たす取引をいう。

①　リース契約に基づくリース期間の中途において当該契約を解除できないリース取引又はこれに準ずるリース取引をいう（解約不能の条件）。
ノンキャンセラブル

♪　解約不能の条件となる契約の例
解約時に次のようなものを違約金として支払う場合
ⅰ　未経過リース期間に対応するリース料のおおむね全額

ⅱ　上記ⅰから，一定の算式によるリース期間の利息等を控除した額
②ⅰ　借手が，当該契約に基づきリース物件からもたらされる<u>経済的利益を実質的に享受</u>することができ，かつ，
　　ⅱ　当該リース物件の使用に伴って生じる<u>コストを実質的に負担</u>することとなるリース取引をいう（フルペイアウトの条件）（5）。
　　オペレーティング・リース取引とは，ファイナンス・リース取引以外のリース取引をいう（6）。
問3①ⅰ　所有権移転ファイナンス・リース取引
　　ⅱ　所有権移転外ファイナンス・リース取引
②　リース契約上の諸条件に照らしてリース物件の所有権が借手に移転すると認められると判断されるか否かによって分けられる。
♪　所有権移転ファイナンス・リース取引は，次の3つの条件のいずれかを満たすものであり，所有権移転外ファイナンス・リース取引は，いずれの条件も満たさないものをいう。
　　ⅰ　リース物件の所有権が借手に移転する特約付の契約であること（所有権移転条項）
　　ⅱ　名目的価額又はリース物件価額に比して著しく有利な価額で買取ることができる特約付の契約であること（割安購入選択権）
　　ⅲ　仕様等から借手以外への再リースや売却が困難な物件であること（特別仕様物件）
問4　借手からみれば，ファイナンス・リース取引の<u>法形式</u>は賃貸借取引であるが，その<u>経済的実質</u>は物件の購入及びその代金の長期分割払いと同じである*。そこで，法形式よりも経済的実質を重視する実質優先主義によって会計処理を行うのである。
　＊　問1下線(c)の「通常の売買取引」は，割賦販売取引との類似性を根拠としている。貸手から融資を受けてリース物件を購入し，借入金の元利合計をリース料という名目で分割返済していると考えるのである。ただし，『収益認識に関する会計基準（案）』が適用されると，その根拠も見直しされよう。
　♪　国際会計基準では，実質優先主義に代えて，**使用権**という概念に基づいて，すべてのリース取引をオン・バランスさせるよう議論されている。

2　ファイナンス・リース取引の会計処理

（1）リース資産の取得原価

問1　次の文章の空欄に適切な用語を示しなさい。

「借手は，①　に通常の売買取引に係る方法に準じた会計処理により　②　とこれに係る　③　を(a)リース資産及びリース債務として計上する（10）。リース資産及びリース債務の計上額を算定するにあたっては，(b)原則として，リース契約締結時に合意されたリース料総額からこれに含まれている　④　の合理的な見積額を控除する方法による。当該　④　については，原則として，リース期間にわたり　⑤　により配分する（11）。そのためには，リース料総額の割引現在価値を負債計上額と等しくするような割引率として，　⑥　を算定しておかなければならない。」

問2　下線(a)で計上される次の項目が貸借対照表能力をもつ理由を述べなさい。
① リース資産
② リース債務

問3　下線(b)について，次の設問に答えなさい。
① 本文中の　④　を控除する理由を述べなさい。
② 　④　を控除した後のリース資産の取得原価の決定方法を述べなさい。

《解答・解説》

問1 ① リース取引開始日　② リース物件　③ 債　務
　　　 ④ 利息相当額　⑤ 利息法　⑥ 実効利子率

問2 ① 契約により，リース物件からもたらされる<u>経済的利益を実質的に享受</u>でき，かつ，当該リース物件の使用に伴って生じる<u>コストを実質的に負担</u>することになるから。
　　② 解約することなく合意された使用料をリース期間にわたって<u>支払い続ける義務を負担</u>するから。

問3 ① 利息部分を控除しなければ，リース資産・負債の価額が現金で購入した場合より高くなり，その取得時における<u>公正な評価額と乖離</u>してしまうから。
　　② 　<u>貸手の購入価額が明らかな場合</u>，<u>所有権移転の取引</u>ではその購入価額，<u>所有権移転外の取引</u>ではその購入価額とリース料総額の割引現在価値のいずれか低い方の価額による。

貸手の購入価額が不明の場合，借手の見積現金購入価額とリース料総額の割引現在価値のいずれか低い方の価額による。

（2）リース資産の償却とリース料の処理

問1 次の文章の空欄に適切な用語を示しなさい。

「借手において，所有権移転ファイナンス・リース取引に係るリース資産の減価償却費は，　①　の固定資産に適用する減価償却方法と同一の方法により算定する。また，所有権移転外ファイナンス・リース取引に係るリース資産の減価償却費は，原則として，　②　を耐用年数とし，残存価額を　③　として算定する（12）。

リース料の支払いが行われる毎に　④　の減少額と　⑤　が計上される。

貸手は，　⑥　に，　⑦　取引に係る方法に準じた会計処理により，所有権移転ファイナンス・リース取引については　⑧　として，所有権移転外ファイナンス・リース取引については　⑨　として計上する（13）。

貸手における利息相当額の総額は，リース契約締結時に合意された　⑩　及び　⑪　の合計額から，これに対応するリース資産の　⑫　を控除することによって算定する。当該利息相当額については，原則として，リース期間にわたり　⑬　により配分する（14）。」

問2 期首に期間5年のファイナンス・リース契約を実行した。貸手が　⑬　の考え方によって処理する。リース開始後第1期におけるiからivの勘定科目残高をアルファベットを金額とみなして解答しなさい。

【設例】　物件現金購入価額　X，リース料総額　Z，利子率（利息後払）　r
　　　　リース第1期の利息相当額　a，リース2期以降の利息相当額　b
i　　⑧　又は　⑨　　　ii　売上高　　　iii　売上原価　　　iv　繰延リース利益

《解答・解説》

問1 ① 自己所有　　② リース期間　　③ ゼロ　　④ リース債務
　　　⑤ 支払利息　　⑥ リース取引開始日　　⑦ 通常の売買
　　　⑧ リース債権　　⑨ リース投資資産　　⑩ リース料総額
　　　⑪ 見積残存価額　　⑫ 取得価額　　⑬ 利息法

問2

区分	第1法	第2法
i	b + B	X − A
ii	Z	a + A
iii	A + B	A
iv	b	ゼロ

第1法のリース利益繰延法は，割賦販売の利益繰延法に類似した方法であり，第2法の回収期限到来時に売上・売上原価を認識する方法は，割賦販売の対照勘定法に類似した方法である。いずれの方法によっても売上総利益は同額となる（See. 図の♪）。

貸手の表示科目
・利息相当額 $x = Z − X$ ⇒ 売上粗利益　　　}売上Z
・現金購入額 $X = A + B$ ⇒ 売上　原価

利息法による計算：$a = X$（元本未回収額）$× r$
（リース開始第1期）$A = (Z ÷ 5) − a$

♪　$x = a + b$ でもよく，現金購入額Xは，取得原価を意味する。

　第1法は，リース取引開始日にリース期間満了日までのリース料総額（$X + x = z$）を売上，それに対応する現金購入額（X）を売上原価として計上する。期末には，リース料の回収期限未到来額に対応する粗利益額（b）を繰延べる。第2法は，当期にリース料の回収期限到来額に対応する売上（A + a）と売上原価（A）を計上し，（B + b）は，次期以降のリース料回収期限額に対応させて計上されることになる。

《ファイナンス・リースの会計処理まとめ》

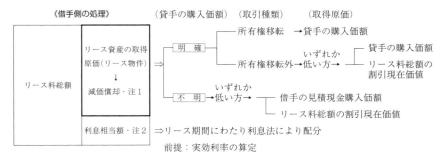

注1　減価償却 ─ 所有権移転…自己所有の固定資産に適用する減価償却と同一の方法
　　　　　　　└ 所有権移転外 ─ 耐用年数…リース期間
　　　　　　　　　　　　　　　└ 残存価額…ゼロ
注2　リース料の支払が行われる毎に，リース債務の減少額と支払利息が計上される。

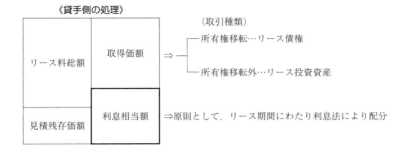

（3）セール・アンド・リースバックの会計処理

問1 次の文章の空欄に適切な用語を示しなさい。

「所有する物件を貸手に売却し，貸手から当該物件のリースを受ける取引をセール・アンド・リースバック取引という。このリース取引がファイナンス・リース取引に該当する場合，(a)売却差額を計上することには問題がある。そこで，借手は，リースの対象となる(b)物件の売却に伴う損益を ① 等とし，リース資産の減価償却費の割合に応じ，② に加減して損益に計上する。」

（「リース取引の会計処理及び開示に関する実務指針」より抜粋，一部変更）

問2 下線(a)の売却差額を計上することの問題点を説明しなさい。

問3 下線(b)の処理をしなくてもよい場合とその処理を説明しなさい。

《解答・解説》

|問1| ① 長期前払費用又は長期前受収益　② 減価償却費

|問2| 物件の所有権は貸手に移転しているが，その資産を借手が使用している状況は売却前と同じである。しかるに，売却差額を期間損益で認識すれば，実質的に資産の評価損益を計上するのと同じである。これは，事業資産を取得原価主義によって評価する考え方に反することになる。

|問3| 当該物件の売却損失が，当該物件の合理的な見積市場価額が帳簿価額を下回ることにより生じたものであることが明らかな場合は，売却損を繰延処理せずに売却時の損失として計上する。

3 リース取引の表示

問1 ファイナンシャル・リース取引に係る貸借対照表における表示について，次

の設問に答えなさい。

① 借手側の立場から，次の設問に答えなさい。

　ⅰ　リース資産の表示について，原則と容認とに分けて示しなさい。

　ⅱ　リース債務の表示について，流動と固定とを区別する基準名を示しなさい。

② 貸手側の立場から，流動と固定とを区別する基準名を示しなさい。

問2　ファイナンシャル・リース取引に係る注記事項について，重要性があるものとして，次の設問に答えなさい。

① 借手側のリース資産に係る注記事項を示しなさい。

② ⅰ　貸手側のリース投資資産に係る注記事項を示しなさい。

　　ⅱ　貸手側のリース債権及びリース投資資産に係るリース料債権部分についての注記事項を示しなさい。

問3　オペレーティング・リース取引に係る注記事項を，重要性があるものとして示しなさい。

《解答・解説》

[問1]① ⅰ　原則…有形固定資産，無形固定資産の別に一括してリース資産とする。
　　　　　　容認…有形固定資産又は無形固定資産に属する各科目に含める（16）。

　　　ⅱ　一年基準

　② 企業の主目的たる営業取引により発生した資産については，営業循環基準により流動資産に表示する。営業の主目的以外の取引により発生した資産については，一年基準により流動資産と固定資産とに区分する（18）。

[問2]① ア　リース資産の内容（主な資産の種類等）　イ　減価償却の方法（19）

　② ⅰ ア　将来のリース料を収受するリース料債権部分及び見積残存価額部分の金額（各々，利息相当額控除前）

　　　　イ　受取利息相当額（20）

　　ⅱ ア　貸借対照表日後5年以内における1年毎の回収予定額

　　　　イ　5年超の回収予定額

[問3] 解約不能のものに係る未経過リース料について，貸借対照表日後，1年以内のリース期間に係るものと1年を超えるものとに区分して注記する。

○経理の観念をもたない者は人格をもたないに等しい。(ボナルミ)

第7章 無形固定資産・繰延資産の価額と償却

第1節 無形固定資産

1 無形の資産と利益への貢献

問 次の文章の空欄に適切な用語を示しなさい。

「経済的資源として資産の本質を有するものの中には，　①　形態はなくとも将来の収益増加又は費用削減が期待される項目がある。これらは従来より無形固定資産や繰延資産として論じられてきた。

無形固定資産とは，　①　形態を有せず，　②　目的で支配する相当額以上の経済的資源をいう。これには，(a)法律上の権利を内容とする排他的独占権としての　③　及びこれに準ずる法律上又は契約上の諸権利，(b)コンピュータの　④　，(c)対価の支払いによって得た超過収益力を本質とする　⑤　が含まれる。

無形固定資産は，知的財産*の観点から論じられることも多くなってきた。知的財産は，棚卸資産や有形固定資産とは異なった特徴をもっているため，条約や法律により保護されなければならない。」

《解答・解説》

問 ① 物理的　② 長期使用　③ 工業所有権（産業財産権）
　　④ ソフトウェア　⑤ のれん

＊　知的財産 は，人間の知的創造物と営業標識を内容とする。財産権としては知的財産権と称され，これには産業財産権やソフトウェアも含まれる。知的財産は，次のような特徴を有する。

　ⅰ容易に模倣されやすい。　ⅱ消費されることがない。　ⅲ多くの者が同時に利用できる。　ⅳ社外流失が容易である。

2　無形固定資産の内容

（1）法律上の諸権利

問1　次の文章の空欄に適切な用語を示しなさい。

「無形固定資産のうち，法律上の権利には，産業財産権とか　①　と総称される４つの権利のほかに，　②　，　③　，著作権，漁業権等がある。契約上の権利には，電話加入権，電気・ガス施設利用権，ゴルフ会員権等がある。

法律上の諸権利の取得原価は，有形固定資産の場合と同様に，その　④　に応じて決定される。付随費用には　⑤　等がある。」

問2　下線の４つの権利の名称を示しなさい。

《解答・解説》

問1 ①　工業所有権　　②　借地権　　③　鉱業権　　④　取得の態様
　　⑤　登録免許税（弁理士への支払手数料，ゴルフ会員権の登録料　etc.）

問2　i　特許権　　ii　実用新案権　　iii　意匠権　　iv　商標権

（2）ソフトウェア

問1　次の文章の空欄に適切な用語を示しなさい。

「ソフトウエアとは，コンピュータを機能させるように　①　を組み合わせて表現したプログラム等をいう。ソフトウエア制作費に要した支出額は，　②　に応じて資産に計上すべきものと発生時の費用とすべきものとに分かれる。具体的には『研究開発等に係る会計基準』に基づいて，その区分と会計処理を行う。」

問2　『研究開発等に係る会計基準』に基づいて，（**表甲**）「表乙の番号」欄の適切な箇所へ（**表乙**）の会計処理番号（①～⑩）を記入しなさい。

処理科目一覧表（表甲）

処　理　科　目	表乙の番号
A　研究開発費（発生時の費用）	
B　期間費用（発生時の費用）	
C　棚卸資産	
D　有形固定資産	
E　無形固定資産	

ソフトウエアの区分と会計処理（表乙）

研究開発目的				①
販売目的	受注制作のソフトウエア			②
	市場販売目的のソフトウエア	研究開発の終了まで （最初に製品化された製品マスターの完成まで）		③
		研究開発の終了後又は購入後	機能の著しい改良・強化	④
			機能の通常の改良・強化	⑤
			バグ取り等の機能維持費用	⑥
			製品としてのソフトウエアの制作原価	⑦
自社利用	独自仕様の自社制作や委託制作で将来の効果が確実な場合（＊）			⑧
	上記以外			⑨
有機的一体として機械等に組み込まれているソフトウエア				⑩

＊ 「将来の効果」とは，将来の収益獲得又は費用削減をいう。

問3 上記問2の表に関連して，次の設問に答えなさい。

① （表乙）の「将来の収益獲得又は費用削減」が確実である（＊印）自社利用のソフトウエアの具体例を2つ示しなさい。

② （表乙）の「市場販売目的のソフトウエア」のうち，（表甲）の「E　無形固定資産」とすべきものがある場合，その理由を3つ述べなさい。

《解答・解説》

問1 ① 指令　② 制作目的と内容

♪ 「プログラム等」の「等」には，プログラムのための仕様書，フロチャート等の関連文書が含まれる。

問2

処理科目一覧表（表甲）

処　理　科　目	表乙の番号
A　研究開発費（発生時の費用）	①　③　④
B　期間費用（発生時の費用）	⑥　⑨
C　棚卸資産	②　⑦
D　有形固定資産	⑩
E　無形固定資産	⑤　⑧

問3 ① i　ソフトウエアを用いて外部に業務処理等のサービスを提供する契約が締

第7章　185

結されている場合
　　ⅱ　完成品を購入した場合
　②ⅰ　製品マスターは，それ自体が販売の対象物ではなく，機械装置等と同様にこれを利用（複写）して製品を作成すること。
　　ⅱ　製品マスターは，法的権利（著作権）を有していること。
　　ⅲ　適正な原価計算により取得原価を明確にできること。
　♪　利用目的で支配し（ⅰ），資産としての価値があるから（ⅱ），取得原価（ⅲ）を基礎に評価される固定資産としての条件を有しているのである。

See. 151頁　第6章1節1問

(3) の　れ　ん

問1　次の文章の空欄に適切な用語を示しなさい。

　「(a)<u>自然発生又は　①　のれんは，資産の本質を有しているが，その計上は認められていない</u>（注解25）。のれんの計上が認められるのは，　②　とよばれる会計処理方法を適用した場合である。この方法のもとでは，承継した資産と負債を　③　で評価して純資産額を算定し，交付した　④　がその純資産額を超える金額をもって，のれんの取得原価とする。(b)<u>　⑤　が生じたときは，取得事業が受入れた資産・負債を見直した</u>結果，それが適切であれば，それが生じた事業年度の　⑥　として処理する。

　被買収・合併事業価値を評価する方法，つまり交付すべき　④　の基本的な算定方法には，(c)<u>純資産法</u>，(d)<u>収益還元法</u>，(e)<u>株式時価法</u>等がある。これらは，単独で用いられる場合もあれば，いくつかを組み合わせて利用される場合もある。

　資産に計上された(f)<u>のれんを償却するかどうかについては，議論が分かれる</u>が，わが国では結合基準に従った処理をする。」

問2　下線(a)の自然発生のれんに関連して，次の設問に答えなさい。
　①　のれんは，どういった点で「資産の本質を有している」のかを示しなさい。
　②　下線の「その計上は認められない」理由を4つ述べなさい。
　③　自然発生又は　①　のれんの別名称を示しなさい。
　④　　①　のれんと同様に資産として計上されない無形固定資産がある。その具体的名称を示しなさい。

問3 下線(b)に関連して，次の設問に答えなさい。
 ① 見直しの内容をより詳しく述べなさい。
 ② ⑤ が生じる場合を2つ例示しなさい。
問4 下線(c)の純資産法について，次の設問に答えなさい。
 ① 定義しなさい。
 ② 純資産法に含まれる2つの方式を述べなさい。
問5 下線(d)の収益還元法について，次の設問に答えなさい。
 ① 定義しなさい。
 ② DCF法について，説明しなさい。
問6 下線(e)の株式時価法を定義して，その算式を示しなさい。
問7 下線(f)の償却に関連して，次の設問に答えなさい。
 ① 償却の可否についての代表的な見解3つを示して説明しなさい。
 ② 償却について，結合基準が採用している方法を説明しなさい。
 ③ のれんの償却費用の表示区分とその根拠を述べなさい。
 ④ 買入のれんの認識時全額償却に関連して，次の設問に答えなさい。
  ⅰ 全額償却して，それを特別損失とする処理は，通常認められるか，その理由とともに説明しなさい。
  ⅱ 上記ⅰの例外となる場合をその償却費の表示区分を示して説明しなさい。

《解答・解説》

問1 ① 自己創設　② パーチェス法　③ 時　価　④ 対　価
　　⑤ 負ののれん　⑥ （特別）利益

問2 ① のれんは将来の超過収益力を資本還元したもので，利益獲得に役立つ点。
　　② ⅰ 事実の開示という財務報告の目的に反する（フレームワーク第3章脚注14）。
　　　 ⅱ 自己創設のれんに応じて認識される収益は，実現したものではない。
　　　 ⅲ 自己創設のれんの取得価額について，検証可能な測定は困難である。
　　　 ⅳ 期末に評価されるのは個々の資産であって，事業全体から生じる自己創設のれんは，評価の対象としない。
　　③ 主観のれん
　　④ 自然発生借地権

♪　借地権とは，建物の所有を目的とする地上権又は賃借権をいう（借地借家法２）。借地権のうち，自然発生借地権は，支払地代の値上げが地価の上昇に追いつかなかった場合，土地値上り分の一部又は全部が借地権として自然発生的に増加する部分をいう。借地権は，債権の１つであり，対価提供した額だけが貸借対照表能力を有し，対価提供のない自然発生部分は簿外処理される。借地権は，土地と同性格の非償却資産である。

問３①　取得企業は，すべての識別可能資産及び負債が把握されているか，また，それらに対する取得原価の配分が適切に行われているかどうかを見直す（結合基準33（１））。
　②ⅰ　幸運に恵まれて割安購入した場合
　　ⅱ　現在は識別できない将来の費用負担を内包している場合　etc.

問４①　被買収事業の純資産額をもってその事業の自己資本の価値とする方法
　②ⅰ　資産・負債を取得原価のままで算定する方法
　　ⅱ　資産・負債を時価で評価し直して算定する方法

問５①　買収される事業の純資産額を同業他事業の平均自己資本利益率で還元して，自己資本の価値とする方法

$$自己資本の評価額＝承継純資産額 \times \frac{買収事業の自己資本利益率}{同業他事業の平均自己資本利益率}$$

　②　事業の将来の見込キャッシュ・フローを資本還元率で現在価値に割引いて事業全体の価値を算定した上で，そこから負債額を控除して，自己資本の価値を導出する方法で，これも収益還元法の一種である。
　♪　ＤＣＦ法は，割引キャッシュ・フロー法ともよばれる。

問６　買収される事業の発行済株式の時価総額をもって，その事業の自己資本の価値とみる方法

　　自己資本の評価額＝株価×発行済株式総数

問7① **要償却説**……超過収益力は競争を通じて徐々に失われるから，償却しなければ，自己創設のれんが資産計上されてしまう。

　非償却説……事業継続によってのれんの価値は増加しても減少はしないのが通常である。減少することがあれば，減損処理すればよい。

　再評価説……のれんを計上した当初の資本還元率をもってたえずのれんの再評価を行い，超過収益力がなくなった分だけ評価損を計上する。

♪　これらの説の他に**利益比例償却説**もあるが，これは，のれんの本質からはずれた負担力を根拠としているので，代表的な説とはいい難い。

　要償却説と非償却説を期間損益計算との関係で説明すれば，次のようになる。すなわち，**要償却説**では，買入のれんのみが資産として計上され，これは営業活動を営むための必要な投資であり，その投下資本額は費用配分によって回収される必要があるという点に償却の根拠がある。**非償却説**は，超過収益力は経常的に支出される広告費，試験研究費等により維持されているにもかかわらず，のれんを償却すれば，費用は過大計上となる，と考える。

② 　要償却説に立脚し，資産に計上されたのれんは，20年以内のその効果の及ぶ期間にわたって，定額法その他の合理的な方法により規則的に償却するよう求めている（32）。

♪　欧米では，原則として，のれんは償却しない。

③　販売費及び一般管理費の区分で表示する（10基準380）。

　（根拠）

ⅰ　のれんの存在により収益が増加するのであれば，のれんを含む投資原価の償却費も営業費用とすべきである。

ⅱ　資本連結の借方投資差額の償却費の表示区分と整合性を図るため。

④ⅰ　通常は認められない。

　（理由）

　ア　のれんに資産価値があるにもかかわらず，その価値を消滅したものとする会計処理は，過度の保守主義に該当する。また，のれんは，その効果の及ぶ期間にわたり償却するとしている企業結合会計の定めに反する。

　イ　のれんの償却期間の見積困難性を理由に買入のれん認識時に全額費用

第7章　189

処理することは，他の会計処理との整合性が図れない。

　ウ　買入のれんの全額を特別損失に計上以後，のれんの償却費は発生しないため，投資の純成果がその後の営業損益には反映されないことになり，不合理である。

ⅱ　のれんの効果の及ぶ期間を合理的に見積った結果として，希ではあるが，のれんの償却費が買入のれん認識時に全額計上されることはあり得ると考えられる。この場合の償却費は，営業費用（販売費及び一般管理費）に計上されることになる（10基準382）。

（具体例）

　事業の譲受けにより買入のれんを認識した後，その事業を同一の会計期間に，第三者に譲渡した場合

♪　 のれんの由来 　のれん（暖簾）は，もともと商家の屋号を書いて店先に張下げる布のことであったが，それが屋号自体の意味になり，更に店の格式や信用を象徴するようになった。のれんには，老舗（しにせ）としての多年の営業から生ずる「顧客を吸引する力」が付加されるようになったのである。会計上，他店舗の平均を上まわる「顧客を吸引する力」のことを 超過収益力 という。のれんの源泉には，店名又は商標，立地，従事者の人格・技術，経営・製造・販売のノウハウ等，種々の要素があるが，これらは有機的に組合わされて最終的には，顧客によって付与される。のれんは，時の経過とともに企業にとってプラス要因を意味する超過収益が生じるのが普通であるが，マイナス要因として作用することもある。

3　無形固定資産の償却

問1　次の文章の空欄に適切な用語を示しなさい。

　「無形固定資産は，当該資産の ① にわたり，一定の ② の方法によって，その ③ を各事業年度に ④ しなければならない（B/S原則五）。

(a)　有形固定資産と無形固定資産とでは，その償却費について一部差異があるが，いずれも ⑤ の原則によって各期間の負担となるのは同じである。

(b)　無形固定資産にも償却資産もあれば，非償却資産もある。

(c)　償却方法について，通常は定額法が用いられるが，ケースによっては，こ

れ以外の合理的な方法もある。」

問2　下線(a)に関して，有形固定資産と無形固定資産との差異を述べなさい。

問3　下線(b)の無形固定資産のうち，非償却資産を2つ例示しなさい。

問4　下線(c)の償却方法について，定額法以外の認められる方法をその対象資産に関連づけて示しなさい。

《解答・解説》

問1 ① 有効期間　② （減価）償却　③ 取得原価　④ 配　分　⑤ 費用配分

問2 i 費用配分の手続名称として，有形固定資産では減価償却という用語を用いるのに対し，無形固定資産では単に「償却」又は「なし崩し償却」という用語で表現することがある。

ii 残存価額について，有形固定資産では使用可能期間が経過して処分を行うときの売却価額や利用価値によって決定されるのに対し，無形固定資産ではゼロとして計算される。

iii 貸借対照表の表示について，有形固定資産では減価償却累計額を取得原価から控除する形式で表示する方法とともに，取得原価から償却累計額を控除した残額で表示する方法も認められているのに対し，無形固定資産では後者のみが認められている。

問3 借地権，施設利用権（♪例：ゴルフ会員権），電話加入権　etc.

問4 （例示）　i　市場販売目的のソフトウェア……見込販売数量
　　　　　　　　 ii　鉱業権……生産高比例法

♪　　無形固定資産に関する今後の方向性

企業会計基準委員会から『無形固定資産に関する論点の整理』（平成21年12月18日）が公表されている。そこでは，無形固定資産は，例えば，「識別可能な資産のうち物理的実態のないものであって，金融資産でないもの」（28）と定義される。論点整理の「今後の方向性」通りに基準が設定されれば，無形固定資産は，「のれん」と区別して定義され，その定義に該当し，認識要件を満たす開発費の一部を除いて繰延資産は，計上されなくなる可能性が高い。

第2節　繰　延　資　産

1　繰延資産の意義とその貸借対照表能力

問1　次の文章の空欄に適切な用語を示しなさい。

「繰延資産とはすでに対価の ① し又は ② し，これに対応する ③ を受けたにもかかわらず，(a)その効果が将来にわたって発現するものと期待される ④ をいう。これらの ④ は，その効果が及ぶ数期間に合理的に配分するため， ⑤ に貸借対照表に繰延資産として計上することができる（注解15）。繰延資産は(b)通常の資産と異なる特徴を有するために，会計的資産*とか ⑥ とよばれることがある。」

問2　下線(a)に関連して，繰延資産が貸借対照表能力を持つ根拠を連続意見書第五（「繰延資産について」）に従って，もう１つ述べなさい。

問3　下線(b)の通常の資産と異なる特徴を述べなさい。

《解答・解説》

問1 ① 支払が完了　② 支払義務が確定　③ 役務の提供　④ 費　用
　　⑤ 経過的　⑥ 擬制資産

問2　当期の費用に対応する収益が将来に生じることから，収益との対応関係を重視して，費用を繰延べる。

問3　ⅰ　換金性がない。
　　ⅱ　将来の効果の発現の予測には不確実性が伴う。

*　会計的資産…「通常の資産」を法律的資産，真正資産と称するのに対する用語である。経過資産（前払費用，未収収益）もその例である。

　　通常の資産と異なる特徴を有する繰延資産ではあるが，資産の定義（**第１章３節３問３**）の要件は充足している。しかし，その将来利益獲得については，必ずしも確実性を有するとはいえない。この場合，研究開発費の取扱いとの整合性からいえば，資産計上に疑念が残るのである。なお，将来獲得利益の不確実性をもって資産計上を認めないのであれば，繰延資産以外にも退職給付に係る個別会計上の未認識項目（**第８章４節２（１）問４**④）等についても，その資産性が疑われるべきことになる。

♪ 家庭生活において，「その効果が将来にわたって発現するものと期待される費用」の典型的なものが 教育費 である。教育は人に対する将来投資であるが，その効果発現の程は，教育を授けられる人の向上心，意欲，持続力等の内面の要素や教師，友人等との縁に大きく影響を受けるため，不確実となる。教育の効果は人により様々なのである。

2 繰延資産の範囲・償却と分配可能価額への制約

問1 次の文章の空欄に適切な用語を示しなさい。

「繰延資産は，収益費用アプローチの立場からは ① 計上しなければならないが，資産負債アプローチの立場からは， ② 計上すべきものではない。(a)会社法では，繰延資産として計上可能なものを実務対応報告を通じて事実上5つに ③ するとともに，計上するかどうかは ④ としている。計上された繰延資産の償却は，相対的に ⑤ に， ⑥ 単位で行われる。支出の効果が期待されなくなった繰延資産は，その未償却残高を ⑦ に償却しなければならない。(b)繰延資産が計上されている場合，分配可能額の計算に制約が課せられる。(c)会社法上において繰延資産として認められない項目の中にも，将来に効果の発現が期待される項目がある。制度会計上，これらの項目が計上される場合には， ⑧ 又は ⑨ として表示する。

問2 下線(a)に関連して，5つの繰延資産の名称を示しなさい。
問3 下線(b)について，次の設問に答えなさい。
① 「制約」の内容を述べなさい。
② 繰延資産と引当金との相違点を述べなさい。
問4 下線(c)に該当する項目2つを例示しなさい。
問5 繰延資産と長期前払費用との相違点を述べなさい。

《解答・解説》
問1① 必 ず ② 必ずしも ③ 限定列挙 ④ 任 意 ⑤ 早 期
⑥ 月 ⑦ 一 時 ⑧ 無形固定資産 ⑨ 長期前払費用
問2 株式交付費，社債発行費等，創立費，開業費，開発費
問3① 配当の効力発生日において，最終事業年度末日の繰延資産額は剰余金の額から控除して分配可能額が算定される。

② （同じ点）適正な期間損益計算目的のため支出の生じた期間と異なる期間に費用を計上する点
　　　（差異点）ア　繰延資産は次期以降の費用として繰延計上するのに対し，引当金は将来の特定の支出（又は収入控除）を当期の費用として見越計上する。
　　　　　　　　イ　会社法上，繰延資産の計上は任意で，かつ限定されている。引当金は設定要件を満たせば，重要性が乏しい場合を除いて，その計上が強制される。
　　　　　　　　ウ　分配可能利益の計算において，繰延資産の額は剰余金から控除されるが，引当金ではこのような調整は不要である。

問4　i　建物等の賃貸借契約において，賃借人が支払う敷金のうち，退去時に返還されない部分（敷引）
　　 ii　プロ野球選手の入団時に球団が支払う契約金
　　iii　商店街の共同アーケード等の公共的施設を建設するための分担金　etc.

問5　（同じ点）ア　役務に対する対価は支払済か，支払義務が確定している。
　　　　　　　　イ　支出後，次期以降の費用として資産に計上される。
　　　（差異点）ア　役務受領について，前者では完了しているが，後者では未了である。
　　　　　　　　イ　費用配分期間について，前者では不確定であるが，後者では確定している。
　　　　　　　　ウ　役務提供契約について，前者にはないが，後者にはある。
　　　　　　　　エ　資産としての性格について，前者は収益との対応関係を重視した結果であるが，後者には役務提供請求権がある。

3　株式交付費

問1　次の文章の空欄に適切な用語を示しなさい。

　「株式交付費とは，(a)株式の交付等のために(b)直接支出した費用をいう。

　株式交付費は，原則として，(c)支出時に　①　として処理する。ただし，(d)一定の場合には，繰延資産に計上することができる。

　繰延経理された株式交付費は，株式交付のときから　②　以内のその効果の及

ぶ期間にわたって，　③　により(e)償却をしなければならない（実務対応報告第19号より）。」

問2　下線(a)の「株式の交付等」に含まれる項目を2つ示しなさい。

問3　下線(b)の直接支出した費用の具体例を3つ示しなさい。

問4　下線(c)について，次の問に答えなさい。
① 「支出時に　①　として処理する」以外の説による処理を示しなさい。
② 上記①にもかかわらず，下線(c)の処理とした理由を述べなさい。

問5　下線(d)について，次の問に答えなさい。
① 「一定の場合」とはどのような場合をいうのか，2つ示しなさい。
② 株式の分割や株式無償割当てに係る費用は，繰延資産にすることができるか，その理由とともに答えなさい。

問6　下線(e)の償却について，株式交付費の理論上の償却期間について述べなさい。

《解答・解説》

問1 ① 営業外費用　② 3年　③ 定額法

問2 ⅰ 新株の発行に係る費用
　　ⅱ 自己株式の処分に係る費用

　♪　ⅱが株式交付費に含まれる理由
　　ア　会社法においては，新株の発行と自己株式の処分の募集手続は募集株式の発行等として同一の手続によるから。
　　イ　株式の交付を伴う資金調達等の財務活動に要する費用としての性格は新株発行と同じであるから。

問3 ⅰ 株式募集のための広告費
　　ⅱ 金融機関・証券会社の取扱手数料
　　ⅲ 目論見書・株券等の印刷費
　　ⅳ 変更登記の登録免許税　etc.

問4 ① 株式交付費は，資本取引に付随する費用として，資本から直接控除する。
　　② ⅰ 株式交付費は株主との資本取引に伴って発生するものであるが，その対価は株主に支払われるものではないこと。
　　　 ⅱ 株式交付費は社債発行費と同様，資金調達を行うために要する支出額で

あり，財務費用としての性格が強いと考えられること。

　　　iii　資金調達の方法は会社の意思決定によるものであり，その結果として発生する費用もこれに依存することになる。従って，資金調達に要する費用を会社の業績に反映させることが投資家に有用な情報を提供することになると考えられること。　　　　　　　See. 第9章2節4（自己株式）

問5 ①　i　企業規模拡大のためにする資金調達等の財務活動に係る株式交付費
　　　　　ii　合併や株式交換等の組織再編の対価として株式を交付する場合の費用
　　② できない。（理由）これらの費用は，企業規模拡大又は組織再編のためにする資金調達ではないため。

問6　株式で調達された資金は返済を要せず，企業の全存続期間を通じて利用されるから，株式交付費の償却期間は無限，つまり非償却資産となる。

4　社債発行費等

問1　次の文章の空欄に適切な用語を示しなさい。

　「社債発行費とは，社債発行のため　①　した費用をいう。
　社債発行費は，原則として，　②　として処理する。ただし，社債発行費を繰延資産に計上することができる。この場合には，　③　までの期間にわたり利息法により償却をしなければならない。なお，償却方法については，　④　を条件として，　⑤　を採用することができる（実務対応報告第19号より）。」

問2　新株予約権の発行に係る費用は繰延資産として処理できるか。できるなら，その場合の科目名を示し，また償却方法についても指摘しなさい。

問3　社債発行差金の処理をその根拠とともに述べなさい。

問4　下線のように「利息法により償却」する理由を述べなさい。

《解答・解説》

問1 ①　直接支出　　②　支出時に費用（営業外費用）　　③　社債の償還
　　 ④　継続適用　　⑤　定額法

　　♪　社債発行のために直接支出した費用の例
　　　　i　社債募集のための広告費
　　　　ii　金融機関・証券会社の取扱手数料
　　　　iii　目論見書・社債券等の印刷費

iv　社債の登記の登録免許税　　♪　本節3問3に準じて理解すればよい。

問2　科目名……社債発行費等　　♪　新株交付費という科目名ではない。

　　新株予約権の発行に係る費用についても，資金調達等の財務活動（組織再編の対価として新株予約権を交付する場合を含む）に係るものについては，社債発行費と同様に繰延資産として会計処理することができる。

　　この場合には，新株予約権の発行のときから，3年以内のその効果の及ぶ期間にわたって，定額法により償却をしなければならない。

　　ただし，新株予約権が社債に付されている場合で，当該新株予約権付社債を一括法により処理するときは，当該新株予約権付社債の発行に係る費用は，新株予約権発行費ではなく社債発行費として処理する。

問3　社債金額から直接控除（金融商品会計基準第26項）

　　（根拠）会社計算規則において，払込みを受けた金額が債務額と異なる社債は，事業年度の末日における適正な価格を付すことができるとされたから（計規6Ⅱ②）。

問4　i　社債発行者にとっては，社債利息や社債発行差金に相当する額のみならず，社債発行費も含めて資金調達費と考えることができること。
　　 ii　国際会計基準における償却方法との整合性を考慮したこと。

5　創立費と開業費

問1　次の文章の空欄に適切な用語を示しなさい。

　「創立費とは，　①　に帰すべき設立費用，　②　で定款に記載して創立総会の承認を受けた金額並びに　③　の登録免許税等をいう。

　また開業費とは，　④　後　⑤　時までに支出した(a)開業準備のための費用をいう。

　創立費及び開業費は，原則として，　⑥　として処理する。このうち，(b)開業費は販売費及び一般管理費として処理することもできる。

　ただし，創立費及び開業費は，繰延資産に計上することができる。この場合，創立費は(c)会社の成立のときから，開業費は(d)開業のときから　⑦　以内のその効果の及ぶ期間にわたって，　⑧　により償却をしなければならない。

　なお，会社法では，創立費を資本金又は資本準備金から減額することが可能と

された（計規43Ⅰ③）。しかし，(e)実務対応報告では，創立費を支出時に費用として処理する方法と繰延資産に計上する方法とを ⑨ することとした（実務対応報告第19号より）。」

問2　下線(a)には，開業までに支出した一切の費用を含むのか，理由とともに答えなさい。

問3　下線(b)について，販売費及び一般管理費として処理できる理由を述べなさい。また，この処理は，開業費償却についても適用されるのか。

問4　下線(c)の「会社の成立」時点はいつか。

問5　下線(d)の「開業のとき」には，営業の一部開業も含まれるのか。

問6　下線(e)の処理をし，計規43Ⅰ③のような処理をしない理由を述べなさい。

《解答・解説》

問1　① 会社の負担　② 発起人が受ける報酬　③ 設立登記
　　　④ 会社成立　⑤ 営業開始　⑥ 支出時に費用（営業外費用）
　　　⑦ 5年　⑧ 定額法　⑨ 選択適用

♪　創立費の償却不要説　企業活動の継続性を前提とするのなら，株式交付費と同様に，創立費も償却不要となる。　　　　　　　　See. 196頁3問6

問2　開業費は開業準備のために直接支出したものに限る。
　（理由）開業準備のために直接支出したとは認められない費用については，その効果が将来にわたって発現することが明確ではないものが含まれている可能性があるため。

問3　開業準備活動費用は，営業活動と密接であること及び実務の便宜を考慮した結果である。この処理は，開業費償却についても適用される。

問4　設立登記日

問5　はい（含まれる）

問6　創立費は，株主との間の資本取引によって発生するものではないから。

6　開発費と研究開発費

（1）開　発　費

問1　次の文章の空欄に適切な用語を示しなさい。

　「開発費とは，新技術又は ① の採用，② の開発，③ の開拓，生産

能率の向上又は生産計画の変更等により，設備の□④□を行った場合等の費用をいう。ただし，□⑤□の性格をもつものは開発費には含まれない。

　開発費は，原則として，□⑥□として処理する。ただし，開発費を繰延資産に計上することができる。この場合には，支出のときから□⑦□以内の<u>その効果の及ぶ期間</u>にわたって，□⑧□その他の合理的な方法により□⑨□に償却しなければならない。

　なお，開発費のうち『研究開発費等に係る会計基準』の対象となる研究開発費については，□⑩□として処理しなければならない。」

問2　下線の「その効果が及ぶ期間」が限られている場合の償却期間について述べなさい。

《解答・解説》
問1　①　新経営組織　②　資　源　③　市　場　④　大規模な配置替え
　　　⑤　経常費　⑥　支出時に費用（売上原価又は販売費及び一般管理費）
　　　⑦　5　年　⑧　定額法　⑨　規則的　⑩　発生時に費用
問2　開発費の効果の及ぶ期間内（ただし，最長で5年以内）に償却しなければならない。

（2）研 究 開 発 費

問1　次の文章の空欄に適切な用語を示しなさい。

　「研究とは，□①□を目的とした計画的な調査及び探究をいい，開発とは，新しい製品等についての計画若しくは設計又は既存の製品等を著しく改良するための計画若しくは設計として，研究の成果その他の□②□することをいう。

　<u>研究開発費は，すべて発生時に費用として処理しなければならない。</u>

　一般管理費及び□③□に含まれる□④□は，財務諸表に□⑤□しなければならない（基準及び注解より）。」

問2　下線について，次の設問に答えなさい。
　①　費用処理の根拠を述べなさい。
　②　費用処理の例外的な取扱いがあれば，それを述べなさい。
問3　次の命題は正しいか，誤りがあるのなら正しく訂正しなさい。

　「特定の研究開発目的にのみ使用され，他の目的に使用できない機械装置や特

許権等を取得した場合の原価は，費用配分の原則に基づいて，その耐用期間又は有効期間にわたり，一定の減価償却の方法によって，各事業年度に配分しなければならない。」

問4　製造現場で行われる次の研究等は研究開発費に含まれるか，必要ならケースに分けて述べなさい。
① 製造現場で行われる改良研究
② 製造現場で行われる品質管理活動やクレーム処理のための活動

《解答・解説》

問1 ① 新しい知識の発見　② 知識を具体化　③ 当期製造費用
④ 研究開発費の総額　⑤ 注　記

問2 ① ⅰ 研究開発費は，発生時には将来の収益を獲得できるか否か不明であり，また，研究開発計画が進行し，将来の収益の獲得期待が高まったとしても，依然として将来収益の獲得が確実であるとはいえない。
ⅱ 仮に，一定の要件を満たすものについて資産計上を強制する処理を採用する場合には，資産計上の要件を定める必要がある。しかし，実務上客観的に判断可能な要件を規定することは困難である。
ⅲ 抽象的な要件のもとで資産計上を求めることとした場合，企業間の比較可能性が損なわれるおそれがあると考えられる。
② 企業結合により被取得企業から受入れた資産については，企業結合時の時価で評価して資産計上する（基準改正部分）。この金額は，特に仕掛研究開発費とよばれることがある。

問3 誤り。「特定の研究開発目的にのみ使用され，他の目的に使用できない機械装置や特許権等を取得した場合は，取得時の研究開発費とする。研究開発費は，すべて発生時の費用として処理しなければならない。」

問4 ① 改良研究であっても，それが明確なプロジェクトとして行われている場合には，開発の定義における「著しい改良」に該当し，研究開発費の範囲に含まれる。
② 研究開発には含まれない。　♪　当期製造費用ではある。

7　臨時巨額の損失

問1　次の文章の空欄に適切な用語を示しなさい。

「ⅰ ① により ⅱ固定資産又は企業の営業活動に ② たる資産の上に生じた損失が，ⅲその期の純利益又は繰越利益から当期の処分予定額を控除した金額をもって負担しえない程度に ③ であって，ⅳ特に ④ をもって認められた場合には，これを ⑤ に貸借対照表の資産の部に記載して繰延経理することができる（注解15）。」

問2　下線について，次の設問に答えなさい。
① 計上の根拠を述べなさい。
② 臨時巨額の損失が生じた場合，理論的にはどのように処理すべきか。
③ 臨時巨額の損失を繰延べた場合，その資産としての表示区分を示しなさい。

問3　損失の処理をケースに分けて述べなさい。

《解答・解説》

問1 ① 天災等　② 必須の手段　③ 巨　額　④ 法　令　⑤ 経過的

問2 ① 会計理論上の根拠はなく，経済政策上の特別の配慮によって計上される。
② 発生時に特別損失として認識する。
③ 繰延資産の部に計上する。

問3 ⅰ 事業活動の過程で生じた少額のもの：販売費及び一般管理費（雑費）
ⅱ 重要性の乏しい臨時損失：営業外費用（雑損失）
ⅲ 重要性のある臨時損失：特別損失
ⅳ 臨時巨額の損失：本来は特別損失項目であるが，一定の条件を満たすときは繰延べることができる。
ⅴ 固定資産の減損：資産の収益性の低下により投資額の回収が見込めなくなった場合，一定条件の下で回収可能性を反映させるように帳簿価額を減額させて特別損失とする。
ⅵ 繰越損失：当期純損失が計上された場合で，過年度からの繰越利益剰余金と相殺しても相殺しきれなかった損失額が繰越損失となる。

○会計は単なる技術ではなく，完全なる統一的，論理的な組織である。（フィッシァ）

負債の分類とその価額

第1節 負債の分類と評価

1 負債の概念と債務性

問1 次の文章の空欄に適切な用語を示しなさい。

「負債とは，①の取引又は②の結果として，③が④している経済的資源を⑤もしくは⑥，又はその同等物をいう（フレームワーク第3章5）。

負債を法律上の債務性の有無に基づいて分類すると，次の表の通りである。

⑦は，その履行について，期日，相手方及び金額のすべてが，すでに確定している債務*をいい，⑧はこれら3つの要素のうち，少なくとも1つが確定していないが，いずれ⑦となる債務をいう。そして，⑨は，法律上の債務ではないが，それと同様に将来，⑩の減少又は⑪の増加をもたらすことが現時点で⑫に見積ることができるような⑬である。」

問2 上記問1の文章における次の項目に属する具体的科目名称を2つずつ例示しなさい。

ⅰ ⑦ ……　　ⅱ ⑧ ……　　ⅲ ⑨ ……

《解答・解説》

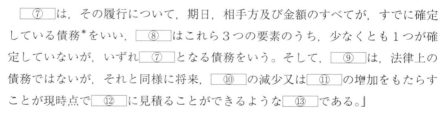

問1 ① 過去　② 事象　③ 報告主体　④ 支配　⑤ 放棄
⑥ 引き渡す義務　⑦ 確定債務　⑧ 条件附債務　⑨ 会計的負債
⑩ 資産　⑪ 負債　⑫ 合理的　⑬ 経済的負担

問2 ⅰ 借入金・買掛金・支払手形，前受金　etc.

202

ⅱ　退職給付引当金・工事保証引当金　etc.
　ⅲ　修繕引当金，損失補償引当金，役員退職慰労引当金，経過負債（未払費用，前受収益），リース負債　etc.
　♪　ⅲの会計的負債の各項目のうち，リース負債は実質優先主義，その他は適正な期間損益計算を根拠としている。会計的負債に類似した隣接概念として推定的債務がある。なお，経過負債は，将来の経済的資源の流出が確実なので，確定債務として分類されることもある。

＊　確定債務 か否かは，会計上は実質的に判断し，例えば支払期日の定めのない借入金や各個人への支払額が確定していない未払賞与（218頁問2）も確定債務として取扱われる。これは，工事途中の完成工事未収入金も法的には未だ債権とはいえないが，金銭債権として取扱われるのと同じ考え方である（98頁 問9 ♪）。

2　負債の分類
（1）負債の分類
問1　次の文章の空欄に適切な用語を示しなさい。
　「負債は，資産と同様に，流動負債と固定負債とに区分して貸借対照表に表示される。この区分の基準には， ① 基準と ② 基準とがある。 ① 内の負債は， ③ に分類される。支払手形・買掛金・前受金等がこれである。 ① 外の負債については， ② 基準により流動と固定の分類がなされる。
　この分類の結果，例えば，流動資産と流動負債とを比較することにより企業の ④ を分析することができる。
　また，近年では負債の貸借対照表能力やその評価が問題にされ，金融負債と非金融負債との区分も重要になってきている。」

問2　下線の非金融負債とされる項目を2つ例示しなさい。

《解答・解説》
問1 ①　営業循環　　②　一　年　　③　流動負債　　④　債務弁済能力
問2　負債性引当金　　資産除去債務　etc.

（2）営業以外から生じる債務と一年基準

問1　次の文章の空欄に適切な用語を示しなさい。

「　①　契約に基づいて計上される負債としては，未払費用，前受収益がある。これらは　②　基準により認識されたものであるが，決算時に　③　に計上される負債項目であるので，(a)流動負債として取扱われる（注解5）。

長期借入金や社債は，一般的に固定負債であるが，　④　の翌日から起算して1年以内に返済期限が到来するものは，(b)原則として，流動負債となる。」

問2　下線(a)の取扱いに関連して，一年基準により流動と固定とに区分することは，企業会計原則に違反することになるのか。

問3　下線(b)の例外を指摘しなさい。

《解答・解説》

問1 ①　継続的役務提供　　②　時　間　　③　過渡的　　④　決算日

問2　違反ではない。一年基準により流動と固定とに区分することは，会計理論的にはより正しい表示であり，企業会計原則においても認められる。

問3　分割返済の定めのある長期の債務のうち，期限が1年以内に到来するもので重要性の乏しいものは，固定負債として表示することができる（注解1(5)）。

3　金融負債の範囲と評価

（1）金融負債の範囲

問　次の文章の空欄に適切な用語を示しなさい。

「金融負債とは，支払手形，買掛金，借入金及び社債等の　①　並びにデリバティブ取引により生じる　②　等をいう（5）。

金融負債の範囲には，複数種類の金融資産又は金融負債が組合わされている　③　も含まれる。また，現物商品（コモディティ）に係るデリバティブ取引のうち，通常差額決済により取引されるものから生じる　②　も金融負債に含まれる（注解1）。」

《解答・解説》

問 ①　金銭債務　　②　正味の債務　　③　複合金融商品

（2）金融負債の消滅の認識要件

問1 次の文章の空欄に適切な用語を示しなさい。

「金融負債がその(a)消滅の認識要件を充たした場合には，当該金融負債の消滅を認識するとともに，　①　とその対価としての　②　との差額を　③　として処理する（11）。

金融資産又は金融負債の一部がその消滅の認識要件を充たした場合には，当該消滅部分について，(b)上記と同様の処理をする（12）。

金融資産又は金融負債の消滅に伴って新たな金融資産又は金融負債が発生した場合には，当該金融資産又は金融負債は　④　により計上する（13）。」

問2 下線(a)の金融負債消滅の認識要件を3つ述べなさい。

問3 下線(b)における消滅部分の帳簿価額の計算方法を3つ述べなさい。

《解答・解説》

問1 ① 帳簿価額　② 支払額　③ 当期の損益　④ 時　価

問2 金融負債の契約上の義務を 履行 したとき，義務が 消滅 したとき又は第一次債務者の地位から 免責 されたとき（10）。

問3 消滅部分の帳簿価額は，当該金融負債全体の時価に対する消滅部分と残存部分の時価の比率により当該金融負債全体の帳簿価額を按分計算する（12）。

♪　金融負債の消滅事由のうち，免責の場合にも，財務構成要素アプローチ（104頁）が適用される。

♪　債務履行引受契約（デット・アサンプション） を金融負債の消滅の認識に係る具体例として示しておく。法的には社債という債務をそのままにして，実質的には買入償還と同じ効果を得る目的で，社債の元利金相当額の支払を信託銀行等の第三者に委託する。この場合，信託銀行等への委託時に社債の償還処理をして社債の帳簿価額と信託銀行等への資産提供額との差額を損益として認識するのか，社債と信託銀行等への委託とは個別に社債を償還していないものとして認識していくのかにより，期間損益は大きく変動することになる。

上記の例において，金融資産に係る契約上の権利に対する支配が他に移転したことの要件を基準に判断すると社債の消滅を認識できないことになる。しかし，『金融商品に係る会計基準』は，社債の発行者に対し遡及請求が行われる可能性

が極めて低い場合に限り，経過措置として，例外的に債務の消滅の認識を容認している。このように金融負債の消滅の認識要件は，期間損益の認識に大きく影響する。　　　　　　　　See. 102頁 **問3**（金融資産負債の発生）・**問4**（支配の移転）

（3）金融負債の評価

問1　次の文章の空欄に適切な用語を示しなさい。

「(a)支払手形，買掛金，借入金，社債その他の債務は，(b)□□□□をもって貸借対照表価額とする。ただし，社債を社債金額よりも低い価額又は高い価額で発行した場合など，収入に基づく金額と□□□□とが異なる場合には，(c)償却原価法に基づいて算定された価額をもって，貸借対照表価額としなければならない（26）。」

問2　下線(a)の各負債は，まとめて何とよばれるか，その名称を示しなさい。

問3　下線(b)の評価額とする理由を述べなさい。

問4　下線(c)の償却原価法について，次の設問に答えなさい。

① 償却原価法を説明しなさい。
② 償却原価法による理由を述べなさい。

《解答・解説》

|問1| 債務額

|問2| 金銭債務

|問3| 金融負債は，借入金のように一般的には市場がないか，社債のように市場があっても，自己の発行した社債を時価により自由に清算するには事業遂行上等の制約があると考えられることから，デリバティブ取引により生じる正味の債務を除き，債務額を貸借対照表価額とし，時価評価の対象としない（67）。

♪　|市場価格のある社債と時価評価|　社債発行による調達資金は事業に投資されて手許（てもと）になく，社債の買入償還には新たな資金調達が必要となる。社債の市場価格と市場金利とは逆相関関係にあって，社債の市場価格下落時の社債償還益は，将来の支払利子増加額と相殺されてしまう。借換前後で元利金の支払時期が異なることになっても，両者の支払総額の現在価値は同じになるのである。よって，市場価格のある社債であっても時価評価しない。

|問4|① 償却原価法とは，金融資産又は金融負債を債権額又は債務額と異なる金額

で計上した場合において，当該差額に相当する金額を弁済期又は償還期に至るまで毎期一定の方法で取得価額に加減する方法をいう。なお，この場合，当該加減額は，受取利息又は支払利息に含めて処理する（注5）。
② 差額は一般に金利の調整という性格を有しているため。

第2節 社　　　債

1 社債の意義と種類

問　次の文章の空欄に適切な用語を示しなさい。

「社債は，会社が社債券という有価証券を発行して長期資金を調達することによって生じる債務である。社債は，____と新株予約権付社債に大きく分けられ，後者は，更に転換社債型と転換社債型以外に区分される。よって，社債には3種類があることになる。」

《解答・解説》

|問|　普通社債　　　　　　　　　　　See. 204頁（金融負債の範囲と評価）

2 普通社債の発行と償還

問　次の文章の空欄に適切な用語を示しなさい。

「社債の発行価額が額面金額と異なる場合は ① で算定した金額をもってその社債の貸借対照表価額とする。その具体的な計算方法には ② と ③ がある。② によるのが原則であるが， ④ を条件に ③ を用いてもよい。

社債の償還には， ⑤ 償還と途中（随時）償還があり，後者には ⑥ 償還と ⑦ 償還がある。途中償還をしたときは，それに ⑧ する繰延資産としていた社債発行費の ⑨ を取崩さなければならない。

途中償還時において，償還価額と帳簿価額とに差額が生じる場合，その差額は， ⑩ として処理する。」

《解答・解説》

|問|① 償却原価法　　② 利息法　　③ 定額法　　④ 継続適用
　　⑤ 満期（定時）　⑥ 抽　選　　⑦ 買　入　　⑧ 対　応
　　⑨ 未償却残高　　⑩ 特別損益

3 転換社債と新株予約権付社債

問1 次の文章の空欄に適切な用語を記入しなさい。

「新株予約権付社債とは、普通社債に新株予約権が付されている社債をいう。新株予約権付社債には、(a)転換社債型新株予約権付社債（以下、「転換社債」という。）とその他の新株予約権付社債（以下、「新株予約権付社債」という。）とがある。2種類の新株予約権付社債の発行に伴う払込金額の処理方法には、(b)一体処理と区分処理とがある。理論的には、　①　を増加させる可能性のある新株予約権部分と　②　としての性格を有する社債部分とを区分するのが合理的であるが、社債の属性によっては、理論通りにはいかないのである。発行会社が区分処理しているとき、新株予約権部分は、貸借対照表の　③　の部で表示し、その権利が失効したときは、収益に計上する。転換社債の取得者側が一体処理によっていて、権利を行使したときは　④　に振替える。

新株予約権付社債は、　⑤　金融商品の1つである。」

問2 下線(a)の2つの社債の差異について、次の表に適切な用語を記入しなさい。

《2つの社債の差異》

区　分	転 換 社 債	新株予約権付社債
i　分離譲渡の可否		
ii　新株の対価支払方法		
iii　権利行使後の社債の存続		

問3 下線(b)の処理方法に関連して、次の設問に答えなさい。

① 一体処理と区分処理を説明しなさい。
② 2つの新株予約権付社債の種類毎に、一体処理と区分処理のいずれが認められるかを、発行者側と取得者側とに区分して示しなさい。
③ 区分処理と一体処理とでは、発行会社側の財政状態の表示は異なるか。
④ 転換社債において、一体処理が認められる理由を述べなさい。
⑤ 新株予約権付社債で発行に伴う対価を社債部分と新株予約権部分とに区分する基準を次の各立場から述べなさい。
　i　発行者側　　ii　取得者側

《解答・解説》
問1 ① 株主（払込）資本　② 負債（債務）　③ 純資産
　　 ④ 株　式　⑤ 複　合

問2

区　分	転換社債	新株予約権付社債
ⅰ	不　可	可
ⅱ	代用払込	現金払込
ⅲ	消　滅	存　続

♪　代用払込とは，額面金額を新株発行の対価に充当することをいう。

問3 ① **一体処理**……新株予約権付社債の発行に伴う対価を社債部分と新株予約権部分とに区分せず普通社債の発行に準じて処理する方法である。

　　区分処理……新株予約権付社債の発行に伴う対価を社債部分と新株予約権部分とに区分して処理する方法である。

②

摘　　　要	発　行　者		取　得　者	
	区分	一体	区分	一体
転　換　社　債	○	○	×	○
新株予約権付社債	○	×	○	×

③　区分処理では，社債部分は負債の部に記載され，新株予約権部分は純資産の部に記載される。これに対して，一体処理では，対価総額が負債の部に記載される。従って，新株予約権部分の金額だけ負債の部及び純資産の部が相違することになる。

④ ⅰ　新株予約権の行使により社債の権利も消滅するため，社債と新株予約権とがそれぞれ単独では存在しえないこと。

　ⅱ　新株予約権だけが別個に流通する市場がないこと。

　ⅲ　転換社債では，新株予約権の行使前とその後との経済的実質は同一であり，それぞれを区分する必要性が乏しいこと。

⑤ ⅰ　**発行者側**　ア．合理的な見積額の比率による方法　イ．算定が容易な一方の対価を決定し，これを払込金額から差引いて他方の対価を算定する方法

第8章

ⅱ **取得者側**　ア．上記ⅰのいずれかによる方法　　イ．保有社債及び新株予約権に市場価格がある場合，その比率により区分する（注15）。

♪　| 転換社債のメリット |　証券市場で発行される社債の利率は，発行時の経済状況と発行会社の格付けによって決まるが，転換社債の利率は，格付に応じた利率よりも低く設定される。転換社債は，取得者にとって，発行会社の株式価格が予め定められた転換価格を超えることになれば，社債から株式への転換が行われるからキャピタルゲインを期待できる。発行会社にとっては，債務返済の必要がなくなる。株式価格の上昇がなければ，取得者は利息を受取りながら社債の償還を待てばよい。この場合でも発行会社は，利率低下のメリットを享受できる。取得者のデメリットは，発行会社の倒産時に資金の回収ができなくなることである。

第3節　引　　当　　金

1　引当金の本質とその種類

(1) 引当金の本質

問1　次の文章の空欄に適切な用語を示しなさい。

　「引当金とは，正確な　① 　のために当期収益の負担とすべき　② 　の費用・損失又は収益の控除を将来の支出額又は収入減少額の　③ 　によって見越計上する場合の貸方項目である。借方の損益をより重視するのが(a-1)　④ 　アプローチであり，貸方の負債をより重視するのが(a-2)　⑤ 　アプローチであるが，もともと引当金は，前者により設定されるようになったものである。

　　引当金には，(b)自己金融機能がある。」

問2　引当金の設定根拠を下線(a-)のそれぞれの立場から述べなさい。

問3　下線(b)の自己金融機能について，次の設問に答えなさい。

① 自己金融となる理由を述べなさい。

② 引当金以外にも自己金融機能を有する項目を2つ示しなさい。

問4　引当金と積立金（留保利益）との相違点を述べなさい。

《解答・解説》

|問1|①　期間損益計算　　②　特　　定　　③　見積り　　④　収益費用

　　　　⑤　資産負債

問2 (-1) 当期の収益が負担すべき費用・損失又は収益控除を見積りによって計上した相手勘定が引当金である。
　　(-2) 将来の支出又は収入減少項目の金額又は時期に不確実性が伴う<u>負債</u>を<u>当期に見越計上</u>したものが引当金である。
　　　　　　　　　　　See. 80頁　1問5③ⅱ（費用配分の原則と条件付債務）

問3① 相手科目には支出（収入減少）が伴わないので，実際支出時まで企業内部に資金が留保されるため。
　② 減価償却累計額，資産除去債務　etc.
　♪ 引当金の本質的な設定目的は，適正な期間損益を算定することにあり，自己金融は，その機能である。　See. 14頁（会計観の変遷と資産負債の範囲）

問4（同じ点）将来の支出に備えた資金の留保（不特定資産の拘束）という点
　（差異点）ⅰ　積立金は支出見込額等と関連なく設定されるのに対し，引当金は将来の支出見込額等を費用・損失又は収益控除として当期の収益に負担させたものである。
　　　　　　ⅱ　積立金の繰入れ・取崩しは純資産額に変化をもたらさないが，引当金の繰入れ・取崩しは純資産額を増減させる。
　　　　　　ⅲ　積立金は純資産の部で表示されるが，引当金は負債又は資産の控除項目として表示される。

（2）引当金設定の要件と根拠

問1　次の文章の空欄に適切な用語を示しなさい。
　「ⅰ　①　の費用又は損失であって，ⅱその発生が　②　に起因し，ⅲ発生の　③　，かつ，ⅳその金額を　④　ことができる場合には，　⑤　に属する金額を当期の費用又は損失として引当金に繰入れ，当該引当金の残高を貸借対照表の負債の部又は資産の部に記載するものとする。
　<u>偶発事象に係る費用又は損失については，引当金を計上することはできない</u>（注解18）。
　引当金は　⑥　，　⑦　及び　⑧　のいずれかを根拠として設定される。」

問2　下線について，次の設問に答えなさい。
　①　通常は引当金として計上されない理由を述べなさい。

② 引当金として計上される場合の根拠となる原則名を示しなさい。
③ 企業は偶発事象について，どのような財務的な備えをしておくべきか。

《解答・解説》

問1 ① 将来の特定　② 当期以前の事象　③ 可能性が高く
④ 合理的に見積る　⑤ 当期の負担　⑥ 発生主義
⑦ 費用収益対応の原則　⑧ 保守主義の原則

問2 ① 発生の可能性が低いから。
② 保守主義の原則　又は，原因発生主義
♪ 偶発損失は，特別損失のため費用収益対応の原則は根拠とならない。
③ 利益の一部を任意積立金として留保しておく。

（3）引当金の種類と区分表示

問1 次の文章の空欄に適切な用語を示しなさい。

「引当金は，資産負債アプローチから評価性引当金と ① とに大別でき，後者は更に ② と ③ とに分類できる。収益費用アプローチからは ④ 引当金， ⑤ 引当金，及び ⑥ 引当金に分類できる。また，会計理論上，通常は正当な引当金とは認められないが，租税特別措置法又は特別法を根拠に計上される準備金も引当金として表示されることがある。これらの準備金は通常は ⑦ としての性格を有する。

① は， ⑧ 基準により流動と固定の区分がなされる。租税特別措置法上の準備金は， ⑨ 又は ⑩ の部で表示される。特別法上の準備金は，通常は固定負債の次の ⑪ の区分で表示される。」

問2 次の各項目に属する具体的科目名を例示しなさい。

i　評価性引当金……
ii　租税特別措置法上の準備金……
iii　特別法上の準備金……
iv　 ④ 引当金……
v　 ⑤ 引当金……
vi　 ⑥ 引当金……

《解答・解説》

問1 ① 負債性引当金　② 条件附債務　③ 会計的負債　④ 収益控除性
　　　⑤ 費用性　⑥ 損失性　⑦ 利益留保　⑧ 一　年　⑨ 負　債
　　　⑩ 純資産　⑪ 引当金

問2 ⅰ　貸倒引当金，商品低価引当金，有価証券低価引当金
　　ⅱ　海外投資等損失準備金，使用済核燃料再処理準備金　etc.
　　ⅲ　渇水準備金・金融商品取引責任準備金　etc.
　　ⅳ　売上割戻引当金，返品調整引当金　etc.
　　ⅴ　賞与引当金，退職給付引当金，修繕引当金　etc.
　　ⅵ　債務保証損失引当金，損害補償損失引当金　etc.

See. 202頁 **問2**（条件附債務と会計的負債の具体的科目名）

♪　（特別）修繕引当金設定の根拠を発生主義に求めるときは，この引当金を ⅰ の評価性引当金に分類する場合がある。特定の固定資産に対して修繕（現状回復）を必要とする価値減少の事実は，既に生じているからである。

　　（条件付）債務としての引当金には，製品保証引当金，賞与引当金，退職給付引当金等があり，債務性のない引当金には，（特別）修繕引当金，偶発損失引当金等がある。債務性の有無は，将来に確実に債務となるかどうかによっても判断される。一般的に（特別）修繕引当金は，操業停止や対象資産の廃棄があれば，不要になるから債務性がないとされる。しかし，修繕引当金であっても条件付債務となる場合もある。例えば，商船が座礁したために近くの造船会社に修繕を依頼した。緊急のことで修繕費の金額は，工事前に契約できず，それは工事完成後に協議により決定することにした。金額確定前に船主の決算を迎えたので，船主は，現状回復費を見積って修繕引当金を計上しなければならない。この場合の修繕引当金は，条件付債務である。

2　租税特別措置法上及び特別法上の準備金

問1　次の文章の空欄に適切な用語を示しなさい。
　「利益留保性の準備金については，　①　において認められる計上が任意のものと　②　により計上が強制されるものとがある。
　(a)前者の処理方法には2つある。

後者については，　②　で表示箇所に規定がある場合はそれに従い，規定がない場合は　③　の部に表示することが望ましい。(b)通常は，固定負債の次に引当金の区分を設けて記載される（財規54条の3，計規140）。

　なお，　①　又は　②　に基づく準備金であっても，　④　の要件を満たすものについては，負債性引当金と同様の表示をしなければならない。」

問2　下線(a)について，次の設問に答えなさい。
① 　下線の処理方法2つを述べなさい。
② 　上記①のうち，会計上望ましいのはいずれか。

問3　下線(b)の引当金の区分に関連して，次の設問に答えなさい。
① 　上記問2の準備金は，引当金の区分に表示されないのに，この準備金は，なぜ引当金の区分に表示されるのか，を述べなさい。
② 　「通常」でない場合を述べ，そのときの適正な表示箇所を示しなさい。

《解答・解説》
問1 ① 　租税特別措置法　　② 　特別法　　③ 　純資産　　④ 　引当金
問2 ① ⅰ 　準備金の繰入額は費用とし，準備金は負債として処理する。
　　　　ⅱ 　準備金繰入額は利益剰余金の処分とし，準備金は任意積立金とする。
　　② 　上記①ⅱの方法
問3 ① 　特別法上の準備金は，会社法等に優先して適用され，その繰入れと取崩しについては厳密に規制されていて，利益操作の余地がないから。
　　② 　特別法上で表示箇所の規定がない場合は，純資産の部で表示する。

3　評価性引当金——貸倒引当金

問1　次の文章の空欄に適切な用語を示しなさい。

　「売上債権の貸倒れによる損失は，　①　するために信用を供与したことに伴うコストであるから，売上収益に　②　する費用，又は売上収益の計上を原因とする発生費用として，当期の　③　とし，営業外の取引から生じた債権に対する部分は，財務費用と解されるから，　④　として損益計算書に計上するとともに，貸借対照表上は　⑤　として計上しなければならない。この引当金は，評価性引当金である。ここで，評価性という名称は，特定の資産価額からの控除を意味する評価勘定に由来している。

貸倒見積高の算定にあたっては，債務者の ⑥ に応じて，債権を次のように区分する。
（1） ⑦ に重大な問題が生じていない債務者に対する債権（一般債権）
（2） ⑧ の状態には至っていないが，債務の弁済に ⑨ が生じているか又は生じる可能性の高い債務者に対する債権（貸倒懸念債権）
（3） ⑧ 又は実質的に ⑧ に陥っている債務者に対する債権（破産更生債権等）(27)

貸倒見積高は，債務者の ⑥ に応じて，次表の区分毎に算定する。

債権の貸倒見積高の見積単位と算定方法

区　　分	見積単位	算定方法
一般債権		
貸倒懸念債権		
破産更生債権等		

問2 上記表に次の用語に付された記号を適切に記入（重複可）しなさい。
　ア　同種・同類の債権毎（総括引当法）　　イ　期間別の債権毎（総括引当法）
　ウ　個々の債権毎（個別引当法）　　エ　貸倒実績率法
　オ　キャッシュ・フロー見積法　　カ　財務内容評価法

問3 ⑤ の設定について，次の設問に答えなさい。
① 設定目的を2つ述べなさい。
② 表示方法を4つ示しなさい。
③ 貸倒損失額を債権から直接減額しなければならない場合はあるか。あるなら，それはどのような場合かを示しなさい。

問4 次の命題は，正しいか。誤っているのなら，その理由を説明しなさい。
① 貸倒懸念債権に分類される同一債権に対する貸倒見積高の算定方法は，会計期間毎に異なる方法を採用してもよい。
② 破産更生債権等については，債権額から担保の処分見込額及び保証による回収見込額を減額し，その残額について債務者の財政状態及び経営成績を考慮して貸倒見積額を算定する。

問5 キャッシュ・フロー見積法について，次の設問に答えなさい。

① キャッシュ・フロー見積法を説明しなさい。
② キャッシュ・フロー見積法によると，時の経過により債権の割引現在価値は増加することになる。この増加額の処理方法2つを示しなさい。

問6 債権の未収利息の処理について，簡潔に説明しなさい。

問7 過年度における貸倒引当金の過不足修正額の処理について，次表の i から iv の空欄に適切な用語を記入しなさい。

計上時の見積り (過不足原因)	認識年度	貸倒引当金の対象債権		備　考
		売　上　債　権	営業外債権	
見積り誤り	i	（損益表示区分）	（損益表示区分）	－
ii	当期に認識	iii	iv	当期中の状況変化

《解答・解説》

問1 ① 販売を促進　② 対　応　③ 販売費　④ 営業外費用
　　⑤ 貸倒引当金　⑥ 財政状態及び経営成績等　⑦ 経営状態
　　⑧ 経営破綻　⑨ 重大な問題

問2

債権の貸倒見積高の見積単位と算定方法

区　　分	見　積　単　位	算　定　方　法
一　般　債　権	ア　イ	エ
貸倒懸念債権	ウ	オ　カ
破産更生債権等	ウ	カ

問3 ① i 債権についての回収見込額の表示をすること。
　　　 ii 収益に対応させて貸倒引当金繰入額を表示をすること。

②
区　分	貸倒引当金の表示方法	
	間　接　法	直　接　法
科目別	i 科目別控除方式	iii 科目別注記方式
一　括	ii 一括控除方式	iv 一括注記方式

cf. 170頁 **問2**（減価償却累計額の表示方法）

③ ある。　破産更生債権等で債権の回収可能性がほとんどないと判断された場合

問4 ① 誤り。　（理由）同一の債権については，債務者の経営状態の状況等が変化しない限り，同一の方法を継続して適用しなければならないから（28）。

② 誤り。　（理由）「その残額」を貸倒見積額とするのであって，債務者の財政状態等は考慮しない。

♪　これは，貸倒懸念債権に財務内容評価法を適用する場合の文章である。

問5 ① 債権の元本及び利息について元本の回収及び利息の受取りが見込まれるときから当期末までの期間にわたり当初の約定利子率で割引いた金額の総額と債権の帳簿価額との差額を貸倒見積高とする方法である（28）。

② i 受取利息として処理する方法（受取利息法）
　 ii 貸倒引当金の戻入れとして処理する方法（貸倒引当金戻入法）

問6　通常は，発生主義の基準である時間基準により受取利息を計上する。しかし，債務者から契約上の利払日を相当期間経過しても利息の支払いを受けていない債権及び破産更生債権等については，既に計上されている未収利息を当期の損失として処理するとともに，それ以後の期間に係る利息を計上してはならない（注9）。

♪　「しかし」以後の記述は，現金主義に基づく認識を意味する。

問7 i 過年度に遡って修正再表示
　 ii 最善の見積り
　 iii 営業損益
　 iv 営業外損益

♪　売上債権に対する貸倒引当金の設定超過額（戻入益）の表示区分について，その戻入益が過去の財務諸表作成時において入手可能な情報に基づき最善の見積りを行った場合には，営業損益として認識することを指示する変更基準（55）に従って，新規繰入額と相殺することになる。しかし，繰入額を超える戻入益があったときは，その超過額を営業外収益の区分で表示せざるを得ない（金融商品実務指針125）。戻入益を貸倒引当金繰入額以外の販売費から控除することも考えられるが，この処理は，総額主義の原則に違反するからである。なお，このような処理は，戻入益の一部は貸倒引当金繰入額との相殺，他は営業外収益として，同一取引に対して異なる処理を行うことを意味し，あまり座り心地の良い処理とはいえない。償却済債権取立益は，その全額を営業外収益とし，特別利益とはしない。

cf. 会計原則注解12 60頁 問6（会計上の見積りの変更）

4 負債性引当金

(1) 賞 与 引 当 金──未払費用・未払金との相違

問1 次の文章の空欄に適切な用語を示しなさい。

「従業員及び役員に対する賞与については，当期に負担すべき額を決算時に見積って ① を設定する必要がある。この ① は， ② 債務である。ただし，(a)従業員賞与や役員賞与について，実質的に ③ 債務と認められる場合には， ① とは異なる科目をもって計上することになる (13)。

役員賞与については，従来は旧商法の定めに従って，利益処分により未処分利益の減少とする会計処理を行うことが一般的であった。しかし，会社法の改正により従来の処理が見直された結果，『役員賞与に関する会計基準』では，(b)役員賞与が ④ した会計期間の費用として処理することとなった。

そこで，当事業年度の職務に係る役員賞与を期末後に開催される株主総会の決議事項とする場合には，当該決議事項とする額又はその ⑤ （当事業年度の職務に係る額に限るものとする）を，原則として， ① に計上する (13)。

なお，賞与の金額が事業年度の業績等に基づき算定されることとなっているため四半期財務諸表において ⑥ ことが困難な場合や， ⑦ が乏しいと想定される場合には，費用処理しないことができる (14)。」

問2 下線(a)について，次の設問に答えなさい。

① 「実質的に ③ 債務と認められる場合」の具体例を述べなさい。

② 「 ① とは異なる科目をもって計上する」場合を2例述べなさい。

問3 下線(b)の処理を行う理由を述べなさい。

《解答・解説》

問1 ① 引当金　② 条件附　③ 確定　④ 発生　⑤ 見込額
　　　⑥ 合理的に見積る　⑦ 重要性

問2 ① ⅰ 個々の従業員・子会社役員への<u>支給額が確定</u>している場合
　　　　ⅱ 賞与の支給率，支給月数，<u>支給総額が確定</u>している場合
　　　♪ 各個人への賞与額が確定している場合（ⅰ）だけでなく，それが確定していなくても企業全体の総額が確定している場合（ⅱ）も，会計では実質的な確定債務に含められる点に注意すること。

② ⅰ 支給額が<u>支給対象期間を基準に計算される場合</u>は **未払費用** とする。

ⅱ 支給額が確定している場合は<u>未払金</u>とする。
  ♪ 例：成功報酬型賞与，業績連動型役員賞与

問3 ⅰ 役員賞与は，経済的実態として費用処理される<u>業績連動型の役員報酬</u>と同様に職務執行の対価と考えられる。

ⅱ <u>職務執行の対価</u>としての性格は，本来，支給手続の相違により影響を受けるものではない（意見書12）。

(2) 修繕引当金

問1 次の文章の空欄に適切な用語を示しなさい。

「修繕が行われることによって維持される有形固定資産について，修繕の原因となる事実は ① にともなって徐々に ② している。将来の修繕費の ③ 額のうち，当期負担分を当期の ② 費用として認識するために設定されるのが修繕に備えた引当金である。将来の修繕に備えた引当金は，法律上の ④ ではなく，企業の経済的負担を表す ⑤ である。

将来の修繕に備えた引当金には，<u>流動負債となる修繕引当金と固定負債となる特別修繕引当金とがある</u>。」

問2 下線の次の引当金は，どのような場合に計上されるかを述べなさい。
① 修繕引当金
② 特別修繕引当金

《解答・解説》

問1 ① 使 用 ② 発 生 ③ 見 積 ④ 債 務
    ⑤ 会計的負債

問2 ① 毎年行われる通常の修繕が何らかの理由で次期に延期された場合
    ② 数年に一度ずつ行われる定期的な大修繕に備える場合
      ♪ 例：船舶・溶鉱炉等の特別の大修繕

See. 本章3節1(3)問2♪（修繕引当金の設定根拠）

(3) 製品保証引当金と工事補償引当金

問1 次の文章の空欄に適切な用語を示しなさい。

「製品保証引当金は，一定期間，無償で補修等する契約で商品等の販売を行っ

た場合，将来の無償補修等に係る見積費用のうち，当期収益に ① する費用を引当計上したものである。このうち建設工事に関して設定するものを ② 引当金という。製品保証引当金及び ② 引当金は，同じ性格を有する ③ 債務である。」

問2　下線の見積費用は，どのように算定されるのか。

《解答・解説》
問1 ①　対　応　　②　工事補償　　③　条件附
問2　過去の実績統計等による。

第4節　資産除去債務と退職給付会計

1　資産除去債務
（1）除去債務と2つの処理方法
問1　次の文章の空欄に適切な用語を示しなさい。

「有形固定資産の「除去」とは，有形固定資産を ① から除外することをいう（3）。実務上，除去費用はこれまで ② したときに認識されてきた。しかし，除去費用は，その支出が将来だとしても，有形固定資産を使用する期間中の各会計期間で負担すべきものである。そこで，有形固定資産の除去に関して，当期の負担額を損益計算書に正確に表示し，かつ将来の支出見積額を貸借対照表に反映させるために，『資産除去債務に関する会計基準』が設定された。

資産除去債務とは，有形固定資産の取得，建設，開発又は通常の ③ によって生じ，(a)当該有形固定資産の ④ に関して法令又は契約で要求される ⑤ 及びそれに準ずるものをいう（3（1））。

資産除去に係る会計処理としては，(b)引当金処理と資産負債の両建処理とが考えられるが，基準は，後者を採用している。

⑤ 及びそれに準ずるもの以外に係る有形固定資産の除去費用は，従来通りの処理を行う。」

問2　下線(a)に関連して，次の設問に答えなさい。
①　具体例を2つ示しなさい。
②　次の場合は，資産除去債務に該当するか。

ⅰ　環境修復や修繕
　　ⅱ　転用や用途変更
　　ⅲ　有形固定資産の除去に関連して有害物質等を除去することが法律等で義務付けられている場合，当該有害物質等の除去費用
　③　修繕引当金として処理しない理由を述べなさい。
問3　下線(b)の2つの処理方法に関連して，次の設問に答えなさい。
　①　引当金処理を説明し，これを採用しなかった理由を述べなさい。
　②　2つの処理方法と会計観（アプローチ）との結びつきを指摘しなさい。

《解答・解説》

問1 ①　用役提供　　②　実際に除去　　③　使　用　　④　除　去
　　⑤　法律上の義務

問2 ① ⅰ　原子力発電設備の解体義務
　　　 ⅱ　定期借地権上の建物の解体義務
　　　 ⅲ　鉱山の土地の原状回復義務　etc.
　② ⅰ　該当しない。　♪　使用期間中に実施されるものである。
　　 ⅱ　該当しない。　♪　自ら使用を継続するものであり，用役提供から除外することにはならない。
　　 ⅲ　該当する。
　③　修繕引当金は，収益との対応を図るために当期の負担に属する金額を計上するための貸方項目であり，債務性はない引当金と整理されている場合が多い。また，修繕引当金は，操業停止や対象設備の廃棄をした場合には不要となるが，資産除去債務は廃棄等の資産除去時の費用を計上するものである（25）。

問3 ①　引当金処理は，将来の有形固定資産除去時の支出見積額を，その資産の使用に応じて各期間が負担すべき除去費用として配分し，それに対応する金額を引当金として毎期積み増していく方法である（32一部修正）。
　　（採用しなかった理由）
　　　ⅰ　引当金処理では，資産除去費用が支出される前の各期末において，その債務の一部しか計上されないから，貸借対照表への負債計上額としては不十分となる。

第8章　221

ⅱ　資産負債の両建処理と引当金処理とでは各期に計上される費用額は，基本的に同額となることから，前者は後者を包摂する。
　　ⅲ　国際会計基準とのコンバージェンスに資する（34）。
　②　引　当　金　処　理　→　収益費用アプローチ
　　　資産負債の両建処理　→　資産負債アプローチ

（２）資産負債の両建処理とその表示
問１　次の文章の空欄に適切な用語を示しなさい。
　「資産除去債務は(a)それが　①　したときに，(b)有形固定資産の除去に要する割引前の将来キャッシュ・フローを見積り，　②　で算定する（6）。
　算定額は，負債として計上した時に，当該負債の計上額と　③　を，(c)関連する有形固定資産の　④　に加える。加算額は，　⑤　を通じて，当該有形固定資産の残存耐用年数にわたり，各期に　⑥　する（7）。(d)時の経過による資産除去債務の調整額は，その　⑦　時の費用とするとともに　⑧　計上する（9）。
　資産除去債務の履行時に認識される資産除去債務残高と資産除去債務の決済のために実際に支払われた額との差額は，損益計算書上，(e)原則として，当該資産除去債務に対応する除去費用に係る費用配分額と　⑨　に含めて計上する(15)。
　資産除去債務は，　⑩　基準により(f)流動と固定とに区分表示される。」
問２　下線(a)はどのようなときをいうのか，より詳しく述べなさい。
問３　下線(b)に関連して，次の設問に答えなさい。
　①　「割引前の将来キャッシュ・フロー」の見積り方法を述べなさい。また，資産除去債務の見積りの変更があった場合の処理についても述べなさい。
　②　どのような割引率を用いるのか。また，割引率が変動した場合，見直しを行うか否かについて述べなさい。
問４　下線(c)に関連して，次の設問に答えなさい。
　　ⅰ　資産除去費用が資産性をもつ根拠を述べなさい。
　　ⅱ　　④　に加える意味を資金回収の観点から述べなさい。
　　ⅲ　有形固定資産とは別の資産としない理由を述べなさい。
　　ⅳ　資産除去債務が負債に計上されている場合，減損会計基準の適用にあたって注意すべき事項を述べなさい。

問5 下線(d)の「調整額」に関連して，次の設問に答えなさい。
① 算定方法を述べなさい。
② 会計上の性格を述べなさい。
③ 表示箇所を述べなさい。

問6 下線(e)に関連して，例外処理を述べなさい。

問7 下線(f)の流動と固定とに区分する具体的な方法を述べなさい。

《解答・解説》

問1 ① 発　生　② 割引後の金額（割引価値）　③ 同　額
④ 帳簿価額　⑤ 減価償却　⑥ 費用配分　⑦ 発　生
⑧ 負債に追加　⑨ 同じ区分　⑩ 一　年

問2　資産除去債務を合理的に見積られるようになったときをいう。
♪　資産除去債務は発生しているが，その債務を合理的に見積ることができないため，貸借対照表に資産除去債務を計上していない場合には，次の事項を注記する（16）。
　i　当該資産除去債務の概要
　ii　合理的に見積ることができない旨
　iii　及びその理由
　なお，「合理的に見積られるようになったとき」の負債計上は，資産除去債務の「見積りの変更」として取扱う。

問3 ① 割引前の将来キャッシュ・フローは，合理的で説明可能な仮定及び予測に基づく<u>自己の支出見積り</u>による（6（1））。

cf. 市場の評価を反映した金額

見積りの変更による調整額は，資産除去債務の帳簿価額及び関連する有形固定資産の帳簿価額に加減して処理する。資産除去債務が法令の改正等により新たに発生した場合も，見積りの変更と同様に取扱う（10）。

② 貨幣の時間価値を反映した<u>無リスクの税引前の利率</u>とする（6（2））。
　割引率は，原則として，固定し，見直しは行わない。ただし，割引前の将来キャッシュ・フローに 重要な見積りの変更 が生じ，当該キャッシュ・フローが<u>増加する場合</u>，その時点の割引率を適用する。これに対し，当該キャッシュ・フローが<u>減少する場合</u>には，負債計上時の割引率を適用する。

なお，過去に割引前の将来キャッシュ・フローの見積りが増加した場合で，減少部分に適用すべき割引率を特定できないときは，加重平均した割引率を適用する (11)。
　　　　　cf. 無リスクの割引率に信用リスクを調整したもの（米国会計基準）

問4 i　除去費用は，有形固定資産の稼働にとって不可欠なものであるため，資産の取得に関する付随費用と同様に処理する。
　　 ii　有形固定資産への投資について，資金回収すべき額を引上げること。
　　 iii　除去費用は，法律上の権利ではなく財産的価値もないこと。また，独立して収益獲得に貢献するものではないこと。
　　 iv　除去費用部分の影響を二重に認識しないようにするため，将来キャッシュ・フローの見積りに除去費用部分を含めないように注意する (44)。

問5 ①　期首の資産除去債務残高の帳簿価額に負債計上時の割引率を乗じて算定する (48)。
　　 ②　除去費用見積額の当期の負担額（発生額）の一部としての性格を有する。
　　　　♪　調整額は，手続上は退職給付会計における利息費用と同様の算式で算定されるが，実際の資金調達活動に係る財務費用としての性格をもつものではない。割引により算定された資産除去債務を除去費用見積額（割引前）へと割引いた跡を逆に遡るように，積み増していく過程において，その発生金額を複利計算と同じ手続により配分されたものである。
　　 ③　対象有形固定資産の減価償却費と同じ区分に含めて計上する (55)。

問6　次の場合には，特別損益として処理する (58)。
　　 i　当初の除去予定時期よりも著しく早期に除去することとなった場合
　　 ii　当該差額が異常な原因により生じたものである場合

問7　貸借対照表日後1年以内にその履行が見込まれて流動負債として表示される場合を除き，固定負債の区分に資産除去債務等の適切な科目名で表示する。

♪　| 資産除去費用・債務の本質 |

次頁の概念図において資産除去債務の発生時から除去時までの①と②の合計額は，除去時における除去費用見積額（割引前）に一致する。つまり，資産除去債務に係る会計処理は，これらの見積額を資産の使用期間中の各会計期間に負担さ

せるために工夫された方法なのである。そして，③は見積りの変更と同じである。以上から，①②及び③は同じ性格を有しているといえる。そこで，これら3つは，処理科目名は異なるにしても関係する資産の減価償却費と同じ区分で計上されることになるのである。

《資産除去債務の概念図》

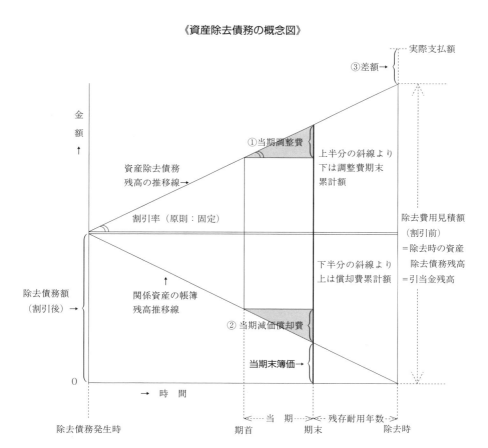

───線＝期末の除去債務残高＝発生時の除去債務額（割引後）＋期末の調整費累計額

▒は，資産除去費用等の当期発生額を表わしている。
上の図表において，上部の斜線は，時間の経過とともに逓増する曲線になるのが正しいが，ここでは，単純化のために直線で表現している。

引当金処理を行った場合，関連する有形固定資産の帳簿価額に加算された額の減価償却費相当額は，調整費とともに引当金の繰入額として処理される。従って，引当金の各期末の残高は，資産除去債務残高の推移線と関係資産の帳簿残高推移線に挟まれた部分になる。これは，引当金残高が資産負債の両建処理をした場合の資産除去債務残高に比して，関係資産の帳簿残高分（図の**当期末簿価**）だけ少なく表示されることを意味している。

資産除去に係る負債は，将来支出額の見積りにより計上され，また，有形固定資産の帳簿価額に加算された額については，資産の本質を有するかどうかという疑問もあることから，引当金として処理する方が他の会計処理との関連では，内的整合性を有する。しかし，資産除去債務は，通常多額となるので，基準は企業の将来負担総額の計上をより優先して，資産負債の両建処理を採用した。

引当金処理は，収益費用アプローチに基づく処理であり，資産負債の両建処理は資産負債アプローチに基づく処理であるといえる。

♪　(補足)「有形固定資産の帳簿価額に加算された額」の資産性　加算された額の資産性について，基準の結論は，問4 i の通りである。表題の有形固定資産は，その除去に関する法的義務等を果たすことを前提に使用される。よって，有形固定資産の除去時に生じる除去費用は，費用収益対応の原則を根拠として有形固定資産使用期間中の各会計期間で負担すべきではある。しかし，期間負担額の貸方項目としての負債を設定する必要性とその借方項目が資産としての本質を有するかどうかとは別問題である。

私見では，加算額は，有形固定資産と協働して将来利益の増加に結びつくものでない。また，過去の取引又は事象の結果としてすでに存在しているものではなく，将来の取引を予定して計上されている。これらから資産の定義（第1章3節3問3）の要件を充たさない，と解する。負債からの控除項目とも考えられるが，この場合でも資産性がある訳ではない。会計では，企業に将来利益の増加に結びつく経済的事象があるときに資産として認識するのであって，その逆ではない。これに資産負債アプローチに基づいて負債の計上がより重視される場合においても同様である。この点，基準は「資産としての性格を有しているかどうかという指摘」(33) があることを認めるに止めている。

See. 第3章2節2 問4 ♪（対応原則により繰り延べられた資産の費用化と配分手続）

2　退職給付会計

退職給付について，個別会計での取扱いを中心とし，連結会計でのそれは，関連箇所で補足して説明する。

(1) 退職給付に関する会計基準の改正と連単の分離

問1　次の文章の空欄に適切な用語を示しなさい。

「退職給付に関する基準は，昭和43年の個別意見書から平成10年の会計基準の

公表，及びその改正が平成17年，同19年に行われてきたが，平成24年5月にも改正された。そして，平成28年の改正においては，(a)確定拠出制度に係る注記事項が整備された。これ以外の内容・表示については，平成24年度の改正から変更はない。 ① として支払われる ② という退職給付の基本的性格は，従来より一貫して変更はないが，平成24年の改正では，財務報告の改善とIASBとのコンバージェンスを図ることとの観点から見直しの上，旧基準は新基準へ整理統合された。その結果，(b)用語の変更も行われたが，一部項目については，(c)個別会計と連結会計とで異なる連単分離の処理が行われることになった。近い将来においては，連単分離項目が連結会計に合わせるように改正されるであろう。」

問2 下線(a)の注記事項を3つ示しなさい。

問3 連単いずれか，又はその双方で，下線(b)の「用語の変更」があったものについて，従来の用語と関連づけて，新用語を個別と連結とに区分して4つ示しなさい。なお，旧基準より変更がない用語は，（変更なし）と記しなさい。

問4 下線(c)の「連単分離の処理」について，次の設問に答えなさい。
① 連単で処理が異なる項目を2つ示し，その発生時の処理を説明しなさい。
② 上記①の項目の損益計算書での処理方法を説明しなさい。
③ 連単同一内容の改正項目を4つ示しなさい。
④ 連単で処理が異なる理由を説明しなさい。

問5 次の（設例）により当年度と次年度の処理を個別会計と連結会計と区分して仕訳で示しなさい。

（設例）
1．当年度において，数理計算上の差異（将来利益を減少）60が生じた。
2．数理計算上の差異は，発生年度の翌年から2年で定額法により償却する。
3．税効果は考慮しない。

《解答・解説》

|問1|① 労働の対価　② 賃金の後払い

|問2|　i　企業の採用する確定拠出制度の概要
　　　 ii　確定拠出制度に係る退職給付費用の額
　　　iii　その他の事項（32−2）

問3

従来の基準	新　基　準	
	個　別　会　計	連　結　会　計
退職給付引当金	（変更なし）	退職給付に係る負債
前払年金費用	（変更なし）	退職給付に係る資産
過去勤務債務	過去勤務費用	過去勤務費用
期待運用収益率	長期期待運用収益率	長期期待運用収益率

問4 ① 連単で異なる処理項目…未認識数理計算上の差異　未認識過去勤務費用

　　個別……認識しない（オフバランス）

　　連結……未認識過去勤務費用等の未認識項目を退職給付に係る負債に含めて計上し，それに見合う額を税効果を調整の上，純資産の部におけるその他の包括利益累計額に「退職給付に係る調整累計額」等の適当な科目をもって計上する（27）。　　　　See. 229頁（問5の補足説明）

② 差異発生時に即時に認識するのではなく，平均残存勤務期間以内の一定の年数で規則的に費用処理する（24, 25, 56）。

　♪　遅延認識とは，下点線の処理をいう。　cf. 即時認識

③ i　退職給付見込額の期間帰属の計算方法（19, 60～63）

　ii　計算基礎（割引率，予想昇給率，長期期待運用収益率）の見直し（指針24・93，注5・57, 23）

　iii　複数事業主制度の定め（指針64・121）

　iv　過去勤務費用の表示区分（28, 75）

　♪　③の解答は，記述できなくてよく，改正項目を読むだけでよい。

④ 未認識項目の負債計上に係る取扱いについて，連結会計では，即時認識することにより，国際会計基準と整合させて積立不足額を負債として全額計上する。この処理により財務諸表利用者の理解可能性を高め，透明性の向上による財務報告の改善を早期に図ることできる（49）。しかし，個別会計では，市場関係者の合意形成が十分に図られていない状況を踏まえ，当面の間，未認識のままとしている（39, 88）。

　♪　連単分離の処理に伴い，連結財務諸表を作成する会社については，個別会計において未認識項目の貸借対照表における取扱いが連結財務諸表と異なる旨の注記が必要となる（39）。

問5

区分	個別会計	連結会計
当年	（仕訳なし）	（借）退職給付に係る調整額　60 （貸）退職給付に係る負債　　60
次年	（借）退職給付費用　　　30 （貸）退職給付引当金　　30	（借）退職給付費用　　　　30 （貸）退職給付に係る調整額　30
補足説明	「退職給付に係る調整額」は，連結包括利益計算書（又は連結損益及び包括利益計算書）上で「その他の包括利益」を通じて認識するときの科目名で，連結貸借対照表上では，純資産の部「包括利益累計額」の1つとして，「退職給付に係る調整累計額」等の科目名称で表示される。 　退職給付に係る調整額は，フローの概念（その他の包括利益）であり，退職給付に係る調整額累計額は，ストックの概念（その他の包括利益累計額）である。用語を使い分けること。　see. 275頁 問2①iv 　なお，　　　　は，組替調整ための処理である（15, 56）。	

《退職給付に係る負債と退職給付引当金との相関図》

i　退職給付債務 　　（割引計算）	ii　年金資産（時価評価）	
	iii　**退職給付に係る負債** 　　（連結，積立不足）	iv　未認識項目の未償却額
		v　**退職給付引当金**（個別）

○　i の**退職給付債務**とは，退職給付見込額のうち，認識時点までに発生していると認められる部分を割引いたものをいう（6）。

○　iv 未認識項目には，数理計算上の差異，過去勤務費用及び会計基準変更時差異がある。**数理計算上の差異**とは，年金資産の期待運用収益と実際の運用成果との差異，退職給付債務の数理計算に用いた見積数値と実績との差異及び見積数値の変更等により発生した差異をいう（11）。**過去勤務費用**とは，退職給付水準の改訂等に起因して発生した退職給付債務の増減部分をいう（12）。**会計基準変更時差異**とは，基準の変更により生じた新基準での負債計上額と旧基準での負債計上額との差額をいう。これらは，その発生が i の増加（減少）・当期純利益の減少（増加）要因となる場合，連結B／S上では，退職給付に係る負債（資産）とその他の包括利益累計額（退職給付に係る調整累計額）のマイナス（プラス）項目として両建表示される。連結貸借対照表・包括利益計算書では**即時認識**されるが，連結損益計算書では，個別会計と同様に，退職給付費用としては，即時認識されず，**遅延認識**されるのである。

○　オフバランス項目：個別会計…ii と iv　　　連結会計…ii のみ
　　see. 236頁（**退職給付に係る負債と退職給付費用との相関図**）

♪ 連単の差異点まとめ
　i　個別会計では，退職給付引当金，前払年金費用と表示されるが，連結会計では，それぞれ退職給付に係る負債，退職給付に係る資産と表示される。
　ii　退職給付に係る負債には，未認識過去勤務費用等の未認識項目が含まれるが，退職給付引当金には，それらを加減した後の額が表示される。

（2）退職給付会計の基本的な考え方

問1　次の文章の空欄に適切な用語を示しなさい。

「退職給付とは，一定の期間にわたり労働を提供したこと等の事由に基づいて，　①　に(a)支給される給付をいう（3）。退職給付は，労働の対価として支払われる(b)賃金の後払いという性格を有し，基本的に　②　を通じた労働の提供に伴って　③　する。このため，退職給付見込額のうち当期の負担に属すべき金額は，その　④　に基づくことなく，その　⑤　の期間帰属に基づいて費用として認識することになる（53）。

(c)退職給付に係る会計処理としては，将来の退職給付のうち当期の負担に属する額を(d)当期の費用として計上するとともに，(e)負債の部に計上する（54）。負債の債務性については，　⑥　の1つとされる。」

問2　下線(a)の退職給付について，次の設問に答えなさい。
　①　退職給付の支給方法の名称2つを示しなさい。
　②　退職給付の範囲には，役員の退職慰労金も含まれるのか，その理由とともに示しなさい。

問3　退職給付の性格を表す下線(b)以外の説の名称を2つ示しなさい。

問4　下線(c)の退職給付に係る会計処理について，次の設問に答えなさい。
　①　退職給付会計に特有の事象2つを指摘し，その名称に下線を引くとともに，それらについての考え方を簡潔に説明しなさい。
　②　退職給付会計の特徴を3つ示しなさい。

問5　下線(d)の「当期の費用」について，次の設問に答えなさい。
　①　費用の科目名とその原則的な表示区分を示しなさい。
　②　上記①以外の表示区分とする場合はあるか，あるなら，それを説明しない。
　③　費用認識の根拠となる原則名を指摘しなさい。

問6　下線(e)の負債について，次の設問に答えなさい。
① 負債の科目名称を個別と連結とに区分して示しなさい。なお，連結で表示される負債については，その内容を端的に説明しなさい。
② 流動と固定の区分において，どの区分で表示されるかを示しなさい。

《解答・解説》
問1 ① 退職以後　② 勤務期間　③ 発　生　④ 支出の事実
　　 ⑤ 支出の原因又は効果　⑥ 条件付債務
問2 ① ⅰ 退職一時金　ⅱ 企業年金（退職年金）
　　 ② 含まれない。　（理由）労働の対価との関係が必ずしも明確でないから。
問3 　ⅰ 功績報償説　ⅱ 生活保障説　♪ 下線を「賃金後払説」という。
問4 ① ⅰ 負債計上時に年金資産を控除し，年金資産より生じる期待運用収益を退職給付費用から差し引くこと。
　　　 ⅱ 過去勤務費用及び数理計算上の差異は，原則として，一定の期間にわたって規則的に，費用処理すること（54）。
　　 ② ⅰ 計算時点の退職給付ではなく，退職以後に支払う退職給付見込額を基礎に退職給付費用を計算すること。
　　　 ⅱ 各期の退職給付の発生額は，期間定額基準と給付算定式基準のいずれかを選択適用して計算すること。
　　　 ⅲ 退職給付債務は，退職給付見込額を現在価値に割引いて計算すること。
問5 ① 退職給付費用
　　　（表示区分）原則として，売上原価又は販売費及び一般管理費に計上する（28）。
　　 ② ある。　⇒　次の場合で，重要であると認められるときは，特別損失とすることができる（28）。
　　　 ⅰ 過去勤務費用をその発生時に全額費用処理する場合
　　　 ⅱ 退職一時金実際支給額に割増退職金が含まれている場合の当該割増部分
　　 ③ 発生主義（の原則）
問6 ① 個別会計…退職給付引当金　　連結会計…退職給付に係る負債
　　　（内容）退職給付債務に対する年金資産の期末時点での積立不足額
　　 ② 固定負債

（3）退職給付引当金又は退職給付に係る負債

問1 会計基準の文言を個別会計用に修正した次の文章の空欄に適切な用語を示しなさい。

「　① 　に未認識数理計算上の差異及び未認識過去勤務費用を加減した額から　② 　の額を控除した額を負債として計上する。ただし，　② 　の額が　① 　に未認識数理計算上の差異及び未認識過去勤務費用を加減した額を超える場合には，(a)資産として計上する（13，39（1））。

　① 　は，(b)退職により見込まれる退職給付の総額（　③ 　という。）のうち，(c)期末までに　④ 　していると認められる額を(d)　⑤ 　計算する（16）。

(e)　② 　とは，企業年金制度に基づいて退職後に退職給付を支給するために企業外部の委託先へ資金拠出をして積み立てられ，一定の保全要件を充たした特定の資産をいう。その額は期末における　⑥ 　により計算する（7，22）。」

問2 問1の文章を連結会計用の文言内容に戻すためには，どの箇所をどのように修正すればよいかを指摘しなさい。

問3 下線(a)の資産となる場合の具体例を3つ示しなさい。

問4 下線(b)に次の要因は考慮するか否か，について答えなさい。
　ⅰ　予想される昇給
　ⅱ　臨時に支給される退職給付
　ⅲ　期末時点において受給権を有していない従業員に対する退職給付

問5 下線(c)の期間帰属の計算方法の名称を2つ示し，その説明をしなさい。

問6 下線(d)の計算について，次の設問に答えなさい。
① どのような利回りを基礎とするのかを述べなさい。
② 「　⑤ 　計算する」方法名とその計算要素の3つを示しなさい。
③ 上記②の計算をする理由を述べなさい。
④ 下線と同様の計算をする債務名を示しなさい。
⑤ 退職給付の期末要支給額等の簡便な方法を用いて，退職給付費用を計算することが認められる場合はあるか。あるなら，そのケースを示しなさい。

問7 下線(e)について，次の設問に答えなさい。
① 　② 　をオフバランスとするのは何故か，諸外国の基準に歩調を合わせたこと以外の理由を述べなさい。

② 年金制度の種類について，次の設問に答えなさい。
　i　年金制度の種類を２つに分けて示し，このうち『退職給付に関する会計基準』が前提にしている制度名に下線を引きなさい。
　ii　『退職給付に関する会計基準』が前提としていない年金制度を採用している場合の会計処理を述べなさい。

《解答・解説》

問1 ① 退職給付債務　② 年金資産　③ 退職給付見込額　④ 発　生
　　　⑤ 割引いて　⑥ 時価（公正な評価額）

問2 ２ヶ所の「に未認識数理計算上の差異及び未認識過去勤務費用を加減した額」をいずれも削除する。

問3 i　基金（年金資産）への拠出額が会計上の退職給付費用を超える場合
　　ii　実際運用収益が期待運用収益を超過した場合（数理計算上の差異）
　　iii　給付水準の引下げ改訂により退職給付債務が減少した場合（過去勤務費用）
　♪　通常は，これらの例示と逆の場合が多い。その場合は，退職給付制度の新設（過去勤務費用）等と同様に退職給付債務の増加となる。

問4 i　する（含める）　　ii　しない（含めない）　　iii　する（含める）
　♪　退職給付見込額は，合理的に見込まれる退職給付の変動要因を考慮して見積る（18）。iiiの退職給付見込額は，企業へ雇用された時より発生している。
　　退職給付見込額は，期末において定年までの各時点（予想退職時期）毎の退職給付額を計算し，これに退職確率を乗じて算定する。このような算定方法を**期待値計算**という。

問5 i　期間定額基準　退職給付見込額について全勤務期間で除した額を各期の発生額とする方法である。
　　ii　給付算定式基準　退職給付制度の給付算定式に従って各勤務期間に帰属させた給付に基づき見積った額を，退職給付見込額の各期の発生額とする方法である。なお，この方法による場合，勤務期間の後期における給付算定式に従った給付が，初期よりも著しく高い水準となるときには，当該期間の給付が均等に生じるとみなして補正した給付算定式に従わなければならない（19）。

♪　なお書の場合を「著しく後加重」という（61）。基準は，継続適用を条件にⅰとⅱの選択適用を認めているが，これら以外の基準は認められない。

♪　**期間定額基準・給付算定式基準による期間配分額**

　期間定額基準では，各勤務期間の労働の貢献度が均等であるとみなして，退職給付見込額を全勤務期間で除して各期間に均等に配分する。給付算定式基準では，給付算定式に従って計算された各勤務期間の給付額にこそ当該期間の労働の貢献度が表されていると考える。例として，次表のような勤務期間に応じた定額制の給付算定式を採用している企業に22歳の従業員が就職し，65歳定年で退職する場合の退職給付見込額（退職一時金）の期間配分は，次のように計算される。

給付算定式

勤続年数	給付額／年
3年未満	0
4年から20年	24万円
21年から35年	60万円
35年超	0

〇定年時の退職一時金の計算：

　（@24万円×17年）+（@60万円×15年）＝1,308万円（退職給付見込額）

◎期間定額基準による各期への配分額：

　1,308万円÷（65年−22年）＝304,186円／年

◎給付算定式基準による各期への配分額：

　勤続年数に応じたその年間給付額を給付算定式の表に従って各期に配分する。例えば，勤続5年目の期間配分額は，24万円であり，30年目のそれは，60万円である。給付算定式基準の「著しく後加重」に該当すると判断されるときは，「定額法による補正」として，4年から35年までの32年間に配分された額を均等の408,750円／年（＝1,308万円÷32年）として計算する。この場合，3年までと36年目以降の期間配分額は，0となる。

問6 ①　割引率は，安全性の高い債券の利回りを基礎として決定する。具体的には，期末における国債，政府機関債及び優良社債の利回りをいう（20，注6）。

② 現価方式

計算要素 ｛ ⅰ 退職給付見込額のうち，計算時点までの発生額
ⅱ 割引率
ⅲ 残存勤務期間（割引期間）｝

③ 退職給付の発生時とその支給時とには相当の期間があり，通常は多額になることから，貨幣の時間価値を負債の評価に織込むため。

④ 資産除去債務

⑤ ある。小規模企業等で一定の条件を満たす場合（26）。

問7 ① 年金資産は退職給付の支払のためのみに使用されることが制度的に担保されていることなどから，これを収益獲得のために保有する一般の資産と同様に企業の貸借対照表に計上することには問題があり，かえって，財務諸表の利用者に誤解を与えるおそれがあると考えられるから（69）。

② ⅰ 確定給付型年金　　確定拠出型年金
ⅱ 拠出時に拠出額をもって退職給付費用とする（31）。

♪ 年金資産は，社外基金として，拠出金を生命保険会社や信託銀行等に運用委託されることが多く，退職後に分割支給される企業年金だけでなく，退職一時金の財源としても利用される。

☕ 長いものには巻かれろ！

　本来，義務や履行という概念は，法律用語であり，負債や引当金という概念は，会計用語である。このため，「法的義務の履行」や「会計的負債」とするのは，厳密にいえば同義反復であり，用語の使用法としてあまり薦められたものではない。しかし，そのような使用法の方がむしろ一般的で説得力もあるように感じる。そこで，本書ではあえて一般的な使用法に従っている。長いものに巻かれても本質には影響しないと思われるからである。

《退職給付に係る負債と退職給付費用との相関図》

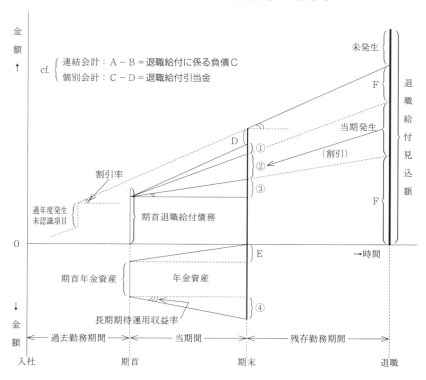

退職給付費用(番号は,上図に対応)

① 未認識項目の償却費	④ 期待運用収益
② 勤務費用	**退職給付費用**
③ 利息費用	

　期末の縦太線のうち,<u>退職給付債務</u>Aは,金額0の横線より上部であり,**年金資産額**Bは,その下部で時価(公正な評価額)評価して計算する。Dは,**未認識項目(未認識過去勤務費用等)**の期末未償却額を表している。2つの**退職給付見込額(割引前)**Fの合計は,期首までの発生額を表している。**年金資産への拠出及び年金資産から退職者への給付**Eのうち,前者は,・未・積・立退職給付債務額を減少させるので,負債計上項目の減少として処理する。後者は,給付額と同額とみなされるAの減少を伴うので,会計処理を要しない。

　see. 229頁(**退職給付に係る負債と退職給付引当金との相関図**)

(4) 退職給付費用

問1 次の文章の空欄に適切な用語を示しなさい。

「当期発生の (a-1) 勤務費用及び退職給付債務に係る (a-2) 利息費用は，□①□として処理し，年金資産に係る (a-3) □②□は，□①□から差引く。

なお，(b-1) 数理計算上の差異及び (b-2) 過去勤務費用に係る当期の費用処理額は，□①□の1つとして処理される (14)。

連結会計において，未認識数理計算上の差異・未認識過去勤務費用の当期発生額のうち，費用処理されない部分については，□③□に含めて計上する。□④□に計上されている未認識項目のうち，当期に費用処理された部分については，□⑤□を行う (15, 24, 25)。」

問2 下線 (a-) について，次の設問に答えなさい。

① それぞれを定義しなさい。
② それぞれの計算方法を説明しなさい。
③ (a-2) 利息費用について，次の命題は，正しいか。誤りなら，その理由を説明しなさい。

「退職給付に係る利息費用の会計上の性格は，財務費用である。」

問3 下線 (b-) について，次の設問に答えなさい。

① 損益計算におけるの認識方法について，次の設問に答えなさい。
　ⅰ 認識方法の名称を2つ示し，基準採用方式には，下線を引きなさい。
　ⅱ 基準採用方式ではあるが，採用しなかった方法と同じ計算結果なる場合はあるか，あるならそれはどのような場合か。
　ⅲ 基準採用方式での償却開始時期・償却方法を未認識項目毎に示しなさい。
② 基準採用の認識方法の根拠を (b-1) と (b-2) とに分けて説明しなさい。
③ 数理計算上の差異の取扱いについて，次の設問に答えなさい。
　ⅰ 処理方法の名称を2つ示し，基準採用方法には，下線を引きなさい。
　ⅱ 上記ⅰの処理方法を説明しなさい。
　ⅲ 基準の取扱いを採用した理由を述べなさい。

《解答・解説》

問1 ① 退職給付費用　② 期待運用収益　③ その他の包括利益
④ その他の包括利益累計額　⑤ その他の包括利益の調整（組替調整）

問2 ①-1 １期間の労働の対価として発生したと認められる退職給付をいう（8）。
　　 -2 割引計算により算定された期首時点における退職給付債務について，期末までの時の経過により発生する計算上の利息をいう（9）。
　　 -3 年金資産の運用により生じると合理的に期待される計算上の収益をいう（10）。
　　②-1 勤務費用は，退職給付見込額のうち当期に発生したと認められる額を割引いて計算する（17）。なお，従業員からの拠出がある企業年金制度を採用している場合には，勤務費用の計算にあたり，従業員からの拠出額を勤務費用から差引く（注4）。
　　 -2 期首の退職給付債務に割引率を乗じて計算する（21）。
　　 -3 期首の年金資産の額に合理的に期待される収益率（長期期待運用収益率）を乗じて計算する（23）。
　　③ 誤り。　（理由）利息費用の計算では，退職給付費用の当期発生額を認識・測定するための費用配分基準として複利計算式を用いている。利息費用の会計上の性格は，労働サービスの費消を認識したもので，実際の資金調達活動に係る財務費用ではないから。
　　♪ 利息費用は，割引計算した退職給付債務を退職給付見込額（割引前）へと逆に複利計算により計算上の利息相当額を積み増していく過程で，その積増分を当期の発生費用として配分したものである。なお，利息費用が会計上の財務費用なら，営業外費用の区分で表示されることになる。

問3 ① i 遅延認識　即時認識
　　　 ii ある。　⇒　差異等が発生した期に全額を費用処理する方法は，継続して採用することで，遅延認識の１つに含められる（67（3））。
　　　 iii

未認識項目	償却開始時期	償却方法
数理計算上の差異	発生期又はその翌期	定額法又は定率法
過去勤務費用	改訂月（より月割償却）	定額法又は定率法
会計基準変更時差異	発生期	定額法

　　②-1 過去勤務費用の発生要因である給付水準の改訂等が従業員の勤労意欲が将来にわたって向上するとの期待のもとに行われる面があること（67

(1))。
-2 数理計算上の差異には予測と実績の乖離のみならず予測数値の修正も反映されること（67(1)）。

♪ **会計基準変更時差異と遅延認識の根拠**
会計基準変更時差異は，解答の２つの未認識項目と異なり，理論的には発生時点で負債（資産）及び費用（収益）として即時認識すべきである。しかし，わが国では，期間損益に与える影響を考慮して遅延認識を認めている。

③ i 重要性基準　回廊アプローチ
ii 重要性基準 は，基礎率等の計算基礎に重要な変動が生じない場合には計算基礎を変更しない等計算基礎の決定にあたって合理的な範囲で重要性による判断を認める方法である（67(2)）。
♪ 判断は企業に委ねられる。

回廊アプローチ は，退職給付債務の数値を毎期末時点において厳密に計算し，その結果生じた計算差異に一定の許容範囲（回廊）を設ける方法である（67(2)）。
♪ 計算結果が許容範囲内か否かで差異認識の可否が決定される。

iii 退職給付費用は，長期的な見積計算であるから，平準化して調整するため（67(2)）。
♪ 見積数値と実績との差異等は，当期純利益に対してプラス要因となる期間もあれば，マイナス要因となる期間もある。長期的に両者は相殺されて平準化されることが予定されている。

第5節　偶　発　債　務

1　偶発債務と与件の変化

問１　次の文章の空欄に適切な用語を示しなさい。
「偶発債務とは，いまのところ現実の債務ではないが，将来，(a)与件が変化した場合には確定債務となって，企業の ① となる ② のある債務をいう。偶発債務は，原則としてその内容を ③ しなければならないが，(b)一定の条件を満たす場合には，引当金の設定を行わなければならない。」

問2　下線(a)の与件に関連して，次の設問に答えなさい。
　①　偶発債務の例を3つ示しなさい。
　②　上記①の各場合に関連づけて，「与件の変化」を指摘しなさい。
問3　下線(b)について，次の設問に答えなさい。
　①　「引当金の設定を行わなければならない」場合を述べなさい。
　②　「一定の条件」を満たさない場合で，偶発損失に備えたい。どのような処理を行えばよいか。
問4　偶発利得の会計処理を述べなさい。

《解答・解説》
問1　①　負　担　　②　可能性　　③　注　記
問2　　①　偶発債務　　　　　　　　②　与件の変化
　　　ⅰ　手形の遡及義務　　　…手形の不渡り
　　　ⅱ　債務の保証　　　　　…主たる債務者の債務不履行
　　　ⅲ　係争事件に係る損害賠償義務…判決や和解による賠償額の確定
問3①　偶発債務が現実の債務となって損失をもたらす<u>可能性が高く</u>，かつ，その損失金額を<u>合理的に見積る</u>ことができる場合である。
　　②　任意積立金を設定すればよい。
問4　それが現実になるまで処理は不要である。

2　債務の保証

問1　次の文章の空欄に適切な用語を示しなさい。

　「他者の債務を保証した場合，主たる債務者が　①　になれば，主たる債務者に代わって保証人が債務を履行する責任を負うことになる。保証人が債務を履行すれば，主たる債務者に対して　②　を有することになる。保証債務は，偶発債務として貸借対照表に　③　するのが原則であるが，債務の肩代わりにより損失をもたらす　④　，かつその損失金額を　⑤　ことができる場合には，　⑥　を設定しなければならない。」

問2　保証債務を対照勘定を用いて処理することがある。これに関連して，次の設問に答えなさい。
　①　対照勘定の借方科目及び貸方科目は，それぞれ何を表しているのか，指摘し

なさい。
② 対照勘定の貸借対照表能力について述べなさい。
③ 損害賠償義務について，対照勘定を用いた処理は可能か。
問3 子会社Ｓの銀行借入に対して，親会社Ｐは，債務保証を行っていた。諸事情によりＳは，自己破産におちいった。そこで，Ｐは債務保証相当額をＳに代わって銀行へ返済した。Ｐはこの保証債務に対して，債務保証損失引当金を設定していた。ＰがＳに代わって銀行に返済したときの会計処理を説明しなさい。

《解答・解説》
問1 ① 債務不履行　　② 求償権　　③ 注　記　　④ 可能性が高く
　　 ⑤ 合理的に見積る　⑥ 債務保証損失引当金（負債性引当金）
問2 ① 借方科目（保証債務見返）……求償権（偶発債権）の存在
　　　　貸方科目（保証債務）……偶発債務
　　 ② 対照勘定は，備忘記録として行うもので，貸借対照表能力はない。
　　 ③ 損害賠償義務については，求償権がないことから対照勘定を用いた処理はできない。
　　♪ 求償権ありの例：手形の裏書・割引，債務保証，先物売買契約等
　　　 求償権なしの例：係争事件の損害賠償事件，工事保証等
問3 債務保証損失引当金を戻し入れる。求償権に基づくＡへの確定債権（貸付金）を返済額で計上し，この債権に対する貸倒引当金を設定する。

3　裏書・割引手形の遡及義務とその処理

問1 次の文章の空欄に適切な用語を示しなさい。
「受取手形に対する貸倒見積額については，　①　を設定しなければならない。この受取手形を裏書又は割引すれば，手形金額を受取る権利を内容とする金融資産は，他に移転して消滅することになるが，それに伴って(a)手形遡及義務を内容とする金融負債が新たに発生することになる。受取手形の裏書又は割引は，金融資産の譲渡の一形態であり，金融負債は，　②　評価し，負債の部に計上する（金融商品基準13）。この評価額は，(b)受取手形に対する　①　の額と同額になる。このような処理は，　③　アプローチによるものである。

裏書・割引手形の不渡りにより損失を被ったときは，その金融負債を取崩し，この取崩額と手形の帳簿価額との差額は，金融負債の見積りが ④ で行われていたことを前提に， ⑤ として処理する。」

問2 下線(a)について，次の設問に答えなさい。
  i 手形遡及義務を説明し，これと同じ性格の項目名称を1つ例示しなさい。
  ii 金融負債の科目名称を示し，その名称を ① としない理由を説明しなさい。

問3 下線(b)の「同額になる」理由を具体的に説明しなさい。

問4 次の取引の処理を仕訳で示しなさい。なお，金融負債は，決算整理としてではなく，関連する取引が行われたときに処理しなさい。
  2／28 商品3,000千円を売上げ，5月31日を期日とする約束手形を受領した。
  3／31 決算日につき当該手形に対して貸倒実績率1％の貸倒れを見積った。
  4／20 当該手形を銀行で割引き，割引料20千円を控除され，割引料を控除した残額2,980千円を当座預金へ預けた。
     割引時の手形遡及義務の時価は，手形の貸倒実績率を援用する。
  5／31 当該手形は，無事決済された。

《解答・解説》

問1 ① 貸倒引当金 ② 時　価 ③ 財務構成要素 ④ 最善の方法
   ⑤ 当期の費用

問2 i 手形遡及義務とは，裏書又は割引した手形が不渡りとなったときに，手形債務者に代わって手形保有者に支払うことが必要となる偶発債務をいう。
   （同じ性格の項目例示）保証債務

   ii 手形遡及債務（又は保証債務）
   （理由）裏書・割引手形については，貸借対照表能力が認められていない。このため，評価勘定としての貸倒引当金を設定しようにも，その控除対象となる資産勘定がなく，手形遡及債務とせざるを得ないから。

   ♪ 債務保証損失引当金（負債性引当金）ともしない。引当金では金融負債とならず，基準違反となってしまうからである。ただし，実務上は税務上の処理に準じて貸倒引当金とすることが多い。

問3 手形の支払者（主たる債務者）が期日に債務を履行しなければ，裏書又は割

引をした者は，代わりに手形金額を手形の所持人へ支払う遡及義務を負う。手形を所持したままなら，その手形金額を回収できない。これらの場合，遡及義務による支払い金額と回収できない手形金額とは同額で，不渡りに伴う損失額は，受取手形と裏書・割引手形とに差異はないからである。

|問4| （単位：千円）

2／28	受 取 手 形	3,000	//	売 上	3,000
3／31	貸倒引当金繰入	30	//	貸 倒 引 当 金	30
4／20	当 座 預 金	2,980	//	受 取 手 形	3,000
	手 形 売 却 損	20	//		
	手形遡及債務費用	30	//	手形遡及債務	30
	貸 倒 引 当 金	30	//	貸倒引当金戻入益	30
5／31	手形遡及債務	30	//	手形遡及債務取崩益	30

☕ コピーの仕事はいつ終わったのか？

　会社に新入社員として入社して，最初の仕事が書類を3部コピーすることだった。依頼された仕事は，次のいつの時点で完了したことになるのだろうか。

① 原本とコピーを依頼者の机の上に置いた時点
② 「コピーができました。」とコピー等を依頼者に提出し，報告した時点
③ 「コピーができました。コピーは，一部ずつ合計3部を原本の順序通りに綴じておきました。これでよろしいでしょうか。」と依頼者の指示通りだったかどうかを確認し，承認を得た時点

　委託・受託関係からいえば，受託者の責任が解除されるのは，理論的には③の時点である。実務上は，ケースバイケースで臨機応変ということも重要な要素であるが，基本を忘れた応用であってはならない。

○会計の歴史は文明の歴史である。（ウルフ）

純資産の構成とその区分

第1節 純資産の意義とその区分

1 純資産の意義とその構成要素

問1 次の文章の空欄に適切な用語を示しなさい。

「純資産とは，① と ② の差額をいい，これは(a)報告主体の ③ である株主に帰属する株主資本と(b)株主資本以外の各項目とに区分される（フレームワーク6・7，基準4）。ここで，「資本」という用語は，様々な意味で用いられるが，(c)基準では，株主に帰属するものであることを明確にする意味が込められている（21）。」

問2 下線(a)の株主資本は，何によって増減するのかを示しなさい。

問3 連結会計における下線(b)について，次の設問に答えなさい。
① 下線の該当項目を3つ示し，その性格を簡潔に述べなさい。
② 上記①の表示区分を述べなさい。

問4 下線(c)について，次の設問に答えなさい。
① 下線は，何を重視した結果かを述べなさい。
② 連結貸借対照表では，資本はどの様な意味をもつのかを述べなさい。
③ 純資産の部が株主資本とその他の純資産とに区分される理由を述べなさい。

《解答・解説》

問1 ① 資　産　② 負　債　③ 所有者

問2 i　株主との直接的な取引
　　　 ii　株主に帰属する当期純利益（基準・注（7））

問3① i　非支配株主持分……純資産額のうち，親会社株主以外の非支配株主に帰属する部分
　　　　 ii　潜在株主持分……報告主体の将来の所有者であるオプション所有者との直接的取引により生じた部分（新株予約権）

244

iii　その他の包括利益累計額……純資産変動額のうち，投資のリスクから解放されていない部分
　②　株主資本以外の項目として，その他の包括利益累計額，新株予約権及び非支配株主持分に区分して表示する。

問4①　<u>株主資本と当期純利益の連携</u>を重視した結果である（21）。
　②　連結財務諸表を親会社の財務諸表の延長線上に位置づけて，親会社の株主に帰属するもののみを反映させるという<u>親会社説の考え方</u>による，という意味がある。　　　　　　　　　See. 270頁（その他の包括利益累計額の増減と表示）
　③　株主資本は，払込資本とその運用から得られた稼得資本（留保利益）からなる。稼得資本は，損益計算書を経由して計上される。その他の純資産は，損益計算書を経由しない純資産の増減額（資本取引を除く）である。そこで，損益計算書と貸借対照表との連携が保たれている株主資本とその連携がないその他の純資産とを区分したのである（純資産基準33）。

♪　　会計上の「資本」の概念とその様々な意味

　次表に記載した以外の資本概念としては，短期資本（流動負債）と長期資本（固定負債及び純資産の合計），変動資本（収益の変動に応じて変動する資産）と固定資本（収益の変動があっても固定的な資産），名目資本と実質資本（**第9章1節4**…資本維持論），経営資本（本来の経営活動に使用している資産），資本還元（将来利益の総和を現在価値に割引くこと），その他がある。

<u>貸借対照表（貸方）</u>　　　　　　　　（資本の様々な意味）

負債の部			他人資本	
純資産の部*			自己資本	総資本
Ⅰ　株主資本				
1　資本金	法定資本	拠出資本		
2　資本剰余金				
3　利益剰余金		稼得資本		
Ⅱ　評価・換算差額等				
Ⅲ　新株予約権				

＊　純資産の部の表示は，源泉別に分類されている。

《純資産の構成要素》

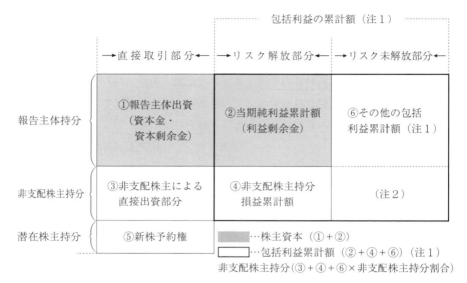

(注1) 連結会計では，包括利益の概念が導入されたが，個別会計では未導入である。個別会計上，その他の包括利益累計額は，原則として，評価・換算差額等として表示される。
(注2) 支配獲得後に生じた子会社の利益剰余金及び評価・換算差額等のうち非支配株主に帰属する部分は，非支配株主持分として処理する（連結基準注7（2））。
出所：『詳解　討議資料・財務会計の概念フレームワーク』136頁　中央経済社刊（辻山栄子執筆部分）一部変更

2　純資産の部の区分表示

問1　個別会計上の【純資産の部】における次の空欄に適切な用語を示しなさい。

【純資産の部】

Ⅰ　①

　　1　資本金　　　　　　　　×××
　　2　②　　　　　　　　　　×××
　　3　③
　　　（1）④　　　　×××
　　　（2）⑤　　　　×××
　　　　　③合計　　　　　　 ×××

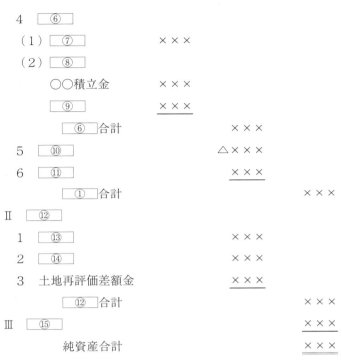

問2 払込資本以外の ③ 項目を2つ示しなさい。

問3 剰余金について，次の設問に答えなさい。

① 分配可能額の基礎となる剰余金を2つ示しなさい。

② 会計上の剰余金を2つ示しなさい。

《解答・解説》

問1 ① 株主資本　② 新株式申込証拠金　③ 資本剰余金
　　④ 資本準備金　⑤ その他資本剰余金　⑥ 利益剰余金
　　⑦ 利益準備金　⑧ その他利益剰余金　⑨ 繰越利益剰余金
　　⑩ 自己株式（減算）　⑪ 自己株式申込証拠金
　　⑫ 評価・換算差額等（♪　連結上は，その他の包括利益累計額）
　　⑬ その他有価証券評価差額金　⑭ 繰延ヘッジ損益　⑮ 新株予約権

問2 （♪　純資産の部基準37）

　ⅰ　資本的支出に充てた国庫補助金等　See. 157頁（国庫補助金等で取得した場合）

　ⅱ　資本修正により発生する剰余金（物価変動に伴う固定資産の評価替等）

問3 ① その他資本剰余金とその他利益剰余金
   ② 資本剰余金と利益剰余金
   ♪ その他資本剰余金は，払込資本の一部であるから，会計上は維持すべき資本である。しかし，会社法上は分配可能としている。

3 剰余金区分の原則

問1 次の文章の空欄に適切な用語を示しなさい。

「 ① 取引と ② 取引とを明瞭に区別し，特に ① 剰余金と ③ 剰余金とを混同してはならない（一般原則三）。これを剰余金区分の原則という。この原則は， ④ の原則， ⑤ の原則， ⑥ の原則ともよばれる。この原則は，＿＿＿＿＿＿＿＿＿＿＿＿を明確に区分することを要請している。

この原則の趣旨からは，配当として社外に流失できる資本の部分は， ③ 剰余金に限定されるべきである。しかし，会社法の配当規制は，これと異なる取扱いをしている。

連結会計に限定されてではあるが，現在では，従来の当期純利益に加えて， ⑦ の概念も導入されて利益概念が拡張されている。連結会計では，利益と純資産との関係において，当期純利益は ⑧ と， ⑦ のうち ⑨ は， ⑨ 累計額と，それぞれ連携する。この結果，当期純利益は株主資本を増減させ，包括利益は純資産全体を増減させる仕組みになった。連結会計上，剰余金区分の原則は，その趣旨から当期純利益を認識する取引と ⑨ を認識する取引とを区別し，特に ⑧ とそれ以外の純資産額とを混同しないよう要請する原則としても理解しなければならなくなったのである。」

問2 上記問1の＿＿＿＿＿＿＿＿に適切な用語を記入しなさい。

問3 次の概念を定義しなさい。
① ① 取引
② ② 取引
③ ① 剰余金
④ ③ 剰余金

問4 「 ① 剰余金と ③ 剰余金とを混同」すればどのような弊害が生じるか，2つ指摘しなさい。

問5　下線の「異なる取扱い」を２つ指摘しなさい。

問6　次の取引は，　①　取引か　②　取引かを示しなさい。
　①　利益剰余金の分配取引
　②　新株発行費を支出時の費用とした取引
　③　職務執行の対価として利益処分によって支給される役員賞与が発生した時の取引

問7　次の命題は正しいか，理由とともに説明しなさい。
　「利益剰余金が負の残高のときにその他資本剰余金で補てんするのは，　①　剰余金と　②　剰余金の混同にあたる。」

《解答・解説》

問1　① 資　本　　② 損　益　　③ 利　益　　④ 資本・損益区分
　　⑤ 資本取引・損益取引区分　　⑥ 資本と利益の区分
　　⑦ 包括利益　　⑧ 株主資本　　⑨ その他の包括利益

問2　企業への拠出元本としての払込資本とその運用成果としての留保利益

問3　① 資本取引……株主資本を直接変化させることを目的とした取引をいう。
　　② 損益取引……資本の運用により利益の獲得を目的とした取引をいう。
　　③ 資本剰余金……資本取引から生じた剰余金で，利益を生む元本をいう。
　　④ 利益剰余金……損益取引から生じた剰余金で，利益の留保額をいう。

問4　(♪区分の必要性)
　i　利益が過大又は過小となり，企業の財政状態及び経営成績が適正に表示されなくなる。
　ii　資本が利益に転化した場合には，維持すべき資本が配当や法人税等として社外に流出することになり，債権者の利益を損なうおそれが生じる。

問5　i　利益準備金を分配可能額から除いている。
　ii　その他資本剰余金を分配可能額に含めている。

問6　① 資本取引　　② 損益取引　　③ 損益取引
　♪　国際会計基準のように，②の新株発行費（株式交付費）を資本から直接控除する場合は，資本取引となる。　　　　See. 266頁（剰余金の配当）

問7　誤り。　（理由）資本剰余金と利益剰余金との区分が問題になるのは，同じ時点で両者が正の値であるときである。負の値となった利益剰余金をその他

第9章

資本剰余金で補うのは，払込資本に生じている毀損を事実として認識するものであり，両剰余金の混同にはあたらないから（自己株式基準61）。

♪ 　剰余金区分の原則と２つの段階
　① 　期間損益計算での区別　→　問4 i （適正な期間損益の算定）
　② 　資本と利益の源泉別区分　→　問4 ii （利益剰余金処分の是非）
　問5は，この②の例外を問うている。

♪ 　簿記における交換取引と損益取引，資本的支出と収益的支出……とは異なる概念である。前者は簿記上の取引が利益に影響するか否かの区分であり，後者は固定資産に含めて計上するか修繕費等の期間費用とするかの区分なのである。

4　資産価値の変動と資本維持論
問１　次の文章の空欄に適当な用語を示しなさい。

　「企業の外部環境としての物価上昇又は貨幣価値の下落に伴う固定資産の時価と帳簿価額との差額を ① として処理するかどうかの議論を(a)資本維持論という。議論の目的は，持続的な物価上昇時において，経営規模を縮小することなく ② を維持していくためには， ③ の対象とならない資本額をいくらにすべきかという点にある。そこでは，資産評価に時価を採用するか否か。採用する場合， ④ にいかなる物価指数を乗じて時価を算定すべきかが問題となる。ここでの物価指数は， ⑤ 物価指数と ⑥ 物価指数とに分けられる。つまり，資本維持論は，評価額の算定方法により(b)3つの概念に大別できるのである。資産を時価で評価するときは，いずれも資産の当初価額である ④ と結びつけて算定すること，及び費用の測定も時価で行うところに特徴がある。

　これに対して，現行基準では，評価対象を資産だけでなく負債まで広げ，その評価額（測定値）は，過去の ④ ，これとは切り離されて再測定された公正価値を含む現在の ⑦ ，そして，将来の ⑧ のいずれかによっている。

　近時に固定資産の物価変動を制度会計に採り入れた例として，(c)土地再評価法に基づく事業用土地の評価替えがある。

　個別価格の変動に伴う評価差額は，すべて(d) ⑨ として処理される。」

問２　下線(a)の資本維持論は，どのような会計観と結びつくのか，その名称を示

し，その理由を説明しなさい。

問3 下線(b)の「3つの概念」について，次の設問に答えなさい。
① それぞれの名称を示し，それらを期間利益に関連づけて説明しなさい。
② 3つのうち，一致の原則が成立する概念の名称を示しなさい。
③ 一致の原則が成立しない場合，株主資本とした項目をどのように処理すれば一致の原則が成立するようになるか，を制度会計に囚われずに説明しなさい。

問4 下線(c)による評価差額の処理について，次の設問に答えなさい。
① 制度会計上の処理を説明しなさい。
② 上記①の処理は，□①□と□⑨□のいずれに該当するか。
③ 上記①の処理は，上記問3のどの資本維持概念に基づくものか，その名称を示しなさい。

問5 下線(d)について，次の設問に答えなさい。
① 下線(d)の処理は，上記問3のどの資本維持概念に基づくものか，その名称を示しなさい。
② 下線(d)として処理する項目を3つ例示しなさい。

《解答・解説》

問1 ① 資本取引　② 経営活動　③ 利益処分　④ 取得原価
　　⑤ 一　般　⑥ 個　別　⑦ 市場価格
　　⑧ キャッシュ・フローの現在価値　⑨ 損益取引

♪　資本維持論では，固定資産の時価評価が問題にされ，流動資産は，回転期間が短く評価差額も多額にならないから問題にされない。市場価格が著しく減額した場合等については，固定資産の減損（**第6章4節2**）を参照。

問2 収益費用アプローチ　（理由）資本維持論には，収益と費用とを同一の価格水準で比較することによって，経営努力の結果としての業績測定利益を正確に算定する目的もある。この目的は，収益費用アプローチに通じるから。

問3 ① ⅰ **名目資本維持**　資本を拠出された貨幣の名目額のままとする。貨幣価値を一定とみなし，期間利益は，資本拠出額を超える余剰となることからそこには，物価上昇による名目的な価格変動利益が含まれてしまう。

♪　貨幣（価値一定）資本維持，財務資本維持ともいう。

ⅱ **実質資本維持**　資本を資産取得時の貨幣の一般購買力を維持できる額

とする。物価変動のうち，一般物価水準の変動による部分を資本取引とし，期間利益を貨幣の実質的価値である一般購買力を維持した後の余剰とする。

♪　一般購買力資本維持，（貨幣）購買力資本維持ともいう。

iii　**実体資本維持**　資本を経営活動に不可欠な物的資産を維持できる額とする。物価変動のうち，個別物価水準の変動による部分を資本取引とし，期間利益を物的資産の給付能力を維持した後の余剰とする。

♪　物的資本維持，営業能力資本維持，給付能力資本維持ともいう。物価変動だけでなく，需給変動，技術革新も視野に入れたカーレント・コスト会計もある。これらについて詳しく学びたい読者には『現代会計の基礎理論』（阪本安一著,昭和57年中央経済社刊）の第9章が参考になる。

cf. 第1章5節2(2)[4] 問1 ♪（フィッシャーの所得概念）

♪　物価上昇額を資本価値修正取引（その他資本剰余金）とする例として，保険差益をあげることができる。　　See. 本章3節1問2②

② 名目資本維持
③ 報告主体の所有者との取引以外から生じて株主資本を直接増減させる特殊な取引額を企業解散時に純利益とする組替調整を行えばよい。

♪　一致の原則が成立するためには，次の3条件が満たされねばならない。
　i　費用収益の測定基準として収支額基準を採用すること。
　ii　貸借対照表継続性の原則を守ること。
　iii　特殊な取引額を企業解散時に純利益とする組替調整を行うこと。

問4① 再評価額と帳簿価額との差額に税効果会計を適用した後の金額（土地評価差額金）を純資産の部の評価・換算差額等の1つとして直接計上する。
② （♪処理時点では,）いずれの取引にも該当しない。
③ 名目資本維持

♪　第2次大戦後の急激な物価上昇をうけて，戦前の固定資産の取得原価を戦後の時価に再評価するために，資産再評価法が施行された歴史がある。このとき，時価と帳簿価額との評価差額は，資本取引として処理された。

問5① 名目資本維持　　♪　制度会計は，名目資本維持によっている。
　② i　売買目的有価証券

ⅱ　デリバティブ取引により生じる正味の債権及び債務
　　ⅲ　トレーディング目的で保有する棚卸資産
　　　♪　名目資本維持の処理は，所有主理論に基づいている。評価差額を資本取引とする理論的根拠として，企業体理論の理解が不可欠である。

第2節　拠出資本額の増減と表示

1　会社の設立と出資額の処理・表示

問1　次の文章の空欄に適切な用語を示しなさい。
　　「株式会社は，　①　が事業の目的等を定めた　②　を作成し，株式を発行して出資に係る株主からの払込み又は財産の給付を受入れた後，　③　を経て　④　を行うことによって成立する。」

問2　下線に関連して，次の設問に答えなさい。
　①　出資を受入れた株式会社の会計処理を述べなさい。
　②　出資の対価として発行される株式の種類はいくつもある。
　　ⅰ　株式の種類を3つ例示しなさい。
　　ⅱ　会社が複数の株式を発行した場合の取扱いを述べなさい。

《解答・解説》

問1　①　発起人　　②　定款（ていかん）　　③　創立総会　　④　設立登記

問2　①　株式会社の出資額は，その全額を資本金に組入れるのが原則であるが，その1/2までは資本金にしないことができる。資本金に組入れなかった部分は，払込剰余金とよばれ，資本準備金として積立てなければならない（会社法445）。

　②ⅰ　普通株式　　優先株式　　劣後株式　　譲渡制限株式
　　　　取得請求権付株式　　取得条項付株式　etc.
　　ⅱ　出資額を資本金として一括記載すればよく，株式の種類別に区分表示する必要はない。ただし，発行済株式数について，普通株，優先株等の種類別に注記する（B/S原則四（三）A）。

2　資本金の増加

問1　次の文章の空欄に適切な用語を示しなさい。

「株式会社の　①　を増加させる取引を増資という。増資には，(a)会社の　②　の増加を伴う実質的増資と，(b)会社の　②　は変化せず，その　③　が変化するだけの形式的増資がある。」

問2　下線(a)の実質的増資となる事例を4つ例示しなさい。

問3　下線(b)の形式的増資となる事例を3つ例示しなさい。

《解答・解説》

問1 ①　資本金　　②　株主資本　　③　内訳構成

♪　新株の発行形態には，株主割当，公募及び第三者割当の3つがある。区分の基準が純資産ではなく，株主資本である点に留意すること。

問2 ⅰ　通常の新株発行
　　ⅱ　新株予約権の権利行使
　　ⅲ　株式交付による他企業の吸収合併
　　ⅳ　株式交換による他企業の子会社化

問3 ⅰ　資本準備金の資本金組入
　　ⅱ　その他資本剰余金の資本金組入
　　ⅲ　利益剰余金（利益準備金及びその他利益剰余金）の資本金組入（会社法448, 450, 計規25Ⅰ）

（1）通常の新株発行と自己株式の処分

問1　次の文章の空欄に適切な用語を示しなさい。

「通常の新株発行においては，新株の発行に先立ち，会社は募集株式の引受人から払込金額を受入れ，　①　として記録しておき，　②　にそれから資本金へ振替られる。払込金額のうち，資本金へ組入れる金額の制限等は会社の設立の場合と同様である。

新株式の発行費用又は自己株式の処分費用を資本金等と　③　する処理（計規14Ⅰ）は，現時点では認められていない。

なお，自己株式の処分を新株発行の手続を準用して資本金等を増加させる場合もある。払込金額受入時から資本金等への振替時までの振込金額は，　④　とし

て記録しておく。」

問2　新株式の申込期日経過の前又はその後に決算日が到来した場合の ① 及び ④ の表示区分を説明しなさい。

《解答・解説》

問1 ① 新株式申込証拠金　　② 払込期日　　③ 相　殺
　　④ 自己株式申込証拠金　　　　　　　　See. 194頁（株式交付費）

問2　申込期日経過前であれば預り金として負債の部に表示され，申込期日経過後であれば株主資本の部で資本金に準じて表示される。

♪　申込期日経過後の新株式申込証拠金や自己株式申込証拠金の具体的な表示は，244頁（純資産の部の区分表示）参照（財規62①，財規ガイド62－1）。

（2）新株予約権とストック・オプション

問1　次の文章の空欄に適切な用語を示しなさい。

「(a)新株予約権とは，株式会社に対して行使することによりその会社の ① の交付を受けることができる ② をいう（会社法2㉑，基準2(2)）。新株予約権は，(b)ストック・オプションとして利用されることもある。ストック・オプションの権利確定条件として，従業員等の一定期間の勤務又は業務執行に基づく勤務条件や一定の株価を含む業績の達成又は不達成に基づく業績条件が付されることが多い。ストック・オプション取得者は，会社の株価が権利行使価格を大きく上回るときに，権利を行使して株式を取得・売却することにより，利益を得ることができる。

ストック・オプションを付与し，これに応じて企業が従業員等から取得するサービスは，その取得に応じて(c)費用として計上し，対応するストック・オプションとして付与された新株予約権は，権利行使又は失効が確定するまでの間，貸借対照表の ③ の部に計上する（4）。

(d)ストック・オプションが権利行使され，これに対して新株を発行した場合には，新株予約権として計上した額のうち，当該権利行使に対応する部分を， ④ に振替える（8）。

権利不行使による失効が生じた場合には，新株予約権として計上した額のうち，当該失効に対応する部分を，(e) ⑤ として計上する。この会計処理は，当

第9章　255

該失効が，⑥した期に行う（9）。」

問2 下線(a)について，発行会社の立場から，次の設問に答えなさい。
① 新株予約権はどのような取引により生じるかを述べなさい。
② 新株予約権の性格について述べなさい。
③ 新株予約権の表示区分を提示しなさい。
④ 権利行使された場合の処理をケースに分けて述べなさい。
⑤ 権利失効した場合の処理を述べなさい。

問3 時価のある新株予約権の取得者の立場から，次の設問に答えなさい。
① 取得したときの処理を説明しなさい。
② 取得した権利を行使したときの処理を説明しなさい。
③ 取得した権利の支配が他に移転したときの処理を説明しなさい。なお，発行会社に譲渡した場合はどのように処理するのかも説明しなさい。
④ 権利行使期間が満了して失効した場合の処理を説明しなさい。

問4 下線(b)の「ストック・オプション」について，次の設問に答えなさい。
① ストック・オプションを定義しなさい。
② 会社は従業員，役員等にどのようなことを期待してストック・オプションを利用するのかを述べなさい。また，ストック・オプションの典型的な利用例を2つ示しなさい。
③ ストック・オプションの特徴を3つ述べなさい。

問5 下線(c)の費用について，次の設問に答えなさい。
① 費用認識の根拠を述べなさい。
② いつ，どのような科目名称で計上するのか。
③ 費用額の測定について述べなさい。

問6 下線(d)のストック・オプションが権利行使されたことに伴い，自己株式を処分したことによって生じた自己株式処分差額の処理を述べなさい。

問7 下線(e)について，次の設問に答えなさい。
① ⑤の表示区分とその科目名称を示しなさい。
② 上記①の処理をする理由を説明しなさい。

問8 新株予約権を発行した会社が，その新株予約権を市場から取得し，保有することができる。この自己新株予約権について，次の設問に答えなさい。

① 自己新株予約権の取得価額を説明しなさい。
② 自己新株予約権の保有時の期末の会計処理を説明しなさい。
③ 自己新株予約権の ⅰ 消却時と ⅱ 処分時の会計処理を説明しなさい。

《解答・解説》

問1 ① 株　式　② 権　利　③ 純資産　④ 払込資本
　　⑤ 利　益　⑥ 確　定

問2 ① 報告主体の将来の所有者であるオプション所有者との直接的取引により生じる。
　　② 新株予約権は，将来，権利行使され払込資本になる可能性がある一方，失効して払込資本にならない可能性もある。このように発行者側の新株予約権は，権利行使の有無が確定するまでの間その性格が確定しない。ⅰ返済義務がないから負債ではなく，ⅱ払込みがないから株主資本でもないのである。
　　③ 純資産の部のうち，株主資本以外の項目として，評価・換算差額等（連結会計では，その他の包括利益累計額）の次に新株予約権として表示する。
　　④ ⅰ　新株を発行する場合は，発行に伴う払込金額と権利行使に伴う払込金額を資本金又は資本金及び資本準備金へ振替える。
　　　 ⅱ　自己株式を処分する場合は，自己株式処分差額を募集発行等の手続により自己株式を処分する場合に準じて取扱う。
　　⑤ 失効に対応する額を利益（原則として特別利益）として計上する（42）。

問3 ① 有価証券の取得として処理する。その表示区分は，保有目的区分に従って，売買目的有価証券又はその他有価証券となる。
　　② 売買目的有価証券の場合は，権利行使時の時価で株式に振替え，時価と帳簿価額との差額は，当期の損益（有価証券運用損益）とする。その他有価証券の場合は，帳簿価額で株式に振替える。
　　③ 有価証券の消滅を認識するとともに，移転した新株予約権の帳簿価額とその対価としての受取額との差額を当期の損益（有価証券運用損益又は売却損益）として処理する。新株予約権を発行会社に譲渡した場合においても同様に処理する。
　　④ 新株予約権の帳簿価額を当期の損失（新株予約権消却損）とする。

問4 ① ストック・オプションとは，会社の役員や従業員等に，報酬として，その

会社の株式をあらかじめ定められた価額で取得することを選択できる権利を付与することをいう（2）。

② 会社がこの権利を従業員等に付与するのは，自社の株価上昇が従業員等の利益増加に連動する仕組みを利用して，従業員等の勤労意欲や業績向上意欲を高める効果を期待してのことである。

（利用例） i 経営次第で成長が期待できるベンチャー企業
ii 優秀な人材をスカウトしようとする企業

③ i 会社財産の流失がない。
ii 勤労意欲の増進や業績向上等のインセンティブ効果を有している。
iii 市場で売買される株式オプションと異なり様々な制約が付されている。

問5 ① 従業員等に付与されたストック・オプションを対価として，これと引換えに，企業に追加的にサービスが提供され，企業に帰属することになったサービスを消費したことに費用認識の根拠がある（35）。

② ストック・オプションの付与日に株式報酬費用（人件費）とする。

③ 公正な評価額 で測定される。公正な評価額は，市場の取引価格の観察により得られるが，それが観察できないときは，株式オプション価格算定モデル等の算定技法を利用して見積る（48）。

♪ 権利確定条件付き有償新株予約権 は，ストック・オプションの1つとする。

A 公正な評価額 ＝公正な評価単価 ×権利確定見込み 新株予約権数	B 従業員等からの払込金額	D 新株予約権 （純資産の部）
	C 当期発生額 （株式報酬費用）	

C（＝A－B）は，対象勤務期間（権利の付与日から確定日まで）を基礎とする方法等の合理的な方法に基づいて算定される（実務対応報告）。

問6 自己株式処分差益は，その他資本剰余金に計上する。
自己株式処分差損は，その他資本剰余金から減額する。

問7 ① 新株予約権戻入益等の科目名称で，原則として，特別利益に計上する。

② ストックオプションの付与と引替えに提供されたサービスはすでに消費されているが，失効により株式の引渡義務を免れる。つまり，会社は，無償で提供されたサービスを消費したことになるから。

See. 208頁（新株予約権付社債）

問8 ① 取得した新株予約権の時価に取得時の付随費用を加算した額が取得原価となる。ただし，新株予約権の時価よりも支払対価の時価の方が，より高い信頼性をもって測定可能な場合は，支払対価の時価に付随費用を加算して算定する。　　　　　　　　　　　　　　♪　取得時には損益を認識しない。

② 純資産の部の新株予約権から，原則として，直接控除するが，間接控除も認められる。なお，取得時には自己新株予約権の取得（帳簿）価額が対応する新株予約権の帳簿価額を超えていたが，期末には当該自己新株予約権の時価が著しく下落し，回復する見込みがあると認められない場合には，新株予約権の帳簿価額を下限として，取得（帳簿）価額と時価との差額を当期の損失とする。

また，自己新株予約権の取得（帳簿）価額が対応する新株予約権の帳簿価額を超える場合で，当該自己新株予約権が処分されないものと認められるときは，両者の差額を当期の損失とする。

♪　（例示）

新株予約権の帳簿価額	5,000円	自己新株予約権の損失処理額
自己新株予約権の帳簿価額	8,500	3,500円　∵評価額の下限は，
自己新株予約権の時価	4,200（回復見込みなし）	新株予約権の帳簿価額 5,000円

cf. 新株予約権（純資産）と自己新株予約権（新株予約権に従属）

③ i　消却した自己新株予約権の帳簿価額とこれに対応する新株予約権の帳簿価額との差額を当期の損益（自己新株予約権消却損又は消却益）とする。

ii　受取対価と処分した自己新株予約権の帳簿価額との差額を当期の損益（自己新株予約権処分損又は処分益）とする。

♪　i と ii のいずれの差額も株主との資本取引ではなく，新株予約権者との損益取引である。このため，差額は特別利益又は特別損失として処理するのである。

（3）株式交付による吸収合併

問　次の文章の空欄に適切な用語を示しなさい。

「ある会社が他の会社を合併し，受入れた　①　の対価として新株式を交付するとき，　①　と　②　の両方が増加する。」

《解答・解説》
問① 純資産　②　払込資本　　　　　　　　See. 277頁（企業結合）

（4）株式交換や株式移転による完全子会社化
問　次の文章の空欄に適切な用語を示しなさい。

「ある会社が他の会社の ① と交換に，自社の新株式を交付することにより，他の会社を ② にする制度として，株式交換と株式移転がある。これらにより親会社の ③ と ④ の両方が増加する。」

《解答・解説》
問① 発行済株式の全部　②　完全子会社　③　純資産　④　払込資本
See. 282頁（株式交換と株式移転）

（5）資本準備金の資本金組入
問　次の文章の空欄に適切な用語を示しなさい。

「会社は ① の決議を経て，資本準備金を資本金に組入れることができる（会社法448）。この組入れにより，資本金は増加するが， ② は増加しない。資本金の増加に伴い株主に新株式を ③ で交付することができるが，新株式を発行しなくてもよい。

新株式が ③ で交付される場合，及び ④ が有償とされる場合，ともに発行株式数が増加した分だけ1株あたりの ② 額が減少するから　これらの本質は， ⑤ である。」

《解答・解説》
問① 株主総会　②　純資産　③　無償　④　一部　⑤　株式分割

（6）資本剰余金・利益剰余金の資本金組入
問　次の文章の空欄に適切な用語を示しなさい。

「株主資本のうち資本金を超える部分についての取扱いは，次の通りである。
分配不可能な項目は， ① と ② であり，所定の限度内で分配が可能な項目は， ③ と ④ である。
株主資本間の組入れには， ⑤ の原則が適用されるが，実務上の要請も考慮

された結果，次のように取扱われる。
- (a) その他資本剰余金は，株主総会の決議を経て，⑥・⑦に組入れることができるが（会社法450・451），⑧への組入れはできない。
- (b) 利益準備金・その他利益剰余金は，⑦に組入れることはできないが，⑥に組入れることはできる。

組入れによる資本金の増加に伴い，新株式を発行して株主に交付する場合は，⑨とよばれるが，その本質は，⑩である。」

《解答・解説》

問 ① 資本準備金　② 利益準備金　③ その他資本剰余金　④ その他利益剰余金　⑤ 剰余金区分　⑥ 資本金　⑦ 資本準備金　⑧ 利益準備金　⑨ 株式配当　⑩ 株式分割

♪ 利益準備金・その他利益剰余金の資本金への組入の性格 は，会計理論上は，利益配当と本質的に変わらない。いずれも利益を源泉としているからである（利益配当説）。ただし，資本金への組入れにともない新株を発行するかどうかは会社の任意である。株式が追加発行された場合，株主が受取る株式が通常株式配当とよばれる。株式配当の本質を本文⑩では，「株式分割」とした。株主資本の額に変動がなく，株主の持分にも実質的な変化がないからである（株式分割説）。これらの資本金への組入は，形式的増資である。

3　資本金の減少

問1　次の文章の空欄に適切な用語を示しなさい。

「株式会社の ① を減少させる取引を減資という。減資は，② の減少を伴うか否かにより，(a)実質的減資と形式的減資とに区別される。(b)減資により減資差益（資本金減少差益）が生じることもある。」

問2　下線(a)の減資について，次の設問に答えなさい。
- ① 通常の実質的減資について，ⅰ目的，ⅱ方法を述べ，それが「実質的減資」となる根拠の部分に下線を引きなさい。
- ② 形式的減資のⅰ目的，ⅱ方法を述べ，それが「形式的減資」となる根拠の部分に下線を引きなさい。

問3　下線(b)の減資差益について，次の設問に答えなさい。

第9章　261

① 減資差益が生じる場合を2つ例示しなさい。
② 減資差益の性格とその処理を述べなさい。

《解答・解説》
問1 ① 資本金　② 株主資本
問2 ① ⅰ 事業を縮小する目的
　　　 ⅱ 資本金を減少させるとともに，現金等の資産が株主に返還される。
　　② ⅰ 繰越欠損金を表示上で解消する目的
　　　 ⅱ 資本金と繰越欠損金が相殺されるだけで株主資本合計額は変化しない。
問3 ① ⅰ 資本金減少額が返還される会社資産額を上回る場合，その差額
　　　 ⅱ 資本金減少額が相殺される繰越欠損金を上回る場合，その差額
　　② （性格）過去の払込資本を源泉とする資本取引から生じた資本剰余金
　　　 （処理）株主総会の決議を経て資本準備金とすべきであるが，会社法は，分配可能なその他資本剰余金とすることも許容している（447Ⅰ②）。

♪　払込剰余金と減資差益との相違　払込剰余金は，増資時に資本金としなかった部分で，減資差益は，減資時に資本金を源泉として生じる。両者は，認識局面が異なるだけで，払込資本という本質には差異がない。
　See. 本章3節1問2②　　♪（払込資本を源泉とするその他資本剰余金）

4　自己株式の会計処理と表示

問1　次の文章の空欄に適切な用語を示しなさい。

「会社がいったん発行した自社の株式を取得して保有しているとき，この株式を自己株式又は ① という。会社法では，原則として， ② の範囲内で，株主との合意による自己株式の取得ができる（29，会社法155・156）。自己株式の会計処理については，(a)資産説と資本控除説があった。しかし，今では会社計算規則も『自己株式及び準備金の額の減少等に関する会計基準』も後説に立脚している（計規24Ⅱ，基準7〜11）。(b)自己株式の取得・保有と処分・消却については， ③ の取引とみて会計処理することが適切であり，いずれも株主との間の ④ と考えるのである。

なお，連結会計において，子会社が保有する親会社株式は，実質的には自己株式とみなすことができる。」

問2　下線(a)の資産説と資本控除説とを説明しなさい。
問3　下線(b)について，次の設問に答えなさい。
　①　自己株式の取得・保有について，次の設問に答えなさい。
　　ⅰ　自己株式の取得と同じ経済実態をもつその実態の名称を示しなさい。
　　ⅱ　自己株式を期末に保有する場合の表示を示しなさい。
　②　自己株式の処分について，次の設問に答えなさい。
　　ⅰ　自己株式の処分と同じ経済実態をもつその実態の名称を示しなさい。
　　ⅱ　自己株式処分差額の処理を示しなさい。
　③　自己株式の消却について，次の設問に答えなさい。
　　ⅰ　同じ経済実態をもつその実態の名称を示しなさい。
　　ⅱ　自己株式消却時の処理を示しなさい。
　④　自己株式の処分又は消却に関連して，次の設問に答えなさい。
　　ⅰ　上記②や③での資本剰余金がマイナスとなった場合の処理を示しなさい。
　　ⅱ　上記ⅰの理由を説明しなさい。
問4　自己株式に係る付随費用について，次の設問に答えなさい。
　①　基準に従った処理をその根拠とともに述べなさい。
　②　上記①以外の処理を行う説があるなら，その説を根拠とともに述べなさい。

《解答・解説》
問1　①　金庫株　　②　分配可能額　　③　一連　　④　資本取引
問2　資　産　説……自己株式の取得のみでは株式は失効しておらず，自己株式を他社の有価証券と同様に資産とみて，これを流動資産として表示する。
　　　資本控除説……自己株式の取得は株主との資本取引であり，株主に対する会社財産の払戻しと同じ経済実態をもつことから，これを株主資本からの控除項目として表示する。
問3　①ⅰ　会社所有者に対する会社財産の払戻し（30）
　　　　　♪　基準は，自己株式の消却に類似する行為とはしない（32）。
　　　　ⅱ　純資産の部の株主資本の末尾で，自己株式として一括して，取得原価で控除する（7，8）。
　　②ⅰ　新株の発行（40）
　　　　ⅱ　自己株式処分差益は，その他資本剰余金に計上し，自己株式処分差損

第9章　263

は，その他資本剰余金から減額する。

♪ 自己株式処分差益とは　自己株式を売却処分したとき，その対価が当該自己株式の帳簿価額を超える場合，その超過額をいう。

　自己株式の処分には，ⅰ　第三者への売却，ⅱ　新株予約権行使者への交付，及びⅲ　組織再編の対価としての交付，という3つがある。

③ⅰ　減資

　ⅱ　自己株式の帳簿価額をその他資本剰余金から減額する（11）。

④ⅰ　会計期末において，その他資本剰余金を零とし，その負の値をその他利益剰余金（繰越利益剰余金）から減額する（12，42）。

　ⅱ　負の残高の資本剰余金は想定されていないので，その他利益剰余金で補填するほかないから（40）。

問4 ①　発生時の費用として処理する。ただし，自己株式の処分に係る付随費用は，繰延資産（株式交付費）とすることもできる。

　（根拠）付随費用は株主との間の資本取引ではなく，財務費用（営業外費用）としての性格を有しているので，損益取引として処理する。

②　取得に要した費用は取得原価に含め，処分及び消却に要した費用は自己株式処分差額等の調整として，その他資本剰余金を加減させる。

　（根拠）付随費用を自己株式本体の取引と一体と考え，資本取引とする。

♪　この方法は，国際会計基準で採用されている方法である。

See. 195頁 問4（株式交付費）

第3節　剰余金の増減と表示

1　留保利益と剰余金の関係

問1　次の文章の空欄に適切な用語を示しなさい。

「会計上，株主資本は ① と剰余金とに分けられ，剰余金は， ② 及び ③ に区分する（5）。

　 ② は，個別貸借対照表上は更に，会社法で定める ④ と(a)その他資本剰余金とに区分する（34）。

　 ③ は，個別貸借対照表上は更に，会社法で定める ⑤ と(b)その他利益剰

余金とに区分する(35)。　③　は，資本の運用によって稼得した利益を源泉とするから　⑥　とよばれたり，また配当等により企業から流失されずに企業に留保された利益であるから　⑦　とよばれたりもする。

会社法上，剰余金は，　⑧　と　⑨　からなるものとされ(446)，その使途は，(c)4つに限定されている。　④　と　⑤　は，まとめて　⑩　とよばれる。」

問2　下線(a)のその他資本剰余金について，次の設問に答えなさい。
① その他資本剰余金を定義しなさい。
② その他資本剰余金を源泉別に3つに分類し，各項目を例示しなさい。

問3　下線(b)のその他利益剰余金について，次の設問に答えなさい。
① その他利益剰余金を2つに区分しなさい。
② その他利益剰余金の金額が負となる場合の表示方法を述べなさい。

問4　下線(c)の4つを示しなさい。

《解答・解説》

問1 ① 資本金　② 資本剰余金　③ 利益剰余金　④ 資本準備金
⑤ 利益準備金　⑥ 稼得資本　⑦ 留保利益　⑧ その他資本剰余金
⑨ その他利益剰余金　⑩ 法定準備金

問2 ① 資本取引から生じた剰余金（資本剰余金）のうち，資本準備金以外のものをいう。

② ⅰ　払込資本……自己株式処分差益，減資差益，資本準備金の取崩額
　ⅱ　受贈資本……国庫補助金，工事負担金　　　See. 157頁（国庫補助金）
　ⅲ　評価替資本……保険差益　　See. 本章1節4 問3 ①♪（資本価値修正）

♪ ⅰは，株主からの拠出資本を源泉としている。この源泉からは，資本準備金とすべきである。しかし，これらは，平成13年の改正商法で分配可能価額に含まれることになった。そこで，その他資本剰余金に記載されるのである。

ⅱとⅲについて，企業会計原則においては，「その他の剰余金の区分」（その他の資本剰余金）に記載することが要請される（注2(2)）。同原則注解・注19(1)の資本剰余金の例示中の「等」にⅱやⅲを含むと解されるからである。これに対して，会社法においては，拠出資本の払込者は，株主に限定され，資本価値修正取引も損益取引として処理する（本章1節4）。企業会計

原則のように資本取引とみるか，会社法のように損益取引とみるかの差異は，会計主体を企業体におくか所有主におくかにより生じる（**第1章4節4(1)[2]**）。『貸借対照表の純資産の部の表示に関する会計基準』は，ⅱやⅲについて，どちらの取引（剰余金）に属するかを検討していない(37)。他方，「本会計基準において特に定めのないものについては，該当する他の会計基準の定めによる」(1)としている。ここで，「該当する他の会計基準」としては，企業会計原則注解・注19(1)以外に見当たらない。よって，ⅱとⅲは，その他資本剰余金に属すると結論づけられるのである。ただし，『財務会計の概念フレームワーク』や上記基準における「株主資本」という表示名称，その他を整合的に検討すれば，現行基準においては，所有主理論を前提にしているとも解せられる。会社法上の処理と同様に，ⅱやⅲは，損益取引（特別利益）として処理した結果として，その他利益剰余金の範囲に含まれるとする見解にも首肯し得るのである。本書では，企業会計原則の要請は，今も有効であるという理解に基づいて解答している。

なお，ⅱとⅲについて課税繰延効果のある圧縮記帳（**第6章2節1(5)**）が容認されているのは，従来と変わらない。

問3 ① 任意積立金と繰越利益剰余金
② マイナス残高として表示する(35)　　cf. その他資本剰余金

問4 ⅰ 資本金への組入れ(450)
ⅱ 資本準備金又は利益準備金への組入れ(451)
ⅲ 損失の処理や任意積立金の積立て(452)
ⅳ 株主に対する剰余金の配当(453)
♪ ⅳにより，その他資本剰余金からも剰余金の配当が可能となった。

2　剰余金の配当と処分

(1) 剰余金の配当と処分

問1　次の文章の空欄に適切な用語を示しなさい。

「剰余金の配当は，____①____でも，____②____でも実施することができる。(a)剰余金の配当を行うには，(b)原則として，____③____の普通決議が必要とされる（会社法454Ⅰ）。しかし，一定の場合には，____④____に規定があること等を条件として，

⑤ 決議だけで剰余金の配当を実施することができる（459）。

企業の配当政策の代表的なものとしては，⑥ 政策や ⑦ 政策がある。

剰余金の配当により企業資産の(c)社外流失が生じた場合に，(d)法定準備金の積立てを要求している（445Ⅳ）。法定準備金は，③ 決議と ⑧ 手続を経て取崩し，配当可能な ⑨ に含めることができる（448・449）。

株式会社は，株主総会の決議によって剰余金の処分をすることができる。処分とは，具体的に ⑩ の処理，⑪ の積立，その他をいう（会社法452）。」

問2　利益配当と下線(a)の剰余金の配当との差異を述べなさい。

問3　下線(b)の例外を提示しなさい。

問4　下線(c)のような社外流失項目には，配当の他に役員賞与がある。役員賞与発生時の会計処理を述べなさい。

問5　下線(d)の必要積立額について，具体的内容を述べなさい。

問6　配当を受取った場合の処理を説明しなさい。

《解答・解説》

問1 ① いつ　② 何度　③ 株主総会　④ 定款　⑤ 取締役会
　　⑥ 安定配当　⑦ 配当性向　⑧ 債権者保護　⑨ 剰余金
　　⑩ 損失　⑪ 任意積立金

問2　利益配当は，その他利益剰余金を原資として株主に利益を分配することをいうが，剰余金の配当は，会社法上の剰余金等よりの配当を意味し，そこにはその他利益剰余金よりの利益配当だけでなく，その他資本剰余金の払戻し等も含まれる。

問3　現物配当の場合は，株主総会の特別決議が必要である。

問4　当事業年度の職務に係る役員賞与を期末後に開催される株主総会の決議事項とする場合には，当該決議事項とする額又はその見込額を，原則として，その発生時に引当金に計上する（役員賞与基準13）。　　　See. 218頁（賞与引当金）

問5　社外流失額の1/10の額を資本準備金又は利益準備金として積立てなければならない（445Ⅳ）。その他資本剰余金から配当した場合は資本準備金を積立て，その他利益剰余金から配当した場合は利益準備金を積立てる。ただし，法定準備金の合計額が資本金の1/4に達すれば，その必要はない（計規22Ⅰ①）。

問6　その他利益剰余金からの配当については，受取配当金（収益）として処理す

る。その他資本剰余金からの配当については，投資の払戻しとしての性格を有するので，原則として，有価証券の帳簿価額を減額する。例外は，売買目的有価証券に係る配当で，これは配当源泉いかんにかかわらず，受取配当金（収益）として処理する。

♪ 売買目的有価証券については，配当に伴う純資産の減少が期末株価に反映され，かつ，時価評価による評価差額が損益として認識されているので，解答のような処理となる。

（2）会社法の配当制限の趣旨と対象

問1　次の文章の空欄に適切な用語を示しなさい。

「株式会社では株主の　①　制度が採用されているため，債権者の権利は会社の　②　によってのみ保証されているに過ぎない。株主への会社財産の払戻しを無制限に許容することは，債権者の権利を著しく害するおそれが生じる。そこで，会社法は会社財産の払戻しが可能な上限を　③　として法定し，それを超える配当を禁止している。」

問2　会社財産の払戻し規制の対象となる場合を2つ述べなさい。

《解答・解説》

問1 ① 有限責任　② 純資産　③ 分配可能額

問2 ⅰ 自己株式の有償取得のうち，所定の場合（会社法461Ⅰ①～⑦）

ⅱ 剰余金の配当（会社法461Ⅰ⑧）

♪ 解答のいずれも株主に対する会社財産の払戻しである。そこで，この2つを合わせて「剰余金の配当等」という。

（3）分配可能額の算定

問1　次の文章の空欄に適切な用語を示しなさい。

「分配可能額は，次の4つの段階を経て算定される。

（1）　①　における(a)分配可能額算定の基礎となる剰余金の算定
（2）　分配の　②　までの(b)剰余金の変動を調整して剰余金の額の算定
（3）　分配の効力発生日における(c)　③　基礎額の算定
（4）　剰余金の分配に伴う(d)　④　を考慮した　③　額の確定」

問2　下線(a)について，次の設問に答えなさい。
　①　該当する剰余金を示しなさい。
　②　保有中の自己株式を上記①から減算しなくてもよいのか。
問3　下線(b)の調整項目を加算項目と減算項目とに区分して示しなさい。
問4　下線(c)の調整項目を加算項目と減算項目とに区分して示しなさい。
問5　下線(d)の「　③　額の確定」をするための計算式を示しなさい。

《解答・解説》
問1 ①　最終事業年度末又は臨時決算日　　②　効力発生日　　③　分配可能
　　④　法定準備金の積立
問2 ①　その他資本剰余金とその他利益剰余金の合計額である。
　　②　減算しない。
問3　（加算項目）
　　　・自己株式の処分差益（差損の場合は減算）
　　　・資本金減少差益・準備金減少差益
　　（減算項目）
　　　・消却した自己株式の帳簿価額（自己株式の消却額）
　　　・剰余金の配当額
　　　・剰余金から資本金・準備金への組入額
　♪　上記問2①に問3の項目を加減算して，問1の(2)が算定される。
問4　（加算項目）
　　　・臨時決算期間の純利益額
　　　・臨時決算期間の自己株式処分対価
　　（減算項目）
　　　・臨時決算期間の純損失額
　　　・自己株式の帳簿価額
　　　・のれん×1/2（その他資本剰余金が上限）
　　　・繰延資産
　　　・その他有価証券の評価差損
　♪　上記問3に問4の項目を加減算して，問1の(3)が算定される。
問5　分配可能基礎額×10/11＝分配可能額

ただし，法定準備金の合計額が資本金の1/4に達するまで（計規22Ⅰ①）。

3 当期純損失の処理

問1　次の文章の空欄に適切な用語を示しなさい。

「当期純損失が計上された場合には，過年度からの　①　と相殺し，相殺しきれなかった損失額は，　②　となる。ただし，貸借対照表上では，　①　の　③　残高として取扱い，この項目名のまま純資産の部から　④　する形で表示する。繰越損失は，　⑤　又は　⑥　の決議を経て，<u>一定の順序で処理</u>される。」

問2　下線の順序を提示しなさい。

《解答・解説》

問1 ① 繰越利益剰余金　② 繰越損失　③ マイナス（借方）
　　④ 減　算　⑤ 株主総会　⑥ 取締役会

問2　ⅰ　任意積立金を取崩
　　ⅱ　その他資本剰余金の取崩
　　ⅲ　利益準備金と資本準備金を取崩
　　ⅳ　将来の純利益で補填，又は減資手続を実施して資本金の減少額で補填

第4節　その他の包括利益累計額の増減と表示

問1　次の文章の空欄に適切な用語を示しなさい。

「(a)<u>個別会計上の株主資本以外の純資産項目</u>としては，　①　と　②　とがある。　①　は，連結会計上では，　③　として表示するのが原則であるが，その例外として，(b)<u>個別会計上では，認識されない項目</u>もある。」

問2　下線(a)の項目について，次の設問に答えなさい。
　①　純資産の部に記載される理由を説明しなさい。
　②　連結会計独自の株主資本以外の純資産項目の名称を示しなさい。

問3　下線(b)の項目について，次の設問に答えなさい。
　①　これに該当する項目名称を2つ示しなさい。
　②　個別会計上では，認識されない理由を説明しなさい。

270

《解答・解説》

問1 ① 評価・換算差額等　② 新株予約権　③ その他の包括利益累計額

問2 ① 資産ではなく，負債でもない。そこで，これらの中間的な項目を純資産の部に記載することにより，負債概念を明確にした。

　② 非支配株主持分

　　See. 本節2問4①（株主資本以外の項目とする理由）

問3 ① i 為替換算調整勘定　　ii 退職給付に係る調整累計額

　② i は連結会計特有の項目で，ii は連単分離処理の項目だから。

　♪ 本書では，評価・換算差額等をその他の包括利益累計額の説明に含めている。

＊「その他」には，持分法を適用する被投資会社のその他の包括利益に対する投資会社の持分相当額（連結）等が含まれる。

	①当期純利益 （収益と費用の差額）	
その他有価証券評価差額金		③包括利益 （純資産の変動額）
繰延ヘッジ損益	②その他の包括利益 （＝③－①）	
為替換算調整勘定(連結)		
退職給付に係る調整額(連結)		
そ　の　他＊		

1　包　括　利　益

問1　次の文章の空欄に適切な用語を示しなさい。

「これまでわが国の会計基準では，(a-1)包括利益の表示を定めていなかった。しかし，包括利益の表示を行うのが国際的な会計基準の流れである。そこで，わが国においても(a-2)当期純利益の表示の維持を前提とした上で，包括利益の表示が，平成23年3月31日以後終了する連結会計年度の年度末に係る連結財務諸表から行われることになった（12）。

包括利益とは，ある企業の特定期間の財務諸表において認識された　①　の変動額のうち，(b)当該企業の　①　に対する持分所有者との(c)直接的な取引によらない部分をいう（4）。

個別財務諸表においては，当期純利益に　②　の内訳項目を加減して包括利益

を計算する（6（1））。わが国では，包括利益は当期純利益を ③ する位置づけにある。いずれの利益もフローの概念であるが，当期純利益は ④ アプローチ，包括利益は ⑤ アプローチに基づく利益概念である。

包括利益表示の計算書には， ⑥ と ⑦ の選択が認められている（11）。」

問2 包括利益の概念が導入された場合を前提に，下線（a-）の利益について，次の設問に答えなさい。
① 包括利益の表示目的を述べなさい。
② 包括利益を表示する意義（必要性）を3つ示しなさい。
③ 当期純利益と包括利益との差異（上記の本文以外）を述べなさい。
④ 包括利益計算書が導入されたとしても当期純利益の重要性については変更がない。その重要性を投資家の立場から述べなさい。
⑤ 包括利益が当期純利益よりすぐれている点を2つ示しなさい。

問3 当期純利益又は包括利益と純資産の連携（クリーンサープラス関係）に関連して，次の設問に答えなさい。
① 「クリーンサープラス関係」の意味を述べなさい。
② クリーンサープラス関係が成立する場合の効能を説明しなさい。
③ 通常，この関係が成立する理由を述べなさい。
④ 個別会計における「クリーンサープラス関係」を説明しなさい。

問4 下線(b)の持分所有者として3者を示しなさい。

問5 下線(c)について，次の設問に答えなさい。
① 下線の意味を簡潔に示しなさい。
② 具体的な取引例を2つ示しなさい。

《解答・解説》

問1 ① 純資産　② その他の包括利益　③ 補　完　④ 収益費用
　　⑤ 資産負債　⑥ 2計算書方式　⑦ 1計算書方式

問2 ① 包括利益を表示する目的は，期中に認識された資本取引を除く取引及び経済的事象により生じた<u>純資産の変動</u>を報告することである（21）。この報告は，当期純利益に関する情報と併せて利用することにより，企業活動の成果についての情報の<u>全体的な有用性</u>を高めることになる（22）。
② ⅰ　投資家等の財務諸表利用者が<u>企業全体の事業活動</u>について検討するのに

役立つことが期待される。
　　ii　純資産と包括利益との連携（クリーン・サープラス関係）を明示することを通じて，財務諸表の理解可能性と比較可能性を高める。
　　iii　国際会計基準とのコンバージェンスに資する（21）。
③i　利益の内容について，包括利益には，その他の包括利益が含まれるが，当期純利益には含まれない。
　　ii　当期純利益は株主資本だけを増減させるが，包括利益は純資産全体を増減させる。
　　iii　当期純利益は，特定期間中にリスクから解放された投資の成果で，リスクから未解放のその他の包括利益とは認識時点が異なる。
　　iv　利益計算方法として，当期純利益は収益と費用の差額として算定されるが，包括利益は純資産の変動差額として算定される。
　　　♪　差額はフローの概念に属し，その累計額がストックとなる。
　　　　　　　　　　　　　　　　　　See. 246頁（純資産の構成要素）
④i　当期純利益は，投資の成果を表す利益の情報として投資家にその有用性が認められている（純資産基準29）。
　　ii　包括利益等の代替情報には，当期純利益を超える価値があると今のところ確認されていない。
⑤i　包括利益には，経営者の当期純利益に対する恣意的操作性を抑止する効果があるので，情報としての信頼性は高い。
　　ii　包括利益は，企業の全体的な業績指標であることから，経営者が受託責任を遂行しているか否かを判断しやすくなる。

問3 ① ある期間における資本の増減（資本取引による増減を除く。）が当該期間の利益と等しくなる関係をいう（包括利益基準21・注1）。
② 財務諸表の理解可能性と比較可能性を高める。
③ 通常，収益は資産の増加又は負債の減少を伴い，費用は資産の減少又は負債の増加を伴うため，期間損益と同額の純資産の増減が生じるから。
④ 損益計算書の当期純利益と一致するのは，貸借対照表の純資産額の内，株主資本の増減額であり，評価・換算差額等を含む純資産合計とは一致しない。

第9章　273

♪　クリーン・サープラス関係　純資産の増減，特に利益剰余金が損益計算書に計上されない項目の混入によって汚されていないという意味でクリーン・サープラス関係とよばれる。純資産直入法の適用により，この関係は成立しなくなる。　　　　　　　　　　　　See. 66頁　♪（定義の例外）

cf. ダーティ・サープラス……ex. 純資産直入法

問4　i　報告主体の所有者である株主
　　ii　潜在的な所有者である新株予約権者
　　iii　子会社の非支配株主（♪連結の場合）（4）

問5①　資本取引に該当しない部分を意味するが，本会計基準の適用にあたっては，資本取引と損益取引のいずれにも解釈し得る取引をいう（22）。
　②i　新株予約権の失効による戻入益（ストック基準9等）
　　ii　支配が継続している場合の子会社に対する親会社持分の変動によって生じた差額（連結基準28〜30，以上本基準22）

2　その他の包括利益と当期純利益

問1　次の文章の空欄に適切な用語を示しなさい。

「(a)その他の包括利益とは，　①　のうち　②　に含まれない部分をいう（5）。その他の包括利益は，純資産の期間変動額としての　①　と損益計算書上の　②　との差額で，経営努力とは直接関係なく主として企業の　③　の変化により生じる。その他の包括利益の内訳項目は，　④　を控除した後の金額で表示する（8）。その他の包括利益は，当期純利益と同様にフローの概念である。

　②　を構成する項目のうち，当期又は過去の期間にその他の包括利益に含まれていた部分が認識された項目については，(b)組替調整が必要となり，その額をその他の包括利益の内訳項目ごとに　⑤　する（9）。」

問2　下線(a)の「その他の包括利益」について，次の設問に答えなさい。
　①　下線に含まれる項目名を3つ例示して，その項目を説明なさい。
　②　下線の期末累計額の表示箇所を示しなさい。

問3　下線(b)の組替調整について，次の設問に答えなさい。
　①　これはカタカナ（英語）で何とよばれているか，その名称を示しなさい。
　②　下線の組替調整を行う理由を述べなさい。

③ 全会計期間を通算した損益取引に関連した収支余剰合計と一致するのは，次のいずれのケースか，アからエの記号で答えなさい。

 i 組替調整をする場合
  ア 全会計期間を通算した当期純利益
  イ 全会計期間を通算した包括利益
 ii 組替調整をしない場合
  ウ 全会計期間を通算した当期純利益
  エ 全会計期間を通算した包括利益

問4 次の項目を株主資本とは区別する理由を述べなさい。
① その他の包括利益累計額
② 新株予約権

《解答・解説》

問1 ① 包括利益　② 当期純利益　③ 外部環境　④ 税効果
　　⑤ 注　記

♪ 本文の下点線から，その他の包括利益は，将来にわたって持続可能な利益とはいえない。

問2 ① i その他有価証券評価差額金……その他有価証券を時価で評価した場合の時価額と帳簿価額との差額である。

 ii 繰延ヘッジ損益……繰延ヘッジ会計において，ヘッジ手段を時価評価した場合の時価額と帳簿価額との差額で，ヘッジ対象の損益が認識されるまで，純資産の部で繰延べられる（純資産基準23）。

 iii 為替換算調整勘定（連結）……在外子会社又は関連会社の資産及び負債の換算に用いる決算時の為替相場と純資産の換算に用いる取得時又は発生時の為替相場との差額である。　　see. 313頁 問4 ①

 iv 退職給付に係る調整額（連結）……連結会計で，数理計算上の差異，過去勤務費用等が発生したとき，及びそれらの償却を将来期間で負担すべく純資産の部で繰延べられた退職給付費用である。

See. 227頁 2（1）問5（連結会計の仕訳）

 v 土地評価差額金……土地再評価法により事業用の土地を再評価した場合の再評価額と帳簿価額との差額である。

② 純資産の部において，株主資本以外の項目（その他の包括利益累計額）として表示する。

問3 ① リサイクル（又はリサイクリング）
  ♪ 　組替調整額　当期又は過去の期間においてその他の包括利益で認識され，当期において当期純利益に組替えられた金額をいう。なお，包括利益と当期純利益との本質的な相違は，認識時点の相違にある点に留意。
  ② 当期又は過去の期間にその他の包括利益として認識された項目が，リスクから解放されて当期純利益に算入された場合，当期純利益を含む包括利益算定の観点からは利益の二重計上となる。この二重計上を避けるため。
  ③ ア　イ　ウ　エ　♪　全会計期間では，当期純利益と包括利益とは同額。

問4 ① i その他の包括利益累計額は，払込資本ではなく，かつ，未だ当期純利益に含められていないこと。
  ii 当期純利益が資本取引を除く株主資本の変動をもたらすという関係を重視し，その他の包括利益累計額を株主資本とは区別すること（純資産基準33）。
  ② 新株予約権は，報告主体の所有者である株主とは異なる新株予約権者との直接的な取引によるものであり，株主に帰属するものではないため（同32）。
  ♪ その他の包括利益累計額は，個別会計では原則として，「評価・換算差額等」と表示する。

第5節　事業の結合と分離による組織再編

問　次の表の①～⑥に適切な用語を示しなさい。

組織再編の諸形態		吸収型再編 （既存会社活用）	新設型再編 （新設会社活用）
結合	会社の合併	①	②
	親子関係形成	③	④
分離	会社の分割	⑤	⑥

出所：桜井久勝『財務会計講義』第10版（中央経済社刊）261頁　一部変更

♪ 組織変更には，合資会社から株式会社への変更，営業譲渡等も含まれる。

《解答・解説》
問 ① 吸収合併　② 新設合併　③ 株式交換　④ 株式移転
　　⑤ 吸収分割　⑥ 新設分割

See. 259頁〜260頁（株式交付による吸収合併，株式交換，株式移転）

1　企　業　結　合

（1）企業結合の意義と会計上の分類

問　次の文章の空欄に適切な用語を示しなさい。

「ある企業又はある企業を構成する事業と他の企業又は他の企業を構成する事業とが１つの ① に統合されることを企業結合という（5）。企業結合には，合併と100％支配の ② とがある。合併は，会社法の規定に従って２つ以上の会社が合体して， ③ にも１つの会社になることをいい， ④ と ⑤ とがある。 ② は，結合する会社が ⑥ を保持したまま合併と同様の経済的効果を生じさせる取引であり， ⑦ と ⑧ とがある。」

《解答・解説》
問 ① 報告単位　② 親子関係の形成　③ 法　的　④ 吸収合併
　　⑤ 新設合併　⑥ 法人格　⑦ 株式交換　⑧ 株式移転

（2）企業結合の経済的実態と会計処理

問１　次の文章の空欄に適切な用語を示しなさい。

「企業結合は，持分の継続・非継続という ① の違いにより ② と ③ とに識別される（73）。企業結合の当事企業間において， ② とは，一方の企業が相手方の企業の支配を獲得することであり，被取得企業持分の継続は断たれる。 ③ とは，いずれの企業も他の企業に対する支配を獲得しないことであり，当事企業いずれの持分も継続される。またこの識別は，企業にとっては投資原価の ④ の違いを意味している。

② では，投資家はそこでいったん投資を ⑤ し，改めて当該資産・負債に対して投資を行い，それを取得企業に ⑥ したとみなされる。従って，再投資額が結合後企業にとっての新たな投資原価となるが，それは企業結合時点での資産・負債の ⑦ 評価に他ならない。そのような投資原価を超えて回収できれ

第9章　277

ば，その超過額が企業にとっての利益である。この会計処理方法は，⑧とよばれ，企業結合の原則的な処理方法である。

③では，投資の⑤と再投資は行われていないのであるから，結合後企業にとっては企業結合前の⑨がそのまま投資原価となる。この投資原価を超えて回収できれば，その超過額が企業にとっての利益である（74）。この会計処理方法は，⑩と称されてきた。この方法は平成20年改正基準でも限定的に踏襲されているが，建前上廃止され，この呼称も使用されないことになった（116）。そこで，③とされるのは，⑪企業の形成及び⑫の取引に極めて厳密に限定され，それ以外は，すべて②とみなされて⑧が適用されることとなったのである（17・70）。」

問2 下線の持分の継続か非継続かの違いにより生じる会計処理方法の差異を，次の項目に焦点をあてて述べなさい。
① 消滅会社の株主資本
② のれん

《解答・解説》

問1 ① 経済実態　② 取　得　③ 持分結合　④ 回収計算
　　　⑤ 清　算　⑥ 現物で出資　⑦ 時　価　⑧ パーチェス法
　　　⑨ 帳簿価額　⑩ 持分プーリング法　⑪ 共同支配　⑫ 共通支配下

♪　共同支配企業の形成……例えばA社の子会社 a とB社の子会社 b の合併
　　共通支配下の取引……例えばP社の支配下にある2つの子会社 S_1 と S_2 の合併，親会社と子会社の合併

問2 ① 持分の継続があるときは，「持分の結合」として，持分プーリング法で処理される。この結果，消滅会社の株主資本は，利益剰余金を含め，そのままの内訳構成で存続会社に引継がれる。これに対して，持分の継続がないときは，「取得」として，パーチェス法で処理される。この結果，消滅会社の純資産は引継がれず，資本金組入額以外は資本剰余金となる。

② 持分の継続があるときは，資産，負債及び資本を，それぞれの適切な帳簿価額で引継がれるので，新たなのれんは計上されない。これに対して，持分の継続がないときは，時価での引継ぎ純資産額と対価との差額は，のれん又は負ののれんとして処理される。

（3）共同支配企業の形成の判定

問　次の文章の空欄に適切な用語を示しなさい。

「ある企業結合を共同支配企業の形成と判定するためには，共同支配投資企業となる企業が，複数の　①　から構成されていること，及び，共同支配となる　②　等を締結していることに加え，次の要件を満たしていなければならない。

（1）企業結合に際して支払われた対価のすべてが，原則として，　③　のある株式であること。

（2）支配関係を示す一定の　④　が存在しないこと（37）。」

《解答・解説》

問　①　独立した企業　　②　契　約　　③　議決権
　　④　事　実

♪　共同支配企業は，合弁企業，ジョイント・ベンチャーとよばれる。

（4）パーチェス法における取得企業と取得原価

問1　次の文章の空欄に適切な用語を示しなさい。

「取得とされた企業結合においては，いずれかの結合当事企業を取得企業として決定する。被取得企業の支配を獲得することとなる取得企業を決定するために，(a)『連結財務諸表に関する会計基準』（以下「連結会計基準」という）の考え方を用いる。また，連結会計基準の考え方によってどの結合当事企業が取得企業となるかが明確ではない場合には，次により取得企業を決定する（18）。

i　主な対価の種類として，現金若しくは他の資産を引渡す又は負債を引受けることとなる企業結合の場合には，通常，当該現金若しくは他の資産を引渡す又は負債を引受ける　①　が取得企業となる（19）。

ii　その他の場合には，(b)諸要素を総合的に勘案して取得企業を決定しなければならない（20〜22）。

被取得企業又は取得した事業の取得原価は，(c)原則として，取得の対価（支払対価）となる財の　②　における　③　で算定する。支払対価が現金以外の資産の引渡し，負債の引受け又は株式の交付の場合には，支払対価となる財の　③　と被取得企業又は取得した事業の　③　のうち，より高い　④　をもって　⑤　な　③　で算定する（23）。

取得原価は，(d)被取得企業から受入れた資産及び引受けた負債のうち，　②　時点において識別可能なもの（識別可能資産及び負債）の　②　時点の　③　を基礎として，当該資産及び負債に対して　②　以後　⑥　以内に配分する（28）。

取得原価が，受入れた資産及び引受けた負債に配分された純額を上回る場合にはその超過額は　⑦　として，下回る場合にはその不足額は　⑧　として会計処理する。　⑦　は，資産に計上し，　⑨　以内のその効果の及ぶ期間にわたって，　⑩　その他の合理的な方法により　⑪　に償却する。ただし，　⑦　の金額に重要性が乏しい場合には，当該　⑦　が生じた事業年度の費用として処理することができる。　⑧　が生じたときは，取得企業が受入れた(e)資産・負債を見直した結果，それが適切であれば，それが生じた事業年度の　⑫　として処理する（31～33）。」

問2　下線(a)の基準を述べなさい。
問3　下線(b)の「諸要素」の具体例を2つ提示しなさい。
問4　下線(c)に関連して，次の場合の取得原価の算定について述べなさい。
① 取得が複数の取引により達成された場合
② 取得のために，外部のアドバイザー等に支払った特定の報酬・手数料等の取得関連費用
③ 条件付取得
問5　下線(d)に関連して，次の項目を受入れた場合の取扱いを述べなさい。
① 取得後に発生することが予測される特定の事象に対応した費用又は損失
② 研究開発の中途段階にある未完成の成果
問6　下線(e)の「見直し」方法をより詳しく述べなさい。

《解答・解説》

<u>問1</u>① 結合企業　② 企業結合日　③ 時　価　④ 信頼性
⑤ 測定可能　⑥ 1 年　⑦ のれん　⑧ 負ののれん
⑨ 20 年　⑩ 定額法　⑪ 規則的　⑫ （特別）利益

<u>問2</u>　下線は，連結会計基準における<u>支配力基準</u>を利用するということである。この基準で他の会社を支配しているとは，他の会社の<u>意思決定機関を支配</u>していることを意味し，次のような場合をいう。
（1） 他の企業の議決権の過半数を自己の計算において所有している企業

（2）　他の企業の議決権が50/100以下であっても，高い比率の議決権を有しており，かつ，当該会社の意思決定機関を支配している一定の事実が認められる場合（6・7・54）　　See. 356頁（支配力基準とその適用）

問3（♪次のいずれか2つ。読んで理解するだけでよい。）
① 総体としての株主が占める相対的な議決権比率の大きさ
② 最も大きな議決権比率を有する株主の存在
③ 取締役等を選解任できる株主の存在
④ 取締役会等の構成
⑤ 株式の交換条件
⑥ 企業の相対的な規模
⑦ 企業結合を最初に提案した企業（20〜22）

問4 ① i 個別財務諸表上，支配を獲得するに至った個々の取引毎の原価の合計額をもって，被取得企業の取得原価とする。
　　　ii 連結財務諸表上，支配を獲得するに至った個々の取引すべての企業結合日における時価をもって，被取得企業の取得原価を算定する。なお，当該被取得企業の取得原価と，支配を獲得するに至った個々の取引ごとの原価の合計額（持分法適用関連会社と企業結合した場合には，持分法による評価額）との差額は，当期の段階取得に係る損益として処理する（25）。

　　♪　段階取得　という。連結と個別とでは処理が異なることに注意する。
② 発生した事業年度の費用として，取得原価には含めない（26）。
③ 条件付取得対価が企業結合契約締結後の将来の業績に依存する場合には，条件付取得対価の交付又は引渡しが確実となり，その時価が合理的に決定可能となった時点で，支払対価を取得原価として追加的に認識するとともに，のれん又は負ののれんを追加的に認識する。

　　条件付取得対価が特定の株式又は社債の市場価格に依存する場合には，条件付取得対価の交付又は引渡しが確実となり，その時価が合理的に決定可能となった時点で，次の処理を行う。
　　　i 追加で交付可能となった条件付取得対価を，その時点の時価に基づき認識する。
　　　ii 企業結合日現在で交付している株式又は社債をその時点の時価に修正

し，当該修正により生じた社債プレミアムの減少額又はディスカウントの増加額を将来にわたって規則的に償却する（27）。

問5 ① その発生の可能性が取得の対価の算定に反映されている場合には，負債として認識する。当該負債は，原則として固定負債として表示し，その主な内容及び金額を連結貸借対照表及び個別貸借対照表に注記する（30）。

② 未完成の成果でも資産として識別可能である限り，これを企業結合日の時価で資産計上する（基準23号の一部改正）。

問6 取得企業は，すべての識別可能資産及び負債が把握されているか，また，それらに対する取得原価の配分が適切に行われているかどうかを見直す（33（1））。

2 株式交換と株式移転

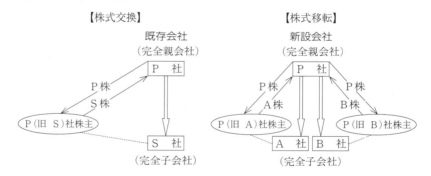

問 次の文章の空欄に適切な用語を示しなさい。

「株式交換・移転による親子関係形成は，手続的に ① で，株式回収資金も ② であることから，企業結合の有効な手段となっている。完全子会社となる会社にとっては，株主が新しく完全親会社に変わるだけなので，会計処理は ③ である。完全親会社となる会社は，持分の ④ という経済実態の違いにより ⑤ か ⑥ のいずれかでその回収株式の ⑦ しなければならない。

株式交換は， ⑧ 会社同士が完全親子会社の関係を形成するために行われる。株式交換は，完全親会社となるＰ社が完全子会社となるＳ社の株主からＳ社株式の全部を受取るのと交換にＰ社株式を割当てることにより行われる。これにより，Ｓ社株主は，株式交換後にＰ社の新たな株主となる。

株式移転は，P社という ⑨ 会社を設立し，既存会社（A社とB社）を完全親会社となるP社の完全子会社とすることを目的に行われる。株式移転は，既存会社の株主が所有する株式を株式移転日にP社に移転させるのと引替えにP社株式を引受けて，P社の新たな株主となる。」

《解答・解説》
問 ① 簡　便　　② 不　要　　③ 不　要　　④ 継続・非継続
　　⑤ 取得（パーチェス法）　⑥ 持分の継続（持分プーリング法）
　　⑦ 価額を測定　⑧ 既　存　⑨ 新　設　　See. 260頁（資本金組入）
　♪ **完全親会社**……ある会社が発行する株式数のすべてを所有する会社
　　完全子会社……完全親会社が発行済株式のすべてを所有されている会社
　　完全親子会社の関係……完全親会社と完全子会社との関係

3　事業分離の意義と会計処理

問1　次の文章の空欄に適切な用語を示しなさい。

　「事業とは，企業活動を行うために組織され，有機的一体として機能する経営資源をいう（3）。事業分離とは，ある企業を構成する事業を他の企業（新設される企業を含む）に ① することをいう。なお，複数の取引が1つの事業分離を構成している場合には，それらを ② として取扱う（4）。分離元企業では ③ が減少し，分離先企業からは，対価として現金等の財産又は ④ が提供される。

　事業分離の会計処理は，事業の成果をとらえる際の投資の継続・清算という概念に基づき ⑤ 損益を認識するかどうかという観点から行われる（74）。

Ⅰ　分離元企業は， ⑥ 日に，次のように会計処理する。

（1）<u>移転した事業に関する投資が清算されたとみる場合には，その事業を分離先企業に移転したことにより受取った対価</u>となる財の ⑦ と，移転した事業に係る ⑧ 相当額との差額を ⑨ として認識するとともに，改めて当該受取対価の ⑦ にて投資を行ったものとする。

　　現金等，移転した事業と明らかに ⑩ を対価として受取る場合には，投資が清算されたとみなされる。ただし，事業分離後においても，分離元企業の ⑪ があり，それが ⑫ であることによって，移転した事業に係る

⬜⓭を従来と同様に負っている場合には，投資が清算されたとみなされず，⬜⑨は認識されない。

（2）移転した事業に関する投資がそのまま継続しているとみる場合，⬜⑨を認識せず，その事業を分離先企業に移転したことにより受取る資産の取得原価は，移転した事業に係る⬜⑧相当額に基づいて算定するものとする。子会社株式や関連会社株式となる分離先企業の株式のみを対価として受取る場合には，当該株式を通じて，移転した事業に関する⬜⑭投資を引続き行っていると考えられることから，当該⬜⑭に関する投資が継続しているとみなされる。

　　（1）と（2）のいずれの場合においても，分離元企業において，事業分離により移転した事業に係る資産及び負債の⬜⑮は，事業分離日の⬜⑯において一般に公正妥当と認められる企業会計の基準に準拠した適正な⬜⑮のうち，移転する事業に係る金額を⬜⑰して算定する（10）。

Ⅱ　被結合企業の株主は，⬜⑱日に，次のように会計処理する。

（1）被結合企業に関する投資が清算されたとみる場合には，被結合企業の株式と引換えに受取った対価となる財の⬜⑦と，被結合企業の株式に係る企業結合直前の適正な⬜⑮との差額を⬜⑲として認識するとともに，改めて当該受取対価の⬜⑦にて投資を行ったものとする。

　　現金等，被結合企業の株式と明らかに⬜⑩を対価として受取る場合には，投資が清算されたとみなされる。ただし，企業結合後においても，被結合企業の株主の⬜⑪があり，それが⬜⑫であることによって，交換した株式に係る⬜⑬を従来と同様に負っている場合には，投資が清算されたとみなされず，⬜⑲は認識されない。

（2）被結合企業に関する投資がそのまま継続しているとみる場合，⬜⑲を認識せず，被結合企業の株式と引換えに受取る資産の取得原価は，被結合企業の株式に係る適正な⬜⑮に基づいて算定するものとする。

　　被結合企業が子会社や関連会社の場合において，当該被結合企業の株主が，子会社株式や関連会社株式となる結合企業の株式のみを対価として受取る場合には，当該引換えられた結合企業の株式を通じて，被結合企業（子会社や関連会社）に関する⬜⑭投資を引続き行っていると考えられることか

ら，当該被結合企業に関する投資が継続しているとみなされる（32）。」
問2　下線について，次の設問に答えなさい。
　①　事業分離に要した支出額の処理を述べなさい。
　②　次の場合の受取対価の算定方法を述べなさい。
　　i　受取対価が現金以外の資産等の場合
　　ii　市場価格のある分離先企業の株式が受取対価とされる場合

《解答・解説》
問1①　移　転　②　一　体　③　純資産　④　株　式　⑤　実　現
　　⑥　事業分離　⑦　時　価　⑧　株主資本　⑨　移転損益
　　⑩　異なる資産　⑪　継続的関与　⑫　重　要　⑬　成果の変動性
　　⑭　事　業　⑮　帳簿価額　⑯　前　日　⑰　合理的に区分
　　⑱　企業結合　⑲　交換損益

問2①　発生時の事業年度の費用として処理する（11）。
　②i　受取対価となる財の時価と移転した事業の時価のうち，より高い信頼性をもって測定可能な時価で算定する。
　　ii　事業分離日の株価を基礎にして算定する（13）。

♪　『事業分離等に関する会計基準』では，Ⅰ分離元企業，Ⅱ被結合企業の株主のそれぞれの会計処理を，(a)受取対価が，ⅰ現金等の財産のみである場合，ⅱ分離先企業の株式のみである場合，ⅲ上記ⅰとⅱである場合の3つ，及び(b)分離先企業が，ⅰ子会社である場合，ⅱ関連会社である場合，ⅲ上記ⅰとⅱ以外である場合の3つ，以上の組合わせ9（＝3×3）つずつで，パターン合計18（＝9×2）に区分して，投資の継続・清算という概念を基準に，交換損益・移転損益を認識するかどうかについて論述している。

　これらパターン毎の処理について，詳しく設問を作成しても財務会計論の学習者にとってそれほど意味のあることだとは思われない。そこで，本書ではパターン毎の設問は省略し，基本的な考え方のみを設問した。

《まとめ》

　事業分離における投資の「継続」と「清算」の判断についてまとめた表を下に示しておいた。「投資の清算」があった場合，投資リスクから解放（期待から事実への転化）され事業投資の成果は確定する。これにより売却による「実現損益」も認識されるのである。そして，これが，企業結合であれば，「取得（持分の非継続）」，事業分離であれば，「投資の清算」となって，移転損益・交換損益が認識されるのである。この考え方は，一般的な会計処理における事業資産の移転，特に固定資産の交換にまで敷衍（ふえん）して述べられており，そこで実現損益を認識するか否かを分ける判断要素が「投資の継続か清算」なのである。

受取対価の種類	経済実態	収益の認識
① 現金及び現金等価物	売却（投資の清算）	実現収益の認識
② その他の財（交換）		
ⅰ 異種資産	売却（投資の清算）	実現収益の認識
ⅱ 同種資産	投資の継続	未実現（認識せず）

See. 67頁（給付の流れと貨幣の流れ），156頁（交換）

== ☕ 裏 返 し 簿 記 ==

　新米会計士の頃に大手総合商社の監査の手伝いに行った。会社が大き過ぎて，まるで蟻が象の背中を這い回っているようなものであった。実務経験がないことと相まって，助っ人として役立つどころか，足を引っ張っている状態だったのである。

　このような状態が何日か続いた後に，際だって仕事のできる会計士のやり方をじっくり観察してみた。その会計士は，簿記の基本に則って，勘定科目の押さえるべき事項（監査要点）を的確に検証していた。監査調書も要領を得て，とてもわかりやすく作成されていた。先輩会計士が，「監査は，裏返し簿記だよ」といっていたが，正にその通りであることを実感した。それ以後，監査実務だけでなく，税務実務でも裏返し簿記を実践するようにしている。

○文明は交易の父である。会計は交易の子である。従って，会計は文明の孫である。（ウルフ）

税効果会計と外貨換算会計

第1節　税効果会計

1　税金の種類とその会計的性格

問1　次の文章の空欄に適切な用語を示しなさい。

「税金の種類は多いが，それらはすべて強制的に課徴され当期純利益（純資産）を減少させるから，企業会計上は，(a)原則として費用として処理される。数ある税金のなかでも，法人税，住民税及び事業税（所得割）の(b)3種類の税金については，課税所得に課せられて，一般的に金額的な重要性が高く，追徴税額や還付税額の取扱いを明らかにする必要性が高いと考えられるため，『法人税，住民税及び事業税等に関する会計基準』が定められている（26）。

　法人の課税所得は，[　①　]主義により損益計算書の[　②　]を基礎として，これに税法特有の調整項目を加算・減算して算定される。決算期末に課税所得に課せられた未納付の税金があるときは，[　③　]を計上するとともに，未納付分を含む年間の税額を[　④　]という名称で，税引前当期純利益から控除する形式により(c)費用に計上する。

　事業税（付加価値割及び資本割）及びその追徴税額等は，原則として，損益計算書の[　⑤　]として表示する。ただし，合理的な配分方法に基づきその一部を売上原価として表示することができる（10，16）。」

問2　下線(a)の費用処理の例外として，消費税に関連して収益となる場合を例示しなさい。

問3　下線(b)の3種類以外の税金の具体例を例示しなさい。

問4　3種類の税金に係る追徴税額について，次の設問に答えなさい。

　ⅰ　誤謬に該当しないことを前提にどのような状況のときに追徴税額を費用に計上するのかを説明しなさい。

　ⅱ　延滞税，加算税，延滞金及び加算金の損益計算書における表示箇所を示し

なさい。
問5　誤謬に該当しないことを前提にどのような状況のときに3種類の税金に係る還付税額を収益に計上するのかを説明しなさい。なお，更正等による追徴の内容を不服として法的手段を取る場合は，考慮する必要はない。
問6　下線(c)について，次の設問に答えなさい。
　①　費用に計上する説（費用説）以外の説の名称を示しなさい。
　②　上記①に係る2つの説の根拠（会計主体論を除く）を述べなさい。
　③　上記②のそれぞれの根拠を会計主体論と関連づけて述べなさい。

《解答・解説》
問1　①　確定決算　　②　当期純利益　　③　未払法人税等
　　　④　法人税，住民税及び事業税　　⑤　販売費及び一般管理費
問2　ⅰ　消費税は税抜方式・簡易課税を採用し，いわゆる益税が生じる場合，当該益税部分は，収益として処理する。
　　　ⅱ　消費税を税込方式を適用しているときで，課税売上より課税仕入の方が多い場合，両者の差額にかかる消費税部分は，収益として処理する。
問3　固定資産税　自動車税　不動産取得税　登録免許税　印紙税　etc.
問4　ⅰ　更正等により追加で徴収される可能性が高く，当該追徴税額を合理的に見積ることができる場合
　　　ⅱ　法人税，地方法人税，住民税及び事業税（所得割）を表示した科目の次に，その内容を示す科目をもって表示する。ただし，これらの金額の重要性が乏しい場合，法人税，地方法人税，住民税及び事業税（所得割）に含めて表示することができる（15）。
問5　更正等により還付されることが確実に見込まれ，当該還付税額を合理的に見積ることができる場合（7）　　See. 第11章3節2問5
問6　①　利益処分説
　　　②　費　用　説……法人税等は，国家や地方自治体から受けるサービスに対する対価である。
　　　　　利益処分説……法人税が企業にとって必要なサービスの対価なら利益の有無にかかわらず負担すべきものであるが，現実には利益の額に課税されていることから，利益の処分と考える。

③ 所有主理論によれば法人税等は純資産を減少させるので費用である（費用説）。企業体理論によれば法人税等は国等への利益処分の1つと解することができる（利益処分説）。

2 税効果会計の目的と対象

《差異の種類と税効果会計の対象》

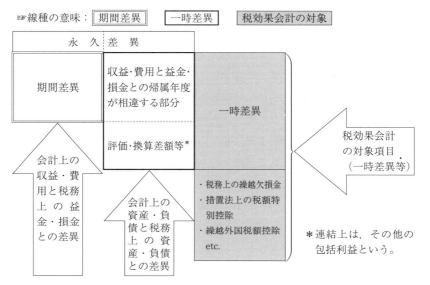

問1 次の文章の空欄に適切な用語を示しなさい。

「税効果会計は，(a)企業会計上の ① 又は ② の額と課税所得計算上の ① 又は ② の額に相違がある場合において，法人税その他 ③ に関連する金額を課税標準とする税金（以下「法人税等」という）の額を適切に ④ することにより，(b)法人税等を控除する前の当期純利益と法人税等を合理的に ⑤ させることを目的とする手続である（一）。」

問2 下線(b)に関連して，次の設問に答えなさい。
① 下線(b)以外の税効果会計の目的（必要性）を述べなさい。
② 税効果会計を適用しない場合と適用する場合とに分けて，税金費用の認識基準を示しなさい。

問3 税効果会計の対象とならない差異について，次の設問に答えなさい。

① 差異の名称とともに，これを説明しなさい。
② 会計上は費用であるが，税務上は損金とならない項目例を2つ示しなさい。
③ 会計上は収益であるが，税務上は益金とならない項目例を1つ示しなさい。
問4 下線(a)の相違について，次の設問に答えなさい。
① 相違の名称を示しなさい。
② 相違する理由を述べなさい。
③ 相違が生じる場合を2つの類型に分けて述べなさい。
④ 下線(a)と同様に税効果会計の対象とする項目例を2つ示しなさい。

《解答・解説》
問1 ① 資　産　　② 負　債　　③ 利　益　　④ 期間配分　　⑤ 対　応
問2 ① 将来の法人税等の<u>支払額に対する影響</u>を貸借対照表に表示する目的。
② 税効果会計を適用しない場合は<u>義務確定主義</u>により認識される。税効果会計を適用する場合は<u>発生主義</u>に基づいて認識される。
♪ 税効果会計の目的として，問1の本文と問2①とがあり，その必要性として，問2②がある。これら3つは，税効果会計を適用しなかった場合の問題点でもある。税効果会計には，繰延法と資産負債法とがある（本節3問1）。繰延法での目的は，問1の本文にあり，資産負債法での目的は，問1の本文と問2の2つがある。

問3 ① <u>永久差異</u>……当期に生じた会計上の収益費用と税務上の益金損金との不一致が永久に解消されない項目をいう。
② 交際費・寄附金の損金算入限度超過額，損金不算入の罰科金　etc.
③ 受取配当金の益金不算入額

問4 ① 一時差異
② 企業会計と課税所得計算とはその目的を異にするため，収益又は費用，益金又は損金の認識時点や，資産又は負債の額に相違が見られるから。
③ i 収益又は費用と益金又は損金との帰属年度が相違する場合
　　ii 資産又は負債の評価替えにより生じた評価差額が<u>直接純資産の部</u>*に計上され，かつ，課税所得の計算に含まれていない場合
　　　* 連結会計上は，その他の包括利益を通じてその他の包括利益累計額に計上されることになる。

♪　ⅰを原因とする相違を期間差異といい，期間差異にⅱの原因を加えた相違を一時差異という。ⅱには，その他有価証券評価差額金，繰延ヘッジ損益，土地再評価差額金等がある。

See. 本節３（繰延税金資産と繰延税金負債）問３②ⅱ

④ⅰ　税務上の繰越欠損金
　ⅱ　繰越可能な租税特別措置法上の法人税額の特別控除
　ⅲ　繰越外国税額控除　etc.
　♪　一時差異に繰越欠損金等を含めるときは，「一時差異等」と総称される。

3　繰延税金資産と繰延税金負債

問１　次の文章の空欄に適切な用語を示しなさい。

「税効果会計を適用すると，(a)繰延税金資産及び繰延税金負債が貸借対照表に計上されるとともに，当期の法人税等として　①　及び税効果会計の適用による法人税等の　②　が損益計算書に計上されることになる（意見書二２）。

(b)税効果会計の方法には繰延法と資産負債法とがあるが，『税効果会計に係る会計基準』は，　③　を採用している（意見書三）。

一時差異等に係る税金の額は，(c)将来の会計期間において回収又は支払が見込まれない税金の額を控除し，繰延税金資産又は繰延税金負債として計上しなければならない。繰延税金資産については，将来の回収の見込みについて　④　を行わなければならない（二１）。

税効果会計の計算は，法定実効税率を用いて行う。」

問２　下線(a)について，次の設問に答えなさい。

①　繰延税金資産について，次の設問に答えなさい。
　ⅰ　資産としての性格を有する理由を述べなさい。
　ⅱ　繰延税金資産となる差異の名称とその内容を述べなさい。
　ⅲ　繰延税金資産となる具体例を示しなさい。

②　繰延税金負債について，次の設問に答えなさい。
　ⅰ　負債としての性格を有する理由を述べなさい。
　ⅱ　繰延税金負債となる差異の名称とその内容を述べなさい。
　ⅲ　繰延税金負債となる具体例を示しなさい。

問3　下線(b)の「税効果会計の方法」について，次の設問に答えなさい。
① 「本会計基準では ③ を採用している」理由を述べなさい。
② 2つの方法の相違を特徴づけるため，次の設問に答えなさい。
　ⅰ　対象となる差異の名称を対比させて示しなさい。
　ⅱ　対象となる差異の範囲を対比させて示しなさい。
　ⅲ　差異発生年度の税率と将来に税率が変更された場合の取扱いとを対比させて示しなさい。
　ⅳ　会計観（アプローチ）との結びつきを示しなさい。
　ⅴ　税引前当期純利益と法人税等の合理的対応という税効果会計の目的により適合するのは，いずれの方法かを理由とともに述べなさい。
③ 税効果会計の対象項目との関連で，繰延法と資産負債法では当期純利益への影響額は異なることになるか，について説明しなさい。

問4　下線(c)について，次の設問に答えなさい。
① 繰延税金資産について，将来の回収が見込まれるための条件に関連して，次の設問に答えなさい。
　ⅰ　前提となる条件を述べなさい。
　ⅱ　実務指針となる判断要件とその具体例を3つ示しなさい。
② 繰延税金負債について，将来の支払が見込まれなくなる場合を示しなさい。

《解答・解説》

問1 ① 納付すべき額　② 調整額　③ 資産負債法　④ 毎期見直し

　♪ 法人税等調整額 とは，繰延税金資産と繰延税金負債との差額を期首と期末とで比較した場合の増減額をいう。

問2 ① ⅰ　繰延税金資産は，将来の法人税等の支払額を減額する効果を有し，法人税等の前払額に相当するため。

　　 ⅱ　**将来減算一時差異**……一時差異が解消するときに税務申告上その期の課税所得を減額させる効果をもつもの

　　 ⅲ　貸倒引当金，退職給付引当金等の引当金の損金算入限度超過額，減価償却費の損金算入限度超過額，損金に算入されない棚卸資産等に係る評価損等，未払事業税の計上　etc.

② ⅰ　繰延税金負債は，将来の法人税等の支払額を増額する効果を有し，法人

　　　　税等の未払額に相当するため。
　　ⅱ　**将来加算一時差異**……一時差異が解消するときに税務申告上その期の課税所得を増額させる効果をもつもの
　　ⅲ　利益処分による租税特別措置法上の諸準備金等の積立額，固定資産について剰余金の処分により圧縮記帳を実施した場合の圧縮積立額　etc.

問3①　資産負債法は，税率変更等に対して再計算を行うことによって，法人税等の将来支払額をより正確に表示することができるから。
　②ⅰ　対象となる差異の名称　　繰　延　法……期間差異
　　　　　　　　　　　　　　　　資産負債法……一時差異
　　ⅱ　対象となる差異の範囲……資産負債法の一時差異と繰延法の期間差異の範囲はほぼ一致するが，有価証券等の資産又は負債の評価替えにより評価・換算差額等として純資産の部に計上された額は一時差異ではあるが期間差異ではない。なお，期間差異に該当する項目は，すべて一時差異に含まれる。
　　ⅲ　繰延法では期間差異の発生年度の税率が用いられ，資産負債法では一時差異の解消年度の税率により計算される。税率が変更された場合，繰延法では過年度に計上された繰延税金資産及び繰延税金負債を新たな税率に基づき修正しないのに対して，資産負債法では新税率により修正される。
　　ⅳ　○繰　延　法……収益費用アプローチ
　　　　○資産負債法……資産負債アプローチ
　　ⅴ　繰延法　（理由）資産負債法では税引前当期純利益に対応すべき法人税等の中に税率変更に伴う影響額も含まれてしまうから。
　③　繰延法は期間差異を対象とし，資産負債法は一時差異を対象とする。一時差異は期間差異を含むが，一時差異独自の差異は当期純利益に影響しない。従って，いずれの方法によっても当期純利益への影響額は同じになる。

問4①ⅰ　将来減算一時差異の金額を吸収できるだけの課税所得が差異解消時にあること。
　　ⅱ　次のいずれかにより課税所得が生じると見込まれること。
　　　　ア　収益力に基づく課税所得の十分性
　　　　イ　タックスプランニングの存在

ウ　将来加算一時差異の十分性
　②　会社が清算するまでに明らかに将来加算一時差異を上回る損失が発生し，課税所得が発生しないことが合理的に見込まれる場合
　♪　繰延税金資産は，将来減算一時差異が解消されるときに課税所得を減少させ，税金負担額を軽減することができると認められる範囲内で計上するものとし，その範囲を超える額については控除しなければならない（注解7）。

法定実効税率計算式：

$$法定実効税率＝\frac{法人税率×（1＋地方法人税率＋住民税率）＋事業税率}{1＋事業税率}$$

4　税効果会計の表示

問1　次の文章の空欄に適切な用語を示しなさい。

「(a)税金繰延資産は，　①　とし，税金繰延負債は，　②　として区分表示する。税金繰延資産・負債については，次の事項を注記しなければならない。

1　繰延税金資産及び繰延税金負債の　③　別の主な内訳

2　税引前当期純利益又は税金等調整前当期純利益に対する法人税等（法人税等調整額を含む。）の比率と　④　率との間に重要な差異があるときは，当該差異の原因となった主要な　⑤

3　税率の変更により繰延税金資産及び繰延税金負債の金額が修正されたときは，その　⑥　及び　⑦

4　決算日後に税率の変更があった場合には，その　⑧　及びその　⑨

なお，上記1の注記において，将来に課税所得が生じる見込みがないときに見積られる(b)評価性引当額は，繰延税金資産から控除する形式で記載される。」

問2　下線(a)の表示区分に関連して，次の設問に答えなさい。

①　流動と固定との分類上，下線(a)の表示区分を行う理由を説明しなさい。

②　繰延税金資産と繰延税金負債の双方が計上された場合の表示方法を説明しなさい。

問3　下線(b)に関連して，重要性のある税務上の繰越欠損金が記載されている場合，評価性引当額の記載方法を説明しなさい。

《解答・解説》

問1 ① 投資その他の資産　② 固定負債　③ 発生原因　④ 法定実効税
　　 ⑤ 項目別の内訳　⑥ 旨　⑦ 修正額　⑧ 内容　⑨ 影響

問2 ① ⅰ 繰延税金資産は換金性のある資産でないこと。
　　　　 ⅱ 決算日後に税金を納付するわが国においては、1年以内に解消される一時差異について、1年以内にキャッシュ・フローは生じないこと。
　　　　 ⅲ 財務諸表作成者の負担は比較的軽減されること。
　　 ② 同一納税主体の投資その他の資産に属する繰延税金資産と固定負債に属する繰延税金負債とがある場合には、双方を相殺していずれか一方のみを表示する。
　　　　 ただし、連結財務諸表で、異なる納税主体の繰延税金資産と繰延税金負債は、双方を相殺せずに表示する。

問3 評価性引当額は、税務上の繰越欠損金に係る評価性引当額と将来減算一時差異等の合計に係る評価性引当額に区分して記載する。

第2節　外貨換算会計

1　換算基準と換算方法の種類

(1) 換算が必要な領域と換算方法の種類

問1　次の文章の空欄に適切な用語を示しなさい。

「外貨換算を定めたのが『外貨建取引等会計処理基準』である。ここで外貨換算とは外国通貨から日本円へ　①　を変換する手続であり、評価とは区別される。外貨換算は、国内企業が外貨建取引を行った場合、及び海外事業体の外貨表示の財務諸表項目を円貨表示の財務諸表に作成しなおすために必要となる。海外事業体には、外国支店と外国の子会社等とがある。このため、(a)外貨換算が必要となる領域は、次の3つに分けられる。

（1）　外貨建取引の発生時と決算時の処理（基準一）
（2）　在外支店の財務諸表項目の換算（基準二）
（3）　在外子会社等の財務諸表項目の換算（基準三）

外貨建取引は、原則として、当該　②　時の為替相場による円換算額をもって

記録する（一1）。決算時に外貨表示の項目が貸借対照表にあれば，それに対して決算時の ③ を適用して換算し直す項目と ② 時の換算額を据置く項目とに区分できる。区分の仕方には，(b)単一レート法と(c)複数レート法とがあり，後者には更に3つの方法がある。」

問2　下線(a)の「3つの」領域に対応させて換算方法を示しなさい。
問3　下線(b)の単一レート法について，次の設問に答えなさい。
　①　下線の換算方法の名称を提示しなさい。
　②　上記①を定義し，その例外も指摘しなさい。
　③　下線の換算方法の特徴（長所短所）を説明しなさい。
問4　下線(c)の複数レート法について，次の設問に答えなさい。
　①　下線の方法の名称を3つ提示しなさい。
　②　上記①の定義をし，それぞれの特徴（長短）を述べなさい。
問5　下線の(b)と(c)の背後にある考え方の相違を述べなさい。

《解答・解説》

問1 ①　測定尺度　　②　取引発生　　③　為替相場
問2 （1）　（基準一）……貨幣・非貨幣法を適用する。
　　（2）　（基準二）……本店の換算基準を準用し，本店に関して規定のない項目には，テンポラル法を適用する。
　　（3）　（基準三）……親会社の対応項目と相殺消去される項目を除き，決算日レート法を適用する。
問3 ①　決算日レート法
　　②　原則として，すべての項目を決算時の為替相場（CR：currnt rate）を適用して換算を行う方法である。ただし，在外支店の本店勘定や在外子会社の資本勘定は，相殺消去の必要性から過去における取得時又は発生時の為替相場（HR：historical rate）で換算される。
　　　♪　以下の解答等では，CR，HRという略称で表現することがある。
　　③（長所）
　　　ⅰ　外貨表示の財務諸表の構成比率がそのまま維持されて，換算のパラドックスを回避できる。　　　　　See. 本項(2)問2（換算のパラドックス）
　　　ⅱ　換算の手続きが簡単である。

(短所)
  i 項目属性を無視して一律に換算することは，資産・負債の評価基準との整合性に欠ける。
  ii 為替換算調整勘定の意味する内容が不明確になる。

問4 ① i 流動・非流動法   ii 貨幣・非貨幣法
    iii テンポラル法（属性法）

② i **流動・非流動法**……外貨表示の項目を流動項目と非流動項目とに分類し，流動項目にはＣＲを適用し，非流動項目にはＨＲを適用する方法である。この方法によれば，本来同じ属性を有する貸付金や借入金等に対して，流動項目と固定項目とで異なる為替相場が適用される不合理が生じ，また棚卸資産に対してもＣＲが適用され，実現主義と矛盾する結果になる。この方法は，現行基準では採用されていない。

   ii **貨幣・非貨幣法**……外貨表示の項目を貨幣性項目と非貨幣性項目とに分類し，貨幣性項目にはＣＲを適用し，非貨幣性項目にはＨＲを適用する方法である。この方法は，現行の資産・負債の評価基準と整合性があるという長所がある。ただし，非貨幣性資産でも収益性の低下を反映させるために時価によって評価した棚卸資産や固定資産に対してもＨＲが適用されてしまうという欠点がある。

   iii **テンポラル法**……外貨表示の項目を時価評価項目と原価評価項目とに分類し，時価評価項目にはＣＲを適用して換算し，原価評価項目にはＨＲを適用する方法である。この方法は，貨幣・非貨幣法を発展させたものと位置づけられるが，非貨幣性項目でも時価で評価された棚卸資産・固定資産もＣＲで換算される点が貨幣・非貨幣法とは異なる。

問5 単一レート法である決算日レート法では，換算の前後で財務比率が変化しない。その背後には，在外支店や在外子会社の独立性を尊重するという**現地主義**の思考がある。複数レート法の背後には，海外事業体は，本国に従属しており，自国通貨だけが会計上の測定尺度であるという**本国主義**の考え方がある。

（2）エクスポージャーと換算のパラドックス

問1 次の文章の空欄に適切な用語を示しなさい。

　「為替相場の変動によって，日本円への換算結果が利益又は純資産の部の評価・換算差額等（連結会計では，その他の包括利益累計額）に影響を及ぼす。外貨表示項目の資産と負債は，為替変動リスクにさらされているが，その度合いを ① という。外貨表示項目が資産超過の場合，円高になると換算差 ② が生じ，円安になると換算差 ③ が生じる。負債超過の場合，円安又は円高による利益への影響は，資産超過の場合と ④ の結果となる。在外子会社等の換算から生じる為替換算調整勘定は，資産・負債に適用される為替相場と純資産項目に適用される為替相場との乖離により生じる。なお，為替換算調整勘定は，連結会計独自の項目で純資産の部のその他の包括利益累計額に計上される。

　為替変動が激しい場合，在外支店等の換算において採用される換算基準によっては，<u>換算のパラドックス</u>と称される現象が生じることがある*。」

問2 下線の「換算のパラドックス」について，次の設問に答えなさい。
① 換算のパラドックスを説明しなさい。
② 換算のパラドックスは，採用する換算方法により生じることも生じない場合もある。それぞれの場合と換算方法とを結びつけなさい。

《解答・解説》

問1 ① エクスポージャー　② 損　③ 益　④ 反　対

問2 ① **換算のパラドックス**とは，外貨表示財務諸表の当期純損益と換算後の当期純損益とでは正負逆転することをいう。

　② ⅰ　生じる場合……テンポラル法（本国主義）
　　 ⅱ　生じない場合……決算日レート法（現地主義）

＊　現行の会計基準において，在外子会社等に対しては，原則として決算日レート法が採用されているので，換算のパラドックスが生じることはない。

2　外貨建取引

（1）取引発生時の処理

問1 次の文章の空欄に適切な用語を示しなさい。

　「外貨建取引は，取引価額が外国通貨で表示されている取引である。外国通貨

を邦貨に換算するには，通貨間の交換レートである外国為替相場が必要となる。外国為替相場は，外貨と邦貨とを交換・受渡しを行う時期により(a)直物為替相場と先物為替相場とに大別される。

　(b)外貨建取引は，(c)原則として，当該　①　時の為替相場による円換算額をもって記録する。ただし，(d)一定の場合には，外貨建取引について　②　を適用することができる（一1）。」

問2　下線(a)のⅰ直物為替相場とⅱ先物為替相場を説明しなさい。

問3　下線(b)の外貨建取引に関連して，次の命題の誤りを指摘しなさい。
「国内の製造業者等が商社等を通じて輸出入取引を行う場合には，外貨建取引に該当しない。」

問4　下線(c)について，次の設問に答えなさい。
①　原則となる為替相場を2つ示しなさい。
②　上記①の例外としての為替相場を示しなさい。

問5　下線(d)の「一定の場合」とは，どのような場合かを説明しなさい。

《解答・解説》

問1 ①　取引発生　　②　ヘッジ会計

問2 ⅰ　**直物為替相場**……外貨との交換が当日，翌日中又は翌々日までに行われる場合に適用される為替相場であり，**直物レート**（SR）ともよばれる。

　　ⅱ　**先物為替相場**……将来の時点で外貨と交換することを現時点で契約する取引に適用される為替相場であり，**先物レート**（FR）ともよばれる。

問3　輸出入取引によって商社等に生ずる為替差損益を製造業者等が負担する等のため実質的に取引価額が外国通貨で表示されている取引と同等とみなされるものは，外貨建取引に該当する。

　♪　為替リスクを負担する特約を「メーカーズ・リスクの特約」という。

問4①　ⅰ　取引が発生した日における直物為替相場
　　　　ⅱ　合理的な基礎に基づいて算定された平均相場　　♪　ARと略される。
　　②　ⅰ　取引が発生した日の<u>直近の一定の日</u>における直物為替相場によることも妨げない（注解2）。
　　　　ⅱ　取引発生時の外国通貨により記録することが合理的であると認められる場合には，取引発生時の外国通貨の額をもって記録する方法を採用するこ

とができる。この場合には，外国通貨の額をもって記録された外貨建取引は，各月末等一定の時点において，当該時点の直物為替相場又は合理的な基礎に基づいて算定された一定期間の平均相場による円換算額を付するものとする（注解3）。

♪ **取引発生時の外国通貨により記録することが合理的な具体例と他通貨会計**

具体例として，同一の外貨同士の債権と債務とを相殺する取引（ネッティング）や入金した外国通貨を円転することなく，その外国通貨で決済する取引がある。取引発生時の外国通貨の額をもって記録する方法を**他通貨会計**という。

問5 外貨建取引に係る外貨建金銭債権債務と為替予約等との関係が「ヘッジ会計の要件」を充たしている場合（一1）。

（2）決算時の処理

問1 次の文章の空欄に適切な用語を示しなさい。

「外貨建取引の発生時と決算時の処理については，□①□法によって換算される。従って，外国通貨，(a)金銭債権債務（外貨預金を含む），有価証券，及びデリバティブ取引からの金融商品については，(b)原則として，□②□による。

なお，棚卸資産や有形固定資産等の非貨幣項目は，過去の□③□ですでに換算されており，決算時には換算の対象とならない。」

問2 下線(a)に関連して，次の項目は時価評価の対象とならないのに「□②□による」こととした理由を述べなさい。

① 外貨建金銭債権債務
② 満期保有目的の債券

問3 下線(b)の例外について，次の設問に答えなさい。

① 貨幣項目でもＨＲ又はＡＲとするものを3つ示しなさい。
② 上記①に対応させてその理由を述べなさい。

問4 満期保有目的のUS＄建社債に関連して《**解答**》の空欄を決算書残高（邦貨額）で埋めなさい。なお，損は金額の前に△印を付しておくこと。

事例 額面価額US＄200　購入額US＄188　利払日3月末日　年利率2.5%
額面価額と購入額との差は，定額法により償却する。

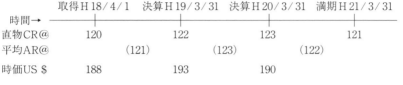

《解答》

区　　分	投資有価証券	為替差損益	有価証券利息
H19/3期			
H21/3期			

《解答・解説》

問1 ① 貨幣・非貨幣　② 決算時の為替相場（ＣＲ）
　　③ 取引発生時の相場（ＨＲ）

問2 ① 外貨額では時価の変動リスクを負わず，従って時価評価の対象とならないものであっても，円貨額では為替相場の変動リスクを負っていることを重視したから（意見書二1（1））。
　② 金銭債権との類似性を考慮したから（意見書二1（2））。
　♪ 為替差損益は計上しても，評価損益は計上しない。

問3 ① i　外貨建自社発行社債のうち転換請求期間満了前の転換社債については，発行時の為替相場による円換算額を付する（一2（1）②）。
　　 ii　外貨建金銭債権債務及び外貨建債券について償却原価法を適用する場合における償却額は，外国通貨による償却額を期中平均相場により円換算した額による（注解9）。
　　 iii　子会社株式及び関連会社株式については，取得時の為替相場による円換算額を付する（一2（1）③ハ）。
　② i　株式への転換時に損益が生じないようにするため。
　　 ii　償却額は，金利の性格をもつから。
　　 iii　事業目的に関連して行われる性格の取引であるから。

問4

区　分	投資有価証券	為替差損益	有価証券利息
H19/3期	④　　23,424	⑤　　　380	②+⑥　1,094
H21/3期		⑪　　△396	⑧+⑫　1,093

♪　計算過程：計算の順序と採用相場をパターン化して処理する。なお，外貨建社債の時価（市場価格）は，考慮する必要がない。

年月日	US$価額	相　場	邦貨額	摘　　　要
H18/ 4/ 1	188	HR 120	22,560	①取得価額
H19/ 3/31	4	AR 121	484	②当期償却額 4 =（200－188）÷ 3
	192	－	23,044	③換算前の償却原価＝①+②
	192	CR 122	23,424	④換算後の期末価額
			380	⑤換算差益＝④－③
	5	CR 122	610	⑥利息 5 ＝200×2.5%　期末受取
H20/ 3/31	196	CR 123	24,108	⑦期末価額 196＝192＋償却額 4
H21/ 3/31	4	AR 122	488	⑧当期償却額 4 =（200－188）÷ 3
	200	－	24,596	⑨換算前の償却原価＝⑦+⑧
	200	CR 121	24,200	⑩換算後の期末価額　償還額
			△396	⑪換算差損＝⑩－⑨
	5	CR 121	605	⑫利息 5 ＝200×2.5%　期末受取

♪　外貨建取引の決算時の処理まとめ

外貨建項目	レート	換算差額の処理 原則	換算差額の処理 例外
1　外国通貨	CR	当期の為替差損益	－
2　金銭債権債務	CR	当期の為替差損益	－
3　有価証券			
①満期保有目的債券（外貨での償却額）	CR（AR）	当期の為替差損益（有価証券利息）	円転せず再投資目的の場合は繰延可
②売買目的有価証券	CR	当期の評価損益	－
③その他有価証券	CR	純資産（税効果）評価損は当期の損失も可	外貨による時価に係る換算差額は評価差額とし，それ以外は当期の為替差損益とすることも可
④子会社・関連会社株式	HR	－	－
⑤減損処理（②以外）	CR	当期の評価損	－
4　デリバティブ取引	CR	金融商品の損益	－
5　棚卸資産	HR		－
6　固定資産	HR	cf. 311頁問2③	－

（3）換算差損益の内容とその処理

問1 次の文章の空欄に適切な用語を示しなさい。

「為替差損益には，□①□の換算によるものと外貨建金銭債権債務の□②□によるものとの2つがある。為替差損益の(a)会計処理には2つの方法がある。

□①□における換算によって生じた換算差額は，(b)原則として，当期の為替差損益として処理する。また，金融商品に係る会計基準による時価評価による評価差額に含まれる換算差額については，(c)原則として，□③□に関する処理方法に従うものとする（一2（2））。

外貨建金銭債権債務の□②□（外国通貨の□④□を含む）に伴って生じた損益は，原則として，当期の為替差損益として処理する（一3）。」

問2 下線(a)の会計処理について，次の設問に答えなさい。
① 「2つの方法」を説明し，基準が採用した方法名に下線を引きなさい。
② 基準の採用根拠を2つ述べなさい。

問3 下線(b)の例外を述べなさい。

問4 下線(c)について，期末に時価へ評価替えすべき外貨建資産を保有している場合，評価差額が生じるが，この評価差額には価格変動部分と為替変動部分とが混在することになる。この評価差額はどのように処理すべきかについて，次の設問に答えなさい。
① 原則的処理とその考え方を述べなさい。
② 例外的処理をする場合を示し，その考え方を述べなさい。

《解答・解説》

問1 ① 決算時　② 決済　③ 当該評価差額　④ 円転換

問2 ① i **一取引基準**……外貨建取引から生じる外貨建金銭債権債務とその円貨への決済取引とを一連の分離不可能な取引と考える方法である。

ii **二取引基準**……外貨建取引から生じる外貨建金銭債権債務とその円貨への決済取引とを別個の取引と考える方法である。

♪　この基準は取引日基準ともいわれる。

② i 一取引基準によると，決済日まで取得原価が確定しないという実務上の問題がある。

ii 商品売買等の営業取引と為替相場の変動による金融取引とを分離するこ

とにより損益を発生源泉別に表示できる。

問3　有価証券の時価の著しい下落又は実質価額の著しい低下により，決算時の為替相場による換算を行ったことによって生じた換算差額は，当期の有価証券の評価損として処理する。

問4　① 円価額による時価評価額を求める過程としての換算であることから，時価の算定には決算時の為替相場を用いて換算し，評価差額と為替換算差額とを区別せず，すべて評価差額として処理する。

　　♪　評価差額の処理は，金融商品に係る会計基準に従う。

② その他有価証券に属する債券については，金銭債権債務の換算方法との整合性の観点から，評価差額を価格変動部分と為替変動部分とに分解して処理することができる。

　　♪　時価の変動に係る換算差益は，純資産の部の評価・換算差額等——連結会計では，「その他の包括利益累計額」——として処理するのが原則であるが，為替変動に係る残額は為替差損益として当期の損益とすることができる（意見書二1（3），注解10。包括利益計算書の導入により一部変更）。

3　為替予約の独立処理と振当処理

問1　次の文章の空欄に適切な用語を示しなさい。

「(a)為替予約とは，企業が外国為替を行う　①　との間で，　②　の一定日又は一定期間に外貨と邦貨とを交換するときの　③　を　④　で契約しておくことをいう。契約した為替レートを　⑤　という。為替予約には，　⑤　で　⑥　を買うことを契約内容とする　⑦　と　⑥　を売ることを契約内容とする　⑧　とがある。為替予約が付された外貨建取引の会計処理には，(b)独立処理と振当処理とがある。基準は　⑨　を原則とするが，　⑩　も認めている（一1，2（1），注6）。

なお，買い予約では為替予約未払金（支払額）が固定され，売り予約では為替未収金（入金額）が固定されることになる。」

問2　下線(a)為替予約について，次の設問に答えなさい。

① 為替予約を行う目的を説明しなさい。

② 為替予約の方法の名称を示し，これらの方法により会計処理に異なるかを指

摘しなさい。
  ③ 為替予約はデリバティブの1つであるが，どのような種類に属するのか，その名称を示しなさい。
問3 下線(b)の独立処理と振替処理に関連して，次の設問に答えなさい。
  ① 取引発生時のレートと予約レートとの差額を2つに区分しなさい。
  ② 独立処理と振当処理を説明しなさい。
  ③ 上記①の差額のうち，振当処理の対象となるのはいずれかを指摘し，それが時間基準により期間配分される理由を述べなさい。
  ④ 振当処理とヘッジ会計との関連を説明しなさい。
  ⑤ 外貨取引時に先物相場により測定可能な場合を説明しなさい。
  ⑥ 将来の外貨建取引を予定して予め為替予約を行った。決算日が予定の外貨建取引が行われる前に到来した。決算時に処理可能な方法を説明しなさい。
問4 為替予約を行った次の 事例 に基づいて，①から③の設問に答えなさい。

事例 輸入額：US＄100
（1 US＄＝＠○○円）

時間→	外貨建取引2/1	予約3/1	決算3/31	決済6/30
直物相場（SR）	120	121	124	126
予約相場（FR）		122	125	

---

  ① 独立処理と振当処理とに区分して，各時点における仕訳を行いなさい。なお，仕訳不要の場合は，（仕訳なし）と記載しておくこと。
  ② 上記の 事例 を次のように変更して，《解答》の空欄を為替差損益額で埋めなさい。なお，為替差損には金額の前に△印を付しておくこと。

変　　更	相　場	決算3/31	決済6/30
輸出額	直　物	118	113
US＄100	先　物	116	－

《解答》
(単位：円)

処　理　区　分		当　期	次　期	合　計
独立	外貨建取引	i	ii	iii
	為　替　予　約	iv	v	vi
	合　　計	vii	viii	ix
振　　当		x	xi	xii

③　上記の事例のうち，外貨建取引日2月1日に為替予約契約を1US＄当たり122円で締結したことに変更した場合の仕訳を行いなさい。

《解答・解説》
問1 ① 銀　行　　② 将　来　　③ 為替レート（又は為替相場）
　　 ④ 現時点　　⑤ 予約レート　　⑥ 外　貨　　⑦ 買い予約
　　 ⑧ 売り予約　　⑨ 独立処理　　⑩ 振当処理
問2 ① 為替相場の変動に伴うリスクを回避するため。
　　 ②　(予約方法) 個別予約　包括予約
　　　　 (会計処理) 異ならない（同じ）。
　　　♪　個別予約は，外貨建取引毎に個別に為替予約をする方法である。包括予約は，一定期間の決済見込額の一部又は全部を為替予約する方法である。
　　 ③　先物取引
問3 ①　取引発生時の直物レートと予約時の直物レートとの差である直々差額（じきじき）と予約時の直物レートと先物レートとの差額である直先差額（じきさき）に分けられる。
　　 ②　独立処理……デリバティブ取引である先物取引と為替予約の対象となる外貨建金銭債権債務等の取引とを別個の取引とみなして，それぞれについて会計処理を行う方法である。
　　　　 振当処理……為替予約の対象となった外貨建金銭債権債務等を先物レートで円貨換算し，為替予約時の直先差額（じきさき）を時間基準により決済時までの期間に配分する会計処理である。
　　 ③　(振当処理の対象→) 直先差額
　　　　 為替予約により外貨建金銭債権債務は，予約レートに基づく金額に付け替えられる。この付け替えによる差額の内，直先差額は現地通貨国と本国との金利調整分としての性格を有するので，貸方差額であれば前受収益とし，借方差額であれば前払費用として繰延べて，時間の経過を基準として期間配分される。
　　　♪　直々差額は，予約日の損益として処理する。直先差額に重要性が乏しい場合，振当処理においても予約日の損益として処理できる。
　　 ④　為替予約は，ヘッジ対象の外貨建金銭債権債務に係るキャッシュ・フローを固定してその変動を回避するキャッシュ・フロー・ヘッジの1つである。

振当処理は，ヘッジ手段をヘッジ対象の付属と見ているという意味で，ヘッジ会計の1つである繰延ヘッジ会計の延長線上にあるといえる。

♪　為替予約等とする場合，「等」には，通貨スワップ，通貨オプション等も含まれる（注解5）。

⑤　外貨建取引と同時に外貨建金銭債権債務に係る為替予約がなされ，決済日までの期間が短い場合

⑥　ヘッジ会計を適用して為替予約から生じた換算差額を評価・換算差額等として繰延べることができる（→2(1)）。

♪　設問の取引を予定取引といい，これに対するヘッジを予定ヘッジという。

問4 ① ♪　為替予約に係る諸条件は，先ず次の図で整理した後に会計処理に進む。直物相場（**SR**）と先物相場（**FR**）を記入する場合，図の位置関係は，変更しないことがポイントで，相場変動に伴う為替差損益は，正負で区別する。

《為替予約の会計処理概念図》

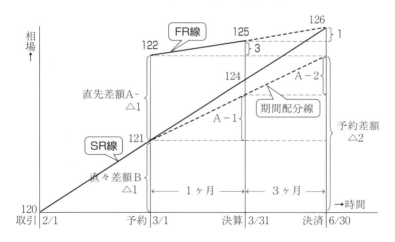

【独立処理】

♪　為替差損益について，ヘッジ対象は，換算差損益とし，ヘッジ**手段**は，ヘッジ差損益と表現して説明する。

　　ヘッジ対象の外貨建取引事実の債権債務（輸入では買掛金，輸出では売掛金）には，**SR線の推移に基づいて**決済時までの各時点の換算差損益の影響を反映させる（→2(1)②，同(2)）。決済時には，その時点のSRに基づく額（＝

買掛金残高，輸出では売掛金残高）を現金預金で決済したとみなす仕訳により
ヘッジ対象の会計処理は終了する。

　ヘッジ手段の為替予約効果は，**FR線及びその延長線の推移に基づいて**処理
する（一2(1)④，金融基準25）。輸入（輸出）では，買（売）予約となるので
貸方（借方）の為替予約未払金（為替予約未収金）が固定される。決済時まで
の各時点のヘッジ差損益の影響は，固定されない相手勘定（3／1［　　　］内
の仕訳参照）に反映させる。決済時には，その時点の**SR**と予約時の契約**FR**と
の差に基づく確定したヘッジの効果額（＝為替予約未収金残高，輸出では為替
予約未払金残高）を現金預金で決済したとみなす仕訳によりヘッジ手段の会計
処理は終了する。

　ヘッジ手段とその対象とを別個の取引とみなすことにより，予約後の換算差
損益とヘッジ差損益とは，損と益とが逆になって，期間的に合理的に対応する
ことになる。　　　　　　　See. **第4章3節3問4**②（ヘッジ会計の必要性）

2／1　仕　　　　入　12,000 ／／ 買　　　掛　　　金　12,000	⇒♪	対象
3／1　（仕訳なし）		
［為替予約未収金　12,200 ／／ 為替予約未払金　12,200］	⇒♪	手段

♪　為替予約契約は，外貨（US＄）の買予約であり，外貨を受取る権利を内容
とする債権（為替予約未収金）と円貨を支払う義務を内容とする債務（為替予
約未払金）とから構成されている。債権と債務とは，相殺後の純額で貸借対照
表に資産又は負債として表示される。予約日の正味（相殺後）の債権債務額
は，0となるので（仕訳なし）としているが，［　　］内の仕訳（対照勘定＝
備忘記録）を行ってもよい。仕訳をした場合は，決済時にその反対仕訳が必要
となる。　⇒　**手段**

3／31　為　替　差　損　　400 ／／ 買　　　掛　　　金　　400

♪　2／1の**SR**120と3／31の**SR**124との換算差額は，円貨を支払う債務の増
加を意味するから，損となる。　⇒　対象

為替予約未収金　　300 ／／ 為　替　差　益　　300

♪ 3／1の契約FR122と3／31のFR125とのヘッジ差額は，外貨を受取る債権の増加を意味するから，益となる。 ⇒ **手段**

| 6／30 為 替 差 損 | 200 ∥ 買 掛 金 | 200 |

♪ 3／31のSR124と6／30のSR126との換算差額 ⇒ 対象

| 為替予約未収金 | 100 ∥ 為 替 差 益 | 100 |

♪ 3／31のFR125と6／30のSR126とのヘッジ差額 ⇒ **手段**

| 買 掛 金 | 12,600 ∥ 現 金 預 金 | 12,600 |

♪ 買掛金をSR126で決済（円貨支払）したとみなす。 ⇒ 対象

| 現 金 預 金 | 400 ∥ 為替予約未収金 | 400 |

♪ 契約FR122と決済時SR126とのヘッジ差益，つまり確定したヘッジ（為替予約）の効果額を決済（外貨受取）したとみなす。 ⇒ **手段**

ヘッジ対象とその手段の決済時における収支差額12,200（＝12,600－400）は，契約FR122で計算した実際決済額12,200と同額になる。

【振当処理】

≪♪ 処理まとめ≫

予約差額の内訳	差損益の認識時点		当期の会計処理	
		差 損		差 益	
直々差額B	当期	100	換算	100	換算
直先差額A－（金利調整）	当期A－1	25	ヘッジ	25	ヘッジ
	次期A－2	75	前払費用	75	前受収益

※ 直先差額は，2国間の金利調整額なので時間基準により期間配分する。

2／1	仕 入	12,000 ∥ 買 掛 金	12,000	♪ SR
3／1	為 替 差 損	25 ∥ 買 掛 金	25	♪ A－1
	前 払 費 用	75 ∥ 買 掛 金	75	♪ A－2
	為 替 差 損	100 ∥ 買 掛 金	100	♪ B

♪　A－1の仕訳の借方を前払費用としてもよい。この場合，決算時には，（為替差損／前払費用）という仕訳をすることになる。

```
3／31　（仕訳なし）
6／30　買　　掛　　金　12,200 ／／ 現　金　預　金　12,200    ♪　FR
　　　　為　替　差　損　　　 75 ／／ 前　払　費　用　　 75    ♪　A－2
```

② ♪　《為替予約の会計処理概念図》の作成は，省略している。

　　i　　△200　♪　＝＠（決算時SR118－HR120）×100
　　ii　　△500　♪　＝＠（決済時SR113－決算時SR118）×100
　　iii　△700　♪　＝△200＋△500＝＠（決済時SR113－HR120）×100
　　iv　　 600　♪　＝＠（契約FR122－決算時FR116）×100
　　v　　 300　♪　＝＠（決算時FR116－決済時SR113）×100
　　vi　　 900　♪　＝600＋300＝＠（契約FR122－決済時SR113）×100
　　vii　 400　♪　＝△200＋600
　　viii △200　♪　＝△500＋300　　　　　下波線は，独立処理での横合計額の計算における相殺項目を示している。
　　ix　　 200　♪　＝△700＋900
　　　　　　　　　＝＠｛(決済時SR113－HR120)＋(契約FR122－決済時SR113)｝×100
　　　　　　　　　＝＠（契約FR122－HR120）×100　⇒　予約差額
　　x　　 125　♪　＝＠｛(121－120)＋(122－121)×1／4｝×100
　　　　　　　　　　　　　B直々差額　　A－1直先差額の当期配分額
　　xi　　 75　♪　＝＠（122－121）×100×3／4　　A－2　前受収益の償却額
　　xii　 200　♪　＝125＋75＝＠（契約FR122－HR120）×100　**予約差額**

♪　**（相互関係の説明）**　iiiにおいて決算時SR118が損益に与える影響額は，相殺されて0となるので，iiiは，売掛金の決済時SR113と外貨建取引時HR（＝SR）120との差に基づく額となる。viにおいて決算時FR116が損益に与える影響額は，相殺されて0となるので，viは，為替予約未払金の契約FR122と決済時SR113との差に基づく額となる。この結果，ixは，契約FR122と外貨建取引時HR（＝SR）120との差に基づく額，つまり予約差額200と同額になる。

　　ixにおいて，決済時SRが損益に与える影響額が相殺されて0となる理由は，SR線の終着点とFRの延長線の終着点とが共に決済時SRだからである。

ヘッジ対象を決済時SRで決済したとみなした額11,300（＝113×100）と確定したヘッジの効果額900（vi）のみなし決済額との差引合計額12,200（＝11,300＋900）が，実際決済額12,200（＝契約FR122×100　売掛金受取額）と同額になるのも同じ理由である。これらの相互関係は，決算時SR・FR及び決済時SRがどのように変動しようと変わるものではない。

③

2／1	仕　　　　　入	12,200	／／ 買　　掛　　金	12,200	
3／31	（仕訳なし）				♪ 契約FR
6／30	買　　掛　　金	12,200	／／ 現　金　預　金	12,200	

4　在外支店の財務諸表項目の換算

問1　次の文章の空欄に適切な用語を示しなさい。

「在外支店における外貨建取引については，<u>原則として，　①　と同様に処理する</u>（二）。　①　と異なる方法により換算することによって生じた換算差額は，　②　の為替差損益として処理する（二3）。」

問2　次の項目について，下線の例外となる処理を述べなさい。
① 収益及び費用
② 外貨表示財務諸表項目（次の③を除く）
③ 収益性の低下により時価で評価した場合又は時価の著しい下落により評価額の引下げが求められる場合

《解答・解説》

問1 ① 本　店　　② 当　期
♪　在外支店の財務諸表項目の換算には，原則として，本店の換算基準にテンポラル法を接続した方法が採用されている。

問2 ① 収益及び費用（収益性負債の収益化額及び費用性資産の費用化額を除く）の換算については，期中平均相場によることができる（二1）。
② 非貨幣性項目の額に重要性がない場合には，すべての貸借対照表項目（支店における本店勘定等を除く）について決算時の為替相場による円換算額を付する方法を適用することができる。この場合，損益項目についても決算時の為替相場によることを妨げない（二2）。

③ 外国通貨による時価又は実質価額を決算時の為替相場により円換算した額による（注11）。

5 在外子会社等の財務諸表項目の換算

問1　次の文章の空欄に適切な用語を示しなさい。

「連結財務諸表の作成又は持分法の適用にあたり，(a)外国にある子会社又は関連会社の外国通貨で表示されている財務諸表項目の換算は，次の方法による。

資産及び負債については，　①　時の為替相場による円換算額を付する（三1）。

親会社による株式の取得時における資本に属する項目については，　②　時の為替相場による円換算額を付する。親会社による株式の取得後に生じた資本に属する項目については，当該項目の　③　時の為替相場による円換算額を付する（三2）。

収益及び費用については，(b)原則として，　④　相場による円換算額を付する。この場合に生じる差額は　⑤　の為替差損益として処理する（三3）。

連結会計において，資産・負債と純資産とでは異なる換算レートが適用され，そこから生じた換算差額については，　⑥　として純資産の部の　⑦　に計上する（三4）」

問2　下線(a)の換算と在外支店の換算とが相違する理由を述べなさい。

問3　下線(b)の例外について述べなさい。

問4　　⑥　について，次の設問に答えなさい。

①　　⑥　が生じる理由を述べなさい。

②　純資産の部に計上する理由を述べなさい（国際的な会計基準との調和を図るためという理由は除くこと。）。

《解答・解説》

問1 ①　決　算　②　株式取得　③　発　生　④　期中平均
　　⑤　当　期　⑥　為替換算調整勘定　⑦　その他の包括利益累計額

問2 ⅰ　在外支店の財務諸表は個別財務諸表の構成要素となるため，本店と同じ換算基準を用いなければならないのに対して，在外子会社等は親会社からある程度の独立性を有しているから。

ⅱ　項目の属性に応じて異なった換算基準を用いるテンポラル法の適用は，在外子会社等の多い親会社にとって，事務処理において煩雑であるから。

問3　決算時の為替相場による円換算額を付することを妨げない。なお，親会社との取引による収益及び費用の換算については，親会社が換算に用いる為替相場による（三3）。

　　収益及び費用の換算に用いる期中平均相場には，当該収益及び費用が帰属する月又は半期等を算定期間とする平均相場を用いることができる（注12）。

問4①　在外子会社等の財務諸表項目の換算において，資産・負債には決算時レートが適用されるのに対して，純資産項目には取得時又は発生時レートが適用されるため両者には差額が生じる。この差額を為替換算調整勘定という。

See. 275頁　**問2**①ⅲ

　　②　為替換算調整勘定は，将来にプラスの正味キャッシュ・フローをもたらす経済的便益という資産概念又は資産の放棄・引渡義務を意味する負債概念のいずれにも適合しない。また，これを損益に含めることは，期間損益計算を歪めることになるから。

♪　仮想通貨の会計処理と表示

　仮想通貨とは，資金決済法第2条5項に規定する仮想通貨をいう。仮想通貨の性格は，外国通貨，現金以外の金融資産，棚卸資産，そして無形固定資産とも異なるが，財産的価値があるので会計上の資産として処理される。

　企業が期末に保有する仮想通貨については，その期末の貸借対照表価額が問題になる。貸借対照表価額は，活発な市場が存在する場合と活発な市場が存在しない場合とに区分し，前者では時価（市場価格），後者では取得原価で評価する。前者における帳簿価額と期末評価額との評価差額は，当期の損益として処理する。後者において，期末の処分見込額（ゼロ又は備忘価額を含む。）が取得原価を下回る場合には，当該処分見込額をもって評価し，評価差額は当期の損失として処理する。後者では，切放し法のみが認められる。

　仮想通貨を売却する場合，その損益の認識基準として約定日基準が採用される。損益計算書へは，売却収入から売却原価を控除して算定した純額で表示する。

　仮想通貨を預かった場合，資産と負債とは，いずれも預かり時の時価で測定し，

両建処理する。期末に預かり仮想通貨がある場合，自己保有の仮想通貨と同様の評価基準で算定した価額をもって貸借対照表価額とし，そこからの損益は認識しない。

> ♪　**時を超えた企業と会計の本質**

　「理論会計学の祖」ともいうべき会計学者の一人がA. C. リトルトンである。リトルトンは，学としての会計学を歴史的に試行錯誤法により研究した取得原価主義者として知られているが，その理論・考え方には，時価情報が導入されている現在においても，会計学の基礎理論として参考にすべきことが多い。リトルトンの著作とアリストテレスのそれとを読み比べれば，リトルトンは，アリストテレスを意識していたとは思えない。しかし，両者には，その理念，論理構成等において，企業の本質に係わる次の共通点を見いだすことができる（本書40頁以下参照）。
　① 　社会的存在としての企業体（共同体）を重視したこと。
　② 　貨幣交換経済を前提に企業の目的を利益獲得としたこと。
　③ 　企業の経済活動を俯瞰的に捉え，その枠組みとして，財産（富），資本，収益，費用，所有主，経営者，そして監査を重視したこと。

　アリストテレスの時代には，篠式簿記はなく，会計という概念もなかった。ところが，それら以外にリトルトンの会計に関連した枠組みでアリストテレスにないのは，原価計算ぐらいなのである。リトルトンの『会計理論の構造』（大塚俊郎訳，昭和30年10月5日東洋経済新報社刊。以下で（数字）は，この本の頁数である。）では，会計目的を「一企業の経済活動に関する特定の重要資料を提供すること」(50)とし，消費者，労務者，経営者，投資家，政府という複数の企業構成員（＝利害関係者）に報告する意義を強調している。会計は，錯綜する各種の利害関係者について，「経営者が不偏妥当な見解をもつことを容易にさせるという場合においては，公共の利益の立場において機能している」(23)からである。こうして会計は，「利己的利益を，明瞭な社会的利益に志向させることに役立」(23)ち，公的な目的に役立つことを会計の進歩とした。また，リトルトンは，「会計理論の構造の中心」(51)は，「利益についての会計的決定」(51)にあり，企業の利益獲得状況を企業の利害関係者共通の「関心の中心」(26〜)とした。企業は，昔も今もそして将来も最大の利益を得るための活動をし，それを正確に描写するのが簿記・会計なのである。

○会計の目的は，企業に関する財務上の資料を経営者，出資者および大衆に対し，整理して提出することである。(ペイトン・リトルトン)

第11章 財務諸表の種類・内容とその報告

第1節 財務諸表の体系とその相互関係

問1 次の文章の空欄に適切な用語を示しなさい。

「企業活動を ① し，利害関係者に ② することを任務とする財務会計は，その公表すべき財務諸表を体系的に定めている。金融商品取引法では，損益計算書，貸借対照表及び ③ が主要な財務諸表である。会社法は，これらのうち一部が公表されないが，基本的には両者とも同一の内容となっている。公表される個別財務諸表の体系を基本情報と補足情報とに区分して，一覧表にして比較すれば次の通りである。

区　　　　分	制　度　会　計	
	金融商品取引法	会　社　法
基本情報 A 貸借対照表	○	○
B 損益計算書	○	○
C 包括利益計算書*	×	×
D ③	○	×
E 株主資本等変動計算書	○	○
補　足　情　報	×	④
	附属明細表	附属明細書

＊　現状では，Cは作成されない。作成が強制又は選択できるように改正されたときは，包括利益計算書は損益計算書に続けて，「損益及び包括利益計算書」として表示してもよい（包括利益基準11（2））。　　See. 271頁（包括利益）

問2 個別会計でも包括利益の表示がなされるようになった場合，上記表のAからEまでの相互関連を説明しなさい。

（基準が改正されるまで，本問は学習対象から除外してよい）

《解答・解説》

問1 ① 測定（描写）　② 伝　達　③ キャッシュ・フロー計算書
　　 ④ 個別注記表

問2　損益計算書の当期純利益は，包括利益計算書に引継がれる。包括利益計算書では，当期純利益にその他の包括利益を加減して，包括利益が算定される。損益計算書で算定された当期純利益は，株主資本等変動計算書で繰越利益剰余金の増加要因，包括利益計算書で算定されたその他の包括利益は，その他の包括利益累計額の増減要因として承継される。株主資本等変動計算書の各項目の当期末残高は，そのまま貸借対照表の純資産の部に承継される。

　　貸借対照表残高のうち現金及び現金同等物の特定期間の増減結果は，キャッシュ・フロー計算書の期末残高と同額になる。

第2節　財務諸表の表示に共通の原則等

1　明瞭性の原則

問1　次の文章の空欄に適切な用語を示しなさい。

「企業会計は，財務諸表によって，□①□に対し必要な□②□を明瞭に表示し，企業の状況に関する□③□を誤らせないようにしなければならない（一般原則三）。この原則を明瞭性の原則という。この原則は，□④□の原則や□⑤□の原則ともよばれている。

法律の規制を受ける財務諸表の様式や用語については，企業がその表示に際して守るべき規則が定められている。会社法の□⑥□や金融商品取引法に基づく□⑦□等がそれである。」

問2　明瞭性の原則の意義3つを簡潔に示しなさい。

問3　明瞭性の原則の要請内容2つを専門用語で簡潔に示しなさい。

問4　下線のために会計情報が具備すべき質的特性を専門用語で2つ示しなさい。

《解答・解説》

問1　①　利害関係者　　②　会計事実　　③　判　断　　④　適正表示
　　　⑤　公開性　　⑥　会社計算規則　　⑦　財務諸表等規則

問2　ⅰ　真実性の原則を表示面から支える原則
　　　ⅱ　企業の利害関係者が企業の状況に関する判断を誤らないようにする。
　　　ⅲ　企業の利害関係者が企業の状況に関する的確な判断を行えるようにする。

問3　ⅰ　適正開示　　ⅱ　明瞭表示

♪　現行基準では，企業の状況にキャッシュ・フローも含まれる。

問4 ⅰ　意思決定との関連性　　ⅱ　信頼性

♪　信頼性の構成要素には，**表現の忠実性**も含まれる。

See. 26頁（会計情報の質的特性と意思決定有用性）

2　報告式と勘定式

問　次の文章の空欄に適切な用語を示しなさい。

「損益計算書及び貸借対照表の表示様式には　①　と　②　とがある。前者は，一定の順序で上から下へと書き流していく様式である。後者は，借方項目と貸方項目とを左右対照的に表示する様式である。損益計算書を前者によって表示すれば，損益の発生源泉をその計算過程とともに示すことにより　③　をより忠実に描写することができ，また会計の専門知識を有しない者にも理解が容易となる。貸借対照表の　④　の表示としては，前者よりも後者の方がその表示目的の趣旨により適合している。財務諸表等規則は，　⑤　によることを指示しているが（69Ⅱ），会社計算規則は，表示区分を示すに止まっている（119）。財務諸表等規則が適用されない貸借対照表は，後者で表示されることが多い理由である。」

《解答・解説》

問　①　報告式　　②　勘定式　　③　経営成績　　④　財政状態　　⑤　報告式

第3節　損益計算書と包括利益計算書

1　損益計算書の表示原則

問　損益計算書の表示原則3つを示しなさい。

《解答・解説》

問　ⅰ　総額主義の原則　　ⅱ　費用収益対応表示の原則　　ⅲ　区分表示の原則

（1）総　額　主　義

問1　次の文章の空欄に適切な用語を示しなさい。

「費用及び収益は，　①　によって記載することを(a)原則とし，費用の項目と収益の項目とを　②　することによってその全部又は一部を損益計算書から除去

第11章　**317**

してはならない（P/L原則一B）。これは　③　の原則とよばれ、企業の経営活動における　④　を明示することを(b)目的とする。」

問2　下線(a)に関連して、次の問に答えなさい。
① 原則と例外、それぞれの表示原則の名称を示しなさい。
② 原則は損益計算書のいかなる区分にまで適用されるのかをその理由とともに述べなさい。
③ 損益計算書の項目によっては、上記①の例外による表示の方が有用性がある場合がある。それを例示して、その理由を説明しなさい。

問3　下線(b)の副次的目的を示しなさい。
問4　売上高の表示方法の例外項目を2つ示しなさい。

《解答・解説》

問1 ① 総　額　② 直接に相殺　③ 総額主義　④ 取引規模

問2 ① 原則……（損益計算書）総額主義
　　　　　例外……純額主義
　　② 原則として、営業損益計算の区分まで総額主義で表示される。
　　　（理由）この区分までは主たる営業活動を表示し企業にとって重要だから。
　　③ （例示）為替差損益　　（理由）為替差益も為替差損も為替相場の変動により生じる。この場合、純額表示の方が為替相場の変動リスクが企業の損益にどの程度の影響を与えているかを端的に表示できるため。

問3　売上高に対する売上原価や特定の費用の割合等を表示するため

問4　i　売上高に対する売上値引・売上戻り・売上割戻
　　　ii　トレーディング目的で保有する棚卸資産に係る損益は、原則として、純額で売上高に表示する。

(2) 収益・費用の発生源泉別分類

問1　次の文章の空欄に適切な用語を示しなさい。
　「費用及び収益は、その　①　に従って明瞭に分類しなければならない（P/L原則一・C）。利益の　①　としては、企業の主たる　②　によるもの、それに付随する　③　によるもの、その他の活動及び　④　によるものがある。」

問2　下線の理由を述べなさい。

《解答・解説》

問1 ① 発生源泉　② 営業活動　③ 金融活動　④ 事　象

問2　企業の経営成績をより適切に表示するためには，利益の額だけでなく，その利益がどのような活動を起因として獲得したものなのかを明らかにする必要があるから。

♪　発生源泉別分類 は，性質別分類ともよばれて，原価計算における形態別分類の意味で使用されることもある（原価計算基準7）。費用を本来の性質別分類で分類すれば，労働力の費消は人件費，財貨の消費は物件費，そして，無形の役務の費消は購入役務費となる。しかし，財務会計上は，この分類を基本としつつも機能別分類等も加味されている。広告用のパンフレットの印刷代は，印刷費ではなく広告費とされるのはこの例である。

（3）対応・区分表示——当期業績主義と包括主義

《利益の報告方法と利益概念の拡張》

cf. 利益の計算方法

	（包括主義P/L）⇩	（包括利益計算書*）⇩ その他の包括利益*	
投資のリスクから未解放			
投資のリスクから解放	（当期業績主義P/L）⇩	特別損益（臨時損益）	包括利益*
	業績測定利益	経常利益	（包括主義P/L）当期純利益

利益概念拡張の歴史 →

＊個別会計上は，包括利益の表示はされない。その表示は，現状では連結のみである。個別会計上，その他の包括利益項目は，原則として，「評価・換算差額等」として純資産の部の株主資本以外の項目へ損益計算書を経ずに直接計上される。

問1　次の文章の空欄に適切な用語を示しなさい。

「損益計算書の記載内容については，(a)ⅰ当期業績主義とⅱ包括主義という2

第11章　319

つの考え方があるが，現在では損益計算書とは別に，□①□を記載する新たな決算書も追加表示しようというのが国際的な流れである。

わが国では，個別会計では，損益計算書は，□②□に基づいて記載され，連結会計では，それに加えて□③□も財務表の1つとなった。

損益計算書は，企業の□④□を明らかにするために，一会計期間に属するすべての収益とこれに対応するすべての費用とを記載して，□⑤□を表示し，これに□⑥□に属する項目を加減して□⑦□を表示しなければならない（P/L原則一）。

<u>各収益項目とそれに関連する費用項目とを損益計算書に対応表示しなければならない</u>（P/L原則一C）。

損益計算書には，□⑧□損益計算，□⑨□損益計算及び□⑩□損益計算の(b)<u>区分を設けなければならない</u>（P/L原則二）。」

問2　下線(a)に関連して，次の設問に答えなさい。
① ⅰとⅱを定義しなさい。
② ⅰとⅱの特徴を各3つ説明しなさい。

問3　下線(b)に関連して，次の設問に答えなさい。
① 「区分」を設けた損益計算書の名称を示しなさい。また，区分しない損益計算書はなんとよばれるかも示しなさい。
② 区分表示によって何が明らかになるのかを簡潔に述べなさい。
③ 次の場合の費用及び収益の記載方法を述べなさい。
　ⅰ　2つ以上の営業を目的とする企業
　ⅱ　企業が商品等の販売と役務の給付とをともに主たる営業とする場合
④ 問1の□⑧□，□⑨□及び□⑩□の各損益計算の表示内容を説明しなさい。
⑤ 損益計算書において「利益」として表示される項目名称を5つ示し，それらに共通する点を1つ指摘しなさい。
⑥ 本来は□⑩□損益計算に属する項目であっても，□⑨□損益計算に含めることができる場合がある。どのような場合かを述べなさい。

《解答・解説》

問1　① 包括利益　② 包括主義　③ 連結包括利益計算書
　　　④ 経営成績　⑤ 経常利益　⑥ 特別損益　⑦ 当期純利益
　　　⑧ 営業　⑨ 経常　⑩ 純

♪ 連結会計では，連結包括利益計算書又は連結損益及び包括利益計算書のいずれかで表示することが認められている。

問2 ① i 損益計算書の記載内容を当期の経常的な経営活動に関連した損益項目に限定し，損益計算書には業績測定利益としての正常な収益力を表示させようとする考え方である。

♪ この場合，特別損益項目は，別の計算書（例えば，株主資本等変動計算書）の繰越利益剰余金の増減項目として直接記載されることになる。
経常性の有無は，活動の反復性ではなく，活動の種類による。

ⅱ 損益計算書の記載内容を経常的な経営活動に限定せず，特別損益項目を含むすべての損益を記載することにより，損益計算書には分配可能利益を表示させようとする考え方である。

② ⅰ ア 企業業績の達成度合を明示して，より正確な経営成績を表示できる。
イ 損益計算の主目的である正常な収益力を表示する。
ウ 損益計算の期間比較が容易となり，企業業績の将来予測に役立つ。

ⅱ ア 損益計算の最終目的である分配可能利益を表示する。
イ 企業の長期的な収益力の表示には，むしろ特別損益項目を含む損益の方が有用性が高い。
ウ 経常損益と特別損益とを厳密に区分することは困難である。

問3 ① 区　分……区分式損益計算書
無区分……無区分式損益計算書

② 利益の活動区分別発生経過

③ ⅰ その費用及び収益を<u>主要な営業別</u>に<u>区分</u>して記載する（P/L原則二A）。
ⅱ 商品等の売上高と役務による営業収益とを<u>区別して記載</u>する（P/L原則三A）。

④ 営業損益計算……主たる営業活動を源泉とする損益の発生状況としての営業損益を表示する。

経常損益計算……主として本来の営業活動に付随する金融活動を源泉とする損益を表し，営業損益計算の結果を受けて企業の<u>正常な収益力</u>（業績測定利益）を意味する経常損益を表示する。

純損益計算……臨時損益を示し，経常損益計算の結果を受けて企業の期

間的処分可能利益を意味する当期純損益を表示する。

See. 54頁（前期損益修正項目）

⑤ 売上総利益，営業利益，経常利益，税引前当期純利益，当期純利益
（共通点）利益は，収益と費用との差額により計算される差額概念である。
cf. 包括利益 ……ある企業の特定期間の財務諸表において認識された純資産の変動額のうち，当該企業の純資産に対する持分所有者との直接的な取引によらない部分をいう（包括利益基準4）。包括利益も差額概念である。

⑥ 金額が僅少なもの又は毎期経常的に発生するもの（注解12）

♪ 損益計算書対応表示の原則と区分表示の原則　損益計算書対応表示の原則とは，**問1**の下点線のことであり，区分表示の原則とは，損益計算書の収益費用について，**問3**④のように区分して表示することをいう。

2　損益計算書の構成内容

問1　次の文章の空欄に適切な用語を示しなさい。

「営業損益計算は，一会計期間に属する ① と(a)売上原価とを記載して， ② を計算し，これから ③ を控除して， ④ を表示する（P/L原則三）。役務の給付を営業とする場合には， ⑤ から ⑥ を控除して ⑦ を表示する（P/L原則三D）。また，企業が商品等の販売と役務の給付とをともに主たる営業とする場合には，商品等の ① と役務による ⑤ とは，これを ⑧ して記載する（P/L原則三A）。

経常利益は， ④ に ⑨ を加え，これから ⑩ を控除して表示する（P/L原則五）。

税引前当期純利益は，経常利益に ⑪ を加え，これから ⑫ を控除して表示する（P/L原則七）。

(b)当期純利益は，税引前当期純利益から(c)当期の負担に属する法人税額，住民税額等を控除して表示する（P/L原則八）。」

問2　①　に関連して，事後的に売上債権の一部を減額，又は所定額を別途支払うことがある。それらは，(a)原因別に，(b)値引・返品・割戻及び売上割引の4つのいずれかで処理される。(a)の原因と(b)の損益計算書上の表示とを関連づけて示しなさい。

問3　下線(a)の売上原価の表示方法を述べなさい。

問4　下線(b)の当期純利益を受けて連結会計上に新しい利益概念が導入された。その概念の名称を2つ示しなさい。

問5　下線(c)について，次の設問に答えなさい。
　①　課税所得額に基づいて企業に課される主な税金を3つ提示し，それぞれの内容を簡潔に説明しなさい。
　②　税効果会計の適用から生じた法人税等調整額の表示方法を述べなさい。
　③　法人税等の追徴税額等の取扱いを述べなさい。

問6　特別損益項目について，次の設問に答えなさい。
　①　特別損益の「特別」の意味するところを端的に示しなさい。
　②　 ⑪ として表示される項目を3つ例示しなさい。

《解答・解説》

問1 ① 売上高　② 売上総利益　③ 販売費及び一般管理費
　　　④ 営業利益　⑤ 営業収益　⑥ 役務の費用　⑦ 総利益
　　　⑧ 区別　⑨ 営業外収益　⑩ 営業外費用　⑪ 特別利益
　　　⑫ 特別損失

問2

項目	表示（P/L）	原因
値引	売上高と相殺	品質不良・欠陥等による単価引下げ
返品	売上高と相殺	品違いや欠陥等による財貨の返送
割戻	売上高と相殺	金額や数量の基準超過による代金減額
売上割引	営業外費用	早期決済による利息相当額の代金減額

問3　売上原価は，売上高に対応する商品等の仕入原価又は製造原価であって，商業の場合には，期首商品棚卸高に当期商品仕入高を加え，これから期末商品棚卸高を控除する形式で表示し，製造工業の場合には，期首製品棚卸高に当期製品製造原価を加え，これから期末製品棚卸高を控除する形式で表示する（P/L原則三C）。これらのうち，当期製品製造原価については，その内訳を記載した明細書又は売上原価明細書を損益計算書に添付しなければならない（財規75Ⅱ，77）。

　　　　　　　　　　　　　　　　　　See. **第5章3節2（2）**（製造原価報告書）

問4　包括利益　　その他の包括利益

問5 ① i 法人税……所得に応じて国に納める税金
　　　ii 住民税……所得に応じて都道府県や市町村に納める税金
　　　iii 事業税（所得割）……事業活動に必要な治安・環境整備等の公共サービスに対する負担金として，所得に応じて都道府県に納める税金
　　② 税引前純利益に加減する形式で表示する（税効果基準３）
　　③ 法人税等の更正決定等による追徴税額及び還付税額は，税引前当期純利益に加減して表示する。この場合，当期の負担に属する法人税額等とは区別することを原則とするが，重要性の乏しい場合には，当期の負担に属するものに含めて表示することができる（注解13）。　　　　See. 第10章１節問５

問6 ① 経常損益に対する用語で，臨時損益の性格を有することを意味している。
　　② i 固定資産売却益　　ii 転売目的以外で取得した有価証券の売却益
　　　iii 負ののれんの発生益　　iv 資本剰余金に属さない受贈益　etc.

3　包括利益計算書

[問　題]

個別会計上にも包括利益の表示が導入されたとして，【資料】に基づいて，次の各問に答えなさい。

【資料】　a．前期末の株主資本：資　本　金　　6,000
　　　　　　　　　　　　　　　資本剰余金　　1,000
　　　　　　　　　　　　　　　利益剰余金　　3,000
　　　　　　　　　　　　　　　　　計　　　10,000

　　　　　b．当期純利益　5,000（c.の処理は適切に処理済みである）
　　　　　c．保有するその他有価証券の銘柄別データ

区　　分	銘　柄A	銘　柄B
取 得 原 価	90	200
前期末時価	100	300
当期末時価	120	－
摘　　要	保有継続	期首に売却

問１　次の各項目を計算しなさい。
　i　期首純資産額

ii 期末純資産額
iii 期末株主資本額
iv 包括利益
v 期末利益剰余金
vi 期末その他の包括利益累計額

問2 包括利益計算書を簡潔に作成しなさい。

See. 377頁 第12章5節5問2

《解答・解説》

問1

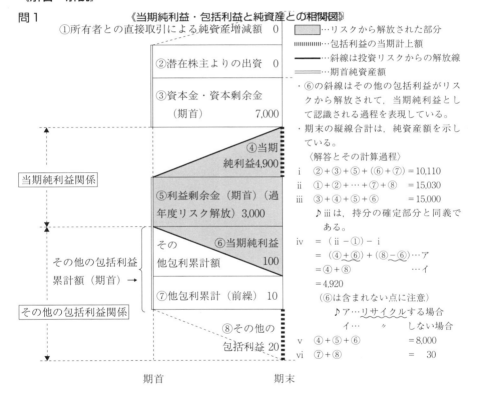

《当期純利益・その他の包括利益の増減》

区　分	期首残高 （ストック）	包括利益（フロー） 当期純利益	他の包利益	期末残高 （ストック）
利益剰余金	3,000	4,900 100		8,000
他の包利累 　A　株 　B　株	 10 100	（組替調整）	 20 △100	 30

問2
　　　　包括利益計算書

当期純利益　　　　　　　　　5,000
その他の包括利益：
　その他有価証券評価差額金　△80　（♪ ＝⑧－⑥：組替調整）
　その他の包括利益合計　　　△80
包括利益　　　　　　　　　　4,920

注　当期純利益には，その他有価証券評価差額金からの組替調整額が100含まれている。

第4節　貸借対照表

問1　次の文章の空欄に適切な用語を示しなさい。

「(a)貸借対照表は，企業の　①　を明らかにするため，貸借対照表日におけるすべての(b)資産，負債及び資本を記載し，株主，債権者その他の利害関係者に正しく表示するものでなければならない（B／S原則一）。

貸借対照表に記載すべき項目かどうかの取捨選択を決定することを　②　の問題という。選択された項目をもれなく記載することを要請する原則を　③　という。そして，記載項目の金額を決定することを　④　（評価）の問題という。これらの論点又は原則がどのような実質的内容となるかは，(c)貸借対照表の表示目的から合目的的に決定されることになる。」

問2　下線(a)の作成方法には，ⅰ誘導法とⅱ棚卸法とがある。この２つの各々によって作成される制度会計上の貸借対照表の通称名を例示しなさい

問3　下線(b)の各項目のうち，現行基準では名称が変更されているものがある。そ

れを指摘し，新名称を示しなさい。

問4 「資産，負債及び資本は，適当な区分，配列，分類及び評価の基準に従って記載しなければならない。」（貸借対照表原則一A）とある。これについて，次の設問に答えなさい。

① 貸借対照表を「区分」する原則名を示しなさい。
② 企業会計原則が要請する配列方法を示しなさい。
③ 流動と固定とを区分する代表的な基準を2つ示し，企業会計原則はどちらを原則的基準としているかを指摘しなさい。

問5 下線(c)に関連して ① と対比される表示目的を専門用語で示しなさい。

《解答・解説》

|問1| ① 財政状態　② 貸借対照表能力　③ 貸借対照表完全性の原則
　　 ④ 貸借対照表価額

♪ See. 3頁 2問3①（財政状態），47頁 2問4（完全性の原則）

|問2| ⅰ 決算貸借対照表（会社法435Ⅱ）
　　 ⅱ 開業貸借対照表（会社法435Ⅰ）　清算貸借対照表（会社法492Ⅰ）

See. 9頁 1（誘導法と棚卸法）

|問3| 資　本　⇒　（新名称）純資産

|問4|

《B/Sの表示原則》→ 　総額主義
　　　　　　　　　① （B/S）区分表示の原則
　　　　　　　　　② 流動性配列法
　　　　　　　　　③ （原則）営業循環基準，一年基準

|問5| 財産状態

♪ 実質的内容の比較

区　分	財　政　状　態	財　産　状　態
B／S能力の有無 （特徴的判断要素）	資金の運用と価値拘束 （将来の収益力への影響）	積極財産と消極財産 （期末換金能力への影響）
B／S完全性の原則	重要性小は簿外可	財産は例外なく計上
B／S価額（原則）	取得原価と将来負担額	期末時価と確定債権債務

(1) 総額主義

問1 次の文章の空欄に適切な用語を示しなさい。

「資産，負債及び純資産は，①　によって記載することを原則とし，②　の項目と　③　又は　④　の項目とを　⑤　することによって，その全部又は一部を貸借対照表から除去してはならない（B/S原則一B，一部修正）。これを（貸借対照表）　⑥　の原則といい，企業の　⑦　を明示することを目的とする表示原則である。」

問2 貸借対照表上，純額主義によらなければならない例を示しなさい。

《解答・解説》

問1 ① 総　額　② 資　産　③ 負　債　④ 純資産　⑤ 相　殺
　　　⑥ 総額主義　⑦ 財政規模（又は企業規模）

問2 同一納税主体の投資その他の資産に属する繰延税金資産と固定負債に属する繰延税金負債がある場合には，双方を相殺して表示するものとする（2）。

(2) 貸借対照表区分表示の原則

問 次の文章の空欄に適切な用語を示しなさい。

「　①　の原則とは，貸借対照表を区分して表示することをという。この原則は，企業の　②　を表示することを目的として，貸借対照表日における企業資金の　③　とその　④　とを表示し，また，それらを流動・固定の観点から区分して　⑤　の分析に資するのである。貸借対照表は，資産の部，　⑥　及び純資産の部に区分し，さらに資産の部を流動資産，固定資産及び繰延資産に，　⑥　を流動負債及び固定負債に区分する（企業会計原則第三・二を一部修正，純資産基準4）。また，固定資産は，有形固定資産，無形固定資産及び　⑦　に区分する（企業会計原則第三・四（一B））。個別会計における純資産の部は，　⑧　とそれ以外の各項目に区分する（純資産基準4）。そして，　⑧　は，資本金，資本剰余金及び利益剰余金に区分し（同5），それ以外の各項目は，　⑨　及び　⑩　に区分する（同7(1)）。」

《解答・解説》

問 ① 貸借対照表区分表示　② 財政状態　③ 調達源泉　④ 運用形態
　　　⑤ 財務流動性　⑥ 負債の部　⑦ 投資その他の資産

⑧　株主資本　　⑨　評価・換算差額等　　⑩　新株予約権

（3）流動項目と固定項目の区分

問1　次の文章の空欄に適切な用語を示しなさい。

「流動性とは，貨幣への転換の容易性のことであり，資産・負債に係る流動と固定との分類は，企業の　①　を明示することを目的として行われる。

分類基準は，　②　基準を原則とし，　②　の　③　にある項目については，　④　基準が適用される。ただし，有価証券の大部分とその他については，いずれの基準の適用もなく，その他の基準が適用される。」

問2　次の基準を定義しなさい。

ⅰ　②　基準

ⅱ　④　基準

問3　次の項目を流動と固定とに区分しなさい。

①　固定資産のうち残存耐用年数が一年以下となったもの

②　棚卸資産のうち，次のもの

　ⅰ　恒常在庫品として保有するもの

　ⅱ　余剰品として長期間にわたって滞留する在庫

問4　有価証券以外の下線の適用例を示しなさい。

《解答・解説》

問1　①　財務流動性　　②　営業循環　　③　過程外　　④　一　年

問2　ⅰ　企業の主目的たる反復的な営業取引を繰返す過程（購入・資金支払 → 製造 → 販売・資金回収 → ……）内にある項目を流動資産・流動負債とする基準をいう。

　　　ⅱ　貸借対照表日の翌日から起算して，1年以内に回収期限又は支払期限が到来する項目を流動資産・流動負債とし，それ以外の1年を超える項目を固定資産・固定負債とする基準である。

♪　**一年基準の欠点**　資金の支払又はその回収までの期間は，企業の業態，商品種類等によって異なる。これらの属性を無視して，1年という画一な基準で流動項目と固定項目とを区分するのは，企業の実情を反映した表示とならない場合がある。

> 破産債権等　当初は営業債権として生じたものであっても，破産・更生債権，不渡手形等については，営業循環過程から外れた債権として一年基準が適用される。

問3 ① 固定資産　② i・iiとも流動資産

問4 i　繰延資産
- ♪ 固定資産の次に独立項目として記載される。繰延資産に，換金性がなく，財務流動性を基準にした資産の流動・固定の区分になじまないからである。

ii　未収収益，未払費用及び前受収益
- ♪ 流動項目。ただし，一年基準を適用して流動と固定に区分しても認められる。前払費用には，一年基準が適用される。

- ♪ 　手形の性格と流動・固定の区分基準　　　cf. 348頁（CP）

取引の性格	区　分	勘定科目例	適用基準
商業手形	営業手形	受取（支払）手形	営業循環基準
	営業外手形	営業外受取（支払）手形	一年基準
金融手形	貸借目的	手形借入金（貸付金）	
	融通手形	受取（支払）融通手形	
保証手形	－	（備忘記録）	－
不渡手形	手形の不渡	不渡手形	一年基準

（4）流動性配列法

問1　次の文章の空欄に適切な用語を示しなさい。

「資産及び負債の項目の配列は，原則として，　①　によるものとする（B/S原則三）。この配列法は，企業の　②　を明示することを目的として行われる。」

問2　下線について，次の設問に答えなさい。
① 例外の配列法の名称を示しなさい。
② 例外の配列法が適合する場合を説明し，その適合企業を例示しなさい。

問3　次の命題は正しいか，誤りならその理由を簡潔に述べなさい。

「車両は動くので流動資産である。」

《解答・解説》

問1 ① 流動性配列法　② 支払能力
♪ 項目の配列順序について，流動性配列法とは，流動項目を先に記載し，固定項目をそのあとに記載する方法である。固定性配列法とは，流動性配列法と逆の順序で記載する方法である。貸借対照表の表示目的が財産状態のときは，固定項目が重視されて固定性配列法が採られる。財政状態の表示を目的とするときは，財務流動性が重視されて流動性配列法が採用される。

問2 ① 固定性配列法　② 固定資産の占める割合が高いガス会社，電力会社等

問3 誤り。　(理由)流動資産というのは，資産が物理的に移動するか否かではなく，資金に転化するまでの期間が短い資産をいう。車両は長期間使用され，減価償却を通じてすべてが資金化するのに長期間かかるので固定資産である。

第5節　株主資本等変動計算書

問1　次の文章の空欄に適切な用語を示しなさい。
「(a)株主資本等変動計算書は，ディスクロージャーの　①　確保のために，貸借対照表の　②　の一会計期間における変動額のうち，主として，　③　の各項目の　④　を報告するために作成するものである（1・17）。
　株主資本等変動計算書に記載すべき項目の範囲については，(b-1)2つの考え方がある。基準は，　②　のすべてを開示するものの(b-2)　③　とそれ以外の項目とでは表示方法については差異を設けて，両者の調整を図っている(21)。」

問2　下線(a)の株主資本等変動計算書に関して，次の設問に答えなさい。
① 従来はどのように剰余金の変動を開示していたかを述べなさい。
② この計算書の必要性を3つ述べなさい。
③ 注記事項を連結と個別とに区別して示しなさい。
④ 損益計算書，株主資本等変動計算書及び貸借対照表の3つの財務諸表の連携について，簡潔に指摘しなさい。

問3　下線(b-)に関して，次の設問に答えなさい。
① (b-1)の「2つの考え方」を述べなさい。

②　(b-2)の「差異を設けて，両者の調整を図っている」内容を述べなさい。
③　上記②の差異をつけた理由を述べなさい。

《解答・解説》
問1　①　透明性　　②　純資産の部　　③　株主資本　　④　変動事由
問2　①　利益処分計算書及び損益計算書の当期純利益から当期未処分利益までの項目を剰余金等の変動として開示していた。
　　②　ⅰ　会社法において，株式会社は，株主総会又は取締役会の決議により，剰余金の配当をいつでも決定でき，また，株主資本の計数をいつでも変動させることができることとされたため，貸借対照表及び損益計算書だけでは，資本金，準備金及び剰余金の数値の連続性を把握することが困難となったこと（18）。
　　　　ⅱ　評価・換算差額等（連結上は，その他の包括利益累計額──その他有価証券評価差額金，為替換算調整勘定等）の増加，自己株式の取得，処分及び消却等，純資産の部の変動要因が増加していること（17）。
　　　　ⅲ　国際的な会計基準では，「株主持分変動計算書」が財務諸表の１つとして位置付けられていること（17）。
　　③　（イ）　連結株主資本等変動計算書の注記事項
　　　　　　ⅰ　発行済株式の種類及び総数に関する事項
　　　　　　ⅱ　自己株式の種類及び株式数に関する事項
　　　　　　ⅲ　新株予約権及び自己新株予約権に関する事項
　　　　　　ⅳ　配当に関する事項
　　　　（ロ）　個別株主資本等変動計算書の注記事項
　　　　　　　自己株式の種類及び株式数に関する事項
　　　　　なお，個別株主資本等変動計算書には，上記の事項に加え，（イ）ⅰ，ⅲ及びⅳに準ずる事項を注記することを妨げない。
　　　　　また，連結財務諸表を作成しない会社においては，（ロ）の事項に代えて，（イ）に準ずる事項を個別株主資本等変動計算書に注記する（9）。
　　④　損益計算書で算定された当期純利益は，株主資本等変動計算書で繰越利益剰余金の増加要因（包括利益計算書におけるその他の包括利益は，その他の包括利益累計額の増減要因*）として承継される。株主資本等変動計算書の

各項目の当期末残高は，そのまま貸借対照表の純資産の部に承継される。

＊　（　　）内は，現状では解答しなくてよい。

問3① i　純資産の部のすべての項目とする考え方
　　　ii　純資産の部のうち，株主資本のみとする考え方（20）
　　②　株主資本の各項目については，変動事由毎にその金額を表示することとし，株主資本以外の各項目は，原則として，当期変動額を純額で表示することとした。ただし，これは純資産の部における株主資本以外の各項目について変動事由毎にその金額を表示することを妨げる趣旨ではないため，重要性等を勘案の上，株主資本以外の各項目についても主な変動事由及びその金額を株主資本等変動計算書に表示（注記による開示を含む）することができることとした（21）。
　　③ i　株主資本とそれ以外の項目とでは一会計期間における変動事由毎の金額に関する情報の有用性が異なること。
　　　ii　株主資本以外の各項目を変動事由毎に表示することに対する事務負担の増大等を考慮したこと（21）。

第6節　注記と附属明細表・附属明細書

1　注記の意義と種類

問1　次の文章の空欄に適切な用語を示しなさい。

「注記は財務諸表本体の記載内容に関連する重要事項を，財務諸表本体とは別の箇所に言葉や数値を用いて記載したものであり，これには　①　と　②　が含まれる。注記により財務諸表本体の　③　性が維持されるとともに，重要な情報が　④　に伝達されることになる。注記を要する事項は，財務諸表等規則や会社計算規則に具体的に規定されている。

注記事項には，次の3種類がある。
(a)　財務諸表作成の　⑤　となる事項
(b)　　⑥　の財務諸表の記載項目の内容・内訳その他関連情報
(c)　重要な　⑦

注記の記載方式には，　⑧　方式と　⑨　方式とがある。実務では後者による

ことが多い。」

問2　下線の項目名を2つに分けて提示しなさい。

問3　⑨方式について，次の場合の記載場所・方式を述べなさい。

① 有価証券報告書の財務諸表

② 会社法の計算書類

《解答・解説》

問1　① 脚注　② 付記　③ 簡潔　④ 詳細　⑤ 基本　⑥ 個々　⑦ 後発事象　⑧ 財務諸表別記　⑨ 一括記載

♪　注記の目的は，See. 本節4問2②

問2　i 継続企業の前提　　ii 重要な会計方針

問3　① 株主資本等変動計算書に続いて，一連の注記事項が，重要な会計方針・財務諸表関連項目・後発事象の順で，一括して記載される。

② 株主資本等変動計算書に続いて，注記事項を一括した注記表として作成される。注記表では，上記①と同様の順で記載される。

2　継続企業の前提

問1　次の文章の空欄に適切な用語を示しなさい。

「会計処理は，①　の前提に基づいて行われる。しかし，現実にはその前提が崩れる場合もある。そこで，②　日において，(a)会社が将来にわたって事業を継続するとの前提に(b)③　を抱かせる④　又は⑤　が存在する場合には，(c)一定事項を⑥　しなければならない（財規8の27，計規131）。」

問2　下線(a)は何とよばれるか，その名称を答えなさい。

問3　下線(b)について，次の設問に答えなさい。

① 下線はどのようなことを指すのか，端的に指摘しなさい。

② 下線の具体例を3つ示しなさい。

問4　下線(c)について，次の設問に答えなさい。

① 下線の記載場所・内容を述べなさい。

② 下線(b)のことが②　日後に解消又は大幅に改善した場合若しくは変化した場合，上記①はどのように取扱われるか，を述べなさい。

《解答・解説》

問1 ① 継続企業　② 貸借対照表　③ 重要な疑義　④ 事象　⑤ 状況　⑥ 注記

問2　継続企業の前提（財規8の27，計規131）

問3 ① 財政破綻の可能性が高いことをいう。
　　② ⅰ　企業の安全性に関する財務指標の悪化の傾向
　　　　ⅱ　重要な債務の不履行（財規8の27，計規131）
　　　　ⅲ　売上高の著しい減少
　　　　ⅳ　継続的な営業損失の発生
　　　　ⅴ　継続的な営業キャッシュ・フローのマイナス

問4 ① （場所）キャッシュ・フロー計算書の次に記載（財規9）
　　　　（内容）ⅰ　当該事象又は状況が存在する旨及びその内容
　　　　　　　ⅱ　継続企業の前提に関する重要な疑義の存在
　　　　　　　ⅲ　当該事象又は状況を解消又は大幅に改善するための経営者の対応及び経営計画
　　　　　　　ⅳ　当該重要な疑義の影響を財務諸表へ反映しているか否か（財規8の27，計規131）
　　② 上記①に加えてその旨及びその経緯も含めて記載する。

3　重要な会計方針

問1　次の文章の空欄に適当な用語を記入しなさい。

「財務諸表には，(a)重要な会計方針を◯◯◯◯しなければならない。ただし，(b)一定の場合には，会計方針の◯◯◯◯を省略することができる（注解1-2，財規8の2，計規132Ⅰ）。」

問2　下線(a)の重要な会計方針について，次の設問に答えなさい。
① 「会計方針」を定義しなさい。
② ◯◯◯◯の記載場所を示しなさい。

問3　下線(b)の「一定の場合」に該当する場合を2つ示しなさい。

《解答・解説》

問1　注記

問2 ① 会計方針とは，財務諸表作成のために採用している会計処理の原則及び手続その他財務諸表作成のため基本となる事項をいう（財規8の2）。
　　♪　表示の方法は含まれない。具体的項目は，財規8の2参照。
　　　　　　　　　　　　　　　変更した場合の取扱いは，See. 54頁（会計方針の変更）
　② キャッシュ・フロー計算書の次に記載する（財規8の2）。
問3 ⅰ 代替的な会計基準が認められていない場合（注解1-2）
　ⅱ 重要性の乏しい場合（財規8の2）

4　個々の財務諸表に関連する項目

問1　次の文章の空欄に適当な用語を記入しなさい。

「財務諸表に関連する注記は，財務諸表中の表又は計算書の末尾に　①　形式で記載する（財規9）。しかし会計方針等，他の注記事項とともに一括して記載してもよい。注記事項は　②　や　③　において，詳細に規定されている。なお，これらの規則で明示されていない事項でも，<u>必要と認められる事項</u>については注記しなければならない（財規8の5，計規144）。」

問2　下線について，次の設問に答えなさい。
　① 下線は何とよばれるか，その名称を示しなさい。
　② 注記を行う目的を述べなさい。

《解答・解説》
問1 ① 脚　注　② 財務諸表等規則　③ 会社計算規則
問2 ① 追加情報
　② 利害関係者が企業の財政及び経営の状況に関する適切な判断を行うため（財規8の5）。

5　1株当たり情報

問1　次の文章の空欄に適切な用語を示しなさい。

「1株当たり情報には，1株当たり当期純利益と1株当たり純資産額がある。
　(a)<u>1株当たり当期純利益に関する情報</u>については，次の事項を　①　しなければならない。
　（1） 1株当たり当期純利益

（2）　②　調整後1株当たり当期純利益

（1）は　③　としての開示であるが，（2）は将来の　④　を理解できるようにしているのである（38）。なお，（2）において(b)一定の場合には，　⑤　を開示するだけでよい（23）。」

問2　下線(a)の1株当たりの当期純利益を開示する目的を述べなさい。

問3　問1の（1）の1株当たり当期純利益について，次の設問に答えなさい。
① 計算式を示しなさい。
② 当期純損失を計上した場合も同様に算定するのか。
③ 利益から分配された優先配当額の取扱いを述べなさい。
④ 自己株式の取扱いを述べなさい。
⑤ 次の取扱いについて述べなさい。
　　ⅰ　発行済株式数に変動があった場合の原則的な取扱い
　　ⅱ　新株予約権や転換社債の権利行使により普通株式が増加した場合
　　ⅲ　株式併合又は株式分割により普通株式数が変動した場合

問4　問1の（2）について，次の設問に答えなさい。
① 計算式を示しなさい。
② （2）を定義しなさい。
③ 　②　について，次の設問に答えなさい。
　　ⅰ　定義しなさい。
　　ⅱ　代表例を2つ示しなさい。
　　ⅲ　　②　から生じる可能性がある効果について述べなさい。
　　ⅳ　　②　が複数存在する場合の当期純利益の調整方法を述べなさい。

問5　下線(b)の一定の場合を3つ示しなさい。

問6　1株当たり純資産額の計算式を示しなさい。

《解答・解説》

問1　① 注記　② 潜在株式　③ 過去の情報　④ 潜在的な変動性
　　　⑤ その旨

問2　普通株主に関する一会計期間における企業の成果を示し，投資家の的確な投資判断に資する情報を提供することにある。これは，市場で流通する株式の多くは普通株式であり，また，同一企業の他の会計期間との経営成績の比較（時

系列比較）及び他企業との経営成績の比較（企業間比較）等を向上させるための情報の開示を行うことが，投資家の的確な投資判断に資すると考えられることによる（3，37，38）。

問3 ① 1株当たり当期純利益は，普通株式に係る当期純利益を普通株式の期中平均株式数で除して算定する。

$$1株当たり当期純利益 = \frac{普通株式に係る当期純利益}{普通株式の期中平均株式数}$$

$$= \frac{損益計算書上の当期純利益 - 普通株主に帰属しない金額}{普通株式の期中平均発行済株式数 - 普通株式の期中平均自己株式数}$$

② 当期純利益の場合と同様に，1株当たり当期純損失を算定する。
③ 「普通株主に帰属しない金額」なので，当期純利益から控除される（13，14）。
④ 普通株式の期中平均株式数から期中平均自己株式数を控除する（17）。
⑤ i 日割計算で期中平均株式数を算定する。
　 ii 実際に権利が行使されたときに，普通株式数に含める（18）。
　 iii 当期首に当該株式併合又は株式分割が行われたと仮定して算定する（19）。

問4 ① $$\frac{潜在株式調整後}{1株当たり当期純利益} = \frac{普通株式に係る当期純利益 + 当期純利益調整額}{普通株式の期中平均株式数 + 普通株式増加数}$$

② 潜在株式に係る権利の行使を仮定することにより算定した1株当たり当期純利益をいう（20）。
③ i 潜在株式とは，その保有者が普通株式を取得することができる権利若しくは普通株式への転換請求権又はこれらに準じる権利が付された証券又は契約をいう（9）。
　 ii ワラント，転換証券
　 iii 潜在株式調整後1株当たり当期純利益が，1株当たり当期純利益を下回る場合に，潜在株式は 希薄化効果 を有するという（20）。
　 iv 最大希薄化効果を反映した潜在株式調整後1株当たり当期純利益を算定する（22）。

問5 i 潜在株式が存在しない場合

ⅱ　潜在株式が存在しても希薄化効果を有しない場合
　　ⅲ　1株当たり当期純損失の場合

問6　1株当たり純資産額

$$= \frac{普通株式に係る期末の純資産額}{期末の普通株式の発行済株式数－期末の普通株式の自己株式数}$$

$$= \frac{貸借対照表の純資産の部の合計額－控除する金額^*}{期末の普通株式の発行済株式数－期末の普通株式の自己株式数}$$

　　＊　控除する金額：ⅰ新株式申込証拠金，ⅱ自己株式申込証拠金，ⅲ普通株式よりの配当請求権又は残余財産分配請求権が優先的な株式の払込金額（当該優先的な株式に係る資本金及び資本剰余金の合計額），ⅳ当該会計期間に係る剰余金の配当であって普通株式に関連しない金額，ⅴ新株予約権，及びⅵ非支配株主持分（連結会計の場合）

　♪　＊印は，読むだけでよい。

6　セグメント情報

問1　次の文章の空欄に適切な用語を示しなさい。

　「企業が作成・報告する財務諸表には，経営の多角化，国際化等により事業内容の異なる様々な情報が混在している。このような混在情報を単純に総合して報告するだけでは，財務諸表利用者の　①　資料としては不十分であり，売上高，利益又は損失，資産その他の財務情報を事業の　②　に分別したセグメント情報等の開示が求められる。

　セグメント情報等の開示は，財務諸表利用者が，企業の過去の　③　を理解し，将来の　④　の予測を適切に評価できるように，企業が行う様々な事業活動の　⑤　及びこれを行う　⑥　に関して(a)適切な情報を提供するものでなければならない（4）。

　『セグメント情報等の開示に関する会計基準』は，すべての企業の連結財務諸表又は(b)個別財務諸表におけるセグメント情報等の開示に適用する（3）。

　セグメント情報等の開示には，セグメントの　⑦　方法あるいは　⑧　方法が特定の方法に限定されておらず，経営上の意思決定や業績評価のために，　⑨　が企業を事業の　②　に分別した方法を　⑩　とする(c)マネジメント・アプロー

チが導入されている (45, 51)。

　企業は, その ② から(d)事業セグメントを識別し, 集約した上で, その中から(e)報告セグメントを決定する (69)。」

問2　下線(a)の適切な情報となるための留意点を3つ説明しなさい。

問3　下線(b)について, 次の設問に答えなさい。
① 下線を要しない場合を指摘しなさい。
② 従来のセグメント情報との違いを指摘しなさい。
③ どのような場合に, いかなる方法により開示されるのか。

問4　下線(c)のマネジメント・アプローチについて, 次の設問に答えなさい。
① 特徴を述べなさい。
② 下線に基づくセグメント情報の長所を述べなさい。
③ 下線に基づくセグメント情報の短所を述べなさい。

問5　下線(d)に関連して,「事業セグメント」として識別するための要件を3つ示しなさい。

問6　下線(e)に関連して,「識別」又は「集約」された事業セグメントの中から報告セグメントとして開示される量的基準のうち, 2つを例示しなさい。

問7　セグメント別に開示される情報を示しなさい。

問8　財務諸表に係る注記の内容を変更する場合にも会計方針の変更に該当する場合はあるか。あるなら, それを理由とともに例示しなさい。

《解答・解説》

問1 ① 意思決定　② 構成単位　③ 業　績　④ キャッシュ・フロー　⑤ 内　容　⑥ 経営環境　⑦ 区　分　⑧ 測　定　⑨ 経営者　⑩ 基　礎

問2 ⅰ 有用な情報を基準が定める事項に加えて開示してもよい。
ⅱ 基準が定めた事項であっても重要性が乏しい場合は適用しなくてもよい。
ⅲ 財務諸表利用者の判断を誤らせる可能性がある情報等を開示することは適当ではない (59・60)。

問3 ① 連結財務諸表でセグメント情報等の開示を行っている場合 (3)。
② 経営者の実際の意思決定や業績評価に使用されている情報に基づくか否かという点が異なる (51)。

③ 連結財務諸表を作成していない場合，追加情報の注記として開示される（3，57）。

問4 ① i 企業の組織構造，すなわち，最高経営意思決定機関が経営上の意思決定を行い，また，業績を評価するために使用する事業部，部門，子会社又は他の内部単位に対応する企業の構成単位に関する情報を提供すること。
ii 最高経営意思決定機関が業績評価のために使用する報告において，特定の金額を配分している場合にのみ，当該金額を構成単位に配分すること。
iii セグメント情報を作成するために採用する会計方針は，最高経営意思決定機関が資源を配分し，業績を評価するための報告の中で使用するものと同一にすること（46）。

② i 財務諸表利用者が経営者の視点で企業を見ることにより，経営者の行動を予測し，その予測を企業の将来キャッシュ・フローの評価に反映することが可能になる。
ii 当該セグメント情報の基礎となる財務情報は，経営者が利用するために既に作成されており，企業が必要とする追加的費用が比較的少ない。
iii 実際の企業の組織構造に基づく区分を行うため，その区分に際して恣意性が入りにくい（47）。

③ i 企業の組織構造に基づく情報であるため，企業間の比較が困難になる。
ii 構成単位が変更された場合，同一企業の年度間の比較が困難になる。
iii 内部的に利用されている財務情報を基礎とした情報の開示を要求することは，企業の事業活動の障害となる可能性がある（48）。

問5 次の要件すべてを満たす構成単位を事業セグメントとして識別する（6）。
i 収益を獲得し，費用が発生する事業活動に関わること。
ii 最高意思決定機関が，資源配分の意思決定や業績評価のために定期的に経営成績を検討すること。
iii 分離された財務情報が入手できること

問6 i 売上高がすべての事業セグメント全体の10％以上
ii 利益又は損失の絶対値が，利益セグメントの合計額，又は損失セグメントの合計額の絶対値のいずれか大きい方の10％以上
iii 全事業の資産合計額の10％以上の資産がある事業セグメント

♪　解答のいずれかに該当するときは，報告セグメントとする（12）。
問7　ⅰ　報告セグメントの概要（報告セグメントの決定方法，所属する製品等）
　　　ⅱ　利益又は損失，資産，負債，その他重要項目の金額とその測定方法
　　　ⅲ　財務諸表上の金額と報告セグメントの合計額との差異額調整事項（17）
問8　ある。セグメント情報の記載におけるセグメンテーション方法の変更
　　　（理由）　財務諸表上の勘定科目の金額に直接影響を及ぼさない場合においても，開示される財務情報に重要な影響を及ぼすものについては，会計方針の変更として取扱われるから。
　　　♪　以上，細かいところは読むだけで可。

7　重要な後発事象

問1　次の文章の空欄に適切な用語を示しなさい。
　　「財務諸表には，損益計算書及び貸借対照表を　①　までに発生した重要な後発事象を　②　しなければならない（注解1－3，財規8の4，計規142）。」
問2　下線の後発事象について，次の設問に答えなさい。
　①　後発事象を定義しなさい。
　②　後発事象を3つ例示し，当期の財務諸表の修正に結びつくものに下線を引きなさい。
　③　後発事象を開示する必要性を述べなさい。
　④　会計方針と後発事象との違いを述べなさい。
　⑤　継続企業の前提に関する注記が必要となる場合を示しなさい。

《解答・解説》
問1　①　作成する日　　②　注　記
問2　①　後発事象とは，貸借対照表日後に発生した事象で，次期以後の財政状態及び経営成績に影響を及ぼすものをいう。
　　　②　ⅰ　火災，出水等による重大な損害の発生
　　　　　ⅱ　重要な係争事件の発生又は解決
　　　　　ⅲ　主要な取引先の倒産　　　etc.
　　　♪　当期の財務諸表の修正に結びつく理由…発生した事象の実質的な原因が決算日において既に存在しているため。

③ 企業の将来の財政状態及び経営成績を理解するための補足情報として有用

④ 会計方針は，利害関係者が当期の財政状態及び経営成績並びにキャッシュ・フローの状況を理解するために有用な情報であるのに対し，後発事象は，利害関係者が将来の財政状態及び経営成績の状況を理解するために有用な情報である。

⑤ 決算日において既に存在していた事象が，その後に継続企業の前提に重要な疑義を抱かせる事象又は状況になったとき

8　附属明細表と附属明細書

問1　次の文章の空欄に適切な用語を示しなさい。

「附属明細表とは，損益計算書及び貸借対照表の財務内容を補足するために，重要な項目の　①　や　②　等を表示した財務表である。財務諸表等規則では，　③　種類を規定している（121）。

会社法上は，計算書類と　④　の補足のために，附属明細書を表示しなければならない。貸借対照表，損益計算書，株主資本等変動計算書及び個別注記表の計算書類に係る附属明細書は，財務内容を補足する重要な項目の明細として　⑤　種類を規定している（会社法434Ⅱ，計規117）。　④　に係る附属明細書は，会社の状況に関する重要な事項で，改正前商法の　⑥　に相当するものである（施行規則118〜126）。」

問2　下線の「財務内容の補足」について，次の設問に答えなさい。

① 下線の趣旨を説明しなさい。

② 上記①と同趣旨による表示手段の名称を1つ示しなさい。

《解答・解説》

問1 ① 内訳明細　② 期中増減額　③ 6　④ 事業報告　⑤ 4
⑥ 営業報告書

問2 ① 財務諸表本体は，簡潔な表示で概観性を保ち，重要な項目は，詳細な表示でそれを補足することで，全体として意思決定に有用な情報となる。

② 注記

第7節　四半期財務諸表と臨時計算書類

1　四半期財務諸表
（1）四半期財務諸表の公表
問1　次の文章の空欄に適切な用語を示しなさい（ただし，現状では，下線部分の文章又は設問や解答がないものとして取扱うこと）。

「金融商品取引法では，　①　な会計情報を　②　に開示することを目的として，四半期報告書制度が導入されている（24の4の7）。

制度面における特徴は，次の3点にまとめることができる。

i 　③　等を対象としていること。

ii 　原則として四半期　④　財務諸表ベースでの開示のみが求められ，(a)特定の会社を除き四半期　⑤　財務諸表の開示は求められないこと。

iii 　四半期会計期間終了後，公認会計士又は監査法人の　⑥　を経た上で，遅くとも　⑦　以内での開示が求められるという　②　性に係るより強い制約があること（32）。

(b)四半期財務諸表の範囲は，四半期貸借対照表，四半期損益計算書，四半期包括利益計算書（又は四半期損益及び包括利益計算書）及び四半期キャッシュ・フロー計算書とされ（5，6），　⑧　の開示は求められていない。ただし　⑨　の金額に著しい変動があった場合には，主な　⑩　を注記しなければならない（19（13），25（11））。

開示対象期間は，次の通りである（7）。

i 　損益計算書及び包括利益計算書（又は損益及び包括利益計算書）については，(c)ア．その四半期に関するものと，イ．期首からの累計期間に関するものの両方が求められる。

ii 　キャッシュ・フロー計算書については，　⑪　のみの情報で足りる。

なお，比較のために，前年度の対応する　⑫　又は　⑬　の金額も合わせて表示すべき点は，年次の財務諸表と同様である。

セグメント情報等の重要な事項は，　⑭　しなければならない（19）。」

問2　下線(a)の「特定の会社」とは，どのような会社をいうのかを指摘しなさい。
問3　下線(b)の四半期財務諸表の範囲を示しなさい。

問4　損益計算書及び包括利益計算書（又は損益及び包括利益計算書）において，下線(c)のア．及びイ．はそれぞれどのような情報を開示することになるのかを述べなさい。

《解答・解説》
問1 ① 有　用　② 適　時　③ 上場会社　④ 連　結　⑤ 個　別
　　⑥ レビュー手続　⑦ 45 日　⑧ 四半期株主資本等変動計算書
　　⑨ 株主資本　⑩ 変動事由　⑪ 累計期間　⑫ 時　点
　　⑬ 期　間　⑭ 注　記
問2　連結財務諸表を作成しない会社
問3　四半期連結財務諸表及び四半期個別財務諸表をいう（4（3））。
　　cf.「四半期報告書」とは，四半期財務諸表を含んだ報告書をいう（4（4））。
問4　ア．は，年間の業績見通しの進捗度を示す情報
　　イ．は，収益動向の変化点を把握するための情報（37）

（2）四半期財務諸表の性格

問1　次の文章の空欄に適切な用語を示しなさい。
　　「四半期財務諸表の性格付けについては，　①　と　②　という2つの異なる考え方がある。『四半期財務諸表に関する会計基準』では，　①　を基本として作成される（39）。」

問2　下線について，次の設問に答えなさい。
　　①　①　の考え方を述べなさい。
　　②　②　の考え方を述べなさい。
　　③　①　を基本とした理由を述べなさい。

《解答・解説》
問1 ① 実績主義　② 予測主義
問2 ①　**実績主義**とは，四半期会計期間を年度と並ぶ一会計期間とみた上で，四半期財務諸表を，原則として年度の財務諸表と同じ会計処理の原則及び手続を適用して作成することにより，当該四半期会計期間に係る企業集団又は企業の財政状態，経営成績及びキャッシュ・フローの状況に関する情報を提供するという考え方である。

② **予測主義**は，四半期会計期間を年度の一構成部分と位置付けて，四半期財務諸表を，年度の財務諸表と部分的に異なる会計処理の原則及び手続を適用して作成することにより，当該四半期会計期間を含む年度の業績予測に資する情報を提供するという考え方である。

③ ⅰ 実績を明らかにすることにより，むしろ将来の業績予測に資する情報を提供することになる。

　ⅱ 実績主義の方が恣意的な判断の介入の余地が少なく，実行面でも計算手続が明確となる。

　ⅲ 季節変動性については，実績主義による場合でも，十分な定性的情報や前年同期比較を開示することにより，財務諸表利用者を誤った判断に導く可能性を回避できると考えられる。

　ⅳ 会社毎に会計方針が大きく異なると企業間比較が困難になる。

♪ ①②及び③とも基準39による。

（3）四半期特有の会計処理

問1 次の文章の空欄に適切な用語を示しなさい。

「四半期財務諸表は，　①　を基本に据えて四半期財務諸表を作成することとしたため，(a)原則として，　②　の財務諸表の作成にあたって適用される会計処理の原則及び手続に準拠して作成されなければならない（9, 20, 42）。特に，収益の認識及び測定は，財務諸表の　③　の根幹をなす重要なものであるため，年度の財務諸表と四半期財務諸表とで(b)同一の会計処理が適用されなければならない（43）。」

問2 下線(a)について，次の設問に答えなさい。
① 例外を2つに区分しなさい。
② 上記①の具体例を示し説明しなさい。

問3 下線(b)の「同一の会計処理」について，次の設問に答えなさい。
① 同一の会計処理を適用する理由を述べなさい。
② 同一の会計処理をしないことが認められる場合を述べなさい。

《解答・解説》
問1 ① 実績主義　　② 年　度　　③ 信頼性

問2 ① i 四半期特有の会計処理
   ii 簡便的な会計処理
  ② i ア 原価差額の繰延処理……標準原価計算等を採用している場合において，原価差異が操業度等の季節的な変動に起因して発生したものであり，かつ，原価計算期間末までにほぼ解消が見込まれるときには，継続適用を条件として，当該原価差異を流動資産又は流動負債として繰延べることができる（12）。
    イ 税金費用の計算……税金費用については，四半期会計期間を含む年度の税引前当期純利益に対する税効果会計適用後の実効税率を合理的に見積り，税引前四半期純利益に当該見積実効税率を乗じて計算することができる（14）。　♪ 原則は，年度決算と同様の方法である。
   ii ア 棚卸資産の実地棚卸の省略
    イ 退職給付費用の期間按分計算
    ウ 一般債権の貸倒見積高の算定方法
    エ 棚卸資産の収益性の低下による簿価切下げの方法
    オ 固定資産の減価償却費の算定方法
    カ 税金費用の算定方法（47）

問3 ① i 年度の財務諸表と四半期財務諸表との会計処理の原則及び手続の首尾一貫性の観点から，異なる会計処理は認められないこと。
   ii 国際的な会計基準においても，収益の認識及び測定に季節的変動等を考慮した例外的な取扱いは設けられていないこと（43）。
  ② 年度決算において有価証券の減損処理や棚卸資産の収益性の低下に伴う簿価切下げに切放し法を採用している場合，四半期会計期間においては，切放し法のほか，洗替え法も選択することができる（45）。

2　会社法の臨時計算書類

問1 次の文章の空欄に適切な用語を示しなさい。

「株式会社による剰余金の配当は，年度の途中において，　①　でも，　②　でも実施することができる（454Ⅰ）。分配可能価額には，期首から配当時点までの　③　を含めてもよい。この場合，(a)原則として，年度途中の所定日を臨時決

第11章　**347**

算日として□④□を作成しなければならない。□④□は，会計監査人と監査役会又は監査委員会の監査を受けた後，(b)原則として，株主総会の□⑤□を受けなければならない。

　　□④□は，その効果から考えて，正規の決算と□⑥□に準拠して作成する必要があると思われる。」

問2　下線(a)の例外（□④□を作成しない場合）を指摘しなさい。

問3　下線(b)の例外（株主総会の□⑤□が不要の場合）を指摘しなさい。

《解答・解説》

問1　① いつ　② 何度　③ 純利益　④ 臨時報告書　⑤ 承認　⑥ 同じ基準

問2　期首からの純利益を加算しなくても分配可能額が十分に存在するのであれば，臨時報告書を作成する必要はない。

問3　監査で適正意見が表明されていれば，株主総会には報告するだけでよい（441）。

♪　決算短信　とは，株式を証券取引所に上場している企業が，証券取引所の適時開示ルールに則り決算発表時に作成・提出する決算速報で，法定されたものではない。また，決算発表時以外でも自社のホームページ等で常時開示している会社が多く，上場会社にとっては，財務情報の重要な提供手段となっている。

　　決算短信は，決算期末後45日以内に開示されることが適当とされ，30日以内の開示がより望ましいとされている。決算短信の様式は証券取引所によって定められている。決算短信には，年次及び四半期毎の報告があり，決算短信に添付する財務諸表は財務諸表等規則に準拠して作成されるので，その信頼性は高い。

♪　コマーシャル・ペーパー（ＣＰ）の会計処理と表示

　　コマーシャル・ペーパーは，企業が短期資金調達目的で割引発行する約束手形である。金融商品取引法上では，有価証券として位置づけられCPと略される。

　　CPは，1920年代に米国で誕生し，1980年代にはユーロ市場等にも広まり，そして，1987年11月にはわが国でも発行が認められた。当初は，多くの規制があったが，その後の規制撤廃により現在では利便性が大きく向上している。さらに，無券面化（ペーパーレス化）や電子化を実現する法律が施行され，今では電子

CPが主流となっている。発行残高の拡大に伴い，日本銀行もCPオペレーション（公開市場操作）の対象にするなど，金融政策の有力な手段としても利用されるようになった。

CPは，直接金融での資金調達という点では，社債と類似しているが，社債の償還期間が通常1年以上なのに対して，CPの償還期間は通常1年未満で，1ヶ月ものや3ヶ月ものが多い。また，CPは，法律上は有価証券ではなく手形なので，銀行等でも取扱われる。CPの金利は，一般にプライムレートより低く，銀行からの融資以外の資金調達手段として利用される。ただし，CPは無担保で企業の信用力のみで資金調達することから，優良企業でないと発行できない。

CPの会計処理と表示を企業会計基準委員会『実務対応報告第8号』（平成15年2月6日）に基づいて説明すれば，次の通りである。

発行したCPは，原則として償却原価法に基づいて算定された価額をもって貸借対照表価額とし，流動負債において「短期社債」又は「コマーシャル・ペーパー」等の科目で表示する。なお，その金額に重要性が乏しい場合には，流動負債の「その他」に含めて表示することができる。

損益計算書においては，「短期社債利息」又は「コマーシャル・ペーパー利息」等の費用科目で区分掲記し，その金額に重要性が乏しい場合には，「その他」に含めて表示してもよい。なお，債務額よりも低い価額で発行したことによる差額を「前払費用」として計上した場合には，発行月から償還期限までを計算期間として，その差額を定額法により費用配分する。

CPの取得者側の会計処理と表示については，有価証券と同様の取扱いをする。

実地棚卸のできない棚卸資産とそれが必要な固定資産

サイロ内の穀物，野積のくず鉄，配管パイプ内の重油等は，棚卸資産であっても正確な実地棚卸はできない。他方，工事現場で使用されるH形鋼等がリースされている場合，それは貸手にとって固定資産であるが，実地棚卸しなければ，その数量・質の確定はできない。資産の属性により実地棚卸の可否・方法等は様々なのである。

○企業会計の社会的使命とは，われわれ人類に与えられた有限の経済資源の利用に関して，最も合理的な手段を提示し，これに関する必要な情報を提供することである。（阪本安一）

連結財務諸表

第1節 連結財務諸表の基礎

1 連結財務諸表の目的

問1 次の文章の空欄に適切な用語を示しなさい。

「法律上は別個の会社であっても，経済的実質は企業集団を形成して経済活動を営んでいる場合，これらの企業集団を1つの ① として，連結財務諸表を作成・報告することが投資家の ② のために必要である。そこで，連結財務諸表は，支配従属関係にある2つ以上の企業からなる企業集団を ③ とみなして， ④ が当該企業集団の財政状態，経営成績及びキャッシュ・フローの状況を ⑤ に報告するために作成される（1）。

本支店合併財務諸表の作成手続が ⑥ 総合とよばれるのに対して，連結会計手続は， ⑦ 総合とよばれることがある。」

問2 企業集団を形成しているにもかかわらず，個別財務諸表のみを表示する場合の問題点を説明しなさい。

《解答・解説》

問1 ① 会計単位　② 意思決定　③ 単一の組織体　④ 親会社
⑤ 総合的　⑥ 内　部　⑦ 外　部

問2 個別財務諸表のみの表示では，企業集団内部間の取引により経営成績，財政状態等を粉飾することが可能となる。具体的には，企業集団内部の売買による内部利益が実現利益として計上されたり，企業集団内部における金銭の貸借により個々の企業の短期支払能力を一時的によくみせるように操作することが可能となるのである。

2 連結財務諸表の位置づけ

問1 次の文章の空欄に適切な用語を示しなさい。

「金融商品取引法上は，①財務諸表よりも②財務諸表を優先する。会社法は，③のうち，金融商品取引法上の適用を受けて有価証券報告書を提出している企業は，連結計算書類を④に報告するよう要求している（444Ⅲ）。

(a-1)金融商品取引法に基づく連結財務諸表と(a-2)会社法の連結計算書類との構成内容は類似するが，(b)相違もある。法人税法も親会社は，⑤制度を選択できるが，その対象は⑥％支配持分の子会社に限定されている。」

問2 下線（a-）のそれぞれの財務表又は計算書類をその開示対象期間とともに対比して示しなさい。

問3 下線(b)の相違点を述べなさい。

《解答・解説》

問1 ① 個別　② 連結　③ 大会社　④ 株主　⑤ 連結納税
　　　⑥ 100

問2

	摘　要	(a-1) 金融商品取引法	(a-2) 会　社　法
ⅰ	連結貸借対照表	○（年次，四半期）	○（年次）
ⅱ	連結損益計算書*	○（年次，四半期）	○（年次）
ⅲ	連結包括利益計算書*	○（年次，四半期）	×
ⅳ	連結株主資本等変動計算書	○（年次）	○（年次）
ⅴ	連結キャッシュ・フロー計算書	○（年次，四半期）	×
ⅵ	連結附属明細表	○（年次）	×
ⅶ	連結注記表	×	○（年次）

　＊　金商法上，ⅱとⅲを「連結損益及び包括利益計算書」と表示してもよい。会社法上，連結包括利益計算書の作成を求めるかは，将来に改めて検討される。

問3 ⅰ　会社法では，連結包括利益計算書，連結キャッシュ・フロー計算書，及び連結附属明細表が求められず，金融商品取引法では，連結注記表が求められていないこと。

　　　ⅱ　会社法では，年次の計算書類だけを求めるのに対して，金融商品取引法では，原則として，四半期財務諸表も要求される。

3 会計主体論とその会計処理

問1 次の文章の空欄に適切な用語を示しなさい。

「連結財務諸表の主体論ついては，(a-1) ① と (a-2) ② の２つの考え方がある。連結財務諸表に関する会計基準においては，(b)基本的に ① によっている（51）。」

【表】

	摘　要	①	②
ア	連結範囲の決定基準		
イ	非支配株主持分の表示		
ウ	連結子会社の評価法		
エ	持分法の評価方法		
オ	のれんの認識範囲		
カ	支配獲得後の持株売却取引の性格		
キ	非支配株主損益の性格		
ク	アップ・ストリームの未実現利益の消去		

問2 下線（a-）の「２つの考え方」について，次の設問に答えなさい。

① （a-1) ① と（a-2) ② の相違点を株主資本に対する持分の捉え方の観点から述べなさい。

② 問1の【表】の各項目と上記問2①の会計主体論と整合的な会計処理について，次の設問に答えなさい。

　i　【表】の空欄に会計処理名等の適切な用語を記入しなさい。

　ii　上記iの表中に日本の基準が採用している方法に◎印をつけなさい。

問3 下線(b)とした理由を述べなさい。

《解答・解説》

問1 ① 親会社説　② 経済的単一体説

♪ 親会社説とは，連結財務諸表を親会社の株主の立場から作成しようとする考え方である。経済的単一体説とは，被支配株主を含めた企業集団全体の株主の立場から作成しようとする考え方である。

問2 ① いずれの考え方においても，単一の指揮下にある企業集団全体の資産・負債と収益・費用を連結財務諸表に表示するという点では変わりはない。資本

に関して，親会社説は，連結財務諸表を親会社の財務諸表の延長線上に位置づけて，親会社の株主の持分のみを反映させる考え方であるのに対して，経済的単一体説は，連結財務諸表を単体としての親会社とは区別される企業集団全体の財務諸表と位置づけて，<u>企業集団を単体として構成するすべての連結会社の株主の持分を反映させる考え方</u>*であるという点で異なっている(51)。

* <u>下点線</u>は，会計主体論（22頁）で学習した「企業それ自体の立場」ではなく，非支配株主を含む企業集団の所有者（全株主）の立場から会計処理を行うことを意味している。経済的単一体説は，会計的判断の主体が株主である点において所有主理論の1類型なのである。

② 連結会計主体論と整合的な会計処理

	摘　　要	親　会　社　説	経済的単一体説
ア	連結範囲の決定基準	持株基準	◎支配力基準
イ	非支配株主持分の表示	◎株主資本以外 （純資産又は負債）	株主資本
ウ	連結子会社の評価法	部分時価法	◎全面時価法
エ	持分法の評価方法	◎部分時価法	全面時価法
オ	のれんの認識範囲	◎買入のれん説	全部のれん説
カ	支配獲得後の持株売却取引の性格	損益取引	◎資本取引
キ	非支配株主損益の性格	費用の1項目	◎利益の内訳
ク	アップ・ストリームの未実現利益の消去	部分消去・親会社負担方式	◎全額消去・持分按分負担方式

問3 i　連結財務諸表が提供する情報は主として親会社の投資者を対象とするものであること。

ⅱ　親会社説による処理方法が企業集団の経営を巡る現実感覚をより適切に反映すると考えられること(51)。

第2節　連結財務諸表作成における一般原則

問1　次の文章の空欄に適切な用語を示しなさい。

「連結財務諸表に関する会計基準は，企業会計原則と同様に，企業が遵守すべき　①　な基準として，4つの　②　を定めている。」

問2　下線について，次の設問に答えなさい。

① 「4つ」の名称を示し，それぞれの内容を述べなさい。

② 上記①のうち，連結決算に特有の原則を指摘し，その原則の内容を2つに分けて述べなさい。

③ 企業会計原則と同様に，「4つ」以外に「　①　な基準」があれば，その原則の内容を述べなさい。なお，原則の名称には下線を引いておきなさい。

《解答・解説》

問1 ①　一般的　　②　一般原則

問2 ①　i　**真実性の原則**……連結財務諸表は，企業集団の財政状態，経営成績及びキャッシュ・フローの状況に関して真実な報告を提供するものでなければならない（9）。

　　ii　**個別財務諸表基準性の原則**……連結財務諸表は，企業集団に属する親会社及び子会社が一般に公正妥当と認められる企業会計の基準に準拠して作成した個別財務諸表を基礎として作成しなければならない（10）。

　　iii　**明瞭性の原則**……連結財務諸表は，企業集団の状況に関する判断を誤らせないよう，利害関係者に対し必要な財務情報を明瞭に表示するものでなければならない（11）。

　　iv　**継続性の原則**……連結財務諸表作成のために採用した基準及び手続は，毎期継続して適用し，みだりにこれを変更してはならない（12）。

② 個別財務諸表基準性の原則

　　i　連結財務諸表は，会計帳簿ではなく，企業集団を構成する個々の企業の個別財務諸表を基礎として作成されていること。

　　ii　その個別財務諸表は，一般に公正妥当と認められる企業会計の基準に準拠して適正に作成されていること。

　　♪　連単分離項目は，個別会計上の処理を連結会計上の処理に修正しなけれ

ばならない。　See. 230頁の♪（連単の差異），271頁の図（包括利益）
③　連結財務諸表を作成するにあたっては，企業集団の財政状態，経営成績及びキャッシュ・フローの状況に関する利害関係者の判断を誤らせない限り，連結の範囲の決定，子会社の決算日が連結決算日と異なる場合の仮決算の手続，連結のための個別財務諸表の修正，子会社の資産及び負債の評価，のれんの処理，未実現損益の消去，連結財務諸表の表示等に関して重要性の原則が適用される（注1）。

第3節　連結財務諸表作成における一般基準

問1　次の文章の空欄に適切な用語を示しなさい。
　「連結会計基準は，個別会計基準とは区別された連結決算に　①　の基礎的な規範を　②　基準として，3項目を記載している。」
問2　下線の「3項目」の名称を示しなさい。

《解答・解説》
問1　①　特　有　　②　一　般
問2　i　連結の範囲　　ii　連結決算日　　iii　親・子会社の会計方針

1　連結の範囲

（1）連結範囲の決定基準

問1　次の文章の空欄に適切な用語を示しなさい。
　「連結財務諸表は，(a)支配従属関係にある2つ以上の(b)企業からなる企業集団を　①　とみなして，　②　が当該企業集団の財政状態，経営成績及びキャッシュ・フローの状況を　③　に報告するために作成される（1）。」
問2　下線(a)の支配従属関係について，次の設問に答えなさい。
①　下線の存否を判断する基準の名称を2つ示しなさい。
②　連結会計基準は，上記①のうちいずれを採用しているか，その理由とともに述べなさい。
問3　下線(b)の「企業」の範囲について述べなさい。

《解答・解説》

問1 ① 単一の組織体　② 親会社　③ 総合的

See. 350頁（連結財務諸表の目的）

問2 ① i 持株基準　ii 支配力基準
② 支配力基準を採用している。

（理由）持株基準は，支配従属関係の存在を機械的に判断するため客観性の面では優れている。しかし，議決権の所有割合が50％以下であっても，その会社を事実上支配しているケースもあり，そのような被支配会社を連結の範囲に含まない連結財務諸表は，企業集団に係る情報としての有用性に欠けることになる。そこで，子会社の判定基準として，議決権の所有割合以外の要素を加味した支配力基準を導入した。そこでは，他の企業の意思決定機関を支配しているかどうかという観点から，支配力基準を採用したのである（6，7，54）。

問3 企業とは，会社及び会社に準ずる事業体をいい，会社，組合その他これらに準ずる事業体を指す（5）。

(2) 支配力基準とその適用

問1 次の文章の空欄に適切な用語を示しなさい。

「親会社とは，他の企業の財務及び営業又は事業の　①　を支配している企業をいい，子会社とは，当該他の企業をいう。親会社及び子会社又は子会社が，他の企業の　①　を支配している場合における当該他の企業も，その親会社の子会社とみなす（6）。

他の企業の　①　を支配している企業とは，次の企業をいう。ただし，財務上又は営業上若しくは事業上の関係からみて他の企業の　①　を支配していないことが明らかであると認められる企業は，この限りでない。

(1) 他の企業の議決権の　②　数を　③　の計算において所有している企業

(2) 他の企業の議決権の100分の　④　以上，100分の　⑤　以下を　③　の計算において所有している企業であって，かつ，次のいずれかの要件に該当する企業

(a) 　③　の計算において所有している議決権と，自己と出資，人事，資

金，技術，取引等において　⑥　な関係があることにより自己の　⑦　と　⑧　の議決権を行使すると認められる者及び自己の　⑦　と　⑧　の議決権を行使することに　⑨　している者が所有している議決権とを合わせて，他の企業の議決権の　②　数を占めていること。

(b) 役員若しくは使用人である者，又はこれらであった者で自己が他の企業の財務及び営業又は事業の　⑩　の決定に関して影響を与えることができる者が，当該他の企業の　⑪　その他これに準ずる　⑫　の構成員の　②　数を占めていること。

(c) 他企業の重要な財務及び営業又は事業の　⑩　の決定を支配する　⑬　等が存在すること。

(d) 他の企業の資金調達額（貸借対照表の負債の部に計上されているもの）の総額の　②　について融資（債務の保証及び担保の提供を含む。以下同じ）を行っていること（自己と出資，人事，資金，技術，取引等において緊密な関係のある者が行う融資の額を合わせて資金調達額の総額の過半となる場合を含む）。

(e) その他，他の企業の　①　を支配していることが推測される　⑭　が存在すること。

(3) 　③　の計算において所有している議決権（当該議決権を所有していない場合を含む）と，自己と出資，人事，資金，技術，取引等において　⑥　な関係があることにより自己の　⑦　と　⑧　の議決権を行使すると認められる者及び自己の　⑦　と　⑧　の議決権を行使することに　⑨　している者が所有している議決権とを合わせて，他の企業の議決権の　②　数を占めている企業であって，かつ，上記（2）の(b)から(e)までのいずれかの要件に該当する企業（7）」

問2　下線は，どのような企業を指しているのかについて述べなさい。

《解答・解説》

問1　① 意思決定機関　② 過半　③ 自己　④ 40　⑤ 50
　　　⑥ 緊密　⑦ 意思　⑧ 同一内容　⑨ 同意　⑩ 方針
　　　⑪ 取締役会　⑫ 機関　⑬ 契約　⑭ 事実

See. 279頁 問2（パーチェス法における取得企業と取得原価）

第12章　357

♪ 子会社の判定

```
他企業の議決権 ┬→ 過半数 A          Yes ──────────────→ 子会社
              │
              ├→ 40％以上50％以下 B → (2) a～e に該当 Yes → 子会社
              │                       No → 子会社に非該当
              │                                   ↑No
              └→ 40％未満 C → 密接な者・同意者と  Yes → (2) b～e Yes → 子会社
                              Cとの合計が過半数    No          に該当 No → 子会社に非該当
```

♪ 株式会社は，自己株式については議決権を有しない（会社法308Ⅱ）。

問2 更生会社，破産会社その他これらに準ずる企業であって，かつ，有効な支配

（3）連結子会社の範囲

問1 次の文章の空欄に適切な用語を示しなさい。

「親会社は，原則として，すべての ① を連結の範囲に含める（13）。

連結会社とは， ② 及び ③ をいう（8）。

連結の範囲に含めた子会社，非連結子会社に関する事項その他連結の ④ に関する重要な事項及びこれらに重要な ⑤ があったときは，その ⑥ 及びその ⑦ を注記しなければならない（43（1））。」

問2 下線の例外を，次の2つに区分して示しなさい。

① 連結の範囲に含めてはならない企業

② 連結の範囲に含めないことができる企業

従属関係が存在しないと認められる企業（7）

《解答・解説》

問1 ① 子会社　② 親会社
　　 ③ 連結される子会社（♪連結子会社という。）　cf. 非連結子会社
　　 ④ 方針　⑤ 変更　⑥ 旨　⑦ 理由

問2 ① 子会社のうち次に該当するものは，連結の範囲に含めない。

　　　ⅰ 支配が一時的であると認められる企業

ⅱ　連結することにより利害関係者の判断を著しく誤らせるおそれのある企業（14）

　♪　例：外国為替相場が激変したり，外国への送金が厳格に規制されている国に立地する子会社

　　　なお，親会社と業種が異なる子会社は，事業種類別に利益計算を区分表示したセグメント情報の提供によって，利害関係者の誤解を回避できるから，除外理由にならない。

②　子会社であって，その資産，売上高等を考慮して，連結の範囲から除いても企業集団の財政状態，経営成績及びキャッシュ・フローの状況に関する合理的な判断を妨げない程度に重要性の乏しいものは，連結の範囲に含めないことができる（注3）。　　　　　See. 381頁　問3（被投資会社の財務諸表）

2　連 結 決 算 日

問　次の文章の空欄に適切な用語を示しなさい。

　「連結財務諸表の作成に関する期間は ① とし， ② の会計期間に基づき， ③ 一定の日をもって連結決算日とする（15）。

　子会社の決算日が連結決算日と異なる場合，子会社は，連結決算日に ④ に準ずる合理的な手続により決算を行う（16）。

　なお，子会社の決算日と連結決算日の差異が ⑤ を超えない場合には，子会社の ④ を基礎として連結決算を行うことができる。ただし，この場合には，子会社の決算日と連結決算日が異なることから生じる連結会社間の取引に係る会計記録の ⑥ について，必要な整理を行うものとする。この場合，当該 ⑦ 及び連結のため当該子会社について特に行った ⑧ を注記しなければならない（43（2））。」

《解答・解説》

問 ①　1年　　②　親会社　　③　年1回　　④　正規の決算　　⑤　3か月
　　⑥　重要な不一致　　⑦　決算日　　⑧　決算手続の概要
　　cf. 個別会計の会計期間は1年以内

3 親会社及び子会社の会計処理の原則及び手続

問1 次の文章の空欄に適切な用語を示しなさい。

「同一 ① で行われた同一の ② の取引等について，親会社及び子会社が採用する会計処理の原則及び手続は，原則として， ③ する（17）。

子会社の採用する会計処理の原則及び手続で親会社及びその他の子会社との間で特に異なるものがあるときは，その ④ を注記する（43（3）②）。」

問2 下線の例外として認められるケースを例示しなさい。

問3 会計処理の統一のための変更について，次の設問に答えなさい。

① 必ず親会社の会計処理の原則及び手続に統一しなければならないのか。
② 変更は必ず個別財務諸表上で行わなければならないのか。
③ 統一のための変更は，正当な理由に該当するか。

《解答・解説》

問1 ① 環境下　② 性　質　③ 統　一　④ 概　要

問2 在外子会社の所在地国の会計基準が日本の基準と異なっている場合は統一できない合理的理由に該当する。このうち，国際財務報告基準又は米国の会計基準に準拠しているときには，その財務諸表を連結決算で利用することができる。ただし，のれんの償却等の所定の項目については，在外子会社の会計処理を親会社が準拠している基準に合致するよう修正しなければならない。

問3 ① より合理的な会計処理の原則及び手続を選択すべきで，子会社の会計方針への統一でもよい。

② 変更は，親会社又は子会社の個別財務諸表上で行ってもよいし，連結手続において行ってもよい。

③ はい（該当する）。

第4節　連結貸借対照表の作成基準

問 次の文章の空欄に適切な用語を示しなさい。

「連結貸借対照表は，親会社及び子会社の ① を基礎とし，子会社の資産及び負債の ② ，連結会社相互間の ③ と ④ 及び ⑤ と ⑥ の相殺消去等の処理を行って作成する（18）。」

《解答・解説》

問 ① 個別貸借対照表　② 評　価　③ 投　資　④ 資　本
　　　⑤ 債　権　　　　　⑥ 債　務

1　投資と資本の相殺消去

(1) 子会社の資産・負債の評価とその範囲

問1　次の文章の空欄に適切な用語を示しなさい。

　「連結貸借対照表の作成にあたっては，子会社の個別貸借対照表に計上された資産・負債のすべては，投資と資本の相殺消去に先立って，(a)支配獲得日において，子会社の資産及び負債のすべてを(b)支配獲得日の　①　により評価する方法により評価する（20）。

　子会社の(c)評価差額は，子会社の　②　とする（21）。」

問2　下線(a)が子会社の決算日以外の日である場合の取扱いを述べなさい。

問3　下線(b)について，次の設問に答えなさい。

① 下線の評価をしない場合に生じる不都合を述べなさい。

② 下線(b)の子会社の評価方法は何とよばれるのか，その名称を示しなさい。

③ 上記②とは異なる方法がある。この方法の名称を示して，その問題点を説明しなさい。

④ 上記②及び③の考え方，及びこの考え方と連結会計主体論との結びつきを述べなさい。

⑤ 上記④のうち，基準はいずれを採用したか，その理由とともに述べなさい。なお，理由として「国際会計基準とのコンバージェンスに資する」ことは除くものとする。

⑥ 持分法を適用する会社の資産及び負債のうち投資会社の持分に相当する部分については，どのように評価するのかを述べなさい。

⑦ 持分法を適用していた会社の株式を追加取得し，相殺消去の対象となる投資となった。この場合，持分法適用時代の持分法評価額の処理を述べなさい。

問4　下線(c)の評価差額について，次の設問に答えなさい。

① 評価差額を定義しなさい。

② 評価差額が生じない場合を2つ述べなさい。

《解答・解説》

問1 ① 時　価　　② 資　本

問2　（原則）支配獲得日に子会社の決算を行う。

（認容）支配獲得日，株式の取得日又は売却日等が子会社の決算日以外の日である場合には，当該日の前後いずれかの決算日に支配獲得，株式の取得又は売却等が行われたものとみなして処理することができる（注5）。

♪　みなし支配獲得日という。

問3 ①　のれんの金額に子会社の時価評価差額が混入してしまう。

②　全面時価評価法

③　部分時価評価法

（問題点）親会社の子会社への財務的支配の範囲は，子会社の資産負債の持分相当額ではなく，その資産負債のすべてに及ぶ。部分時価評価法は，このような実態を無視しているので問題がある。

♪　部分時価法は，子会社の資産及び負債のうち，親会社の持分に相当する部分については，株式の取得日ごとに公正な評価額（時価）で評価し，非支配株主持分に相当する部分については，子会社の個別貸借対照表の金額による方法である。

④　全面時価評価法は，親会社が子会社を支配した結果，子会社が企業集団に含まれることになった事実を重視する考え方である。

部分時価評価法は，親会社が投資を行った際の親会社の持分を重視する考え方である（61）。

全部時価評価法は経済的単一体説と，部分時価評価法は親会社説と整合性がある。

⑤　基準では，次の理由から全面時価評価法のみとすることとした（20，61）。

　ⅰ　部分時価評価法の採用はわずかであること

　ⅱ　子会社株式を現金以外の対価（例えば，自社の株式）で取得する取引を対象としていた平成15年公表の「企業結合に係る会計基準」では全面時価評価法が前提とされたこととの整合性の観点（61）

⑥　部分時価評価法により，原則として投資日毎に当該日における時価によって評価する（61）。

⑦ 持分法評価額を子会社に対する投資とみなして相殺消去を行う（63）。
♪ 上記⑥の部分時価評価法から全面時価評価法への移行に伴う処理である。

問4 ① 子会社の資産及び負債の時価による評価額と当該資産及び負債の個別貸借対照表上の金額との差額を評価差額という（21）。
② ⅰ 評価差額に重要性が乏しく，子会社の資産及び負債を個別貸借対照表上の金額によった場合（21）。
ⅱ 時価による評価額と個別貸借対照表上の金額とが同額の場合

（2）相殺消去する子会社の資本の範囲

問1 次の文章の空欄に適切な用語を示しなさい。

「親会社の(a)子会社に対する投資とこれに対応する(b)子会社の資本は，相殺消去する（23）。

支配獲得日において算定した子会社の　①　のうち親会社に帰属する部分を投資と相殺消去し，支配獲得日後に生じた子会社の利益剰余金及び評価・換算差額等のうち親会社に帰属する部分は，　②　及び　③　として処理する（注6）。」

問2 下線(a)の評価方法を示しなさい。
問3 下線(b)の「子会社の資本」について，次の設問に答えなさい。
① 下線はどのような項目から構成されているのか，その項目名を示しなさい。
② 子会社の次の項目は，子会社の資本に含まれるか否かを指摘しなさい。
ⅰ 新株予約権
ⅱ 非支配株主持分

《解答・解説》

問1 ① 資　本　　② 利益剰余金　　③ 評価・換算差額等
問2 支配獲得日の時価（23（1））
問3 ① 子会社の資本は，子会社の個別貸借対照表上の純資産の部における株主資本及び評価・換算差額等と評価差額からなる（23（2））。
② いずれも子会社の資本には含まれない（23）。
♪ 従って，②の各項目は，親会社の投資勘定と相殺消去されない。

(3) のれんの性格と償却

問1 次の文章の空欄に適切な用語を示しなさい。

「親会社の子会社に対する投資とこれに対応する子会社の資本との相殺消去にあたり、差額が生じる場合には、当該差額を(a)のれん又は負ののれんとする。なお、のれん又は負ののれんは、(b)企業結合会計基準第32項又は第33項に従って会計処理する（24, 64）。

ただし、のれんの金額に重要性が乏しい場合には、当該のれんが生じた事業年度の ① 又は ② として処理することができる（結合基準32, 33）。」

問2 下線(a)の「のれん又は負ののれん」について、次の設問に答えなさい。

① 従来はどのようによばれてきたか、その名称を示しなさい。
② のれんが生じる理由を指摘し、その表示区分を示しなさい。
③ のれんとして資産計上する場合（のれんの認識範囲）の説として2つある。2つの説を説明し、基準はいずれを採用しているかを指摘しなさい。
④ これまで持分法を適用していた会社の株式を追加取得し、相殺消去の対象となる投資となった。この場合、持分法適用時代の持分法評価額に含まれていたのれんの処理を述べなさい。

問3 下線(b)の会計処理について重要性があるものとして次の設問に答えなさい。

① 「のれん」の償却について述べなさい。
② 「負ののれん」の処理について述べなさい。

《解答・解説》

問1 ① 費　用　　② 利　益

問2 ① 連結調整勘定

② 子会社等に超過収益力がある場合に生じる。これは貸借対照表の無形固定資産の区分に「のれん」として表示される。

③ 子会社等の超過収益力のうち親会社等による子会社株式等の有償取得に対応する部分だけを資産計上する考え方を 買入れのれん説 というのに対し、非支配株主に帰属する部分を含むのれん全体を資産計上する考え方を 全部のれん説 という。日本の基準は、親会社説と整合性のある前者の説によっている。

④ 持分法評価額に含まれていたのれんも含めて、のれん又は負ののれんが新

たに計算されることとなる（63）。つまり，支配獲得日の時価によって評価し直すのである。

　　　　　See. 361頁 問3⑦（部分時価評価法から全面時価評価法への移行に伴う処理）

問3① のれんは，資産に計上し，20年以内のその効果の及ぶ期間にわたって，定額法その他の合理的な方法により規則的に償却する（結合基準32）。
　② 負ののれんが生じると見込まれる場合には，次の処理を行う。
　　　i　取得企業はすべての識別可能資産及び負債が把握されているか，また，それらに対する取得原価の配分が適切に行われているかどうかを見直す。
　　　ii　iの見直しを行っても，なお取得原価が受入れた資産及び引受けた負債に配分された純額を下回り，負ののれんが生じる場合には，当該負ののれんが生じた事業年度の利益として処理する（64，結合基準33）。

《解答・解説》

（4）非支配株主持分の性格と表示方法

問1　次の文章の空欄に適切な用語を示しなさい。

「非支配株主持分とは，子会社の資本のうち親会社に帰属していない部分をいう（純資産基準22（2））。支配獲得日の子会社の　①　は，親会社に帰属する部分と非支配株主に帰属する部分とに分け，前者は親会社の投資と相殺消去し，後者は非支配株主持分として処理する。

支配獲得日後に生じた子会社の　②　及び　③　のうち非支配株主に帰属する部分は，　④　として処理する（26，注7）。」

問2　下線の非支配株主持分の記載に関連して，次の設問に答えなさい。
　①　非支配株主持分の記載場所を示しなさい。
　②　上記①で純資産の部に記載される理由を説明しなさい。
　③　上記①で株主資本以外の項目とされる理由を説明しなさい。

問1① 資　本　　② 利益剰余金　　③ 評価・換算差額等
　　④ 非支配株主持分　　See. 第9章1節1 問4 ♪《純資産の構成要素》

問2① 純資産の部のうち，株主資本以外の箇所で記載される。
　② 非支配株主持分は，返済義務のある負債ではなく，また，子会社の資本のうち親会社株主に帰属しない部分であるから（純資産基準7・22（2））。

③ わが国の連結財務諸表は，親会社の株主に帰属するもののみを株主資本に反映させる親会社説の考え方によっているため。

See. 本章5節2(3) (非支配株主持分損益の表示方法)

2　各種の資本連結の手続

問1　次の文章の空欄に適切な用語を示しなさい。

「資本連結とは，親会社の子会社に対する　①　とこれに対応する子会社の　②　とを相殺消去し，消去差額が生じた場合には当該差額を　③　又は　④　として計上するとともに，子会社の　②　のうち親会社に帰属しない部分を　⑤　に振替える一連の処理をいう (59)。

資本連結に関連する手続で，支配獲得後，支配を喪失する結果とならない親会社持分の変動取引（非支配株主との取引）の性格については，　⑥　説と　⑦　説とがあるが，基準は　⑦　説を採用するように変更した (51-2・3)。」

問2　下線の採用によって，次の場合はどのように取扱うかを指摘しなさい。

① 投資の変動額と持分変動額との差額の処理について，次の場合
　ⅰ　追加取得持分と追加投資額との間に生じた差額
　ⅱ　売却による親会社の持分減少額と売却価額との間に生じた差額
　ⅲ　親会社の払込額と親会社の持分の増減額との差額
② 連結損益計算書における当期純利益の表示内容

《解答・解説》

問1 ① 投　資　　② 資　本　　③ のれん　　④ 負ののれん
　　 ⑤ 非支配株主持分　　⑥ 損益取引　　⑦ 資本取引

問2 ① ⅰ　資本剰余金　♪　従来は，損益取引を前提にのれんとして処理していた。
　　　　ⅱ　資本剰余金　♪　関連する法人税等を勘案 (29)
　　　　ⅲ　資本剰余金
　　② 当期純利益は，親会社株主だけでなく非支配株主に帰属する額も含めて表示する。
　　　　　　　　　　　See. 本項(3)～(5) (親会社の持分変動による差額処理)

(1) 債務超過の子会社の連結と欠損金の負担

問1 次の文章の空欄に適切な用語を示しなさい。

「子会社の欠損のうち，当該子会社に係る非支配株主持分に割当てられる額が当該非支配株主の負担すべき額を超える場合には，<u>当該超過額は，　　　　に負担させる</u>（27）。」

問2 下線について，次の設問に答えなさい。
① 株主は有限責任であるのに，下線の処理をする理由を述べなさい。
② 上記①の処理後に子会社に利益が計上されたときの取扱いを述べなさい。

《解答・解説》

[問1] 親会社の持分

[問2]① 親会社は経営不振の子会社への財務的支援や債務保証等により，現実には子会社の損失を負担しなければならない場合が一般的であるから。
　　② 親会社が負担した欠損が回収されるまで，その利益の金額を親会社の持分に加算する（27）。　cf. 382頁 [問3] ii（持分法による処理との差異）

(2) 段階法と一括法

問1 次の文章の空欄に適切な用語を示しなさい。

「　①　毎の子会社の資本を用いて相殺消去を行わず，(a)　②　における子会社の資本を用いて一括して相殺消去を行う。なお，この処理は，(b)相殺消去の対象となる投資にすでに持分法を適用している場合であっても同様である（23, 62, 63）。」

問2 下線(a)の相殺消去について，次の設問に答えなさい。
① この消去法の名称とこれとは異なる方法の名称を示しなさい。
② 上記①の方法と整合性のある子会社の時価評価方法，連結主体論との関連を示しなさい。

問3 下線(b)の処理方法とそこで採用する測定値を述べなさい。

《解答・解説》

[問1]① 取得日　② 支配獲得日

[問2]① 一括法（♪　下線の方法），段階法（♪　これとは異なる方法）
　　② 一括法……全面時価評価法（63）……経済的単一体説

第12章　367

　　　　段階法……部分時価評価法……親会社説
問3　持分法評価額を子会社に対する投資とみなして相殺消去を行う（63）。そこでの評価は支配獲得日の時価による。

（3）支配獲得後の追加取得
問1　次の文章の空欄に適切な用語を示しなさい。
　　「<u>子会社株式（子会社出資金を含む。以下同じ）を追加取得した場合</u>には，追加取得した株式に対応する持分を　①　から減額し，追加取得により増加した親会社の　②　を　③　と相殺消去する。　②　と　③　との間に生じた差額は，　④　として処理する（28，65）。」
問2　下線について，次の設問に答えなさい。
　①　追加取得持分及び減額する非支配株主持分の計算方法を述べなさい。
　②　子会社株式の追加取得の結果，負ののれんが生じると見込まれる場合の会計処理を述べなさい。
　③　支配獲得後の追加取得時にも時価評価は必要か。

《解答・解説》
問1 ①　非支配株主持分　　②　追加取得持分　　③　追加投資額
　　 ④　資本剰余金
問2 ①　追加取得日における非支配株主持分の額により計算する（注8（1））。
　　 ②　負ののれんをそれが生じた事業年度の利益として処理する（注8（2））。
　　 ③　時価評価の必要はない。

（4）子会社株式の一部売却
［問　題］
　次の文章に関連して，問に答えなさい。
　「親会社が子会社株式を一部売却した場合，次の2つのいずれかにより，会計処理は異なる。
（1）　被投資会社が子会社及び関連会社に該当しなくなった場合
（2）　親会社と子会社の支配関係が継続している場合」
問1　（1）の残存する当該被投資会社に対する投資の評価方法を述べなさい。

問2　本文の（2）を前提に子会社株式売却に伴う次の項目の処理を述べなさい。
① 非支配株主持分
② のれん
③ 評価差額

《解答・解説》
問1　売却の直前における個別貸借対照表上の帳簿価額をもって評価する（29）。
問2① 売却した株式に対応する持分を親会社の持分から減額し，非支配株主持分を増額する（29）。
　♪　この処理の結果，資本剰余金（全体）が負の値となる場合には，連結会計年度末において，資本剰余金を零とし，当該負の値を利益剰余金から減額する（30－2，67－2）
　② のれんの未償却残高のうち，売却部分に対応する部分は，償却しない（29，注9，66－2）。
　③ 子会社の資産・負債に関して全面時価評価法を採用している場合は，すでに評価差額の全体が計上されているから，持分比率が変化しても評価額の修正を要しない。

（5）子会社の時価発行増資等

問　次の文章の空欄に適切な用語を示しなさい。

「子会社の時価発行増資等に伴い，親会社の払込額と親会社の持分の増減額との間に差額が生じた場合には，当該差額を□□□□として処理する（30，67）。」

《解答・解説》
問　資本剰余金

3　債権と債務の相殺消去

問1　次の文章の空欄に適切な用語を示しなさい。

「連結会社相互間の債権と債務とは，相殺消去する（31）。相殺の対象となる債権債務には，確定金銭債権・債務だけでなく，前払費用等の　①　や子会社同士の　②　取引に関するものを含む（注10（1））。また，会社相互間取引が連結会社以外の企業を通じて行われている場合であっても，この取引を(a)連結会社間

の取引と ③ 処理することがある（注12）。

その他，債権債務の相殺に関連して，(b)注意しなければならない項目もある。」

問2　下線(a)の処理をする場合の条件を述べなさい。

問3　下線(b)の項目の3つをその名称で示しなさい。

《解答・解説》

問1 ① 経過勘定項目　② 連結会社相互間　③ みなして

問2　その取引が実質的に連結会社間の取引であることが明確であるとき

問3　i　割引手形　　ii　引当金　　iii　社債

（1）銀行で割引いた連結会社振出手形の処理

問　次の文章の空欄に適切な用語を示しなさい。

「連結会社が振出した手形を他の連結会社が銀行割引した場合には，連結貸借対照表上，これを_____に振替える（注10（2））。」

《解答・解説》

問　借入金

（2）引当金の調整

問　次の文章の空欄に適切な用語を示しなさい。

「引当金のうち，連結会社を対象として引当てられたことが明うかなものは，これを_____する（注10（3））。」

《解答・解説》

問　調整

（3）社債に関する処理

問　次の文章の空欄に適切な用語を示しなさい。

「連結会社が発行した社債で一時所有のものは，_____の対象としないことができる（注10（4））。」

《解答・解説》

問　相殺消去

4　連結貸借対照表の特徴・表示

問1　最も簡潔な連結貸借対照表の区分表示を勘定式で金額欄・日付欄を省略して示しなさい。

問2　次の文章の空欄に適切な用語を示しなさい。

「連結貸借対照表の表示は，個別貸借対照表と基本的には同じであるが，連結特有の次のような特徴もある。

(1) 連結貸借対照表の各項目は，一定の基準に従い，その性質を示す適当な名称を付した科目に明瞭に分類して記載する。特に，非連結子会社及び関連会社に対する投資は，□①□して記載し，又は□②□の方法により明瞭に表示する（33）。その他の科目の分類は，□③□における科目の分類を基礎とするが，企業集団の財政状態について誤解を生じさせない限り，□④□して表示することができる（注11）。

(2) 投資と資本の相殺消去によって生じた正ののれんは，□⑤□の区分に表示し，負ののれんは□⑥□の□⑦□として計上する（24，結合基準32，33）。

(3) 非支配株主持分は□⑧□の部の□⑨□に区分して記載しなければならない（32（3））。

(4) 自己株式だけでなく，子会社が保有する□⑩□も資本に対する控除項目として，□⑪□の区分の□⑫□に表示する（自己株式基準15）

(5) 資本剰余金及び利益剰余金は，それぞれ□⑬□で表示される（71）。

(6) 個別貸借対照表にはない□⑭□及び□⑮□が表示される。」

《解答・解説》

問1

連結貸借対照表

（資産の部）	（負債の部）
流　動　資　産	流　動　負　債
固　定　資　産	固　定　負　債
有形固定資産	（純資産の部）
無形固定資産	株　主　資　本
投資その他の資産	その他の包括利益累計額
繰　延　資　産	新株予約権
	非支配株主持分
資　産　合　計	負債純資産合計

問2 ①　他の項目と区別　　②　注　記　　③　個別財務諸表　　④　科目を集約

⑤　無形固定資産　　⑥　損益計算書　　⑦　特別利益　　⑧　純資産
⑨　最　　後　　⑩　親会社株式　　⑪　株主資本　　⑫　末　　尾
⑬　合計額　　⑭　為替換算調整勘定　　⑮　退職給付に係る調整累計額

第5節　連結損益計算書・連結包括利益計算書の作成基準

問　次の文章の空欄に適切な用語を示しなさい。

「連結損益及び包括利益計算書又は連結損益計算書・連結包括利益計算書は，親会社及び子会社の　①　における収益，費用等の金額を基礎とし，連結会社相互間の　②　の相殺消去及び　③　の消去等の処理を行って作成する（34）。」

《解答・解説》

問①　個別損益計算書　　②　取引高　　③　未実現損益

1　連結会社間の取引高の相殺消去

問　次の文章の空欄に適切な用語を示しなさい。

「連結会社相互間における商品の売買その他の取引に係る項目は，　①　する（35）。なお，会社相互間取引が連結会社以外の企業を通じて行われている場合であっても，その取引が　②　に連結会社間の取引であることが明確であるときは，この取引を連結会社間の取引と　③　処理する（注12）。」

《解答・解説》

問①　相殺消去　　②　実質的　　③　みなして

2　未実現損益の消去手続

問　次の文章の空欄に適切な用語を示しなさい。

「連結会社相互間の取引によって取得した棚卸資産，固定資産その他の資産に含まれる未実現損益は，その　①　を消去する。ただし，未実現損失については，売手側の帳簿価額のうち　②　と認められる部分は，消去しない（36，70）。

未実現損益の金額に　③　場合には，これを消去しないことができる（37）。

売手側の子会社に非支配株主が存在する場合，未実現損益は親会社と非支配株主の　④　に応じて親会社の持分と非支配株主持分に　⑤　する（38）。」

《解答・解説》

問 ① 全　額　　② 回収不能　　③ 重要性が乏しい　　④ 持分比率
　　⑤ 配　分

（1）棚卸資産の未実現損益の消去

問1　次の文章の空欄に適切な用語を示しなさい。

　「親会社が利益を加算して子会社に販売した棚卸資産が，① になっている場合，単純に個別財務諸表を合算して連結財務諸表を作成すると，② の額だけ特定の項目が過大又は過小に表示されてしまう。」

問2　下線となる特定の項目を示し，連結手続上，② の除去処理，及びそれに連動して処理しなければならないことを述べなさい。

《解答・解説》

問1 ①　期末在庫　　②　未実現利益

問2 ①　期末棚卸資産が未実現利益の額だけ過大に計上され，同額の売上原価が過小になっている。→ 未実現利益の額だけ棚卸資産を減額し，売上原価を増額する（売上原価（P/L）//棚卸資産（B/S））。

　　②　前期末に棚卸資産に含まれていた未実現利益の除去に連動して，前期より繰越された利益剰余金・棚卸資産は過大に計上されている。→ 連結上の開始仕訳として，前期末の棚卸資産に含まれていた未実現利益の額だけ利益剰余金・棚卸資産を減額する（利益剰余金（期首S/E）//棚卸資産（B/S））。

　　③　期首棚卸資産が未実現利益の額だけ過小に計上され，同額の売上原価が過大になっている。→ 未実現利益の額だけ棚卸資産を増額し，売上原価を減額する（棚卸資産（B/S）//売上原価（P/L））。

（2）固定資産の未実現利益の消去

問1　次の文章の空欄に適切な用語を示しなさい。

　「親会社が利益を加算して子会社に売却した固定資産が ① として残存する限り，固定資産には ② が含まれている。その固定資産が減価償却されている場合，減価償却費に含まれる ② も毎期除去しなければならない。子会社が固定資産を除去した場合，それに連動して ② の除去も必要となる。」

第12章　373

問2 次の各場合の処理を勘定科目だけの仕訳で示しなさい。
① 親会社の固定資産売却時に含まれる ② の除去
② 購入初年度の減価償却費に含まれる ② の除去
③ 上記①②の結果を受けた翌年度の連結開始仕訳，期末決算
④ 子会社が固定資産を除去したとき

《解答・解説》

問1 ① 期末資産　② 未実現利益

問2
① 固定資産売却益　／／　固　定　資　産
② 減価償却累計額　／／　減　価　償　却　費
③ 減価償却累計額　／／　固　定　資　産　…　開始仕訳
　　利益剰余金（期首）

　　減価償却累計額　／／　減　価　償　却　費　…　期末決算
④ 固　定　資　産　／／　減価償却累計額

（3）子会社に生じた未実現利益の3つの処理方法

問1 次の文章の空欄に適切な用語を示しなさい。

「子会社が利益を加算して親会社に販売し，それが親会社の ① となる取引では， ② に ③ が生じる。このとき，売手側の子会社に ④ が存在する場合には，<u>3通りの会計処理方法がある。</u>」

問2 下線について，次の設問に答えなさい。
① 3つの会計処理方法の名称を示し，連結基準が採用している方法に<u>下線</u>を引きなさい。
② 連結基準が採用した理由を述べなさい。

《解答・解説》

問1 ① 期末資産　② 子会社　③ 未実現利益　④ 非支配株主

問2 ① ⅰ　全額消去・親会社負担方式
　　　　ⅱ　<u>全額消去・持分比率按分方式</u>（36，38，68）
　　　　ⅲ　親会社持分相当額消去方式（68）
② ⅰは非支配株主の存在を無視する点で不合理であり，ⅲは親会社説に合致

した方法であるが，売上高が全額消去されても売上総利益が計上される点に難点がある。

ⅱは経済的単一体説と整合性があるが，理論的に最も妥当であると考えられるので，基準はこの方法を採用した。

♪ 未実現利益の消去方法　理論的には，次表の組合わせが考えられる。これらのうち，基準の採用方式には，網掛けをしている。

取引の流れ	経済的単一体説	親会社説
ダウン・ストリーム（親→子）	①全額消去・親会社負担方式	③親会社持分相当額消去方式
アップ・ストリーム（子→親）	②全額消去・持分比率按分方式	

①は未実現損益を全額消去し，この全額を親会社に負担させる方法である。

②は未実現損益を全額消去し，これを親会社と非支配株主とに持分比率に応じて負担させる方法である。

③は親会社の持分比率相当分の未実現損益を消去し，この相当額を親会社に負担させる方法である。

3　時価評価に伴う連結特有の調整

問1　次の文章の空欄に適切な用語を示しなさい。

「投資と資本との相殺消去に先立って　①　された子会社の資産・負債が費用や収益となって，　②　に組込まれている場合には，連結損益計算書の作成時に連結特有の調整が必要となる。」

問2　下線の調整が必要となる場合を3つ述べなさい。

《解答・解説》

問1 ①　時価評価　　②　利益計算

問2 ⅰ　時価評価された減価償却資産の減価償却費の修正をしなければならない。

ⅱ　時価評価された資産が売却や除却された場合，個別損益計算書の取得原価に基づく処理を時価に基づいて修正しなければならない。

ⅲ　個別財務諸表で取得原価を時価まで切下げる処理を行った資産の処理を時価に評価替されたことを前提に期末時価と比較して評価損を修正又は計上しなければならない。

4 連結会計における税効果会計

問1　次の文章の空欄に適切な用語を示しなさい。

「連結財務諸表固有の一時差異については，連結手続において，　①　が適用される。一時差異に係る税金の額は，連結損益計算書に　②　として計上するとともに，連結貸借対照表に　③　又は　④　として計上する。

なお，連結集団内のある企業が　③　を計上し，別の企業が　④　を計上してもそれは　⑤　だから原則として　⑥　してはならない（税効果第三・2）。」

問2　下線の例を3つ示しなさい。

《解答・解説》

問1 ①　税効果会計　②　法人税等調整額　③　繰延税金資産
　　 ④　繰延税金負債　⑤　異なる納税主体　⑥　相　殺

問2 ⅰ　資本連結に際し，子会社の資産及び負債の時価評価により評価差額が生じた場合
　　 ⅱ　連結会社相互間の取引から生ずる未実現損益を消去した場合
　　 ⅲ　連結会社相互間の債権と債務の相殺消去により貸倒引当金を減額修正した場合（税効果基準第二・一・2（2））

　　　なお，連結会計の「のれん」に対しては，税効果会計を適用しない。

See. 290頁 問4（税効果会計の対象）

5 連結損益計算書と連結包括利益計算書の特徴・表示

問1　次の文章の空欄に適切な用語を示しなさい。

「連結損益計算書の表示は，個別損益計算書と基本的には同じであるが，連結特有の次のような特徴もある。

（1）　連結損益計算書の各区分は，一定の基準に従い，その性質を示す適当な名称を付した科目に明瞭に分類して記載する（40）。連結損益計算書の科目の分類は，　①　における科目の分類を基礎とするが，企業集団の経営成績について誤解を生じさせない限り，　②　を集約して表示することができる（注13（1））。

（2）　投資と資本の相殺消去によって生じたのれんの当期償却額は，　③　の区分に表示し，負ののれんは　④　として表示する（24，結合基準32，33）。

(3) 税金等調整前当期純利益に法人税額等を加減して，当期純利益を表示する。2計算書方式の場合は，当期純利益に ⑤ に帰属する当期純利益を加減して， ⑥ に帰属する当期純利益を表示する。1計算書方式の場合は，当期純利益の直後に ⑥ に帰属する当期純利益及び ⑤ に帰属する当期純利益を ⑦ する。(39（3））」

問2 2計算書方式と1計算書方式とを対比して例示しなさい。

《解答・解説》

問1 ① 個別財務諸表　② 科　目　③ 販売費及び一般管理費
　　　 ④ 特別利益　⑤ 非支配株主　⑥ 親会社株主　⑦ 付　記

問2 ♪ 包括利益基準の「参考（設例等）」より

【2計算書方式】

連結損益計算書

売上高	10,000
⋮	
当期純利益	1,300
非支配株主に帰属する当期純利益	300
親会社株主に帰属する当期純利益	1,000

連結包括利益計算書

当期純利益	1,300
その他の包括利益：	
その他有価証券評価差額金	530
繰延ヘッジ損益	300
為替換算調整勘定	△180
持分法適用会社に対する持分相当額	50
その他の包括利益合計	700
包括利益	2,000
（内訳）	
親会社株主に係る包括利益	1,600
非支配株主に係る包括利益	400

【1計算書方式】

連結損益及び包括利益計算書

売上高	10,000
⋮	
当期純利益	1,300
（内訳）	
親会社株主に帰属する当期純利益	1,000
非支配株主に帰属する当期純利益	300
その他の包括利益：	
その他有価証券評価差額金	530
繰延ヘッジ損益	300
為替換算調整勘定	△180
持分法適用会社に対する持分相当額	50
その他の包括利益合計	700
包括利益	2,000
（内訳）	
親会社株主に係る包括利益	1,600
非支配株主に係る包括利益	400

cf. 319頁（利益の報告方法）

第6節　連結株主資本等変動計算書の作成

1　連結株主資本等変動計算書の内容

問1　次の文章の空欄に適切な用語を示しなさい。

「連結株主資本等変動計算書は，親会社及び子会社の① を基礎として，連結会社相互間の ② 取引や ③ に係る取引を消去して作成する。その内容や様式は親会社単独のものと基本的には同じであるが，一部相違する部分もある。」

問2　下線の具体的内容を2つ指摘しなさい。

《解答・解説》

問1　①　個別株主資本等変動計算書　　②　資　本　　③　配　当

問2　i　資本剰余金及び利益剰余金の表示は，明細まで記載されず，合計額のみの表示でよい。

ii　連結固有の項目として，非支配株主持分，為替換算調整勘定等がある。

2　受取配当金の相殺消去

問1　次の文章の空欄に適切な用語を示しなさい。

「利益剰余金を増加させる主要項目は， ① である。これは ② から振替られるので，連結株主資本等変動計算書での処理は ③ である。

利益剰余金を減少させる主要項目は配当金の支払である。配当金支払の会計処理には， ④ と ⑤ とがあるが，現在では，(a) ④ のみが認められている。子会社実施の配当について，親会社受取分は連結相互間の取引として ⑥ と相殺消去され，非支配株主受取分は ⑦ の減少として処理される。

利益剰余金の処分項目には，配当金のほか，利益準備金や任意積立金への繰入れがあるが，これらについての(b)処理は不要である。」

問2　下線(a)・(b)の理由を述べなさい。

《解答・解説》

問1　①　当期純利益　　②　連結損益計算書　　③　不　要　　④　確定方式

⑤　繰上方式　　⑥　受取配当金　　⑦　非支配株主持分

問2　(a)　会社法において，いつでも何度でも剰余金の配当が可能になったから。

(b)　連結の計算書では利益剰余金は合計額で表示され，利益準備金や任意積立

金への繰入れは，同一項目内での振替にすぎないから。

第7節　持分法の意義と会計処理

問　次の文章の空欄に適切な用語を示しなさい。

「連結財務諸表が対象とする企業は，連結対象となる ① と ② ，持分法の適用対象となる ③ と ④ の4つに区別される。そして，連結及び持分法により，これら企業集団の状況が ⑤ に反映されるのである。」

♪　個別会計で持分法を適用すると未実現の評価益を計上することになるので，持分法は連結会計のみの適用とする。

《解答・解説》
問① 親会社　② 連結子会社　③ 非連結子会社　④ 関連会社
　⑤ 連結財務諸表

1　持分法の適用範囲

問1　次の文章の空欄に適切な用語を示しなさい。

「非連結子会社及び関連会社に対する投資については，(a)原則として ① を適用する（6）。

非連結子会社とは，子会社のうち(b)種々の理由で ② とされなかった企業をいう。

関連会社とは，企業（当該企業が ③ を有する場合には，当該 ③ を含む）が，出資，人事，資金，技術，取引等の関係を通じて，(c)子会社以外の他の企業の財務及び営業又は事業の ④ の決定に対して重要な ⑤ を与えることができる場合における当該子会社以外の他の企業をいう（5）。このような判定基準は， ⑥ 基準とよばれる。」

問2　下線(a)の例外を示しなさい。
問3　下線(b)の企業を提示しなさい。
問4　下線(c)の場合を提示しなさい。
問5　次図において，持分法の適用範囲となる会社を①～⑥の番号で答えなさい。

《解答・解説》

問1 ① 持分法　② 連結対象　③ 子会社　④ 方針の決定
　　⑤ 影　響　⑥ 影響力　cf. 持分基準

問2 持分法の適用をしても，連結財務諸表に<u>重要な影響を与えない</u>ことから，持分法の適用会社としなかった企業（6）。

問3 ① 子会社のうち次に該当するものは，連結の範囲に含めない。
　　　 i　支配が一時的であると認められる企業
　　　 ii　連結することにより利害関係者の判断を著しく誤らせるおそれのある企業（連結基準14）
　　② 重要性が乏しく子会社に含めなかった会社（連結基準注3）

See. 355頁 問2（連結の範囲）

問4 ① 子会社以外の他の企業の議決権の100分の20以上を自己の計算において所有している場合
　　② 自己の計算で他の企業の議決権の100分の15以上，100分の20未満を所有している場合であって，かつ，他の企業の方針の決定に関して影響を与えることができる一定の事実がある場合をいう。一定の事実とは，重要な融資・技術・取引等のいずれかをいう（5-2）。
　　③ 自己の計算及び自己と同一決議を行う他の者との議決権を合わせて，他の企業の議決権の100分の20以上を占めている場合であって，かつ，他の企業の方針の決定に関して影響を与えることができる一定の事実がある場合をいう。一定の事実とは，上記②と同様である（5-2）。
　　♪ これらには，更生会社，破産会社その他これらに準ずる企業であって，かつ，当該企業の財務及び営業又は事業の方針の決定に対して重要な影響を与えることができないと認められる企業は，含まれない（5-2）。

問5　① ② ③ ④

2 持分法の会計処理

(1) 被投資会社の財務諸表

問1 次の文章の空欄に適切な用語を示しなさい。

「(a)持分法の適用に際しては，(b)原則として，(c)連結子会社の場合と同様の処理を行う（8）。

同一環境下で行われた同一の ① の取引等について，投資会社（その子会社を含む）及び持分法を適用する被投資会社が採用する会計処理の原則及び手続は，原則として ② する（9）。

持分法の適用にあたっては，投資会社は，被投資会社の ③ の財務諸表を使用する。投資会社と被投資会社の決算日に差異があり，その差異の期間内に ④ な取引又は事象が発生しているときには，必要な ⑤ 又は ⑥ を行う（10）。

持分法適用会社に対する投資の売却等により被投資会社が非連結子会社又は関連会社に該当しなくなった場合には，連結財務諸表上，残存する当該被投資会社に対する投資は， ⑦ 上の ⑧ をもって評価する（15）。」

問2 下線(a)の持分法を定義しなさい。

問3 下線(b)の例外を述べなさい。

問4 下線(c)について，次の設問に答えなさい。

① 「同様の処理」を4つ例示しなさい。

② 下線(c)により，持分法はどのようによばれるのか，その名称を示しなさい。

《解答・解説》

問1 ① 性　質　　② 統　一　　③ 直　近　　④ 重　要　　⑤ 修　正
　　　 ⑥ 注　記　　⑦ 個別貸借対照表　　⑧ 帳簿価額

問2 持分法とは，投資会社が被投資会社の資本及び損益のうち投資会社に帰属する部分の変動に応じて，その投資の額を連結決算日毎に修正する方法をいう（4）。

問3 i　時価により評価する資産及び負債の範囲が，この例外に該当する。連結子会社については，支配獲得日において，少数株主持分に相当する部分を含めてすべてを時価評価する全面時価評価法により評価する。持分法適用関連会社については，原則として投資日毎に，投資会社の持分に相当

する部分に限定する部分時価評価法により時価によって評価する（61）。

　ⅱ　被投資会社に資本金によってもなお填補できない欠損金が生じた場合，連結会計では，少数株主持分がマイナスとなる欠損金全額を親会社が負担する処理が行われるのに対して，持分法では，投資額の減額はゼロまでで停止される。　♪　この処理により両者の利益額に差が生じる。

問4① ⅰ　被投資会社の資産・負債を時価で評価して資本の額を算定する（♪問3のこと）。

　ⅱ　税効果会計を適用する（8）。

　ⅲ　投資の増減額の算定に当たっては，のれんに相当する部分の償却額を考慮する（12）。

　ⅳ　連結会社と持分法適用会社の取引に係る未実現利益を消去する（13）。

② 純額連結

（2）持分法の会計処理等

問　次の文章の空欄に適切な用語を示しなさい。

「投資会社の投資日における投資とこれに対応する被投資会社の資本との間に差額がある場合には，当該差額は　①　又は　②　とし，　①　は　③　に含めて処理する（11）。なお，各投資日後に生じた持分法適用関連会社の利益剰余金のうち当該関連会社に対する投資に対応する部分は，投資会社の　④　として処理することとなる。

投資会社は，投資の日以降における被投資会社の利益又は損失のうち投資会社の持分又は負担に見合う額を算定して，　③　の額を増額又は減額し，当該増減額を　⑤　の計算に含める（12）。

投資の増減額の算定にあたっては，連結会社（親会社及び連結される子会社）と持分法の適用会社との間の取引に係る　⑥　を消去するための修正を行う（13）。

被投資会社から配当金を受取った場合には，当該配当金に相当する額を　③　の額から減額する（14）。」

《解答・解説》

問① のれん　　② 負ののれん　　③ 投　資　　④ 利益剰余金

⑤　当期純利益　　⑥　未実現損益

♪　投資の額を増減する場合の相手勘定は，「持分法による投資損益」のみである。このため，持分法は，| 一行連結 |ともよばれる。

第8節　連結キャッシュ・フロー計算書の作成

問1　次の文章の空欄に適切な用語を示しなさい。

「連結キャッシュ・フロー計算書は，企業集団の1会計期間におけるキャッシュ・フローの状況を報告するために作成される。この計算書の基礎となる資金の範囲，表示区分等については，**第4章4節**の個別会計におけるキャッシュ・フロー計算書と基本的に同一である。

連結キャッシュ・フロー計算書の作成方法については，原則法と簡便法とがある。原則法は，連結対象会社の| ① |を基礎として作成する方法である。簡便法は，連結貸借対照表，連結損益計算書及び| ② |を基礎として作成する方法である。いずれの作成方法であっても，営業活動によるキャッシュ・フローの表示方法には，直接法と間接法の2つがある。これらの特徴（長短）及び継続適用を条件として，それらの| ③ |が認められるのも個別会計と同じである。

以上いずれの方法も営業活動区分については，| ④ |主義会計の収益・費用を| ⑤ |主義会計の収入・支出へと修正するという本質に差異はない。」

問2　下線の原則法で，連結キャッシュ・フロー計算書を作成する場合の修正（相殺消去）項目について説明し，その具体例を2つ示しなさい。

問3　次の表の空欄に修正項目の処理科目のみの仕訳を記入しなさい。

《連結キャッシュ・フロー計算書の表示に係る連結特有の修正項目等》

項　　　　目	直接法 借方	直接法 貸方	間接法 借方	間接法 貸方
①　関連会社の当期純利益				
②　関連会社の支払配当金				
③　子会社株式関連のれん償却費				
④　子会社の支払配当金				
⑤　親会社の法人税等				
⑥　親会社の当期純利益				
⑦　子会社の当期純利益				

《解答・解説》

[問1] ① 個別キャッシュ・フロー計算書　② 連結株主資本等変動計算書
　　　③ 選択適用　④ 発生　⑤ 現金

♪ 連結キャッシュ・フロー計算書の作成方法と表示方法との関係から，次の4つの組合わせが考えられる。

表示＼作成	原則法	簡便法
営業活動区分 直接法	原則法・直接法	簡便法・直接法
営業活動区分 間接法	原則法・間接法	簡便法・間接法

[問2] 原則法は，個別会計における収入と支出の各合算額から連結会社相互間の収支取引を相殺消去して表示する方法である。

　例） ⅰ　親会社の営業収入と子会社の商品仕入支出との相殺消去
　　　 ⅱ　子会社の支払配当金支出と親会社の受取配当金収入との相殺消去

[問3]

《連結キャッシュ・フロー計算書の表示に係る連結特有の修正項目等》

項目	直接法 借方	直接法 貸方	間接法 借方	間接法 貸方
①	持分法投資利益	関連会社株式	（同左）	
②	関連会社株式	受取配当金	（同左）	
③	の　れ　ん	のれん償却額	（同左）	
④	非支配株主配当	非支配株主持分	（同左）	
⑤	（仕訳なし）		法人税等支払額	税引前純利益
⑥	利益剰余金	当期純利益	利益剰余金	税引前純利益
⑦	非支配株主持分	非支配株主持分損益	非支配株主持分	税引前純利益

注　○科目名は，字数の制約により簡略化して記載しているものがある。
　　○「税引前純利益」は，税金等調整前当期純利益と読み替えること。
　　○次の項目番号の場合には，持分比率を考慮して修正額を算定する。
　　　① 関連会社の当期純利益×親会社持分比率（＝持分法による投資利益）
　　　② 関連会社の支払配当金×親会社持分比率
　　　④ 子会社の支払配当金×非支配株主持分比率
　　　⑦ 子会社の当期純利益×非支配株主持分比率

復習問題――新基準より

解答・解説 ☞ p.390

〔第一問〕（25分）
1 次の文章は「会計上の変更及び誤謬の訂正に関する会計基準」（以下「基準」という。）から抜粋したものである。以下の各問に答えなさい。

> 会計上の見積りの変更については，　①　は行わず，(a)変更以後の期間で処理する。会計方針の変更を会計上の見積りの変更と区別することが困難な場合については，　②　の変更と同様に取扱う。有形固定資産等の減価償却方法及び無形固定資産の償却方法は，　③　に該当するが，(b)その変更については　④　の変更と同様に取扱う。

（1）　空欄　①　から　④　に適切な用語（重複使用可）を記入しなさい。
（2）　下線(a)のように取扱う理由を簡潔に説明しなさい。
（3）　下線(b)のように取扱う理由を簡潔に説明しなさい。
（4）　「基準」において，　①　には，3つの概念が含まれる。次の表の空欄に（例）に習って適切な用語を記入しなさい。

番号	ケ ー ス	①　の概念
1	（例）会計方針の変更	（例）遡及適用
2		
3		

（5）　上記（4）の「番号1」のケースを2つの類型に区分して示しなさい。
2 過年度に計上した貸倒引当金に不足修正額が生じた。この会計処理に関連して，次の問に答えなさい。
（1）　不足修正額の認識時点を簡潔に説明しなさい。
（2）　不足修正に伴う費用又は損失の表示区分を簡潔に説明しなさい。
3 自発的な会計方針の変更で「正当な理由」があると認められる場合2つを簡潔に説明しなさい。

〔第二問〕（25分）
企業会計原則又は会計基準に基づいた次の文章について，各問に答えなさい。

> 損益計算書の記載内容については，(a)当期業績主義と包括主義という2つの考え方があるが，現在では損益計算書とは別に，(b)当期純利益にその他の包括利益を加えて包括利益を記載する新たな決算書も追加表示しようというのが国際的な流れである。
>
> わが国では，個別会計では，損益計算書は，　①　に基づいて記載され，連結会計では，連結損益計算書に加えて　②　が財務表の1つとなっている。
>
> 当期純利益を構成する項目のうち，　③　の期間に　④　に含まれていた部分は，(c)組替調整が必要となる。

（1）空欄　①　から　④　に適切な用語を記入しなさい。
（2）下線(a)の当期業績主義と包括主義について，次の設問に答えなさい。
　①　当期業績主義と包括主義を説明しなさい。
　②　費用収益対応の原則の目的により適合するのは，いずれかを指摘しなさい。
（3）下線(b)の当期純利益と包括利益について，次の設問に答えなさい。
　①　包括利益を定義しなさい。
　②　包括利益が当期純利益より優れている点を2つ指摘しなさい。
　③　次の命題に関連してあなたの見解を述べなさい。
　　「包括利益は，当期純利益を包摂している。従って，包括利益を表示すれば，当期純利益の表示は必要でなくなる。」
　④　次の利益と純資産の連携（クリーンサープラス関係）について説明しなさい。
　　ア　個別会計の当期純利益
　　イ　連結会計の包括利益
（4）下線(c)の組替調整が必要な理由を説明しなさい。

〔第三問〕（25分）

1　次の文章は「資産除去債務に関する会計基準」（以下「基準」という。）から抜粋したものである。空欄に適切な用語を記入しなさい。

> 有形固定資産の「除去」とは，有形固定資産を　①　から除外することをいう。
> 資産除去債務とは，有形固定資産の取得，建設，開発又は通常の　②　によって生じ，<u>当該有形固定資産の除去に関して法令又は契約で要求される　③　及びそれに準ずるもの</u>をいう（3（1））。

2　有形固定資産の除去損失について，次の設問に答えなさい。
　①　減価償却の計算要素として，どのように考慮されるのかを説明しなさい。
　②　資産除去債務を計上しなくてもよい場合，資産除去時に除去損失が生じた。この除去損失の性格，及びその原則的な表示区分を示しなさい。
　③　資産除去債務を計上しなければならない場合，その除去時の残高と除去に関連した実際支払額とに差額が生じた。この差額の性格，及びその表示区分を示しなさい。
3　下線の具体例を2つ例示しなさい。
4　資産除去債務に係る会計処理として引当金処理と資産負債の両建処理がある。これに関連して，次の設問に答えなさい。
　①　引当金処理を説明し，「基準」がこれを採用しなかった理由を述べなさい。なお，国際的な会計基準とのコンバージェンスに資する点は述べなくてよい。
　②　負債へ計上される両者の差額を具体的に指摘しなさい。
　③　2つの処理方法と会計観（アプローチ）との結びつきを指摘しなさい。
5　各期末の資産除去債務残高は，除去時の除去費用見積額に関連した諸項目とどのように一致するか，その項目を示しなさい。
6　資産除去債務が負債に計上されている場合，減損会計基準の適用にあたって注意すべきことを説明しなさい。

〔第四問〕（25分）

1　次の文章は「金融商品に関する会計基準」からその要旨を抜粋したものである。空欄に適切な用語を記入しなさい。

> 金融資産とは，現金預金，金銭債権，有価証券並びに(a)デリバティブ取引により生じる　①　等をいう。
> 　金融資産については，客観的な時価の　②　が認められないものを除き，(b)時価評価し適切に財務諸表に反映することが原則である。
> 　しかし，金融資産の　③　及び　④　によっては，(c)時価評価にとらわれない処理方法を定めることも適当である。

2　下線(a)のデリバティブは，ヘッジ取引の手段として利用されることが多い。この場合のヘッジ会計について，次の設問に答えなさい。
　①　ヘッジ会計を定義しなさい。
　②　ヘッジ会計の必要性を説明しなさい。
　③　ヘッジ会計の方法の2つの名称を示し，それらを説明しなさい。

3　下線(b)について，次の設問に答えなさい。
　①　時価評価を原則とする理由を述べなさい。
　②　時価情報の必要性2つを説明しなさい。ただし，金融商品に係るわが国の会計基準の国際的調和化のためという必要性は，除いて答えること。

4　下線(c)に関連して，次の設問に答えなさい。
　①　下線のケースは，2つの類型に分けられる。2つの類型を示しなさい。
　②　金銭債権の評価額を示し，その評価額を採用する理由を述べなさい。

5　金融資産で，時価評価するが，その評価差額は当期純利益に影響させない項目がある。この勘定科目名称を2つ例示しなさい。

〔第五問〕(25分)
1 次の文章は「退職給付に関する会計基準」(以下,「基準」という。)からその要旨を抜粋したものである。空欄に適切な用語を記入しなさい。

> 当期の(a)勤務費用及び退職給付債務に係る(b)利息費用は,退職給付費用として処理し,年金資産に係る ① は,退職給付費用から差引く。
> 数理計算上の差異及び過去勤務費用に係る当期の費用処理額は,退職給付費用に含まれる(14)。未認識数理計算上の差異・未認識過去勤務費用の当期発生額のうち,費用処理されない部分については, ② に含めて計上する。 ③ に計上されている未認識項目のうち,当期に費用処理された部分については, ④ を行う(15, 24, 25)。

2 下線(a)の勤務費用及び退職給付債務は,割引計算される。割引計算される理由を説明しなさい。
3 下線(b)の利息費用について,次の命題は正しいか。誤りなら,その理由を説明しなさい。
　「退職給付に係る利息費用の会計上の性格は,財務費用である。」
4 退職給付会計に特有の事象の2つを指摘し,それらについての考え方を簡潔に説明しなさい。
5 連結財務諸表における「退職給付に係る負債」の表示内容を説明しなさい。
6 企業従事者へ給付を支給する次の場合は,いつ,どのような項目で損益計算書において認識されるかを示しなさい。なお,損益計算書で認識しない場合には,(処理なし)と記しなさい。
　i 従業員へ退職以後に退職一時金又は企業年金を規程に基づいて支給する場合
　ii 当期の職務に係る役員賞与を期末後に開催される株主総会の決議事項として利益処分で支給する場合
　iii 従業員等にストック・オプションを付与する場合

復習問題──新基準より（解答・解説）

〔第一問〕
1 （1）①遡及処理　②会計上の見積り　③会計方針　④会計上の見積り
（2）見積りの変更は，新しい情報によってもたらされるものであるから。
（3）減価償却方法の変更は，固定資産に関する経済的便益の消費パターンに関する見積りの変更を伴うことから，会計方針の変更と会計上の見積りの変更と区別することが困難な場合に該当することになるから（62）。
（4）

番号	ケース	遡及処理の概念
2	表示方法の変更	財務諸表の組替え
3	過去の誤謬の訂正	修正再表示

（5）ⅰ　会計基準等の改正に伴う変更で，特定の経過的な取扱いの定めがない場合
　　ⅱ　企業の自発的な変更で，正当な理由があると認められる場合
2 （1）不足が計上時の見積り誤りに起因する場合には，過年度に遡って修正再表示を行うこととなる。過去の財務諸表作成時において入手可能な情報に基づき最善の見積りを行っていた場合には，その変更のあった期で処理する。
（2）貸倒の対象となった債権が，売上債権のときは販売費及び一般管理費として表示し，営業外債権のときは営業外費用として表示する。
3　次のいずれかの場合をいう（指針6）。
　ⅰ　会計方針の変更が企業の事業内容又は企業内外の経営環境の変化に対応して行われるものであること。
　ⅱ　会計方針の変更が会計事象等を財務諸表に，より適切に反映するために行われるものであること。

配点：1　（1）@1×4＝4　（2）2　（3）3　（4）@1×4＝4
　　　　（5）@2×2＝4
　　　2　（1）2　（2）2　　3　@2×2＝4　　　　　　　　　合計25点

〔第二問〕
(1) ① 包括主義　② 連結包括利益計算書　③ 当期又は過去
　　④ その他の包括利益累計額
(2) ① i 当期業績主義は，損益計算書の記載内容を当期の経常的な経営活動に関連した損益項目に限定し，損益計算書には業績測定利益としての正常な収益力を表示させようとする考え方である。
　　　ii 包括主義は，損益計算書の記載内容を経常的な経営活動に限定せず，特別損益項目を含むすべての損益を記載することにより，損益計算書には分配可能利益を表示させようとする考え方である。
　② 当期業績主義
(3) ① i 包括利益とは，ある企業の特定期間の財務諸表において認識された純資産の変動額のうち，当該企業の純資産に対する持分所有者との直接的な取引によらない部分をいう。
　② i 包括利益には，経営者の当期純利益に対する恣意的操作性を抑止する効果があるので，情報としての信頼性は高い。
　　　ii 包括利益は，企業の全体的な業績指標であることから，経営者が受託責任を遂行しているか否かを判断しやすくなる。
　③ 当期純利益の記載内容は，将来にわたって持続可能な利益が中心である。その他の包括利益は，主に外部環境の変化により生じる。従って，包括利益を表示することになっても，企業業績の将来予測のためには，当期純利益の重要性は減少するものではない。
　　　♪　解答例である。　　　cf. 272頁１問２④（当期純利益の重要性）
　④ ア　損益計算書の当期純利益と貸借対照表の純資産額のうち株主資本の増減額とは一致するが，評価・換算差額等を含む純資産額とは一致しない。
　　　イ　連結会計上，包括利益は，当期純利益とその他の包括利益とからなるが，このうち当期純利益は株主資本の増減額と一致し，包括利益は純資産の増減額と一致する。
(4) 　その他の包括利益として認識されていた項目が，当期純利益に算入された場合，包括利益算定の観点からは利益の二重計上となる。この二重計上を避

けるため。

> 配点：(1) @1×4＝4　　(2) ① @2×2＝4　② 1
>   　　(3) ① 2　② @2×2＝4　③ 3　④ 2×2＝4　　(4) 3　　合計25点

〔第三問〕
1　① 用役提供　② 使　用　③ 法律上の義務
2　① 有形固定資産の処分を行うときの売却価格や利用価値から除去損失を控除して，残存価格を見積る。
　② （性格…）保有目的が使用から除去へ変更されたので臨時損失である。
　　（表示区分…）損益計算書の特別損失
　③ （性格…）除去費用見積りの変更額である（会計上の見積りの変更）。
　　（表示区分…）関連する有形固定資産の減価償却費と同じ区分
3　ⅰ 原子力発電設備の解体義務　　ⅱ 定期借地権上の建物の解体義務
　ⅲ 鉱山の土地の原状回復義務　etc.（これらのうち，2つを解答する。）
4　① 引当金処理は，将来の有形固定資産除去時の支出見積額を　その資産の使用に応じて各期間が負担すべき除去費用として配分し，それに対応する金額を引当金として毎期積み増していく方法である。
　　（引当金処理を採用しなかった理由）
　　ⅰ 引当金処理では，資産除去費用が支出される前の各期末において，その債務の一部しか計上されないから，貸借対照表への負債計上額としては不十分となる。
　　ⅱ 資産負債の両建処理と引当金処理とでは各期に計上される費用額は，基本的に同額となることから，前者は後者を包摂する（34）。
　② 各期における引当金残高は，両建処理をした場合の資産除去債務残高より，関連する有形固定資産の帳簿価額への加算額の期末帳簿残高分だけ少なく表示される。
　③ 引当金処理…収益費用アプローチ
　　資産負債の両建処理…資産負債アプローチ

5 次の項目ⅰとⅱの合計額に一致する。
  ⅰ 除去債務発生時の割引後の除去債務額（又は，関連する有形固定資産の帳簿価額への加算額の期末帳簿残高・減価償却累計額）
  ⅱ 資産除去債務の調整額の期末累計額
6 除去費用部分の影響を二重に認識しないようにするため，将来キャッシュ・フローの見積りに除去費用部分を含めないように注意する（44）。

配点：1 @1×3＝3　2 ① 2　② @1×2＝2　③ @1×2＝2
　　　3 @1×2＝2　4 ① @2×3＝6　② 2　③ @1×2＝2
　　　5 2　6 2　　　　　　　　　　　　　　　　　合計25点

〔第四問〕
1 ① 正味の債権　② 測定可能性　③ 属性　④ 保有目的
2 ① ヘッジ会計とは，ヘッジ取引のうち，一定の要件を充たすものについて，ヘッジ対象に係る損益とヘッジ手段に係る損益を同一の会計期間に認識し，ヘッジの効果を会計に反映させるための特殊な会計処理をいう（29）。
　② ヘッジ対象の損益とヘッジ手段の損益とを期間的に合理的に対応させて，ヘッジ対象の相場変動等による損失の可能性をヘッジ手段によってカバーされている経済実態を財務諸表へ反映させるため（97）。
　③ 繰延ヘッジ会計……時価評価されているヘッジ手段に係る損益又は評価差額をヘッジ対象に係る損益が認識されるまで純資産の部において繰延べる方法である（32）。
　　　時価ヘッジ会計……ヘッジ対象である資産又は負債に係る相場変動等を損益に反映させることにより，その損益とヘッジ手段に係る損益とを同一の会計期間で認識する方法である（32）。
3 ① 金融資産については，一般的には，市場が存在すること等により客観的な価額として時価を把握できるとともに，当該価額により換金・決済等を行うことが可能であるから（64）。
　②ⅰ 投資家が自己責任に基づいて投資判断を行うため
　　ⅱ 企業の側から取引内容の十分な把握とリスク管理の徹底と及び財務活動

の成果の的確な把握のため（64）

4　① ⅰ　実質的に価格変動リスクを認める必要のない場合
　　　　ⅱ　直ちに売買・換金を行うことに事業遂行上等の制約がある場合（66）
　　② 取得価額　（理由）一般的に，金銭債権については，市場がない場合が多く，客観的な時価を測定することが困難であるから（68）。

5　ⅰ　その他有価証券評価差額金　　ⅱ　繰延ヘッジ損益

配点：1　@1×4＝4　　2　① 2　② 2　③ @2×2＝4　　3 ① 2
　　　　　② @1×2＝2　　4 ① @2×2＝4　② 1＋2＝3
　　　　　5 @1×2＝2　　　　　　　　　　　　　　　　　　合計25点

〔第五問〕

1　①　期待運用収益　　②　その他の包括利益　　③　その他の包括利益累計額
　　④　その他の包括利益の調整（又は組替調整）

2　退職給付の発生時とその支給時とには相当の期間があり，通常は多額になることから，<u>貨幣の時間価値</u>を負債の評価に織込むため。

3　誤り。　（理由）利息費用の計算では，退職給付費用の当期発生額を認識するために費用配分基準として複利計算式を用いている。利息費用の会計上の性格は，労働サービスの費消を認識したもので財務費用ではないから。

4　ⅰ　負債計上時に年金資産を控除し，年金資産より生じる期待運用収益を，退職給付費用から差し引くこと。
　　ⅱ　過去勤務費用及び数理計算上の差異は，原則として，一定の期間にわたって規則的に，費用処理すること（54）。

5　退職給付債務に対する年金資産の期末時点での積立不足額を表示する。

6　ⅰ　退職給付見込額のうち支出の原因又は効果の帰属期間に基づいて，退職給付が発生した各期間に退職給付費用として認識する（53）。
　　ⅱ　株主総会の決議事項とする額又はその見込額を，原則として，発生した期間に役員賞与引当金繰入額（費用）として認識する（役員賞与基準13）。
　　ⅲ　ストック・オプションの付与日に株式報酬費用（人件費）として認識する。

配点：1 @1×4＝4　　2　3　　3　3　　4 @3×2＝6　　5　3
　　　6 @2×3＝6　　　　　　　　　　　　　　　　　合計25点

付加価値会計について

　現在の企業は，所有主だけのものではなく，経済社会の一員としての社会的存在となっている。この社会的存在を強く意識すれば，会計処理は社会経済の一構成分子としての企業体の立場から，企業活動の報告先としては，投資家としての所有主，債権者だけでなく，経営者，従業員，取引先，行政機関，地域住民等を含む利害関係者とすべきことになる。

　この会計主体と報告先とに整合した会計に付加価値会計がある。企業の付加価値は，企業の経営的努力の結果としての純成果をその本質とし，そこには，当期純利益の他，給与，支払利息，保険料，税金等が含まれる。付加価値会計では，給与以下の各項目は費用としてではなく，利益配当と同様に付加価値の分配として処理される。付加価値額は，企業の社会に対する経済的貢献額をあらわすときの中心概念なのである。

注　付加価値会計の論述としては，阪本安一『現代会計の基礎理論』81頁〜104頁　昭和57年　中央経済社刊が参考になる。

参 考──財務諸表論（理論問題）と本書との関連

　本書が刊行された後における税理士試験の財務諸表論第一問・第二問（理論問題）と本書の記載箇所との関連を記載しておいた。試験問題は，本書のどの箇所からどのように出題されているかを確認し，重点学習の参考にしてほしい。

　本書で論点としたところがピンポイントで本番の試験問題になっている場合がほとんどであるが，係る場合には，問題に関連した章・節・項目，問番号等を記載している。本書で学んだことを基に受験生自身が考えをまとめて解答する必要がある応用問題で，いくつもの解答が想定される場合等には，[**本書による解答例**] を記載しておいた。本番での解答は，自分が学んだ知識と理解に自信をもち，それを素直に解答用紙にぶつければよいということを具体的に示すためである。

　問題文は，あえて記載していない。それは，過去問題集等で入手し，そこでの解答と本書の記述とを比較してほしいからである。

　公認会計士試験の過去問題との関連は，頁数との関連から省略している。

平成23年（第61回）

〔第一問〕

1 ① 第2章2節2（1）問3①の解答と同一文章
　② 同上③と同趣旨
　③ 同上
　④ 第2章2節2（3）問1①と同一
　⑤ 同上②と同一

2 　第2章1節1（1）問2④と同章2節2（1）問3③とに関連 [**本書による解答例**] 真実性は，真実性の原則以外の会計原則・基準に準拠することにより確保される。原則等の中でも継続性の原則は，利益操作防止と財務諸表の期間比較可能性確保の観点から真実性の原則を支える重要な原則の1つである。

3 （1） 表示欄……第2章2節2（3）問6①，第8章3節3問7及び復習問題
〔第一問〕2（2），その他と同一

　　　　　根拠欄……第2章2節2（3）問2②・問6①及び復習問題
〔第一問〕1（2）と同一

　（2）　第2章2節1♪（ 臨時償却と前期損益修正項目 ），同節2問3⑥ivに関連

4 （1）　第2章2節1問1本文・問3の次に記載の♪（ 取扱一覧表 ）と同趣旨

　（2）　第2章2節2（3）問3及び復習問題〔第一問〕1（3）と同一

〔第二問〕

1 （1）　①〜⑥　第3章2節問1・♪及び問5①と同趣旨

　（2）　企業会計原則……同上

　　　　[本書による解答例] 1，2，3

　　　　　資産除去債務……同上81頁問5④♪・第8章4節1（1）問1と同一又
は同趣旨

2 （1）　第5章4節2（1）〔2〕・〔4〕と同一又は同趣旨

　（2）　第6章3節1（1）問1下線(a)と問2①とが判断要素

　（3）　第6章5節2（2）問1と同趣旨

3　第3章2節2問4と同一

4　第3章2節1問1の《解答・解説》の♪，第4章4節2問3・問4及びその次
に記載の♪（ 一致の原則 等）と同趣旨 [本書による解答例] 一致の原則を前提
にすれば，企業の設立から解散までの全体期間の収入又は支出（キャッシュ・フ
ロー）は，全体期間を構成する会計期間いずれかの収益又は費用として割り当て
られたものといえる。

平成24年（第62回）

〔第一問〕

1 ①　第5章4節2問1⑩と同一

　②　同上の問1に同一文章

　③　第5章5節問及び同節2問3④の表中等に同一用語

　④　第6章4節2（2）問1①と同一

⑤　第6章4節2（3）問⑥と同一
2　区分欄……第5章2節問3②と同一，第11章4節（2）問1・問3②と同趣旨
　　基準欄……同上［♪　第6章1節2（1）問5及び同章2節2（2）問3♪に留意する必要がある。問題では，所有目的を賃貸の使用目的から販売目的へ変更している。この場合，棚卸資産として計上が認められるのは，その販売が通常の営業過程で行われること（例えば，不動産販売事業部がある。）が前提となる。連続意見書等についても詳しく学習している受験生は，題意とは別のところで惑わされたかもしれない。］
3　第5章4節2（1）［1］の文章と同趣旨
4（1）　第5章5節2問3①（《解答・解説》の問3①ⅱ）と同趣旨
　（2）　第5章4節2（3）問1の下から3行目に解答となる文章
5　第6章5節3問と同趣旨

〔第二問〕
1　イ　第1章5節1問の《解答・解説》の♪ 資産負債の評価額の意味 の理解を前提に第3章1節1（1）問3⒝及びその♪と同趣旨
　　ロ　同上
　　ハ　第1章5節2問1，第3章2節1問5③ⅰと同趣旨
　　ニ　第3章2節2問4と同趣旨
2　第3章1節2（1）問2の解答・解説♪ 発生主義の色々な意味 の下から2行目以下，第9章4節全体及び同節1問3に関連
3　第1章5節2（2）問4②（《解答・解説》②ⅱ及びその♪）に関連
4①　第1章3節3問1及び同章5節2（2）［4］問1（いずれも____部分）と同趣旨
　②　第6章4節2（1）問1の文章「これは将来に…」との異同を判断
♪　〔第二問〕の題意　評価を広義の意味と狭義のそれに区別し，その区別を軸に基本的論点を問うている。「狭義の評価」とは，本書第1章5節1問の解説の♪ 資産負債の評価額の意味 における資産負債の価値を直接的に表している場合であり，「広義」のそれは，項目の属性や目的に適合した処理結果としての価値，なかでも取得原価基準の下での費用配分や対応の原則に基づく評価等を指す

ものと解される。しかし，評価の意味を広義と狭義とに区別することは，確立された概念の使い方であるとはいい難い。このように設問の仕方に試験委員の個性が出ている場合にも，あわてることなく基準の何を解答とすればよいかに神経を集中させることが大切である。本問における解答も基準の基本的論点に従って答えれば難しくはないのである。

平成25年（第63回）

〔第一問〕

1① 第11章6節2問1③と同一

② 〈記載なし〉ただし，第3章1節1（3）問1（確実性の意味）参照

2 第4章4節5問2③と同趣旨

3 （方法の名称）第10章1節3問1・同問3②ⅲと同趣旨

  （処理の理由）第10章1節3問4①ⅰ及びその《解答・解説》の♪と同一

4③ 第4章4節3問1②と同一

 ④ 同節3問1⑥と同一

5⑤⑥⑦ 第11章6節6問5の解答とほぼ同一の文章

6 第1章4節4（2）問1と第8章4節1（2）問1・問3②とに関連

  [本書による解答例]継続性の公準は，企業活動の継続性を前提とし，会計に見積要素を採り入れることの根拠になる。資産除去債務は，将来の除去費用支出額，耐用年数及び割引率の見積要素により算定される。

7 第11章6節7問2⑤と同一趣旨

〔第二問〕

1① 第9章1節3問1に同一文章

 ② 第9章2節4問1（下線(b)）に同一文章

 ③ 同上の問1に同一文章

 ④ 同上の問3②（解答・解説ⅱ）と同趣旨

 ⑤ 同上

 ⑥ 第9章1節1♪，同章2問1⑫と同趣旨，同章4節問1に同一用語

2 第9章1節3問4と同趣旨（《解答・解説》のⅱ参照）

3　第9章2節4問2と同一
4　第9章2節4問3①と同趣旨
5　第9章2節2（2）問2①②と同趣旨

<u>平成26年（第64回）</u>
〔第一問〕
1　イ～ホ　**第7章2節問1**に同一文章
2　**第7章2節6（2）問2①**と同一
3　同上の**問2②・第9章5節1（4）問5②**と同一又は同趣旨
4　（理　　　由）**第7章1節2（3）問2②**と同一
　　（利益への影響）〈記載なし〉**[本書による解答例]** 自己創設のれんの資産計上時には，その資産額だけ利益額が多くなる。
　　　　♪　難しく考えすぎないことがポイント
5　**第7章1節2（3）問7①**及びその解答の♪と同趣旨

〔第二問〕
1①　**第2章1（1）問1**に同一文章
　②　**第2章2問1③**と同一
　③　**第2章1（2）問1②・③**と同一
　④　**第4章2節3問1**の文章中に解答の用語
　⑤　**第9章2節2（2）問1④**と同一
2 A　**第11章3節1（1）問1**と同趣旨
　B　**第6章3節1（1）問1**及び同節3問と同趣旨
　C　**第3章1節1（3）問1**に同一文章
　D　**第4章2節3（1）問2**と同趣旨
　E　**第5章3節1問1**と同章4節2問1の文章とに関連
3　**第4章2節3（2）問2**（特に《**解答・解説**》ⅱ）と同一
4　**第9章2節2（2）問5①**と同一
5　同上の**問2②**と同一

平成27年（第65回）

〔第一問〕
1　イ～二のいずれも**第8章3節1（2）問1**に同一文章
2　**第8章3節1（3）問1・問2**と同趣旨　♪（A）を評価性引当金，（B）を負債性引当金と設問の文章を読み替えて解答すればよい。
3　[**本書による解答例**]　♪　次のⅰとⅱとを記述すればよい。
　ⅰ　**第8章3節1（1）問1**（引当金の本質…本文の最初から2行半まで）
　ⅱ　**第8章3節1（2）問1**（引当金設定の根拠となる原則3つ）
4　**第8章4節1（1）問3**①又は**復習問題〔第三問〕4**①と同一

〔第二問〕
1①　**第6章4節1（3）問**の本文中に同一文章・用語
　②　（記載なし）
　　　♪　ただし，**第6章4節1（2）問2**②の同一文章から類推すれば正解可能
　③　**第6章4節4問3**ⅰと同一
　④　**第6章4節4問3**ⅱと同一
　⑤　**第6章4節4問1**⑦と同一
2　**第6章4節2（1）問1**の本文中に解答となる文章
3　（記載なし）
　　[**本書による解答例**]　♪　基準四2（7）②より
　　　一般に，共用資産の帳簿価額を合理的な基準で各資産又は資産グループに配分することは困難であると考えられるため。
4　（記載なし）
　　[**本書による解答例**]　♪　基準四3（2）により次のいずれか1つを解答とすればよいが，ⅰを述べるほうがより望ましい。
　ⅰ　減損の存在が相当程度確実な場合に限り減損損失を認識及び測定しているから。
　ⅱ　戻入れは事務的負担を増大させるおそれがあるから。
5　**第6章4節1（2）問1・問2**に同一の文章及び用語
6　**第6章4節4問4**と同一

♪　「評価差額を損益とすることを否定」とは，原価評価することである。

平成28年（第66回）

〔第一問〕
1　イ　第9章4節1問1①と同一
　　ロ　同上　1問4と同一
　　ハ　同上　2問1④と同一
　　ニ　同上　2問1本文に解答となる用語
2　同上　2問2①又は4節のまえがきとして記載した図と同一
3　同上　1問2②と同一
4　「異なる理由」　　…第4章2節3（2）問2及び（5）問3①と同一
　　「2種類ある理由」…　　同上　3（5）問5と同一
5　復習問題〔第二問〕（3）④と同一

〔第二問〕
問1
1　第10章2節2（3）問1本文及び問2①と同趣旨
2（1）同上　1（1）問2と同一
　（2）同上　5問2と同一
問2
1　同上　5問1の本文と同趣旨　（解答例…当期純利益，なお，本書には解答とすべき直接的な設問・解説又は文章・用語の記載はない。）
2（1）　同上　3問1・問3②と同一
　（2）「（ウ）でいう方法」　…　同上　3問1に解答となる用語
　　　「差額の名称」　　　…　同上　3問3③と同一
　　　「期間配分する理由」…　同上　3問3③と同一
　（3）第4章3節3問4②と第10章2節3問3④とに関連
　　♪　[本書による解答例]　為替予約は，ヘッジ対象の外貨建金銭債権債務に係るキャッシュ・フローを固定してその変動を回避するキャッシュ・フローヘッジの1つである。振当処理は，予約差額のうち，直先差額を時間を基準

に期間配分することによりヘッジの効果を財務諸表へ反映させているのである。

平成29年（第67回）

〔第一問〕
1 （1） 第3章1節1（3）問1の本文に同一文章
　（2） ア　　　　　第4章4節2問1～問4に関連した応用問題
　　　　イ～エ　　　損益計算への基本的理解があれば迷わず解答できる応用問題
　（3） ア～イ・エ　第6章3節2問1本文の最初から2行目までの文意への理解を問う応用問題
　　　　ウ　　　　　第6章2節2（2）に関連して減価償却と固定資産売却損益との基本的関係を問う応用問題
　（4） ア～エ　　　第9章1節4に関連した問題ともいえるが，それよりも財務会計への基本的理解を問う応用問題
　（5） ア～エ　　　第5章4節2（1）に関連して，物価変動が売上原価に与える影響への理解を問う応用問題。
　（6） 第4章4節2問2の理解を基礎に減価償却の目的（第6章3節1（1）問1本文）との関連を問う応用問題

♪　［本書による解答例］
　固定資産の減価償却という費用配分の手続により毎期の期間損益計算は，正確ならしめられる。減価償却費は発生主義に基づく費用であるが，これを固定資産の使用から得られた収益と対応させることにより経営成績の表示が可能となる。現金収支余剰では，努力と成果の対応による経営成績の表示はできない。

2 （1） 第9章4節1問3①に関連した応用問題
　（2） 第9章1節3問3に関連した応用問題　♪　クリーン・サープラスよりも資本取引の範囲への理解が試される問題である。
　（3） 第9章4節2問2①のその他の包括利益に関係するかどうかを問う応用問題
　（4） 第9章1節3問4 i に関連して，費用と剰余金との混同が生じた場合，期間利益へ及ぼす影響を問う応用問題

（5）（どのような手続か）第9章4節2問3①♪と同一

　　　（なぜそれが必要か）同節1問3と同節2問3・問4ⅱに関連した応用問題

♪　［本書による解答例］（なぜそれが必要か）

　リサイクリングによりその他有価証券売却損益は，当期純利益の構成項目となる。これにより当期純利益・損失と資本取引を除く株主資本の増減とが一致してクリーン・サープラス関係が維持されるから。

〔第二問〕
問1
1　第8章4節1（2）問1の本文に基となった基準の文章中に解答となる用語
2　A　第8章4節1（1）問2①ⅱと同一
　　B　　　同上　　　　①ⅰと同一
　　C　　　同上　　　　②ⅰと同一
　　D　　　同上　　　　①ⅲと同一
3　第8章4節1（2）問3①のcf.の文章と同一
4　（もう1つの会計処理の考え方）第8章4節1（1）問3①と同一
　　（会計処理を包摂する根拠）　　同上　（1）問3①ⅱと同一

問2
1　第2章2節1問1の本文と第8章4節1（2）問1の本文の3行目から6行目とに関連した問題

♪　［本書による解答例］

調整	方法（アプローチ）
変更期以後の期間で影響額を認識	プロスペクティブ・アプローチ
変更期間で影響額を一時に認識	キャッチアップ・アプローチ

2　（会計処理）第8章4節1（2）問3①と同一
　　（理　　由）　　同上　1（1）問3①ⅰと同一

おわりに

　執筆者代表の恩師　阪本安一先生が，ご自身の教え子へ陶器の壺に書いて贈られた詩を，ここにお借りして，これから会計学を学ぼうとする人たちへのはなむけの言葉としたい。

一粒の麦

　　　　　雑草の如く生く
　　　　風雪ここに二十年
　　　痛恨さらに新たなり
　　　未だ一穂も実らず
　　　されど老草
　　　　根は深くして消えず
　歳々
　　　　恵まる淡水の交
　若芽簇出したり
　　　　やがて萬穂実らん

　　　　　　　　1963年5月20日
　　　　　　　　　　阪本安一

著者紹介

荒堀　政男（あらほり　まさお）
公認会計士・税理士。日産自動車販売㈱勤務の後，大学進学。新和監査法人（現：有限責任あずさ監査法人）を経て，現在は町の会計事務所所長。
E-mail：arama 1@koma.co.jp
　　　　　　（イチ）

嶋田　敬子（しまだ　のりこ）
同志社大学卒業。公認会計士として監査法人トーマツ（現：有限責任監査法人トーマツ）での監査，事業会社での業務経験を経て，現在は㈱ユーザーベースの監査役。

著者との契約により検印省略

平成22年11月15日　初 版 発 行	
平成24年6月15日　第2版発行	穴埋め・記述で学ぶ
平成25年6月15日　第3版発行	**財務会計理論〔第5版〕**
平成27年7月10日　第4版発行	
平成30年5月1日　第5版発行	

著　者	荒　堀　政　男
	嶋　田　敬　子
発行者	大　坪　克　行
印刷所	税経印刷株式会社
製本所	牧製本印刷株式会社

発行所　〒161-0033 東京都新宿区下落合2丁目5番13号　株式会社 税務経理協会

振替 00190-2-187408　電話 （03）3953-3301（編集部）
FAX （03）3565-3391　　　（03）3953-3325（営業部）
URL http://www.zeikei.co.jp/
乱丁・落丁の場合は，お取替えいたします。

© 荒堀政男・嶋田敬子 2018　　　　　　　　　　　Printed in Japan

本書の無断複写は著作権法上での例外を除き禁じられています。複写される場合は，そのつど事前に，（社）出版者著作権管理機構（電話 03-3513-6969, FAX 03-3513-6979, e-mail：info@jcopy.or.jp）の許諾を得てください。

JCOPY ＜（社）出版者著作権管理機構 委託出版物＞

ISBN978-4-419-07015-1　C3063